U0498936

Los 1001 años
de la lengua española
ANTONIO ALATORRE

西班牙语1001年

〔墨〕安东尼奥·阿拉托雷 著

裴枫 译

商务印书馆
The Commercial Press
创于1897

图书在版编目（CIP）数据

西班牙语 1001 年 /（墨）安东尼奥·阿拉托雷著；裴枫译.—北京：商务印书馆，2023
ISBN 978－7－100－22122－1

Ⅰ.①西… Ⅱ.①安…②裴… Ⅲ.①西班牙语—语言史 Ⅳ.① H340.9

中国国家版本馆 CIP 数据核字（2023）第 042018 号

权利保留，侵权必究。

西班牙语1001 年

〔墨〕安东尼奥·阿拉托雷　著
裴枫　译

商 务 印 书 馆 出 版
（北京王府井大街36 号　邮政编码100710）
商 务 印 书 馆 发 行
北京市白帆印务有限公司印刷
ISBN 978－7－100－22122－1

2023 年 9 月第 1 版　　　　开本880×1230　1/32
2023 年 9 月北京第 1 次印刷　印张 13¾

定价：79.00 元

目　录

序

　　我想借读者面前翻开的这本书写一部西班牙语的历史，以我的方式讲述一个自己感兴趣的现象的始末。写作过程中，我一直想着和我一样对该主题感兴趣的读者。我在内心对他们说话、与他们对话。序言里的这几段话也是为他们而写，朴实而坦诚地恳请他们继续读下去。请相信我：读这本书绝不是一件费力的事。我绝不会讲得枯燥沉闷或苛求读者。在开始读书之前，我唯一的请求是您对本书的主题有点兴趣；不瞒您说，这是我个人非常喜欢的主题——西班牙语的历史、也是我在书中经常称为"我们的语言"的历史。事实上，除了设想喜欢这一主题的读者之外，我还猜测过他们对此的兴趣最直接单纯、也是最核心的原因：西班牙语是他们的母语。除去种种外在因素，我对这一主题感兴趣的主要原因也在于此。西班牙语是伴随我成长的语言，是我的家庭和故乡的语言，是我童年阅读的书刊的写作语言（我四岁开始阅读）。我喜欢西班牙语，并假定自己想象中的读者内心也有这份喜爱。不过，如果哪位读者并没有这样的感情，而是因为西班牙语是世界上最重要的语言之一，才对它的历史有点兴趣，那么也请不要认为自己被排除在外。我的书也是写给您看的。无论您来自哪里，只要有一丝兴趣、一点好奇，就足够了。

人类历史上的任何事件都可能有多种讲述方式，西班牙语的故事也不例外。现有的讲述西班牙语历史的书（已经有好几部，而且有些非常出色）在许多方面必定不谋而合。它们都留了一定的篇幅给拉丁语，更不用说拉丁语渐渐发生变化（在某些人看来是变得腐化、平民化、贫瘠化）、直到某一天不再是拉丁语；都谈到西哥特人、阿拉伯人、克里斯托弗·哥伦布 1492 年意外遇到的奇特的民族；都无一例外地在适当的时候提到《熙德之歌》《堂吉诃德》、贡戈拉的《孤独》和鲁文·达里奥的现代主义诗歌；都认为从塞万提斯开始语言渐渐发生变化（在有些人看来是被破坏、异化、贫瘠化）。最后，由于历史总是带有教育意义，我们的语言的所有史书都具备一定的教育功能，能在需要这门"学科"的地方充当教材。然而，它们之间拥有这些和许多其他巧合的同时，也存在诸多分歧：有些写得更详尽、细致、专业；有些要求读者预先具备更多的知识；并不是所有史书都强调突出同样的东西、选择相同的值得讲述的事件，对同一史实的诠释也不尽相同。

本书讲述这段历史的方式读者自会慢慢了解；不过我有几点想先说明。从多种意义上说，本书都是同类型中最不学术的史书：脚注中没有参考书目，没有丝毫所谓的"注解"的痕迹，运用的缩写也都是日常用语中常见的。总之，是最没有技术性、最不专业化的一部。举个例子：有一个语音单位叫 yod，语言学家们通常借助它来解释从拉丁语"过渡为"西班牙语时，词汇经历的数不清的变化；因此，在所有的西班牙语语言史书（尤其是历史语法书中），yod 音会在不同章节被反复提及，甚至占据整页的篇幅。而我却想方设法不提到它（除了此处）。我绝不是在暗示专业术语（浊音化、清音化、腭化、咝擦音化、颤音化等等）毫无用处，而是想说虽然我算得上是西班牙语"教师"，可本书并不是给专业教师看的。我不仅没有新的科学研究资料可以呈现给他们，而且还尽量回避他们惯用的专业用语。本书是为大众而写。我想象中的读者是"普通读者",而非专业群体。

我还想说,我的书不会像其他同类作品那样单独用一章专门讲美洲西语,好似补充或附录。这样的安排并非因为我认为这是个可以忽视的次要话题,而是恰恰相反。我们美洲人占了西班牙语使用者的绝大多数,没有理由为"美洲西语"另辟一章。"我们的语言"中的物主形容词"我们的"同等地包括我们所有人。出生在索利亚省阿尔马桑市的人和出生在哈利斯科州奥特兰市的人同样都是西语使用者。许多西班牙人、甚至不少西语美洲人都有这样一种想法:比起西班牙的西语,美洲西语不够好、不够正确、不够"正统"。这个想法很隐蔽,有时还多加掩饰,但却是根深蒂固。在我的书中读者找不到对于这一观点的任何支持,因为我完全不赞同。

至于书名《西班牙语1001年》倒是没什么可说。自然,我们无法给出西班牙语(以及任何一门语言)诞生的确切日期,但显而易见的是,12世纪的卡斯蒂利亚罗曼语已经与8世纪的口头拉丁语相差甚远。最早出现西班牙语词语的史料没有具体日期,梅嫩德斯·皮达尔认为它们写于10世纪下半叶(或者说975年左右),现在人们则认为或属于11世纪上半叶。不过,为了向大师致敬,1975年左右庆祝了我们的语言的首个千年。于是,我们可以放心大胆地说西班牙语诞生于10世纪下半叶、正好处于8世纪和12世纪的中间,而它的出生证明写于975年。有出生证明就说明它是有生命的活物。既然这些词语已经被书写出来,显然它早就活在了人们口中。1975年,我们的语言不止1001岁,而是1000多岁,这个零头我们用数字"1001"来代表。正如我们会说年满3岁的孩子是3到4岁,我们完全可以说我们的语言有1000到2000岁。"1001"只是个象征。再者,"1001"难免让人想到《一千零一夜》;在促进我们的语言形成的所有要素中,这一民族集体智慧的果实以创造力和想象力著称。《一千零一夜》的核心成分是魔法，一门语言的历史不也带点魔法元素吗?

多年来，我阅读了许多西班牙语史的相关专著和文章，从中获得了不少启发和养分，但我无法一一列举。不过，我还是应该提一下 1979 年忙碌的五个月、也是我撰写本书的过程中给了我最大帮助的作品：拉蒙·梅嫩德斯·皮达尔——尤其是他的《西班牙语起源》（马德里：1956，第四版）和《西班牙语历史语法便览》（马德里：1941，第六版），威廉·J. 恩特维斯的《西班牙语及葡萄牙语、加泰罗尼亚语和巴斯克语》（伦敦：1936），拉法埃尔·拉佩萨的《西班牙语史》（马德里：1968，第七版），海梅·奥利弗·阿辛的《西班牙语史》（马德里：1941，第六版），罗伯特·K. 斯波丁的《西班牙语如何成长》（伯克利、洛杉矶：1943），和胡安·科罗米纳斯的《卡斯蒂利亚语词源评论字典》（马德里、伯尔尼：1954—1957）。如果有读者愿意进一步阅读，我最推荐的无疑是拉法埃尔·拉佩萨的那部，内容全面、分配合理，注解也非常丰富。（1981 年还出了一版扩充的第九版。）

然而，教给我最多知识的是雷蒙多·利达（1908—1979），我是他在墨西哥教过的学生；而他在布宜诺斯艾利斯师从阿马多·阿隆索，后者又曾在马德里跟随拉蒙·梅嫩德斯·皮达尔学习。我从老师那里学到的尤其重要的一点是，真正的文学研究离不开语言研究，反之亦然。在他的课上学习 12、13 世纪的语言史就等于学着爱上《熙德之歌》和贡萨罗·德·贝尔塞奥的诗歌。谨以此书纪念恩师。

本版序

本书1979年末首次出版。向我约稿的不是某个学术组织，而是"出品"精装书的行家比阿特丽斯·特雷布洛德女士。她知道那几年西班牙正在庆祝我们的语言诞生一千周年，便萌生了由她的工作室出品一个相关主题作品的念头。她请我为书中将出现的几百张插图撰写短文、评论或说明文字，而她自己负责安排一本精装书必需的其他"精装"元素。当然，也是她找来银行界的巨头之一马努埃尔·埃斯皮诺萨·伊格莱西亚斯支付了所有费用。因此，第一版版权归墨西哥商业银行所有，银行将它作为1979年的圣诞礼物派送给最尊贵的客户。四月签下的合同规定，到十一月书必须全部完成。现在看来当时接受这样的条件或许有些不太理智，因为留给我的期限实在太紧；但我接受了，一来因为我自信能以我的方式流畅地讲述我的语言史（同时也很高兴能获得这样的机会），二来我需要钱。

在我缓慢但愉快的写作过程中，我不停地想这本摆设用书完全可以变为一本纯粹的书。一本纯粹的书根本不需要几百张插图，何况其中不少还格外扎眼——怎么又来一张阿尔罕布拉宫的照片？怎么又是胡安娜·伊内斯·德·拉·克鲁斯修女[①]的画像？不幸的是，

[①] 除必要情况外，以下简称"胡安娜修女"。——译者注

将插图的解说文字集结成篇章并不是个简单活儿；因此，直到十年后的 1989 年，在我的努力坚持下，真正的第一版方才问世。

12 　　如今，距离我萌生出第二版的念头又过去了十年。实际上，我很快就发现有些段落需要修改。我开始发现这里那里的不妥之处，有的地方啰唆，有的地方没讲清，甚至还有印刷错误。读者也帮我发现了问题，比如一位学生注意到了我写的堂胡安·马努埃尔的生卒日期，问我这位先生是不是真的活了 110 年。我一遇到重印的机会，便立即修改了他的出生时间：不是 1238 年，而是 1283 年。注意到这些（并且告诉本人）的读者实在是值得感激！其他几次重印时，为了不影响印刷排版，我只作了一些简单的修订，不敢进行更复杂的改动。如今，我终于做到了：一个"稍作修改、大幅扩充的第二版"。

　　"纯粹的书"离不开"纯粹的读者"。摆设用书可以说是意外地拥有一些读者，但我相信这一版的主体（一共 15000 册，1980 年初又加印了 5000 册）称不上有纯粹的读者，而只有翻阅者。另外，像拉法埃尔·拉佩萨的《西班牙语史》这样的大学教材虽不是摆设用书，但也不是纯粹的书；为了完成课程作业研读和查阅它的学生也不是严格意义上的读者。

　　我一直都希望本书能出现在普通读者手中，而这个愿望确实是广泛地实现了。1979 年版因为其性质，获得了墨西哥城一些报纸和杂志的赞誉；1989 年版得到的书评和评论数量更是远超我的想象。4000 册迅速一售而空，并开始一系列的加印。（2001 年第 9 次印刷。）

　　我承认，除了希望普通读者读到本书，1979 年的那五个月里，我还有另一个心思：在我远远称不上在行的领域的专家（比如前罗马时期语言、西哥特时期的西班牙、第六章我提到的极其敏感的问13 题）也会读这本书，理解和认同它的意图（无非就是好好讲述十个世纪的历史，以尽量简单的方式如实地反映事实），为我提出修改、润色、细化和补充的建议。于是，我设法将精装版呈给一些专家和技术出版物的编辑部，比如《西班牙语言文学杂志》，结果令我大失所望。仅有两篇不痛不痒的书评。一篇刊登于仁慈圣母玛利亚修会的修士们办的西班牙杂志《研究》，篇幅极短，内容乏善可陈；另一篇登在意大利杂志《新拉丁文化》上，篇幅稍长，但只是概述其内容，并对一家墨西哥银行对文学有这样的兴趣而大为赞赏——这一点并不准确，因为埃斯皮诺萨·伊格莱西亚斯要的只是一份能在客户面前彰显自己的圣诞厚礼，礼物的主题他并不在意。

精装版得到的回应还有三封信。德纳·莉达逮到了我的一处信口开河：犹太西班牙歌谣"Morenica a mí me llaman"中的形容词 mavromatianí 不是来自于土耳其语（我这么说确实欠考虑），而是希腊语。拉法埃尔·拉佩萨 1980 年 4 月 4 日给我写了一封热情洋溢的信，说他对没有早点看到这本书深表惋惜，否则就能在他刚刚出版的《西班牙语史》第八版中"将其考虑进去"；不过他说"编辑们预计 1981 年会出第九版，我会在这一版中好好利用。"（但我觉得他一点都没用上。）最好的一封信来自欧亨尼奥·阿森西奥，他为我做了深入细致的批注，令我反复思考一些东西，不仅仅是他记录的东西。（我已经有了好几个想法，但仍需仔细琢磨，仔细琢磨可比思考要慢得多。）阿森西奥的回复抵得上西班牙所有没给出的回复的总和。我不得不再说一句，西班牙的反应是我最重视的，理由无需赘言。

相反，美国却给了我意想不到的极其愉快的回应：1985 年 7 月，我收到了达特茅斯的罗伯特·拉塞尔和罗彻斯特的罗伯特·布雷克两位老师的联名信件，说他们偶然看到了我的书，希望我同意他们进行静电影印，因为有"教学需要"的他们简直如获至宝。满心欢喜的我二话没说便同意了。 14

1989 年版，也就是"真正的"第一版，让我终能满足自己的执念——别人，尤其是语言文学同行如何看待它。这版书的联合出版者墨西哥学院和经济文化基金会跟我要一份名单，让我列 50 个我愿意寄书的个人或机构。名单上前两位便是拉塞尔和布雷克老师；不是因为我想知道他们的观点——我已经知道了，而是因为他们值得我献上这份敬意。他们非常高兴：终于可以告别一次又一次影印精装版的麻烦！我知道这本书在一些美国大学的西班牙语系非常实用，通常（据我认为）是作为引言或吸引学生进行深入科学的、纯语言学的学习。我不知道在墨西哥是否同样如此，但另一件事让我获得了巨大的满足感：1998 年，墨西哥学院和公共教育部加印了非商用的 30000 册，作为"教师自我提升书目"的一部分提供给中学老师；不是要求他们深入钻研语言学，只是给他们提供更多信息而已。

　　我列入 50 份样书收件对象的主要都是专门研究西班牙语语言文学的杂志；但它们没有一个愿意屈尊评论我的书，比如马德里的《西班牙语言文学杂志》（西班牙）、费城的《西班牙语评论》、利物浦的《西班牙语研究简报》、墨西哥的《文学年鉴》、波哥大的《索引典》和布宜诺斯艾利斯的《语言文学》。一共只有四篇书评。《伊斯帕尼亚》是美国的西班牙语和葡萄牙语老师的协会刊物，上面的评论是典型的"应付了事"：作者大致浏览一番、在某几处稍事停留，做两三个记录就大功告成。评论夸奖了本书讲述历史的方式，
15 但是也有两个匪夷所思的批评：一是我提到贝尼托·佩雷斯·加尔多斯的次数太少，二是"胡安娜修女甚至都没出现在索引中"，可索引中明明出现了她的名字，而且全书共提到了她 17 次，正文开头就有一次。（真不知道是怎么看的！）与之截然不同的是法国的西班牙语言文化学者的刊物《西班牙通讯》上的书评。文章简短但言之有物。作者伯纳德·波蒂埃很好地理解了（并恭维）本书的性质与意图。（这位严谨的语言学家的评价与上一位语言学家传到我耳中的评语形成鲜明对比：后者说阿拉托雷写的是"笑话"。）另

两篇书评令我受益匪浅。赫尔穆特·伯钦发表在德国刊物《伊比利亚美洲》上的文章指出了我的一些错误；并问我写中世纪发音部分（"oso 和 rosa 中的 s 发音与现在的 saber 中的 s 不同"）时，为何不用上音标。何塞·路易斯·莫尔发表在美国期刊《西班牙语言文学杂志》上的书评虽然没有对"中世纪"章节内的语言史（这是他的研究方向）作出任何评论，但给我提出了两个很好的建议，一个关于著名的批注的日期，另一个是关于我的亲摩尔立场。（他认为我过于亲摩尔人，但我对犹太人和对摩尔人一样抱有好感。）"卡斯蒂利亚语的鼎盛时期"的三章中，我的叙述其实偏个人化，有些离经叛道；他对此的评价令我颇感意外："我们应该感激的正是这种异质化的方向……"诸如此类。（1996 年，经济文化基金会发行的"基金会 2000"系列丛书中有一本题为《卡斯蒂利亚语的鼎盛时期》的迷你书，正是那三章中的第二章；我惊喜地发现购买者众多，现已在墨西哥和马德里再版。）

1989 年版也得到了不少鼓舞人心的书信反馈，其中有些给了我非常有趣的意见和建议，我深表感激并照单全收，只有两个例外：运用音标和添加例词索引。对于前者，我始终认为本书的主要对象是普通读者，音标会妨碍他们的流畅阅读；至于后者，将散布在书中各处的大量文雅词汇、古语词汇、阿拉伯语借词、意大利语借词、法语借词、英语借词、美洲方言借词等按字母顺序排列毫无意义，只要在话题索引中列出这些话题便足矣。否则按这个做法，书中的音位和音素也得按字母顺序排列起来：b 的发音、v 的发音、g 的发音、j 的发音、x 的发音、h 的发音……我宁愿将其全部汇总为话题索引中的"发音"。

1979 年版的序中，我为了保证本书是为纯粹的读者而写，炫耀其中没有"任何一个脚注"；1989 年版的序中变成了"页面脚注中没有提任何参考文献"。我确实在多处插入了脚注，因为我热衷于此。

写起脚注来我得心应手，同时我认为它们很有用处，比如可以在笼统介绍某个现象时举一些具体的例子。好比是在乡野长途跋涉时停下来慢慢地欣赏风景。脚注是阅读本书时的小岔路，里面包括信息拓展、反思、重要消息。比如，说到阿拉伯语借词时，必然要提到 14 世纪一位卡斯蒂利亚公主的家当清单。（见第 99 页脚注。）

我的参考书目仍是 1979 年版"结论"最后一段中提到的那七部作品。在此期间诞生了不少其他语言史著作，如托马斯·A. 拉斯罗普的《西班牙语的演变》（纽瓦克：1980），梅尔文·C. 雷斯尼克的《西班牙语历史导论》（华盛顿：1982），玛里亚·德尔·卡门·坎多·德·塞瓦洛斯的《西班牙语史》（波托马克：1985），拉尔夫·佩尼的《西班牙语史》（剑桥：1991）和保罗·M. 劳埃德的《从拉丁语到西班牙语》（费城：1987）。最后这本最为严肃学术，但以上我一本都没有借鉴。真正令我获益良多的是长久以来我偶然读到的大量文章和书本节选。1989 年，当我读到科林·伦福儒关于印欧语分支的文章时，已经来不及再加以利用。我对于这一问题的看
17 法十分肤浅，而伦福儒给了我非常具体和前沿的信息，于是我把它们加入了本版。当然也只能从简，否则引入太多细节会破坏陈述的精简凝练，而不参考这篇文章又实在可惜。因此我还是借鉴了，但也没有忘记《西班牙语 1001 年》的写作意图是讲好一个故事；这个故事里的印欧语部分生动热闹，同时，这门语言古时的分裂也以某种方式让读者做好了准备，能面对罗马帝国晚期拉丁语的分裂、中世纪伊比利亚罗曼语的分裂和现代卡斯蒂利亚语的分裂这样的情节。从这样的源头可以进行几乎一切引申拓展；然而假如我一一列举我的信息和观点的来源，这本书中将密密麻麻地注满参考书目，令它看起来"旁征博引"，而这正是我竭力避免的。

第一章　印欧语系

　　我认识一位名叫吉耶尔莫·拉米雷斯·伊斯帕尼亚的先生，他祖上有一位出生于 1645 年前后、名叫何塞法·拉米雷斯的女士。拉米雷斯·伊斯帕尼亚先生不但有可靠的证据能证明自己是何塞法·拉米雷斯女士（对了，她的妹妹叫胡安娜·克鲁斯，后来人称胡安娜·伊内斯·德·拉·克鲁斯修女）的后代，而且能证明自己和其余长辈的关系：母亲是伊莎贝尔·拉米雷斯，外祖父是佩德罗·拉米雷斯，曾外祖父叫迭戈·拉米雷斯。他的家谱绵延四个多世纪，而我却对曾祖父一辈一无所知。我的家族史很短，而拉米雷斯·伊斯帕尼亚先生的族谱如果与有些长达千年的家谱一比，也只是小巫见大巫。当然，拥有如此悠久而连续的家谱的个人已经相对罕见，但这种对个人来说罕见的事情，对于社会制度来说却是司空见惯，比如律法、宗教、习俗、艺术及一切被我们称为"文化现象"之物。其中，拥有最悠久连续历史的便是世界上的种种语言。（有些民族外在的、或者说"显性的"历史并不长，但所有的民族使用的语言都与其文化完美契合，因此语言史就是民族内在的、深刻的历史。）

　　这种连续性正是语言的精髓。我们以 rosa 一词为例。它直接来自拉丁语，但拉丁语词 rosa 必然是另一个词的延续或后代，而替它找到这位祖先就是语言学家们的工作。为此，他们拥有一套极其精细、严谨科学的比较研究方法。他们将玫瑰在拉丁语中的名字和在其发源地——广阔的亚欧地区各种语言中的名称进行比较，比如希腊语的 rhodon，波斯语的 gul，从而"重建"出一个根词 wrod-，这三个名字应该都是由这个根词演变而来，但 wrod- 的起源依然是谜。

我们今天使用的许多词语的历史和 rosa 大不相同。比如 más、maestro、tamaño、mayor、majestad、mayo 和 matar 分别来自拉丁语的 magis、magister、(tam)magnus、maior、maiestas、maius 和 mactare。这些词的基本含义都是"大的"，"更大的"或"宏大"，在 maius（我们称五月为 mayo 是为了纪念 Maia 这位古代意大利宗教中至高无上的生命女神）和 mactare（原指向神明献祭活人）中甚至意味着"卓越"。这些词统统明白无误地指向一个共同的根源——可能是 MAG(H)-，更可能是 MEG(H)-。各种语言中的众多其他词语由此而来：希腊语的 megas 表示"大的"，如 megaterio "大懒兽"，megalomanía "妄自尊大"，megatón "百万吨级"；梵语的 maha 也表示"大的"，如 Mahabharata "伟大的历史、史诗"。随着时间流逝，MEG(H)- 这一根词在一种语言中衍生出 megas，又在别的语言中进化为 maha 和 magnus。REG- 也与之同理，它在许多语言中萌生了不同的新芽：拉丁语的 rex (reg-s) 即 rey "国王"，regere 即 regir "治理"，(di)rectum 即 derecho "权利"，(cor)rectum 即 corregido "改正的"等等；还有日耳曼语的 reg-to（英语的 right "权利"由此而来），拉丁语的 regula 即 regla "规则"，日耳曼语的 rig-yo（德语的 Reich 即"王国"由此而来），法兰克语的 riki 即 rico "富裕的"，梵语的 raja 即 rey "国王"。

众所周知的 maharajah "摩诃罗阇"一词或许在我们看来生动有趣，但在印度却是（或直到不久前都还是）极受尊崇的词语。它结合了 MEG(H)-(maha) 和 REG-(raja) 这两个根词。19 世纪，当西语国家的人们开始阅读关于印度的东西时（游记、小说等），不出所料地遇到了这个词、将它西语化并开始使用。因此，人们用 "vivir como un marajá" 来指生活奢华。其实这个词有更合适的西语化形式：majarraya（maha raja = magnus rex），不过现在提出为时已晚。

MEG(H)- 和 REG- 都属于文字发明之前便已存在的古老语言，即便如此，它们如今依然为人熟知。我说的这门语言自然是指印欧语。我们的语言的母亲——拉丁语也不过是印欧语的众多分支之一。语言学最光辉夺目的成就之一，便是两个多世纪以来对这门从来没有被书写过的语言进行了细致的重构（甚至连微小的细节都没有遗漏）；几代语言学家将它从史前的重重迷雾中挖掘出来，使之重见天日 [1]。

最初的印欧语学家们（尤其是德国人）认为印欧语诞生于欧洲的日耳曼地区（北海、波罗的海和阿尔卑斯山之间），这一观点有利于印证"雅利安人"这个金发碧眼的"优等人种"将他们的文化带到印度的传说。这个传说对于纳粹分子来说实在是来得太及时了，他们设计出纳粹党的标志——按照这个传说，他们只是将这个印度寺庙中象征吉祥的符号"返还"发源地。（梵语中的 svástika 表示"好运" [2]。）第一个严肃理论基于考古学的发现而提出，认为印

---

[1] 英国占领印度带来了一个意外的结果：人们发现了梵语（印度的神圣语言）和几门欧洲语言之间的关系。这位发现者威廉·琼斯爵士（1786）推断这些欧洲语言都是梵语的后代。但没过多久，人们研究发现梵语并不是它们的母亲，而是同希腊语、拉丁语等一样，是众多姐妹语言之一。

[2] 除了部分新纳粹主义者之外，如今世人都不认可这一传说。不过在德国，习惯使然，用"印度日耳曼语"来称呼印欧语依然屡见不鲜。尤利乌斯·伯克尼卓越的词源字典——《印度日耳曼语词源词典》（1959）中收录了现有全部语言中从印欧语派生而来的词汇。写作中我确实用到了这本字典，还参考了两篇发表在《科学美国人》上的文章：一篇就是科林·伦福儒 1989 年 10 月的文章，另一篇由托马斯·V. 伽姆科勒利德兹和 V.V. 伊万诺夫 1990 年 3 月发表。

欧语诞生于黑海、伏尔加平原和乌拉尔山之间。如今，这个理论似乎已经被另一个同样有考古资料支撑的严肃理论取代。新的理论认为，印欧语（或者说原始印欧语）发源于黑海南部至高加索山脉及幼发拉底河流域，也就是说安纳托利亚半岛即小亚细亚的东部地区。正是在这片丰饶的土地上诞生了农业，这一发明标志着人类数千年游牧生活的终结。安纳托利亚人此时已经是定居民族：他们按照一年的时节播种、收割、囤粮。余粮为他们带来财富和地域的扩张。与农业这一发明一同传播开来的是他们对事物的称呼方式；或者说，邻近的民族一边学习农业，一边渐渐吸收了"播种""套牛"等词汇。（这就如同我们一接纳传真这个新事物，就自动将 fax 一词纳入了西语词汇中。）"小麦""大麦""亚麻""苹果""葡萄""橡树""柳树""马""牛（以及轭和轮）"这些名词自然也迅速流传开来。既然一切都相互关联，安纳托利亚或赫梯社会文化其他方面（家务、社会组织、信仰）的词汇很快也进入了他们的生活。

于是，公元前 5000 年甚至 6000 年，农业的诞生和印欧语系语言的出现紧密联系在了一起。安纳托利亚人的发明连同他们的语言一起，既扩张到了波斯和印度、又来到了地中海国家。（讽刺的是，这场伟大变革许久之后才席卷日耳曼民族——大约公元前 3000 至2000 年。）同样值得一提的是，近东地区（甚至包括吐火罗、即现在的新疆）的考古发现也证明了安纳托利亚学说的可靠性。

由此，我们可以将安纳托利亚语视为原始印欧语。然而，我们也必须考虑到语言诞生后旋即遭受的污染、扭曲和分崩离析。因此，我们大致可以将其划分成四个初代分支：

1. 安纳托利亚语族。其中最知名的是赫梯语。作为公元前 1400年左右整个安纳托利亚地区的主人，赫梯人似乎是第一个"书写"印欧语的民族。（哈图沙的博物馆里保存了刻有楔形文字的泥板）。然而赫梯语和小亚细亚其他邻族的语言很快就消亡了，如吕底亚语和吕基亚语。

2. 希腊－亚美尼亚－印度－伊朗语族。这是第一个在安纳托利亚地区以外发展出来的分支。后来，在公元前 2000 多年时，又分裂为希腊－亚美尼亚语族和印度－伊朗语族。在印度语支中有一门语言并不活跃在印度，而是在全世界流浪——吉普赛人的罗姆语。

3. 凯尔特－意大利－吐火罗语族。吐火罗人很快脱离了凯尔特－意大利民族而向东迁移，在芬兰－乌戈尔语族的压力之下，他们的语言相对来说消亡较早，不过还是留下了少量的碑文，现存于中国的新疆地区。凯尔特－意大利民族群居了一段时间；公元前 3000 年末开始，靠里海而居的他们掀起一波又一波的移民潮，从而走出了欧洲。

4. 波罗的－斯拉夫－日耳曼语系。日耳曼语族率先独立，随后是波罗的语族和斯拉夫语族的分离。

第 16 页的"家谱"简洁直观地罗列了这四个初代语系的后裔，凸显出多门欧洲语言之间或远或近的亲缘关系。这其中有些语言数千年前便已消亡（如安纳托利亚语族），有些消失了几个世纪（如哥特语），有些还有数亿使用者（如西班牙语），有些只有不到一百万人口在使用（如冰岛语和盖尔语），还有的濒临消失（如马恩语）。有些古老的语言因为族谱关系尚未明确而没有被列入表中，如色雷斯语、弗里吉亚语、伊利里亚语、阿尔巴尼亚语。表中的所有语言都为重塑史前印欧语系的枝干做出了不同程度的贡献。（与其说是枝干，或许更应称其为盘旋交错的根基，它们之所以能被发掘，完全得益于人们对印欧语言的刨根问底和对大量研究结果不厌其烦的对比。）

从这张家谱中，我们也能清晰地看出（或听出）拉丁语的孩子们——罗曼语族或者说新拉丁语族语言之间的血缘关系。尽管同属

24

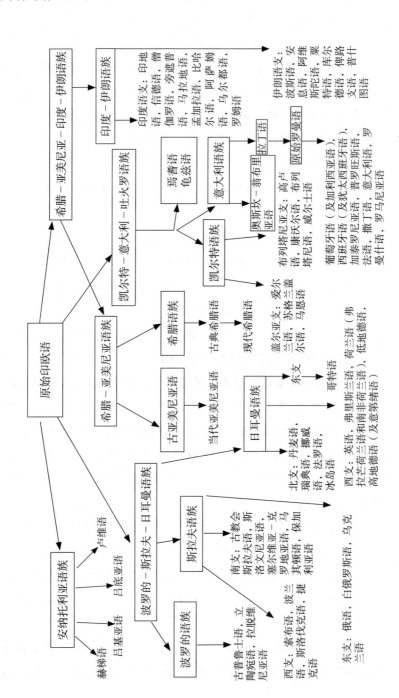

一族，不同语言和我们的语言之间的相似度也大相径庭：比如对我们而言葡萄牙语比罗马尼亚语好懂得多。我们还能了解西班牙语的母亲——拉丁语的一些家族情况。我们知道它曾有个姐妹——法利斯克语，它们的母亲属于意大利语族，同属该族的还有奥斯坎语和翁布里亚语，它们就像是拉丁语的姨妈或表姐妹。不过人们对于法利斯克语、奥斯坎语和翁布里亚语都只有模糊的认识。我们西班牙语同荷兰语很难攀上关系，更不用说同亚美尼亚语或孟加拉语。一个显而易见的事实是，如今近半数人类讲印欧语系的语言，全球超 25 过半数的出版物用这些语言写作。

　　至于原始印欧语在不同后代语言中存活的痕迹，我还有很多可说。当然，没有一门语言能涵盖已知的所有根词。别的不说，西班牙语的动词 ser 和 estar 保留了根词 ES- 和 STĀ-，但法语中根本没有estar 这个动词。再比如说，希腊语和英语中的"父亲"和"母亲"确实可以追溯到印欧语中的 pəter/māter，但对于"国王"的称呼却和根词 REG- 无关，而是有其各自的历史。最为集中地保留了印欧语根词的是梵语。与它的口语变体——普拉克里特诸语言不同的是，梵语通过书写得以圣化或者说固化。

　　我们说回拉丁语。对于一个母语为西班牙语的人（乌拉圭人、西班牙人、墨西哥人皆是如此），不说学拉丁语，至少学西语的同族语言绝非难事。他会发现，西班牙语的 olor de la rosa "玫瑰的气味"和葡萄牙语的 odor da rosa、法语的 odeur de la rose、意大利语的 odore della rosa 对于拉丁语的 odor rosae 有着一模一样的延续①。然而，如果他同时也学习荷兰语和波兰语，便很少能发现如此直接的

---

① 学着阅读（我是指看懂，不是会说）犹太西班牙语、加利西亚语、葡萄牙语、意大利语、法语、普罗旺斯语和加泰罗尼亚语都是快乐的源泉。如果要学罗马尼亚语，那可得有足够的耐心——手里得时刻拿着字典。

关联。

　　还有一个更令人震惊的事实：有一系列词，不仅和六七千年前时的词义完全相同，而且还在所有的印欧语中存活下来，那就是数词"二"至"十"（"一"的名称比较多样）。如图 1 所示。首行是由印欧语学家重塑的原始树干，接下来列出的是 12 门后代语言，首先是梵语和希腊语（表中使用的是 2500 年前的雅典希腊语中的词形）。意大利语族的代表为古典拉丁语和法语，凯尔特语族的代表为古爱尔兰语和盖尔语，日耳曼语族的代表为哥特语（已消亡）、德语和英语，波罗的语族的代表为立陶宛语，斯拉夫语族的代表为古斯拉夫语（或称"教会斯拉夫语"）和波兰语。最后，我还加上了五门非印欧语系的语言作为对比：匈牙利语、土耳其语、纳华语、巴斯克语和日语。

　　倘若再展开讲不同词语的发音、尤其是造成个中差异的原因，恐怕需要大量的篇幅。不过读者已经可以从表中看出一些端倪：1. 梵语不是和原始印欧语最相似的语言；2. 希腊语的"六"和"七"中带有 h-，而拉丁语以及其余印欧语则带有 s-；同理，希腊语的 hemi（如 hemiciclo "半圆"）可以对应拉丁语的 semi（如 semicírculo "半圆"）；3. 希腊语的"九"以一个"与众不同"的 en- 开头；4. 波罗的语族和斯拉夫语族的"九"预支了从"十"才开始出现的 d-⋯⋯读者能从中发现新的比较点、自己得出新的结论，因为一门语言的任何一位使用者都是潜在的语言学家。（匈牙利语的"十"tíz 和法语的 dix 很像，但这应该是巧合。相反，巴斯克语的"六"是 sei 就不是巧合了——应该是从西班牙语借词。）语言学在比较中诞生，这张表里就有许多可比之处。

　　简而言之，西班牙语的历史并非始于 1001 年前，而是追溯至更久远的年代。我们的语言是印欧语。几个世纪以来，哪怕我们的词汇几经变迁，吐故纳新，其内核始终如一。不仅词汇如此，语法

语言	2	3	4	5	6	7	8	9	10
印欧语	duō	trei	kwetwer	penkųe	sueks	septm	oktō	neuen	dekm
梵语	dvaú	tráyas	catváras	páñca	ṣaṭ	saptá	aṣṭaú	náva	dáśa
希腊语	dúō	treîs	téttares	pénte	héx	heptá	oktō	ennéa	déka
意大利语语族	duo	trēs	quatuor	quinque	sex	septem	octō	novem	decem
	deux	trois	quatre	cinq	six	sept	huit	neuf	dix
凯尔特语语族	da	tri	cethir	cóic	sé	secht n-	ocht n-	noí n-	deich n-
	deu	tri	pedwar	pump	chwech	seith	wyth	naw	dec
日耳曼语语族	twai	preis	fidwor	finf	saihs	sibun	ahtau	niun	taihun
	zwei	drei	vier	fünf	sechs	sieben	acht	neun	zehn
	two	three	four	five	six	seven	eight	nine	ten
波罗的语语族	dù	trỹs	keturì	penkì	šešì	septynì	aštuonì	devynì	dēšimt
斯拉夫语语族	dùva	trìje	četyre	petĭ	šeštĭ	sedmĭ	osmĭ	devętĭ	desętĭ
	dwa	trzy	cztery	pięć	sześć	siedem	osiem	dziewięć	dziesięć
非印欧语	kettő	három	négy	öt	hat	hét	nyolc	kilenc	tíz
	iki	üç	dört	beş	altı	yedi	sekiz	dokuz	on
	ome	yei	nahui	macuilli	chicuace	chicome	chicuei	chiconahui	matlactli
	bi	hiru	lau	bost	sei	zazpi	zortzi	bederatzi	hamar
	futatsu	mittsu	yottsu	itsutsu	muttsu	nanatsu	yattsu	kokonotsu	tō

图 1

和词法的部分基本框架也与原始印欧语一脉相承（比如变位的范式：fui, fuiste, fue, fuimos, fuisteis, fueron）。种种变迁丝毫没有破坏语言的延续性。

同智人已知的十万年历史相比，印欧语的七千年历史只是沧海一粟。可以肯定，正如我们的西班牙语是继承而来，印欧语的使用者也不可能凭空创造出自己的语言，而是从别处继承而来。他们的语言也有母亲，这位母亲也有自己的母亲，如此代代追溯数千年，直到我们最终寻得语言的"夏娃"。目前我们仍漂在未知的汪洋中。19 世纪，一些语言学家开始想象语言的起源，进而引发了另一些语言学家的思考并得出不同观点，他们之间的争论（尽管缺乏科学依据）激烈到 1866 年巴黎语言学会禁止提交有关该话题的论文。不过，近代人类在众多认知领域取得的重大发现都照亮了语言学的探索之路，如古生物学、人类学、比较解剖学、遗传学。当然，智人是动物界唯一一个能将符号串变为有声的语言、并借助它进行交流的物种（尼安德特人并不是智人）。语言遵循我们与生俱来的习惯：每个人都拥有为专为发音和组织语言而生的神经细胞网。正如地球上的几十亿人来自同一个地方，成千上万门语言之间也有一个共同的起源[1]，这并非妄言，而是单源论。既然人们对于印欧语门类（语系）有了清晰的概念，便开始试着对所有已知的语言分门别类。这个开端似乎前景美好。如果能明确十至十二个大的门类，或许将来能通过比较研究找到最原始的语言。这条路和印欧语学家走过的路必定大相径庭，因为"可比之处"应该有所不同。不过，有些事实让我们隐约能看到远远早于印欧语的那门语言。

印欧语词汇 pəter/māter 中，唯一专属于印欧语的元素只有 -ter，

---

[1] 关于语言的多样化，胡安娜修女曾在《第一个梦》的一章中提到，这是上帝因巴别塔事件而进行的严酷惩罚：人类本性相同，却因为语言的分化而产生隔阂。

这个词尾在印欧语的许多其他词汇中也存在（同理，西班牙语单词 esquiador "滑雪者" 中唯一专属于这门语言的只有 -ador）。这两个词的核心早于印欧语，证据是：在不计其数的非印欧语中，"父亲"[29] 和 "母亲" 的用词为 pa(pa) 和 ma(ma) 或类似的词汇。pa 和 ma 产生于语言起源之时，更有不少人说它们便是语言的起源。无论如何，语言学的假设 "童年的语言带我们找到语言的童年" 和生物学的假设 "由个体发育看种系发育" 都为人类带来了累累硕果。数百万个 "说西语的" 婴儿此刻正在咿咿呀呀说着 papa、mama（或 tata, baba, bebe, nene……），这也是对原始语言的传承。

（有人认为十万多年前，语言的起源和音乐的起源交织在一起，或者说音乐和语言原本实质上是同一个事物。这种说法并非 "不可能"，而是 "无法证明"——或者说是在现有的研究条件下无法验证，但未来极可能会出现新的研究手段。何况，有些想法即便无法证明，也足以让我们完全信服：**我们知道那是对的**。）

第二章　前罗马时期伊比利亚半岛上的语言

研究西班牙语历史的学者必须追溯到拉丁语，否则便难以理解它的历史。有些语文学家甚至认为仅从拉丁语在西班牙立足之后（即罗马人的语言实际成为意大利半岛上唯一的语言）开始研究还不够，而应该追溯到更久远的时期，理由是古罗马士兵和殖民者将拉丁语的"姨妈"或"表姐"——奥斯坎语的一些特征带到了伊斯帕尼亚。不过这些特征甚至未经过确凿无误的验证，因而在拉丁语压倒性的特征面前缺乏显现度。

比起这项调查，更为重要的是了解伊比利亚半岛被罗马人占领之前所使用的语言，这正是一代又一代的学者们献身的艰巨任务。他们的工作做得专业熟稔，并不是面向当前而是放眼过去，因为他们努力照亮的是史前的阴暗角落；而他们的许多结论对于了解我们的语言史意义重大。实际上，今天的西语国家人民仍在使用前罗马时期各民族已经使用的大量词汇；西班牙语的一些特征也被普遍认为是拉丁语进入半岛之前的某一门古老的语言"鲜活"的遗产：比如意大利语及其他姐妹语言中均使用 f- 的词汇如 ferir(e)，西班牙语却使用 h-——herir、hacer、hoja、humo 等等。

遗憾的是，在这个领域获得的实证还不多，人们逐渐得出的结论通常都暗含着"或许"的意味。当我们试图建立一种科学观点、但缺乏确凿无误的数据支撑时，便顺理成章地基于推论。况且，只要我们不出差错，推论常常能找出其他方式无法获知的真相。从 31 "马格德林时期"（即公元前约 13000 年旧石器时代晚期）才华横溢的艺术家在阿尔塔米拉（桑坦德省）的山洞中画下驯鹿、野牛和野马，到公元前几世纪，这期间的西班牙历史以及几乎整个欧洲历史，很大程度上都是建立在推论、假说和对它们的努力诠释之上。专家们在研究遗迹、古墓、雕像、瓦罐、工具、钱币、古剑之后，对西班牙语历史感兴趣的人会好奇他们如何解释这些发现；而这些专家则向语言学家和语文学家求助，希望他们能解释城市的旧称、残存的铭文，并从希伯来、希腊和罗马作家们留下或可能留下的只言片语（哪怕带着神话色彩）中找出原始西班牙的信息。

在今天的法国人、英国人和北欧人眼中，西班牙不太像欧洲国家，而是带有许多非洲特色。有句话说"非洲从比利牛斯山开始"，连不少西班牙人也自豪地赞同这一说法。确实，原始时期，生活在西班牙领土上的不仅有来自欧洲大陆的民族（定居在比利牛斯山一带和坎塔布里亚海岸），也有来自非洲北部的民族（定居在半岛南部和黎凡特沿海地区）。阿尔塔米拉的壁画与法国南部山洞里的壁画遥相呼应，却和阿尔佩拉（阿尔瓦塞特省）的不同，后者与非洲的壁画似乎更有关联。史前时期末年，第三条进入半岛的途径出现了：浩瀚的地中海。对于几个世纪以来一批批缓慢却不断远征寻找土地的族群来说，西班牙就是世界（西边）的尽头，再往前便是无法踏足的海洋了。（在有历史记载的时期，它也依然是陆地的尽头。）

伊比利亚半岛上的各族原住民之间一定也曾发生过融合与分裂，32 但我们无从知晓。古希腊的斯特拉波在他写于公元后初期的著作《地理学》中为我们列出了不少民族的名字，并在下页图中标注了其大致生活范围。（斯特拉波说除图中所列之外还有许多其他民族，但他不希望在这一页中充斥着读不出来的文字。）据他所说，这些民族的语言原本也各不相同；但到了斯特拉波写作时，半岛的罗马化已经完成，即便有人在罗马化的西班牙依然坚持使用本族的语言，根据其他资料显示，这些语言没过多久就消亡了（只有一个例外）。

因此，这位古希腊地理学家列出的清单对于学者们的研究派不上多少用场。这其中只有两三个民族有文字，也只有少数民族留下了可辨识的考古学遗迹。我们没法说存在"瓦凯"文化或"塞雷塔尼亚"语，而当我们说某物或某人很"卡尔佩塔尼亚－维托尼亚"时，其实是指非常西班牙化——卡尔佩塔尼亚人和维托尼亚人当时都生活在伊比利亚半岛中部。

然而，斯特拉波列出的民族中也有一些值得细说。排在首位的便是伊比利亚人。斯特拉波称其为"凯尔伊比利亚人"，因为当时

他们确实和凯尔特人结盟或是融合。但伊比利亚人经历过更辉煌的时期。比斯特拉波早五个世纪，历史学之父——哈利卡尔纳索斯城的希罗多德就已经提到"伊比利亚"，或者说是伊比鲁斯河流域（今埃布罗河），伊比利亚人就生活在那里，他们是前罗马时期西班牙土地上最文明发达的民族之一。他们深受希腊人的影响，这一点从他们的出土文物中可见一斑：钱币、金属制品、小石像和几座出众的雕像，这其中最精美的当属"埃尔切夫人"。更重要的是，伊比利亚人掌握了书写的技能。现代学者们已经成功地将现有的伊比利亚碑文（刻在铅板上）逐字分析，但可惜仍旧无法破解其含义。似乎可以肯定的是，伊比利亚人来自北非，后来他们的领土甚至一路扩张到今埃布罗河流域。

被斯特拉波"安置"在今安达卢西亚西部的图尔德塔尼亚人是公元前 11 至公元前 10 世纪的一个民族的后裔，这个民族以富饶著称。实际上，"图尔德塔尼亚"这个名字和"塔尔特苏斯"有关，据希罗多德说这是他们的主要城市的名字，这座城市位于今瓜达尔基维尔河河口（现代考古学家尚未在此发现任何相关踪迹）。而"塔尔特苏斯"（Tartessos）很显然是闪米特语的"他施"（Tharshish）一词的希腊化形式，《圣经》中也屡次提到"他施"一词。《列王记·上》中说所罗门王"有他施船队与希兰（腓尼基的城邦推罗之王）的船只一同航海，三年一次，装载金银、象牙、猿猴、孔雀回来。"《以赛亚书》中，耶和华准备降罚至一切骄傲狂妄之物——临到高山峻岭、利巴嫩的香柏树、高台，"又临到他施的船只"。《以西结书》中提到他施人"多有各类的财物，银，铁，锡，铅。"或许希罗多德的名望使得"塔尔特苏斯"这一名字幸运地流传了下来，而斯特拉波通常用"塔尔特西安人"来称呼图尔德塔尼亚人。

《圣经》中的文字还透露了一个信息：腓尼基人作为杰出的航海家，从公元前 11 世纪开始，就在塔尔特苏斯地区和推罗以及西顿城邦之间保持着活跃的贸易往来。几个世纪以后，希腊人开始与腓尼基人展开角逐，但最终落败。斯特拉波称，塔尔特西安人号称自己的文字有长达六千年的历史。这显然是夸大其词，原因在于：公元 1 世纪时，他们引以为傲的诗歌及诗歌体的法规已然成为历史；此时，他们不仅接纳了古罗马的习俗，也忘却了自己的语言。因而，我们能找到的塔尔特苏斯铭文甚至比伊比利亚人的更难破译，这也便不足为奇了。我们唯一知道的是他们采用的书写符号和伊比利亚人的不同，自然也就属于另一门语言。总之，尽管这两个民族似乎都来自于非洲大陆，我们却不知道他们之间究竟存在何种联系。

斯特拉波"置于"地图上半岛中部的民族，如卡尔佩塔尼亚人和奥雷塔尼亚人，似乎是一次或数次移民潮后的利古里亚遗民，这些移民潮的时间无法考证。如今的利古里亚是意大利的一个大区，以热那亚为中心，而史前时期的利古里亚人的领土比如今大得多，横贯东西。他们的母语不是印欧语，但来西班牙时他们说的话已经夹带了不少印欧语杂质。这些杂质来自伊利里亚人，这是曾经的南斯拉夫的一个民族，似乎曾被利古里亚人奴役。伊斯帕尼亚的拉丁语中的一些变化或许可以被认为是受到伊利里亚－利古里亚人"半印欧语"的影响。

凯尔特人是古代赫赫有名的一个民族。斯特拉波的地图上有两处他们的身影：一处位于今加利西亚和葡萄牙北部，另一处则位于
35 今索利亚省、即上文提及的与伊比利亚人结盟的地区。实际上，语言学和历史学永远可靠的助手——地名告诉我们半岛上的大部分地区都有凯尔特人的身影。比如下列凯尔特语的地名 Brácara（布拉加），Aébura（耶夫拉），Bletísama（莱德斯马），Mundóbriga（穆内夫雷加），Conímbriga（科英布拉），Segóbriga（塞戈布里加），Segovia（塞哥维亚），Segontia（锡古恩萨），Bisuldunum（贝萨卢），Cl-

unia（拉科鲁尼亚）大约公元前 8 世纪开始，凯尔特人通过几次移民潮陆续来到伊斯帕尼亚。在印欧语中，凯尔特语是最像拉丁语的语言。当时，凯尔特民族已经在（或仍在）不列颠群岛和今法国地区蔓延开来。

我们之所以能了解原始凯尔特人，不仅因为他们留下大量古老的证据，也因为根据他们的各族后裔（盖尔人、爱尔兰人、布列塔尼亚人等）可以重构出许多信息。凯尔特人在西班牙和葡萄牙留下了古城堡和军营的废墟，这说明他们是个时刻处于防御状态的民族。高卢战争中抗击尤利乌斯·恺撒的是凯尔特人，在西班牙和罗马军队对抗的几个首领名字也是凯尔特语。凯尔特人在西班牙的语言方面留下了浓重的一笔，在葡萄牙和西班牙的加利西亚地区（很多现代加利西亚人自认为是凯尔特"灵魂"真正的继承者）可能更甚。他们没有自己的字母：留下的碑刻都是由拉丁文写成的，只有一块铅板上与众不同地写着伊比利亚语字母。借助这些（晚期的）碑刻我们可以肯定，伊斯帕尼亚的凯尔特人最终形成了某些独特风格。他们对于半岛上的罗曼语语言结构各方面（比如语音）的影响巨大，但恰恰因为凯尔特各部族在前罗马时期的西欧分散而居，这种影响难以明确。可以举个例子：和西班牙语的 noche 相比，意大利语的 notte 和罗马尼亚语的 noapte 对拉丁语中 noctem 的 -ct- 组合保留得更完整；西语中 -ct- 的缺失被认为是受凯尔特语影响，葡萄牙语的 noite、普罗旺斯语的 nuech、法语的 nuit 和加泰罗尼亚语的 nit 也是同理。另一方面，西班牙语中来自于凯尔特语的词汇更是比比皆是。拉丁语在凯尔特人生活的地区吸收了许多词语，它们渐渐演变成西班牙语中的 abedul、alondra、brío、caballo、cabaña、camino、cami- sa、carro、cerveza、legua、pieza、salmón，这些是西班牙语和几乎所有的罗曼语都共有的词汇。

在被罗马人占领之前，西班牙使用的另一个语言是希腊语。不过，和凯尔特语不同，希腊语似乎只在商行和港口建筑中使用。杰出而富有想象力的希腊人为了打败腓尼基人，从公元前 7 世纪开始建造这些商行及建筑以打通商路。在希罗多德之前，伊比利亚半岛的故事已经出现在赫拉克勒斯的神话中。他的一个任务是偷走赫斯珀利德斯姐妹看管的金苹果。赫斯珀利德斯姐妹是赫斯珀利斯和巨神阿特拉斯的女儿，她们负责看管世界西境的一处果园。（或许暗示了希腊与塔尔特西安的贸易往来？）"赫斯珀利斯"这个名字来源于希腊语中和拉丁语的 Vesper 相近的一词，Vesper 是黄昏时出现在西边的一颗星；"阿特拉斯"后用来给大西洋命名。赫拉克勒斯还有一个任务是抓住革律翁的牛群，革律翁是长了三个身躯的怪兽，也生活在世界西方的尽头。（或许可以理解成希腊人和腓尼基人的塔尔特苏斯之争？）希腊神话后期的版本中，赫拉克勒斯用双臂的力量将欧洲大陆与非洲大陆分开，从而创造了直布罗陀海峡。（这一壮举留下的纪念是一对"赫拉克勒斯之柱"：一个在西班牙这一侧的卡尔佩，另一个在非洲的阿比拉。）

希腊人对伊比利亚半岛的艺术和手工业影响深远（雕塑、建筑、陶艺、铸币等），可能还引入了葡萄与橄榄的种植，但他们算不上岛上真正的居民或殖民者，因此没有在语言方面留下直接的痕迹。当然，希腊语在词汇方面为我们的语言（以及其他很多语言）留下了丰厚的遗产。比如 bodega 和 botica, cítara 和 cristal, historia 和 poesía, ángel 和 diablo 以及 paraíso（infierno 不在此列）等许多词汇都可追溯到希腊语。不过，希腊语留给我们的这些财富实际上都是先被拉丁语吸收，再通过拉丁语传给我们的。（其实现在依然如此。留存至今的古希腊文化都经过了拉丁语的过滤：我们说 cronología 而不是 jronología 是因为拉丁语没有 j 这个音素，我们说 sismógrafo 而不是 seismógrafo 是因为希腊语的二重元音 ei 在拉丁语中转写为长元音 i）。古希腊语留给西班牙的唯一专属遗产是少量地名。"塔尔特苏斯"这个响亮的名字没有被该地区的任何一个渔村保留下来，但地中海沿岸（赫罗纳省）的小海港罗萨斯（Rosas）却沿用了希腊语的名字 Rhode，安普利亚斯市（Ampurias）也保留了其希腊名 Emporion，在希腊语中意为"海上贸易中心"。

"塔尔特苏斯"一词可能并不是单指一座城市，而是一大片地区，甚至可能是整个伊比利亚半岛的南部；那里正是斯特拉波认为腓尼基人迁徙至岛上 10 世纪之后"图尔德塔尼亚人"生活的地方。公元前 1100 年，腓尼基人建立了加地尔城（罗马人称为 Gades，阿拉伯人称为 Qadis，也就是现在的加的斯城）。加地尔城和他们后来建立的其他根据地一样，不仅仅是一个中转港口，而是真正的生活中心。腓尼基人在这里留下了巨大的影响。伊比利亚半岛上发现的大部分铭文使用的文字都是腓尼基文的变体；史料可证，公元前 1 世纪，西班牙南部地区还在使用一种布匿－腓尼基语，而这时候图尔德塔尼亚人或者说塔尔特西安人早就销声匿迹了。

这种布匿－腓尼基语是古迦太基的布匿民族的语言。古迦太基是推罗和西顿这两个城邦最著名的殖民地；公元前 5 世纪，它完全取代了母邦在地中海地区的统治地位。它的军队在公元 3 世纪甚至占领了半岛上的大部分地区（一直到今埃布罗河流域及杜埃罗河流域）。罗马这个新兴帝国自然无法容忍这样的占领，于是在公元前 218 至公元前 201 年发动了一场意义深远的战争之后，终于将迦太基人赶出了西班牙。这场战争中的不少故事都被史学家孜孜不倦地记录下来了。迦太基人也在地名文化上留下了烙印：Málaka（马拉加），Cartagena（"新迦太基"），Ebusus（伊比萨）。甚至连罗马人对西班牙这个新征服的国家的称呼——伊斯帕尼亚（Hispania），都是迦太基人所取的布匿语名字的拉丁化形式，意为"兔子之地"。整个半岛在历史上第一次拥有了统一的名字。

伊斯帕尼亚半岛上的前罗马时期民族中，我特意留到最后提

38 及的是"巴斯克尼亚人"。根据斯特拉波所说，他们的活动范围正是今天的巴斯克人生活的地区——围绕比斯开湾，一半在西班牙境内，一半在法国境内。尽管几个世纪以来巴斯克人同其他民族进行了充分的融合，并且可以说吸收了近现代欧洲的几乎所有风俗；但没有人会怀疑从遗传学角度上看，他们是原始巴斯克尼亚人的后裔。相反，没有人敢断言现在的阿斯图里亚斯人是直接从"阿斯图尔人"进化来的，尽管斯特拉波的地图上，阿斯图尔人基本就生活在今阿斯图里亚斯的位置。更重要的是，人们对于"阿斯图尔人"的语言一无所知，甚至连他们究竟说什么语言都未知，而巴斯克语至今仍有成千上万的使用者。它是前罗马时期的半岛语言中唯一存活至今的，或者说是唯一一个没有被拉丁语逐出战场的对手。正因如此，才会有浩瀚的文字资料讲述今天的巴斯克人和他们的习俗、语言（分割为几种方言）、在西班牙国内的政治地位等，以及历史上的巴斯克人和他们的语言、习俗、圈地、在整个西班牙历史上留下的零星的痕迹（18 世纪发展到鼎盛时期之前）。

其中，关于巴斯克语与伊比利亚语的关系的资料尤其丰富。从希罗多德开始，"伊比利亚"一词被希腊史学家们屡屡提起，最终似乎用来模糊地指称整个半岛，而不再局限在今埃布罗河地区。所谓"模糊地"，是指不具备"伊斯帕尼亚"一词的历史性与准确性。出于某种理想化的心理，伊比利亚人渐渐被视为半岛上的"优等"民族。19 世纪时甚至出现了这些说法："远古时期伊比利亚人便已来到西班牙"；"伊比利亚人在阿尔塔米拉画下了野牛和野马"；"伊比利亚人雕出了埃尔切夫人"；"伊比利亚人抵抗了罗马侵略者"；"伊比利亚人就是巴斯克人"。正如我们上文提到威廉·琼斯爵士认为（1786）梵语就是"原始印欧语"，威廉·冯·洪堡则认为（1821）巴斯克语

就是"原始伊比利亚语（或是其残存的部分）"①。

　　洪堡是一位杰出的先驱，但我们的时代与他的时代相比又有了 39
很大的进步，如今不会有人思考问题如此简单。有些地名确实可以
说明巴斯克语曾经的使用范围比如今要广：阿兰胡埃斯（Aranjuez，
位于马德里附近）与阿兰萨苏（Aránzazu，巴斯克大区里吉普斯夸
的一个省）相近；瓜达拉哈拉（Guadalajara，也位于马德里附近）
是 Arriaca 的阿拉伯语化，这是它巴斯克语的旧名；阿尔库维耶雷
（Alcubierre，位于韦斯卡）与巴尔德拉杜埃河（Valderaduey，位于卡
斯蒂利亚高原）也是巴斯克语地名。但没有人会据此认定巴斯克语
是前罗马时期半岛上大部分居民使用的语言。就连其存活下来这一
优势也被一个事实抵消：直到非常近代的时期才开始留下相关的书
面证据，而这些证据都用现代巴斯克语书写，里面充斥着拉丁语和
西班牙语借词。一位现代语言学家甚至由此得出结论，认为巴斯克
语只是众多罗曼语之一；他的这一结论自然遭到了同行的反对，更
是引发了巴斯克人的群情激愤。

　　不过，尽管如此，这一点有助于我们明确了解前罗马时期的巴
斯克语有多么困难。人们甚至不知道"巴斯克尼亚人"是从非洲来
到西班牙，还是从高加索山穿越了欧洲大陆来到这里。的确有人认
为巴斯克语和高加索语有关，还有人认为它与苏丹语、科普特语等
远古的含米特语相似。唯一可以推断的是，文明程度更高的伊比利
亚人影响了古巴斯克尼亚人，正如两千年后的巴斯克语中充斥着拉
丁语借词和西班牙语借词，迷雾重重的久远年代的古巴斯克语想必

---

① 居住在墨西哥的比斯开人巴尔塔萨·德·埃查韦曾于 1607 年在当地发表了《论
坎塔布里亚 – 巴斯克语》，其中介绍到这门语言时这样说道："她就像一位受人尊敬的
老妇，抱怨着自己明是西班牙土地上第一个出现且（曾被）广泛使用的语言，土生
土长的子孙们却将她遗忘，宁可接受外来语言。"这位老妇只有提到"对她从一而终"
的吉普斯夸和比斯开时才略显亲切。

也充满"伊比利亚语借词"。巴斯克语就这样成了伊比利亚语的"见证者",但由于我们对伊比利亚语尚不了解,也就很难说清楚这到底意味着什么。

40   还有很多文章探讨了巴斯克语对卡斯蒂利亚语在发音、词法、词汇方面的影响,认为它们使卡斯蒂利亚语呈现出区别于其他罗曼语的特征。然而,由于上面提到的原因,除了一些沿用至今的名字(Íñigo、Javier、Jimeno 和 García 等)之外,可靠确切的结论屈指可数。

有一个事实毋庸置疑:巴斯克人属于现代化程度高却"尚古"、抵触外来文化潮流的欧洲民族之一。这一点使之成为学者们的研究热点。一位当代巴斯克人类学家曾发现,他的同胞们怀有的神秘与奇幻思想带有明显的"异教"色彩。历史上巴斯克人表现出来的封闭意识(比如他们受罗马文化、基督教文化或阿拉伯文化的渗透极少)想必在史前时期就已经存在。脱离科学标准来看,有人认为这种意识是活力与独立的标志,也有人认为它意味着顽固与野蛮。语言学家们毫不意外地发现巴斯克人很晚才开始学习书写,直到21世纪仍用 aitzcolari(aitz 意为"石头")称呼斧子。

19世纪中期,法国发明了"拉丁美洲"这一术语来指称所有讲拉丁语的后代语言的美洲地区:不但包括西班牙语国家,还有巴西、海地和加拿大的法语区。虽然这一起源不甚准确,这个词幸运地流传了下来。既然没有人会用"拉美人"来称呼生活在魁北克的加拿大人,这个词实际上就等同于"伊比利亚美洲":伊比利亚是西班牙语和葡萄牙语的摇篮(法语不在此列)。假如美洲大陆上曾有过使用加泰罗尼亚语和巴斯克语的地区,那么这些地区也是"伊比利亚美洲"的一部分。"伊比利亚罗曼语"一词用于指称拉丁语留在这座半岛上的所有后代语言(葡萄牙语、卡斯蒂利亚语和加泰罗尼亚语以及他们所有的方言和变体),"伊比利亚半岛"上能容得下所有的伊比利亚罗曼语和巴斯克语。

　　"伊比利亚"一词的广泛使用也饱含人们对历史学之父希罗多 41
德的敬意。不过，语言学家们非常清楚"伊比利亚的"是一个不够
科学严谨的概念：它的外延太广，其中很大一部分依然充满未知数。
比如前罗马时期，伊比利亚语和塔尔特苏斯语这么重要的语言之间
有着什么样的关系，我们仍一无所知。"伊比利亚的"其实只是一个
图方便的说法。假如把斯特拉波笔下的"塞雷塔尼亚人"以及"奥
雷塔尼亚人"纳入其中，相信也不会有人反对。"伊比利亚的"和我
们口中的"土著的""前罗马的""史前的"一样，简化了我们的未
知领域。也只有这样，我们才能说西班牙语中某些词汇以及词法甚
至音位学方面的特征（大致）是来源于伊比利亚语。

　　词汇是最直观的表现。我们以下列五十个"伊比利亚"词汇
为例：

abarca	braga	galápago	losa	sabandija
ardilla	breña	gándara	manteca	sapo
arroyo	bruja	garrapata	moño	sarna
ascua	carrasca	gazapo	morcilla	tarugo
balsa	cencerro	gordo	muñeca	toca
barda	chamorro	gorra	nava	tranca
barranco	chaparro	greña	páramo	urraca
barro	conejo	izquierdo	perro	vega
becerro	coscojo	lanza	pizarra	zamarra
beleño	cueto	légamo	ráfaga	zurra

　　要注意的是：随着与土著人渐渐接触，罗马人听到了这些词汇
（当然不是它们现在的形态），但并非在整个半岛上都能听到。伊比
利亚半岛上的语言就像一块拼图，这些词汇只是其中极小的一部分
碎片。

　　上表中不包括来源于凯尔特语的词汇，它们对于罗马人而言并

不是新事物，且经过演变后出现在了拉丁语的几乎所有后代语言中（比如 gato 和 salmón，caballo 和 alondra）。但包括一些被不同时期的写作者们认为属于西班牙凯尔特语的词汇，即"凯尔特伊比利亚语词汇"。因此，尽管凯尔特语词汇 lanza 和 conejo 也存在（或曾存在）于普罗旺斯语、法语和意大利语中，它们还是被公元前 1 世纪起的罗马作家认定属于西班牙语。其中，老普林尼甚至说不仅是 conejo（拉丁语为 cunículus）一词，就连兔子这个动物都来自伊比利亚半岛。（您可以回忆一下 Hispania 一词在布匿语中的意思。）

至于表中的其他词汇，我们确知的信息并不多。有些被记录在伊斯帕尼亚发现的拉丁语铭文中（如 balsa、losa、páramo）；有些被拉丁语作家认定为西班牙语词汇（如 arroyo、coscojo、gordo、sarna），这些作家包括从公元前 1 世纪的瓦罗开始到公元 6、7 世纪的圣伊西多禄。有些只在西班牙语中得以保留（如 perro 和凯尔特语借词 beleño），有些则存在于西班牙语和葡萄牙语中（如 rebaño 和 sapo），还有些为加泰罗尼亚语独有。有些与柏柏尔语相关（如 carrasca），有些则呈现出伊利里亚－利古里亚特征（如 gándara）。人们曾认为 izquierdo 和 pizarra 这样的词来源于巴斯克语，但它们没有任何与古巴斯克语的确凿关联，倒不如说西班牙语的 izquierdo 和巴斯克语的 ezker(r) 有着共同的"伊比利亚"词源——这和西班牙语的 conejo 与意大利语的 coniglio 有共同的凯尔特词源是一个道理。

读者浏览上表时，想必注意到了一组奇特的词：barro、gorra、zurra、perro、becerro、cencerro、chaparro、pizarra、zamarra (=chamarra) 和 chamorro。它们雄浑的词尾一下子破坏了听者的体验以及想象力。这些是非常"伊比利亚式的"（您也可以说是非常"卡尔佩塔尼亚－维托尼亚的"）词汇，如同戈雅的作品一样富于表现力，带着和法语的高贵以及意大利语的优雅截然不同的粗犷风格。当然，这是美学的评判标准，和语言学无关；但从科学角度来说，伊比利亚民族确

实对 -rro(-rra) 这一后缀情有独钟，他们甚至把这一后缀加到拉丁语词汇上以示强调。比如 cigarra（其中的 rr 音仿佛让我们听到了蝉鸣）就无法仅通过拉丁语的 cicada 来解释其词形变化，而同样来自拉丁语的 pan、macho 和 búho 加上这一后缀变成了 panarra、machorro 和 buharro。这也反映了 baturro、cachorro、cotorra、gamarra、guijarro、chamorro、modorra 和 pachorra 等许多其他词语的历史。 43

同理，galápago、gándara、légamo、ráfaga 和 páramo 向我们展示了一种非常"伊比利亚式"的重音落在倒数第三个音节上的词尾。这也是给拉丁语词汇加上几个非重读的后缀进行强调。lamp- 是拉丁语词素（其实是来自希腊语），但 lámpara 和 relámpago 是典型的"伊比利亚"词汇（它们在意大利语和法语中的形式与之不同）。拉丁语的 murem caecum（"瞎眼老鼠"）按理在西班牙语中应该变为 murciego，但却很快演变成了 murciégano 或 murciégalo（或许人们当时下意识地回忆起这些古老的后缀）——如此不安生的动物当然需要一个更响亮的名字。这类非重读后缀中最顽强的当属 ´-ago，所以最后 murciélago 占了上风。vástago、tártago、tráfago、lóbrego、muérdago、bálago 和 ciénaga 也因为其词尾而算得上典型的"伊比利亚"词汇（我们可以猜想出从 cieno 到 ciénaga 的变迁）。甚至连到了近代才被西语吸收的拉丁语词汇 farrágo 和 plumbágo 最后也将重音改落至倒数第三个音节：某种史前"伊比利亚"的神秘力量在我们中间扎根，促使我们将它们（错误地）念成 fárrago 和 plúmbago。生命力同样顽强的非重读后缀还有 ´-ano，如 cuévano、médano 和 sótano。显然正因如此 cándalo 和 carámbalo 被 cándano 和 carámbano 所取代，或许 nuégado 在墨西哥被称为 muégano 也是由于这个原因。

还有两个重读的"伊比利亚"后缀生命力稍逊一筹：一个是 -asco，如 peñasco、nevasca 和 borrasca；另一个是 -iego，如 mujeriego、andariego、nocherniego（或 nocharniego），等等。

最后我们还会联想到许许多多含 -z 的姓氏——用它来给"伊比利亚"词汇队列画上句点不是因为它的内容，而是因为其形式。López、Pérez 和 Martínez 等姓氏源自拉丁语的 Lupus、Petrus 和 Martinus。有人认为这个 -z（也存在于 Muñiz、Muñoz、Ferruz 中）来自于利古里亚语。笔者不排除这种可能，总之可以肯定的是它是在伊比利亚半岛上发展壮大起来的。

第三章　罗马人的语言

　　最早书写了西班牙语词语的文献出现于"1001"年前，这些文献就是我们的语言的出生证明。文献都是以拉丁语写成，西班牙语词语只是一旁空白处的"批注"，用于解释或翻译某些艰深的拉丁语词语。如果把这些加注的词语按字母顺序排列，我们就能得到一本字典，虽然不算精心编纂，但它和今天学习拉丁语的西语人群使用的拉丁语字典并没有本质上的区别：被注释的词语属于一门已经消亡的语言，而注释则属于一门活跃的语言——西班牙语。我们会在适当的时候（见第125页）再提这些"批注"；现在先说说这些文档中的拉丁语部分，也是最重要、最显眼的部分。

　　在这其中，有份文档记录了圣奥古斯丁的某次布道，这位作家对于中世纪文化有着不可估量的影响。圣奥古斯丁使用的拉丁语本质上就是西塞罗的拉丁语。（人们将西塞罗的拉丁语视为"好的拉丁语"的典范。）乍一看，从西塞罗到圣奥古斯丁的五个世纪内，拉丁语似乎没有发生显著的变化。但这显然是不可能的，没有一门语言会在这么长的时间里一成不变。事实是：圣奥古斯丁的拉丁语是书面语，而他布道时口述的语言（不是听众们讲的语言）已经不同于西塞罗时代的拉丁语。这位圣徒生活的354至430年间，"好的拉丁语"只能藏身于写出来的文字中。正如西塞罗的拉丁语是圣奥古斯丁写作时参考的范本，圣奥古斯丁的拉丁语也是之后几个世纪整个罗马文化统治下的欧洲的语言范本之一，从葡萄牙到德国，从爱尔兰到奥地利皆是如此。甚至到了 10 世纪以后，整个西欧任何书写出45 来的东西实际上都使用拉丁语。有趣的是，彼时西塞罗、圣奥古斯丁及不计其数的后人使用的拉丁语早就是一门死了的语言，没有一个地方讲这种语言。1001 年前，不知是谁给圣奥古斯丁的布道作了西班牙语的"批注"，而它们恰恰成了这两门语言之间更迭的证明，是对一门"通俗"语言的认可。这种语言没有书写的传统，也没有拉丁语显赫的声名，但它有自己的优势——它是被某个人类群体正在使用的、活着的语言。

写下这些"批注"之前的十个世纪是对西班牙语的诞生真正有意义的时期。那是动荡不休的十个世纪，期间发生了至关重要的事件（如哥特人和阿拉伯人的入侵）；那也是孕育和造就了我们的语言的十个世纪。10 世纪下半叶，西班牙语已经转变了阵营：它更接近 1001 年后的今天，而不是 1001 年前西塞罗的时代。

写下这些"批注"的十个世纪之前，即公元前数十年，几乎整个伊比利亚半岛都在罗马人掌控之下。前罗马时期各民族的语言没有全部消亡，但拉丁语的统治地位已经不容置疑。早在两百年前，西庇阿家族就已经在安普里昂（今安普利亚斯）登陆，赶走了迦太基人。这次驱逐以公元前 206 年罗马人占领加地尔城（罗马人称为 Gades，今加的斯城）胜利告终，比起征服内陆地区部分民族付出的时间和鲜血要少得多。葡萄牙人一直歌颂比里亚托的故事，他是卢西塔尼亚人抵抗罗马人的首领，却在 139 年遭到背叛而被杀害；同样，西班牙人（包括塞万提斯）向来颂扬凯尔特伊比利亚人的城市努曼西亚，133 年，这座城市宁愿集体自杀也不愿向罗马人的桎梏低头。相反，罗马人占领贝蒂卡（今安达卢西亚）和地中海沿岸大部分地区的进程都是迅速而和平的。

征服伊斯帕尼亚标志着罗马的势力开始向意大利半岛以外的领土扩张。罗马人在安普利亚斯登陆的那一年（公元前218年），仍在和意大利北部的几个民族作战。随后的三个世纪内，他们不但降服了这几个民族，而且通过接连不断的扩张统治了大片欧洲、非洲和亚洲地区。罗马帝国从此诞生。

公元前1世纪，罗马帝国除了有向外扩张之战，还有统治的野心滋生出来的内战。内战在帝国的各地上演（比如埃及），伊斯帕尼亚则是马略和苏拉、恺撒和庞培之间的战场。公元前31年，随着马克·安东尼的落败，时局掌握在了奥古斯都手中。

奥古斯都对于罗马帝国而言，就如同查理五世之于西班牙帝国、维多利亚女王之于不列颠帝国的意义。伟大帝国向来都是备受争议的话题，很难说究竟是好是坏。但关于罗马帝国，拉法埃尔·拉佩萨的这番话比较中肯："征服他国的同时，罗马终结了部落之间的斗争、民族的迁移流动和城市之间的冲突；它在其他国家强制推行秩序，而秩序恰恰就是它的力量。"原本各异的民族"变得服从由一个统一的国家下达的命令"。被征服的民族自然蒙受巨大损失，甚至包括自己的语言；但毫无疑问，长远来看，他们也得到了很多东西，首先就是将拉丁语变成了他们的语言。

这个时期是真正的"条条大路通罗马"的时期。在所有曾属于罗马帝国的地区，如今依然能看到当时修建的庞大的公路网的路段；各地都有罗马的执政官、官员、士兵和移民；各地都矗立起相同的拱门和石碑，建造相同的水渠、桥梁和楼房（庙宇、住房、学校、浴室、竞技场、剧场）；各地都接受了同样的生活方式（法律、民事组织、习俗、服装、技术、手工艺）；各地（或者说几乎各地）都接受了罗马的宗教信仰①。

47　　渐渐地，其余宗教纷纷为基督教让道。公元 4 世纪初，优西比乌甚至认为"罗马和平"恰逢基督教诞生之初是天意。这个新诞生的宗教在 313 年君士坦丁统治时期成为帝国公开承认的宗教。圣奥古斯丁在《上帝之城》中认为，罗马帝国是基督教的基石。与他同时代的伊斯帕尼亚人普鲁登修斯则说："各个民族说着不同的语言，各个王国有着不同的信仰。上帝要将他们合并为一个社会，使他们的习俗从属于一个帝国，令他们屈服于同一个枷锁，这样爱的宗教才能容下所有人的灵魂……于是人们在罗马的统领下，为迎接基督的到来铺路，为建设世界和平而奠基。"

　　最后，各地都回荡着拉丁语的声音。当然，它在各地的普及程度不尽相同，我们举前面的地图中出现过的两个行省作为两个极端的例子：在卢西塔尼亚，罗马入侵之前的所有语言都在拉丁语的压力之下消失得无影无踪；而在亚美尼亚，基本只有罗马派来的士兵和官员之间说拉丁语，还有少数充当罗马人和当地百姓之间沟通桥梁的当地人学着说拉丁语。

　　当然，拉丁语对希腊语的生存根本不构成任何威胁，不仅是希腊大陆和整个爱琴海，小亚细亚和埃及也使用希腊语。甚至应该说恰恰相反：罗马人向来痴迷于希腊人的语言文化，他们最渴望的莫过于能和希腊人相提并论。他们确实如愿以偿——罗马帝国时期的希腊作家普鲁塔克所著的《希腊罗马名人传》中，将每个罗马名人都对应于一个希腊名人：恺撒就是第二个亚历山大大帝，西塞罗就是第二个德摩斯梯尼，诸如此类。只有极少数的说希腊语的臣民学

---

① 有一个小细节：奥地利民俗中保留了（或者说直到不久前还保留着）信奉泉水仙女莎娜斯（Xanas）的传统。xana 一词（音同 shana）很容易让人联想到山林仙女之首狄亚娜（Diana）。显然，这也是罗马信仰遗留下来的产物。

习拉丁语；相反，在罗马城的街道上经常能听到希腊语，而在意大
利南部和西西里岛，希腊语甚至比拉丁语更常用。没有一个希腊人 48
用拉丁语写作，但出生在罗马的马克·奥勒留大帝却用希腊语写就
了他非常个人化的《沉思录》。犹太行省总督本丢·彼拉多命人在一
位犯人的十字架上"用希伯来语、希腊语和拉丁语"三种语言写下
了一句著名的标语①；事实上他完全可以省去拉丁语，在帝国的东部，
希腊语就是"国语"。直到 4 世纪，希腊语都是罗马城礼拜仪式的语
言，基督教的所有原始资料也都是用希腊语写的。

　　整个帝国内，罗马人的语言占统治地位的地区被称为罗曼语族
地区，研究拉丁语在这些地区的变迁的现代学科叫罗曼语语言文学。
如今的罗曼语族地区只包括五个欧洲国家（葡萄牙、西班牙、法国、
意大利、罗马尼亚）和两个欧洲国家（比利时和瑞士）的部分地区，
但公元后最初的几个世纪内，它所包括的范围比现在宽广得多。在
诸如阿非利加（圣奥古斯丁的故土）和潘诺尼亚［圣哲罗姆的故土］
等行省，拉丁语都是占统治地位的语言。讽刺的是，罗马尼亚，唯
一一个被排除在最初的罗曼语族地区之外的国家，最后却继承了它
的名字。为了弥补在欧洲遭遇的损失，罗曼语国家后来对新大陆展
开大规模的语言征服战：如今西班牙语美洲、巴西、海地和加拿大
法语区都"像罗马人一样"说话，"讲罗马式的语言"。（romance 一
词来源于拉丁语的副词 románice。直到 17 世纪，人们依然爱说"用
罗曼语"，而不是"用西班牙语"。今天，语言学家们说到"罗曼语
族"和"拉丁语族"时，都是指拉丁语的后代语言。）

---

① 此处指耶稣被钉在十字架上时，士兵们在十字架顶部写下的那句"拿撒勒的耶
稣，犹太人的王。"——译者注

罗马时期的伊斯帕尼亚

当帝国的命运落入奥古斯都之手时，伊斯帕尼亚北部的阿斯图尔人和坎塔布里亚人生活的地区尚未被罗马人占领。为了降服或者
49 说"驯化"这些民族，公元前 19 年，奥古斯都派出第七军团驻扎在边境的战略地区。莱昂市和莱昂王国保留了对这支军团的记忆：Legionem > León。那几年间建立的三座城市的名字也向奥古斯都致敬：Pax Augusta（Badajoz，巴达霍斯），Caesaraugusta（Zaragoza，萨拉戈萨），Emérita Augusta（Mérida，梅里达）①。伊斯帕尼亚的地图上开始布满拉丁语地名。有些名字至今几乎没有变化，比如 Córduba 和 Valentia。有些在几个世纪之后发生了形态变化：Antonianum > Antuñano（安图尼亚诺），Aurelium > Orejo（奥雷霍），Caepionem > Chipiona（奇皮奥纳），Lupinium > Lupiñén（卢皮年），Metellini > Medellín（梅德林），Mons Iovis > Mongó（蒙戈），Urso > Osuna（奥苏纳）。前面我们说过，前罗马时期半岛上的地名（尤其是凯尔特语

---

① 梅里达郊区横跨瓜地亚纳河的大桥以及经过该桥的公路已经连续运行了 20 个世纪之久。有三条主干道以梅里达为起点：一条叫"阔路"（Vía Lata，译为西班牙语后改称为"银色大道"），通往卡塞雷斯堡、萨拉曼卡、萨莫拉和阿斯托尔加，其支线从萨拉曼卡向外延伸；另一条通往托莱多、埃纳雷斯、锡古恩萨和萨拉戈萨，有一条支线通往梅德林、科尔多瓦、安特克拉和马拉加；还有一条通往塞维利亚和加的斯。有一本书叫《安敦尼行记》，被视为罗马帝国公路指南，其中提到的西班牙境内的公路多达 34 条。这些公路自然是首先为军事目的而服务，但同时也是拉丁语进入半岛的重要手段。罗马人在西班牙建的第一条公路是奥克斯坦大道，从佩皮尼朗到卡塔赫纳，途经安普利亚斯、巴塞罗那、塔拉戈纳、萨贡托和瓦伦西亚。（多米蒂亚大道连接佩皮尼朗和意大利北部。）塔拉戈纳和拉科鲁尼亚之间还有一条长长的公路，途经莱里达、萨拉戈萨、努曼西亚、布尔戈斯奥斯马以及阿斯托尔加。《熙德之歌》中第 400 行提到的公路（"由吉内亚公路走过"）只是一条非常次要的支线，从布尔戈德奥斯马向南延伸。

的地名）并没有彻底消失，但到了 5 世纪末西哥特人入侵前夕，纯拉丁语地名已经占压倒性优势，前罗马时期的地名也就所剩无几。很多军团的士兵留在他们曾浴血奋战的土地上生活，成千上万的意大利移民在这个更为宽广的国家散居，况且这里的财富只被往日的居民浅尝辄止地发掘。内战之前，恺撒在伊斯帕尼亚行省先后任财务官和执政官，他利用这个国家的资源还清了和庞培斗争时欠下的债务；不仅如此，回罗马时甚至还带回一笔可观的财产。

公元 1 世纪，老普林尼甚至称伊斯帕尼亚为帝国内仅次于意大利的第二大国家。两个世纪以前的公元前 169 年，科尔多瓦已被授予"贵族城市"的称号，所有伊斯帕尼亚人很快也被赋予了罗马公民身份。第一个成为尊贵的罗马执政官的非意大利人是一位来自加的斯的西班牙人，他的名字已经彻底罗马化：卢基乌斯·科尔内利乌斯·巴尔布斯（Lucio Cornelio Balbo，巴尔布斯是他的绰号——balbus 意为"口吃者"）。奥古斯都的两位继任者也是出生于伊斯帕尼亚，他们因公元 1 世纪末 2 世纪初给罗马帝国带来了繁荣而闻名：图拉真和哈德良。（尤其是哈德良的统治代表着帝国扩张时代的终结和对效仿希腊文化最热切的渴望）。

关于半岛上原先的居民，斯特拉波早就说过："所有民族都已经接近罗马化。"在他生活的时代，贝蒂卡已经完全罗马化。不过，拉法埃尔·拉佩萨则说："半岛上的原始语言的消失并不是一蹴而就的，必定存在一个双语共存的时期，这个时期的长短取决于语言使用地区和社会阶层。西班牙人开始时或许用拉丁语和罗马人打交道，渐渐地人们只能在家庭对话中找到土著语言的身影，直到最终实现全面拉丁化。"当然，巴斯克尼亚人的地盘是例外。不过，在那个双语共存的时期显然也有伊斯帕尼亚人只说自己原来的语言，尤其是在远离城市的地区；另外，很多已经开始说拉丁语的人也无法抹去母语的口音，西塞罗和其余罗马作家屡次注意到这个现象并难掩鄙视之情。从一开始，伊斯帕尼亚的拉丁语就受到前罗马时期语言的影响，语言学家用地质学的名词将它比喻为"底土"①。然而，一旦彻底
51 完成拉丁化，任何一个伊斯帕尼亚人，无论是来自科英布拉、科尔多瓦还是塔拉戈纳，都能毫无交流障碍地走遍帝国每个角落，其轻松程度不亚于今天的墨西哥人去委内瑞拉或智利人去西班牙。

为了解释从异教向基督教的信仰变化，后世的西班牙人编了两个故事。一个故事说圣保禄周游伊斯帕尼亚宣讲福音；另一个故事的主人公是在耶路撒冷殉道的圣徒雅各，据说他以石墓为船载着他的遗体漂过地中海和一部分大西洋，最终停靠在伊利亚·弗拉维亚（今拉科鲁尼亚省帕德龙市的拉丁语名字），以其矢志不渝的信仰继续守护圣体。事实上，伊比利亚半岛与罗马帝国其他地区是同时皈依基督教的，坎坷程度也旗鼓相当。君士坦丁正式颁布法令时，伊斯帕尼亚的所有地区已经完成了事实上的基督教化，和帝国其他许多行省一样，这里已经实现了从一个宗教到另一个宗教的飞跃。

一座座献给新神及其圣徒的寺院拔地而起的，取代了过去的宗教场所；行政方面也逐渐开始设立主教职位和教会内的各级职务。基督教初期的发展情况从地名中可见一斑。西班牙地图上随处可见

---

① 正如美洲发现者和殖民者们立刻吸收了 huracán、iguana 和 cacao 等土著词汇，伊比利亚半岛上的罗马军团士兵和最早的罗马移民很快也将土著语言中必要的词汇（"伊比利亚语借词"，我们在第 33 页已阐明这是个宽泛且不科学的概念）纳入自己的语言体系。比如，意大利缺乏真正的平原和广阔的高原，但这种地貌在西班牙很常见。用来形容这种辽阔无边的平原的土著词汇 páramo 想必立刻被吸收。公元 2 世纪，一位叫都略的人在现称为蒂埃拉－德坎波斯地区的荒野打猎时，将鹿角堆放成祭坛的形式，还命人在一块石碑上刻下自己对狩猎女神狄亚娜的谢意，感谢她将这么多头鹿送到"在荒野的平原上"（in párami aéquore）的自己跟前。in aéquore 在"标准"拉丁语中指任意一种平坦的表面，包括地面和水面，仅仅用这两个词还不够表意。看到这样的"底土"词汇被永远刻在石头上是件美好的事情，它不仅被融入别的语言，也沾上了诗意。（省略的致谢是韵文。）

早期最受尊崇的圣徒的名字，比如圣女尤拉莉亚（santa Eulalia）和圣埃米蒂里奥（san Emeterio），他们分别在梅里达和卡拉奥拉殉道。桑托拉亚（Santolalla）保留了尤拉莉亚的名字，桑坦德（Santander）和圣梅迪尔（San Medir）则保留了埃米蒂里奥的名字。还有许多其他地名：萨埃利塞斯（Saelices）——圣费利切（Sancti Felicis），萨阿贡（Sahagún）——圣法孔蒂（S. Facundi），桑蒂斯（Santiz）——圣蒂尔西（S. Tyrsi），森马纳特（Senmanat）——圣米尼亚蒂（S. Miniati），圣库加特（San Cugat）——圣库库法蒂（S. Cucufati），桑索尔（Sansol）和桑索莱斯（Sanzoles）——圣佐利利（S. Zoili），桑蒂瓦涅斯（Santibáñez）——圣约翰（S. Ioannis）。这些基督教场所（起初可能只是荒郊野外的小庙）必然与莱昂的军团有着同样的战略意义，不过这些新"军团"使用的是另一种武器。正如有出生于伊 52 斯帕尼亚的罗马皇帝，公元 4 世纪也出现了一位西班牙教皇——达玛酥（Dámaso），正是他委托圣哲罗姆将《圣经》翻译成拉丁文。

　　拉丁语文学界也出了许多声名显赫的西班牙作家，虽然那并不是属于他们的"黄金时期"——当时只有意大利人配得上这个称号，他们的杰出代表为诗人维吉尔和贺拉斯、散文家西塞罗和蒂托·李维；不过也可以退而求其次称为"白银时期"。最早出名的是两位演说家、或者说雄辩大师波尔西乌斯·拉特罗和大塞内卡，一位神话专题作家、也是奥古斯都的图书管理员希吉努斯。随后更是涌现出一大批优秀文人：尼禄的家庭教师、悲剧作家和哲学家小塞内卡；他的侄子、通过史诗《法沙利亚》详述恺撒和庞培之间内战的卢坎；讽刺诗大师马提亚尔；将希腊人的修辞学理论进行完美汇编的昆提利安；地理学家庞博尼乌斯·梅拉；农学专题作家科鲁迈拉。基督教时期的伊斯帕尼亚作家中没有出现圣奥古斯丁和圣哲罗姆级别的人物，不过有一位著名辩论家值得一提——将阿里乌的主张斥为"异端"（我们将在第 80 页谈到这部分）的科尔多瓦主教奥修。此外，还有两位优秀的诗人尤文库斯和普鲁登修斯，后者的作品从他生活的年代一直流传至文艺复兴时期，主要歌颂基督教的殉道者和这一新兴宗教的美好。

口头拉丁语和书翰拉丁语

文学的语言和口语有时离得很近，相互滋养彼此指引；有时又相距甚远。但无论如何，文学的语言（韵文较之散文更甚）通常用词考究、华丽，是一种值得单独分析的言语；通过这样的言语，人们能表达普通言语无法传达的意思，或是用前所未有的方式道出人们熟悉的东西。"依据优秀作家的用法"撰写而成的语法书和词典当然很有价值，但却不能忠实还原语言的全貌。比如说，鲁文·达里奥的诗歌与马蒂的散文不能让我们真正了解尼加拉瓜和古巴当地使用的西班牙语，奥修和普鲁登修斯的作品也无法反映基督教西班牙使用的语言，哲学家塞内卡的作品无法让人们对科尔多瓦街道上听到的拉丁语有清晰的概念，西塞罗和维吉尔的作品也无法精准地展现出当时的罗马民族（或意大利民族）的语言。以上这些都是精雕细琢的产物，产生之时不带有任何语言现实主义的意图；这可以说是一切文学的共性。

何况，拉丁语文学从诞生之初就刻意与普通百姓使用的语言划清界限。对于公元前 3 世纪之前的情况我们知之甚少，即便当时已经出现了类似文学的事物，它也被生活在这个世纪的希腊文学翻译家、改编家卢修斯·安德罗尼库斯开启的新风格所掩盖。拉丁文学并不像希腊文学和许多其他文学那样逐步从"人民"中产生——可以说，它决定追赶进度，同包括宗教信仰在内的所有古罗马社会体制一样，接连几个世纪致力于从希腊这个璀璨的源泉中汲取能量。

罗马（和意大利）人民的语言也确实从希腊语中借来了文化

方面的许多前所未有的"基础"词汇，比如 cámera "房间"，bál-neum "澡堂"，áncora "锚"，chorda "绳子"，cíthara "竖琴"、ám-phora "瓶子"和 púrpura "紫色"（希腊语为 porphyra）。然而，西塞罗和维吉尔这个水平的拉丁语中，受古希腊文化的影响程度显然比普通百姓的平均水平高出不少；这种影响不仅体现在词汇方面，还包括句法甚至"思想"和"情感"。因此，拉丁文学的语言自诞生起就有一套特殊的规则。既然古希腊的"上等文化"和旧时罗马的粗俗文化之间的差异被迅速地抹杀，罗马世界内部的"上等文化"与低俗习性、文学语言和口语之间的差异势必会在短时间内愈加凸显。贺拉斯厌恶"凡夫俗子"、低贱的大多数人。我们发现拉丁语中用来指"受过教育的人"的词汇很少；相反，文学作品（受过教育的人书写出来的产物）中对于愚钝、野蛮、粗俗、无知、抗拒文明的蛮夷的贬称相当丰富；这在语言方面的表现便是存在许多"粗鄙""粗鲁""外来"的近义词。（我们现在不也时常听到"粗鄙的表达""粗鲁的词语""外来语"吗？）

　　然而，比起对罗马人的文化观评头论足，更重要的是承认一个事实，这个事实对西班牙语和其余罗曼语的发展至关重要："古典拉丁语"不同于"通俗拉丁语"。实际上，西班牙语和其余罗曼语并不是来源于至高无上的语言匠师使用的拉丁语，而是来自于寻常百姓的拉丁语，是他们在家里、街上、田里、作坊、军营里所说的语言。通俗拉丁语和古典拉丁语的关系可类比普拉克里特诸语言和梵语的关系。

　　不可否认，西塞罗、维吉尔以及他们同时代和后世的文学家，无论是奥维德和奥苏尼乌斯这样的异教徒还是波爱修斯和格里高利一世这样的基督教徒，统统起到了教育者的作用。他们的作品经过一次又一次的誊抄（15 世纪开始印刷工代替了誊抄员）最终流传到我们的手中。这条伟大的人工流水线怀着这样的信念：如果无法保存下完整的文化观，至少留下语言的理念。这个任务的执行者包括语法学家、僧侣、文人（litteratus）和教士（cléricus）。（西班牙语单词 letrado 来源于 litteratus，后意为"律师"或"讼棍"；法语单词 clerc 则来源于 cléricus，如今仍指"知识分子"。）此外，这些传递者无疑在欧洲很多地方成功地灌输了自己的理念：整个古代晚期和中世纪都流传着一份值得敬仰与模仿的作家名录，而这个名册中越来越难以增添新的名字。

55 我们以维吉尔 ① 为例。这位"西方文化之父"的作品完好无损地摆在那里，但变得越来越难看懂，于是文学教师苦心孤诣地对它作出解释和评述。4 世纪末，即维吉尔去世 400 年后，已经有许多这类评论流传在世，圣哲罗姆的老师、语法学家埃利乌斯·多纳图斯写了一本厚厚的《语法术》，和他同时代的塞尔维乌斯则对维吉尔的三部著作添加了详细的批注。多纳图斯和塞尔维乌斯对于整个中世纪都是不可或缺的人物。文学的语言已经固化，而大众的语言却继续进化。于是，在信奉基督教的罗马帝国这样一个讲拉丁语的世界里，学校的首要作用是教拉丁语，但教授对象不是所有的孩子，只是其中一小部分。那时的语法学家们成功确立了他们的文化和语言

---

① 维吉尔（公元前 70 年—公元前 19 年），著有描绘和谐与宁静、歌颂爱、田园风光作品（比如《牧歌集》）和乡间恬静劳作（比如《农事诗》）的诗人，却也矛盾地歌颂奥古斯都时期罗马为保障统治"世界"的英勇行为。他的著作《埃涅阿斯纪》正以此为主题。不过，维吉尔与他同时代的历史学家蒂托·李维不同，后者记录罗马从默默无闻走向伟大帝国过程中真实或半真半假的逸事，前者却更像是尝试从《伊利亚特》和《奥德赛》中汲取灵感，给罗马安排一个神秘的过去，将恺撒说成是传奇人物埃涅阿斯的后代。这位特洛伊英雄离开被摧毁的故乡，一路奔波，历经苦难与争斗，最终完成了创建伟大帝国的神圣使命。维吉尔的这一中心思想体现在《埃涅阿斯纪》的正中间部分，借由埃涅阿斯的父亲安喀塞斯之口说出："罗马人，你记住，你应当用你的权威统治万民。这些必须成为你的专长：确立和平的秩序，对臣服者要仁慈，对傲慢者要镇压。"

理念——即对维吉尔的崇拜。可以证明这一点的是：随后的几个世纪，欧洲诗歌都是用拉丁语、按精心研习的古典格律写就；它们都是孩子们在学院里啃着指甲挥洒汗水习得的成果。

我们应当赞许罗马或拉丁化的语法学家及文学家，是他们为我们传递了拉丁语古典作品；甚至惋惜他们做得还不够，依然有不少作品散佚，比如佩特罗尼乌斯的《爱情神话》只留下了残本。他们使得泰伦提乌斯和维吉尔不断拥有新的读者，但他们没能消灭人们的语言中日积月累的"谬误"。他们其实已经不遗余力：一直以来，为了帮助学生学习，好几位老师为埃利乌斯·多纳图斯的教科书编纂了"附录"和实用补遗。幸存至今的"附录"中特别出名的一本题为《普洛布斯附录》，因为古典时期的一位名叫瓦莱里·普洛布斯的学者被误认为是其作者。（这本《附录》作者不详，或诞生于6世纪，不过为了叙述方便，下文中我依然用普洛布斯来代称作者。）"别这样说，应该那样说，那才是正确的方式"是这本小册子的行文格式。然而其中"正确的"方式（即拉丁语文学名家的方式）没有任何意义，真正拥有巨大价值、令普洛布斯的《附录》载入史册的是"这样说"的方式，是被他评判为错误、低俗、粗鲁的方式。可以说普洛布斯并没有失败：他选词很精准，只是结果与他的初衷背道而驰。我们能获得拉丁语的真正使用情况的珍贵样本，要感谢他渴望惩戒及废止百姓所用词汇的执念。他的"黑名单"在语文学家眼中成了另一份名单。在普洛布斯和遭到指责的民众之间的对峙中，占理的那一方一定是民众。（不是美学或科学之理，而是历史之理。）

历史上一定有过许多份这样的黑名单。每一份都有其片面性和区域性，因为整个拉丁语世界里各地的"谬误"不尽相同；每一份都有其阶段性和残缺性，因为各地的口头拉丁语仍在发展。正如当今的语言现象能折射出过去的语言现象，现代语法学家所持的态度也有助于我们了解古代语法学家的立场。另一方面，我们也不能忘记每位语言使用者内心都隐藏着一位"普洛布斯"，每当我们下意识地脱口而出"不是 yo **cabo**，应该是 yo **quepo**"或是"不是 cuando **vuélvamos**，应该是 cuando **volvamos**"，都是这位"普洛布斯"现身发挥了作用。这位潜伏于我们内心的语法学家其实是语言学院的萌芽状态。自古以来人们就畏惧变化和异于自己的习惯。如果这一辈子我都说"**les** escribo a mis amigos"和"de acuerdo **con** el uso"，那么自然会指责说"**le** escribo a mis amigos"和"de acuerdo **al** uso"的人，因为这和我对西班牙语的体会格格不入。如果需要举出大量充分的理由证明我是对的而他人是错的，证明"**les** escribo"和"de acuerdo **con**"是正确的，我唯一要做的便是自视为语法专家。普洛布斯和他的同行们是畏惧新兴、谬误和通俗的事物方面的专家，他们的悲剧在于畏惧几乎从来无法阻止变革的步伐。

19 世纪，当语文学家和方言学家们不再受制于这种原始和低级的恐惧，而是试图成为无所畏惧、或者说学着理解的专家时，现代语言科学便诞生了。这时候，语言就好比得到了提纯。最目不识丁的农民和最高雅精致的学者同样都是一门语言百分之百的使用者。路易斯·德·莱昂的文本旁边也可以出现塞斯佩多萨－德托尔梅斯地区或圣地亚哥－德尔埃斯特罗地区的"低俗"用语。说 setiembre 和 lo bohque 的人与说 septiembre 和 los bosques 的人同样是西班牙语的完美使用者，如果有人坚称感到前两种形式很"粗俗"，那么他的感受可以忽略。就这样，"通俗拉丁语"这个称呼完全去低俗化，从而成为对于复原罗曼语的早期情况至关重要的术语。通俗拉丁语也可以称为"原始罗曼语"。

通俗拉丁语

原始印欧语的重构进程缓慢，通俗拉丁语则不然——我们掌握了这方面大量的一手资料。研究罗曼语族语言文学的学者们细致地查阅普劳图斯的戏剧、佩特罗尼乌斯的《爱情神话》和阿普列尤斯的《金驴记》的部分章节，对文本的语言进行了事无巨细的研究；他们查遍了几个世纪以来罗马帝国在其领土上留下的书面文件和成千上万块铭文，记录其中的每处"拼写错误"和"语法错误"；尤其是他们还乐此不疲地在今天的罗曼语族语言（包括它们各自的文学和方言）的细枝末节中寻找细节，希望能将他们引向通俗拉丁语这门几乎从来不以原样书写的语言，这门活跃的、语法学家曾试图从罗马帝国疆域内抹去的拉丁语。 58

出生于公元前 3 世纪中叶的普劳图斯已经在作品中使用典型的通俗拉丁语的词汇，如用 caldus 和 ardus 代替了"书翰"形式 cáli-dus 和 áridus。（我们西语的 caldo 一词可以追溯至普劳图斯使用的 caldus。caldo 现为名词，但在古西语中曾是形容词，和在意大利语中一样意为"热的"。）罗马帝国形成后的第一个世纪内已经出现了大量有文字记载的俗语词汇。越来越多的通俗用语潜入书写领域，而这恰恰是它们拥有强大根基的表征。当时，贵族世家克劳狄（Clau-dia）家族出了一位政客①，为了拉拢"民心"，便说自己叫 Clodius，这是人民（也是大部分人）对 Claudius 这个姓氏的读音。二重元音 -au 的简化是通俗拉丁语特有的现象：西班牙语单词 oro 由拉丁语的 aurum 演变而来，而公元 1 世纪的罗马人就已经在发音马虎的时候将他们的 aurum 发成了类似 oro 的音。

我们应当对通俗拉丁语的语音和词汇的某些方面有所了解，哪

---

① 这里指的是普布利乌斯·克洛狄乌斯·普尔喀（约公元前 93 年—公元前 52 年），罗马共和国末年制造麻烦事端的政客。他的父亲阿庇乌斯·克劳狄·普尔喀在公元前 88 年成为裁判官，母亲巴莱里卡是维斯太贞女（在灶神殿守护圣火的未婚女子）、女神朱诺的祭司。——译者注

怕只是有一个大致的概念。下文列出的一张词表或许对此有所助益。每个通俗拉丁语的例词左边列出的是对应的"正确"或者说文学形式（即"古典"拉丁语），右边则是对应的西班牙语词汇，有些词前面还列出古西语中曾使用的形式（置于括号中）。因此，表中共有三列单词或短语，最重要的是中间那列按字母顺序排列、斜体的单词或短语，以方便读者能在我展开评述的过程中方便地找到例词。通俗拉丁语形式对应的时期不统一，无法一一落实。此外，它们也不是已经"凝固"的词形，而是动态的、正在被使用和损耗的词形，这种损耗通常长达几个世纪。像代词 vuestra merced 那样迅速演变为 usted 或 usté 的例子（我们将在第 282 页看到）是很罕见的。这张词表大体上代表了 2 世纪至 5 世纪间、摇摇欲坠但尚未分崩离析的罗马帝国中使用的拉丁语。当时确已存在地区间的语言差异，但还没

59 有真正意义上的方言①。西班牙人和意大利人遗忘了"叔叔"一词的

---

① 从某种意义上说，现代的罗曼语族各语言也可被视为拉丁语的"方言"。它们的"基础"词汇（即"天空""大地""水""面包""酒""玫瑰""树""石头"，"手"和"脚"，"爱"和"情绪"）基本相同。一位当代罗曼语学家以 100 个关键词为"词库"，研究得出如下差异指数：意大利语和伊比利亚罗曼语（西班牙语、葡萄牙语和加泰罗尼亚语）之间为 16%，西班牙语和葡萄牙语之间仅为 7%，葡萄牙语和加泰罗尼亚语之间为 11%。然而，意大利语和撒丁语之间的差异指数高达 27%。撒丁岛不像西西里岛那样人口众多、和罗马帝国的其他地区往来交通便利，这座地形崎岖的海岛在当时始终处于边缘化地位。撒丁语和意大利语之间存在如此大的差异正是由于前者不太了解通俗拉丁语的革新。可以说，颇为矛盾的是，撒丁语是罗曼语中最"文雅"的语言，因为它最接近书翰拉丁语。蒙田在《为塞朋德辩护》中别出心裁地将罗曼语族各语言（甚至包括意大利语内部的托斯卡纳方言、罗马方言、威尼斯方言、皮埃蒙特方言和那不勒斯方言）之间的统一和差异类比为哲学的统一和差异：在他游历意大利期间，曾奉劝一位努力说意大利语但无果的同胞"如果只是想让别人听懂，而不求突出自己（驾驭语言的能力），只需要运用第一个想蹦出口的词语，不管是拉丁语、法语、西班牙语还是加斯科涅语词（加斯科涅语是蒙田故乡的语言，是最接近西班牙语的法语方言），再添上意大利语的词尾……"蒙田接着写道："我认为（转下页）

书翰形式 avúnculus，于是借用希腊语更省力的形式 thius 进行替代
（到了西班牙语中成了 tío，意大利语中则是 zio）。他们一定觉得坚持
使用旧词的高卢人十分古板（avúnculus > avunclu > avoncle > 现代法
语的 oncle），但显而易见的是，在很长一段时间内，尽管他们惯用
的形式是 thius，他们也懂 avúnculus 这一旧词（即语言学家们口中的
"被动认知"）。词表中相当一部分通俗拉丁语词语的使用不分地区，
不过我自然更偏好伊斯帕尼亚行省孕育和发展起来的消融与革新现
象。（为了方便读者阅读，我加上了直观的重音符号。事实上不论是
古典拉丁语、通俗拉丁语，或是中世纪的西班牙语书写时都不带重
音符号。）

　　词表如下：

invenire	*afflare*	hallar
álacrem	*alécre(m)*	alegre
extóllere	*altiare*	alzar
ávica	*auca*	oca
audere	*ausare*	osar
ávia	*aviola*	abuela
equus	*caballu(m)*	caballo
vocare	*clamare*	llamar
édere	*comédere*	comer
agnum	*cordáriu(m)*	cordero
cava	*cova*	cueva
unde	*de unde*	donde
dóminum	*domnu(m)*	dueño
loqui	*fabulare*	hablar
vis	*fortia*	fuerza

60

（接上页）哲学也是如此：它有那么多面、那么多种，道出了那么多东西，因而在它
身上能找到我们所有的希望和幻想……"。

frígidum	fridu(m)	frío
frater, soror	germanu(m), -a(m)	hermano, -a
cantáveram	habeba(m) cantatu(m)	había cantado
íntegre	intégra mente	enteramente
ludum	jocu(m)	juego
légere	legére, leyére	leer
pulchriorem	magis formosu(m)	más hermoso
malum	matiana (mala)	manzana
mutare	mudare	mudar
mu-lí-e-rem	mu-lié-re(m)	(muller) mujer
altíssimum	multu(m) altu(m)	muy alto
vespertilio	mure(m) caecu(m)	(mur ciego) murciélago
óculum	oclu(m)	(ollo) ojo
odorem rosae	olore(m) de illa rosa	olor de la rosa
mulgere	ordiniare	ordeñar
aurícula	oricla	(orella) oreja
puer	ninnu(m)	niño
pa-rí-e-tem	pa-rié-te(m)	pared
pásserem	pássaru(m)	pájaro
pi-grí-ti-a	pi-gri-tia	pereza
fragmentum	pitaccium	pedazo
pervenire	plicare	llegar
posse	potere	poder
interrogare	praecunctare	preguntar
velle	quaérere (kerére)	querer
rivum	ríu(m)	río
os	rostru(m)	rostro
genu (rótula)	rotella	(rodiella) rodilla
strépitus	rugitu(m)	ruido
scríbere	scribíre	escribir

续表

cláudere	*serare*	cerrar
sensum	*sessu(m)*	(siesso) seso
ensis, gládius	*spatha*	espada
tértium	*tertiáriu(m)*	tercero
laborare	*tripaliare*	trabajar
uti	*usare*	usar
vétulum	*vetlu(m), veclu(m)*	(viello) viejo
vínea	*vinia*	viña
núptiae	*vota*	boda

我们从 *olorem de illa rosa*（带 * 斜体的即上表中出现的词汇）开始说起。古典拉丁语用词语内部表示"格"的词尾来表达语义功能（如 rosa "la rosa，玫瑰"，rosae "de la rosa，玫瑰的"，rosarum "de las rosas，多枝玫瑰的"，rosis "con rosas，用玫瑰"），通俗拉丁语则借助介词来实现这一功能，因此表示"所属格"的 -ae 就被替换成介词 de。古典拉丁语的六个格只有原本用于指称直接宾语的宾格保留了下来，而指称句子主语的主格则消失了。mujer 和 pared 并非来源于古典拉丁语的主格形式 mulier 和 paries（重音在倒数第三个音节：mú-li-er，pá-ri-es），而是来自于通俗拉丁语的宾格形式 *muliére(m)* 和 *pariéte(m)*。（因此上表中许多词汇都是宾格形式，可通过词尾 -m 辨识：如 álacrem，agnum。中间一列词汇的 -m 都加了括号，因为不发音。）短语 *olorem de illa rosa* 在古典拉丁语中原本可能表示类似"远处那朵玫瑰散发的气味"或"取自远处那朵玫瑰的气味"：通俗拉丁语使用介词 de 后，失去了原本更为丰富的语义而简化为只有语法作用的一个音节。（*de unde* 中的 de 是一种同义叠用，因为 unde 就足以表示"de donde"；我们西班牙语的"de donde"中的 de 也是同义叠用。）最后，在 *olorem de illa rosa* 中

还出现了一个古典拉丁语中没有、但希腊语中存在的成分：冠词。西班牙语的定冠词 el 和 la 来自代词 ille 和 illa，意为"那个"，它们
62 也和介词 de 一样，失去了原本的指示作用而简化为只有语法作用的一个音节。

上表中列出的一些发音变化不难理解。有的音消失了，有的被取代了，有的重音发生了位移，等等。比如我们来看 *ríum*、*mudare*、*sessum* 和 *legére*。古典拉丁语的 légere 音为 LÉGUERE，而通俗拉丁语的 *legére* 中 g 发音与意大利语的 genere 及法语的 genre 相似，这是完全新生的一个音（为了方便说明，我们可以将其写作 LEYÉRE，其中的 -y- 和西班牙语中经常听到的 leyeron 中的发音基本相同）。重音的位移也不难理解：倒数第三个音节重读的 pariétem 在通俗拉丁语中变成了倒数第二个音节重读的 *pariétem*，就好比如今有些人将 Ilíada 读作 Iliáda。*alécrem* 和 *scribíre*（应该发成 SCRIVÍRE）除了重音之外元音也发生了变化。从 odorem 到 *olorem* 的演变我们前文已经提过（见第 16 页）。至于 *cova* 并没有真正的发音变化，只是借用了拉丁语现成的形容词 *cova* "空心的"并将其名词化。

接下来我借 *domnu(m)* 一词强调两个现象。首先是重音。用我们现在的话来说，古典拉丁语里有大量词汇是倒数第三个音节重读词，这些词的倒数第二个音节（即重读音节的后一个音节）包含一个"短"元音，短到几乎无法察觉。通俗拉丁语去掉了这些倒数第二个音节，于是 dóminum 就变成了 *domnu(m)*。上表中 *auca*、*fridu(m)*、*oclu(m)*、*oricla* 和 *vetlu(m)* 也经历了同样的演变史。可以说以这条为规律，将古典拉丁语中重音位于倒数第三个音节的单词去掉倒数第二个元音，就变为西班牙的通俗拉丁语，这一变化在法国的通俗拉丁语中更为明显，马拉梅甚至写了一首致"倒数第二个的悲剧"的散文诗。而这类单词的重读音节并未遭受任何实质

破坏：有些单词缩水严重（尤其是法语），原本的音节中只有三四个得以保留，如果是单音节词，其元音部分必定来自古典拉丁语词汇的重读音节（如 avúnculus > oncle, 音 ONKL）。请注意，*fridu(m)* 一词中消失的不仅是元音，还有辅音——流传下来的不是 frigdu 和 fri-ydu。至于 *auca*，我们应当注意到，古典拉丁语的 *ávica*（字母 v 的发音同英语字母 w，即念作 ÁWICA）是通过 *auca* 这个词"重构"的。*auca* 的词义从广义的"禽鸟"或"家禽"变为狭义的"雁"，而"雁"在拉丁语中有对应的名词：*ánser*，宾格形式 *ánserem*。

　　domnu(m) 一词让我们注意到的另一个现象是元音的长短。古典拉丁语有十个元音，即五个长元音和五个短元音。理论上说，长元音的持续时间是短元音的两倍（如果用四分音符代表长元音，那么八分音符则代表短元音）。*domare* 的音节 do- 是短音，*donare* 的音节 do- 却是长音，这两个词的"节拍"不同。发音持续时间的长短又导致了音色的差异：发短元音时的张口度更大。然而，作为古典拉丁语正音学之根本的长短音对立，到了通俗拉丁语中却被重读音节（可长可短）和非重读音节的对立所取代。通俗拉丁语已经是一门"有重音的"语言，不过同时也保留了开元音和闭元音之分，尤其是元音 o 和 e。我们刚刚提到，*dóminum* 中的短音 i 消失了，但同为短音的 o 不但因为重读而保留下来，甚至还"加强"开口度直至变为二重元音；*domnu(m)* 在西班牙的通俗拉丁语中的发音或为 DUOMNU，甚至是 DUONNU——已经接近 dueño。（我们将会在后文第 124 页看到，二重元音 ue 的稳固是一个缓慢的过程，porta 在定格为 puerta 之前曾在 puorta 和 puarta 这两个形式之间摇摆。）这种开元音的强化只发生在重读的元音上。比如，"domnu(m) Joanne(m)"和"domna Joanna"中，domn- 的 o 不重读（从而与后一词构成连读），它在西班牙语中的演变结果不是"dueño Juan"和"dueña Juana"，而是"don Juan"和"doña Juana"。*potére* 的演变结

果不是 pueder 而是 poder，但其陈述式现在时第三人称形式 potet 确
实对应 puede。*cova，*fortia 和 *jocum 中的 o 也是重读的开元音，
64 所以它们在西班牙语中的演变结果也包含二重元音。相反，重读的
闭元音 o 从来不二重元音化：拉丁语的 dote(m) 到了西语中仍然是
dote。

上述开元音 o 的情况也适用于开元音 e，只不过 e 演变后的二
重元音是 ie：*vetlu(m) 演变为 viejo，而 *mure(m) caecu(m) 中的 cae-
cu(m) 变为 ciego。equa 包含重读的短元音 e，因而变为 iegua，或者
说 yegua；但 plénum 中的闭元音 e 保持不变：lleno。

表中的第一列有大量重音在倒数第三个音节的单词，第三列中
却只有 pájaro 和 murciélago 这两个，这个反差直观地反映了通俗拉
丁语"倒数第三个音节去重音化"的作用。pássar 是遭到普洛布斯抨
击的词汇之一：它在"正确"拉丁语中应当写作 pásser；此外，它
的宾格形式应为 pásserem，也不是 *pássarum；再者，pásserem 专
指"麻雀"，*pássarum 却可用于指任何一种小鸟，即广义的 pájaro。
情况与之类似的还有 ánsar。普洛布斯呼吁："不是 ánsar，而应该
说 ánser。"然而西语的 ánsar 最终还是来自通俗拉丁语的 ánsare(m)。
*pássarum 的演变不合常理：由于倒数第二个元音为短音，它在西
班牙语中的产物"理应"是 pasro 或 parro，而不是 pájaro。对此合
理的解释是：之所以保留倒数第三个音节重读，是受到了非重读后
缀的影响，也就是我们前文（见第 44 页）说到的前罗马语言"底
土"——bálago、gándara、sótano 这样的词带有重音落在倒数第三
个音节的倾向，因而足以在某些时候避免"倒数第二个的悲剧"。有
前罗马时期的这些后缀作为支撑，cántharus、órphanus 和 vípera 这些
词没有在西班牙的通俗拉丁语中改变重音的位置——它们的后代分
别是 cántaro、húerfano 和 víbora。第三列中重音落在倒数第三个音
节的另一个词，也就是对应于 *mure(m) caecu(m) 的西班牙语词汇，

我们已经说过它的词尾是非常典型的"伊比利亚式"。（古西语中曾使用过 murciego 这个正常演变的产物，而葡萄牙语中依然在使用murcego。）

重音位移时，*pigrítia* 一词将其最后两个音节 ti 和 a 合二为一，发音从 ´-tia 变为 ´-tsia，即发作 PIGRITSIA。同理，*fortia*，*matiana* 和 *tertiariu(m)* 的发音分别是 FORTSIA，MATSIANA 和 TER-TSIARIU。TS 这个音在古典拉丁语中并不存在，而是从通俗拉丁语得来。另一个由此而来的音是意大利语词汇 genere 中的 ge，我们在讲 *legére* 时已经提过。西塞罗的名字 Ciceronem 在古典拉丁语中音为 KIKERÓNEM，而在各地的通俗拉丁语中遇到了不同的命运：有些地方音为 TSITSERONE，其中的 ts 发音和 FORTSIA 中相似；有些地方发作 CHICHERONE，CH 也是古典拉丁语中没有的音。（ce 和 ci 这两个音节中的音素 k 只在撒丁岛保留了下来。）古典拉丁语中也没有音素 ll。上表中的第三个词读作 extól-lere，其中有两个 l，或者说一个拖长的 l，这个音最后在通俗拉丁语中演变得接近西班牙语的 ll。音素 ll 在当代西班牙语中也面临消亡的趋势，只有少数地区（西班牙北部，玻利维亚和南美部分其他地区）仍区分 cayo 和 callo，haya 和 halla。动词 extóllere 消失了，但 callum 和 callem 中的两个 l 变成了西班牙语的 callo 和 calle 中的 ll。通俗拉丁语词汇 *caballu(m)* 和 *rotella* 已经接近西班牙语的 caballo 和 rodiella。

我们的表中展示了音素 ll 的四个来源：1. 由 *plicare* 生出 lle-gar；同理，由 pluvia 和 plorare 生出 lluvia 和 llorar；2. 由 *clamare* 变为 llamar；同理，由 clavem 变为 llave（再加上 *flamma* > llama）；3. *oclum* 和 *oricla* 发音近似 OKLLU 和 OREKLLA（音素 ll 在对应的西班牙单词中没有出现，但在葡萄牙语中得以保留）；4. 通俗拉丁语中的 *muliere(m)* 和 *tripaliare* 发音大致如 MULLERE 和 TREPAL-LLARE（或 TREBALLARE）（其中的音素 ll 也在葡萄牙语中得以

65

保留）。ñ 是通俗拉丁语中的又一个创造，它的演变过程也与 ll 相似。正如 *cabal-lu* 发音同 caballo，*nin-un* 发音为 niñu；正如 *muliere* 的发音已接近 muller，*vinia* 和 *ordiniare* 的发音想必也已经接近 viña 和 ordeñar。

　　动词 *comédere* 不是通俗拉丁语的新造词，表中在它左边列出了古典拉丁语的简单形式 *édere*，照理来说应该演变成的通俗拉丁语形式为 er，但这样的词是无法使用的；因此，表义的重任就落在了前缀 com- 身上（comédere 最终发音同 comere）。有时，起到这种加强作用的也可以是后缀：如 *aviola* 和 *tertiariu(m)* 就是在古典拉丁语的形式上加后缀 -ola 和 -ariu。古典拉丁语词汇 rótula（字面意思为"ruedecilla，小轮子"）中原用于指小的后缀 ´-ulus 和 ´-ula 并没有保留其作用：古典拉丁语中的 vétulus 和 aurícula 分别是 vetus 和 auris 的指小词，意为"viejecito，小老头"和"orejita，小耳朵"，但它们在通俗拉丁语中等同于"viejo，老头"及"oreja，耳朵"。（oveja、canijo、aguja 等许多其他西班牙语词汇也是来源于以 ´-ulus 和 ´-ula 结尾的指小形式，但已经失去了指小的意味。）唯有 -ellus 和 -ella 这两个指小的后缀在通俗拉丁语中得到了蓬勃的发展：rótula 在通俗拉丁语中变成了 *rotella*。（普洛布斯的时代通常使用的 passarellu，仿佛让我们看到了 pajarillo 挥舞着翅膀。）

　　古典拉丁语的不少词汇经过上述形态变化之后，依然活跃在通俗拉丁语中；但上表中也有许多词汇就此消失或被其他词汇取代。上述形态变化基本上有章可循，比如，大体上，我们可以说古典拉丁语所有的音节 ce/ci 和 ge/gi 在通俗拉丁语中都改变了发音；t 在某些情况下变为 d（如 mutare 和 patrem 变为 *mudare* 和 *padre*）；但如果后接非重读的 i，又会有不同的命运，比如 *fortia*（音 FOR-TSIA）；我们甚至敢说 *pássaru* "理应"变为 pasro 或 parro，*mure-*

caecu "理应"变为 murciego。相反，我们无法总结词汇的消失、被取代或旧词新意遵循何种规则。这些都只是孤立的个案，不按常理，彼此之间又毫无关联。不过我们隐约可以摸索出某些趋势。比如通俗拉丁语创造出 **altiare* 和 **fortia*（以及随之而来的古典拉丁语词汇 extóllere 和 vis 的消失）与它们各自的形容词 altus "高的"和 for-tis "壮的"不无关系。可是，**spatha* 的产生又当如何解释呢？源自军人的自命不凡吗？ spatha 是希腊语借词，意为"铲子"，也可表示"剑"，不过不是任何一种剑，而是像铲子一样"又长又宽"的剑。无论这个问题的答案是什么，真正让我们感兴趣的并不是一个词语从何而来——毕竟任何一门语言的词汇都在持续不断地发展，而是 spatha 这么一个初来乍到的词居然能将古典拉丁语的 gladius 和 ensis 逐出竞争，继而在整个罗曼语世界里表示广义的"剑"（而且是任何 67 一种剑：哪怕是既不长又不宽的剑）。

有些时候，原本是想表达反讽和幽默。人们不说 domus mea "我的家"，而是非得说 mea casa "我的茅屋""我的破房子"，哪怕明明是一间像模像样的屋子。人们也不说 caput tuum "你的脑袋"，而是坚持说 tua testa "我们长脑袋的地方你长的那堆破铜烂铁"。有意思的是，几乎所有罗曼语族语言都用 testa 来表示"脑袋"的普通含义：意大利语为 testa，法语为 tête 等；古西语中除了用 cabeça（来源于通俗拉丁语的 capitia，而不是古典拉丁语 caput），也使用 tiesta 一词。同理，**fabulare* 原意为"说蠢话或谎话""闲聊"；**caballus* 原指"劣马""瘦马"；**rostrum* 原指"鸟嘴""猪脸"。

除了像用 testa 指"脑袋"这样表示幽默之外，还有些时候词语被替换是为了细化内涵或进行强调，比如 **rostrum* 便是如此——鸟嘴和猪脸是形状"突出"的脸。我们的表中还有许多类似的例子。人们用 **vota* 代替 nuptiae 表示"婚礼"情有可原——它在古典拉丁语中表示"承诺"（任何一种承诺），而婚礼最重要的环节就是新人许下承诺。人们用 *plicare 代替 pervenire（venire 的复合形式）来表示"到达"，因为前者更具体生动，后者则平淡得多——*plicare 专指"终于靠岸"。*clamare 不是普通的"叫喊"，而是"大声叫喊"；希腊语借词 *pitaccium 不是某物的碎片，而是"多余的长布条"，"悬挂着的破布"。*praecun(c)tare 是古典拉丁语动词 percontari 的"谬误"形式，并非仅仅指"提问"，而是像司法调查一样"对其进行质询"；*serare 不是随随便便的"关"，而是"用锁关"；*rugitus 不是泛指"响动"，而是最为震撼的、足以吓得人血液凝固的"狮吼"；*quaerere（音 CUÉRERE，后为 KERÉRE）不是简单的"想要某物"，而是"进行调查或搜寻"而获得某物。*afflare 代替 invenire 也是一个画面感很强的变化——这个通俗拉丁语动词原指"狗找到猎物时的大声喘息"，这是一种更为突出、更有听觉表现力的"发现"。狗作为人类的老朋友，还影响了西班牙语动词 regañar 和 engañar 的诞生。ganniere 在西班牙语中的对应产物为 gañir "狗叫"，但它在拉丁语中不仅表示"狗吠"，还有"发牢骚"之意。如果我们探究 regañar（原意为"露出牙齿以示愤怒"）的形成，那么必会推导出其通俗拉丁语的形式 reganniare，这显然是以 gannire 为基础。我们推导出的另一个词 ingannare 也同样源自 ganniere，很可能原意为"狗吠"，后变为"说粗话"，再后来是"嘲弄"，即"欺骗"。

padre、madre、abuelo 和 abuela 在使用现代西语的所有地区都是常用词汇，不过有些地区由于地理因素或社会因素"惯用"papá、mamá、abuelito 和 abuelita，理由是前者听起来生硬刺耳（缺乏感情色彩）。伊斯帕尼亚行省的人们习惯于称 avia（"abuela"）为 *aviola（"abuelita"），于是 avia 便被弃用并消失。人们和婴儿说话时总是模仿他们的咿咿呀呀——ne-ne、ñe-ñe 等，于是彻底忘了古典拉丁语的 puer，而是用 *ninnu(m) 表示"孩子"。同理，*cordáriu(m) 起初并不是任意一种"羊羔"，而是"成熟的羊羔"（最为鲜嫩）；*jocu(m)

也不是任意一种游戏，得是包含"玩笑"或"笑话"成分的。*germanu(m)* 原是形容词，意为"真正的"；"frater germanus"即"真正的兄弟"（不是异父或异母的半个兄弟）；然而 germanu 和 germana 名词化后，最后在伊斯帕尼亚行省就表示"兄弟"和"姐妹"，frater 和 soror 逐渐被淡忘，不过它们在意大利语中依然以 fratello 和 sorella 的形式保留了下来。（hermano 的 h- 是个偶发情况，从不发音；中世纪时写作 ermano，葡萄牙语中为 irmão。）

最后还有三个有趣的情况。动词 *ordiniare* 显然是挤奶工的发明，只有对他们来说给等着挤奶的牛羊"排序"才有意义；在这个 69 例子中，人们渐渐遗忘了古典拉丁语的 mulgere，而是用"专业术语"*ordiniare* 取而代之。（旧词 mulgere 分别以 mungir 和 esmucir 在葡萄牙语和阿斯图里亚斯方言中保留了下来。）动词 *tripaliare* 应该是劳动者的发明，在它诞生的年代，所有的重活儿都是由大量的奴隶完成的。tripalium 是一种专用于惩治不听话的奴隶的脚镣或者说刑具，顾名思义，是由三个棒子组成，而 *tripaliare* 意为"遭受戴这种脚镣之苦"。然而，即便不受脚镣之罚，奴隶们的生活也不亚于一种折磨，于是 *tripaliare* 最终变得和古典拉丁语的 *laborare* 同义："劳作"。（从 tripaliare 到现代词汇 trabajar 之间曾有一种中介形式：treballar。）tripaliare 和 laborare 一样在整个罗马帝国境内通用。但是，后者在西班牙语中的后裔 labrar 不再泛指"劳作"，而是专指"耕犁"（典型的男性工种）和"刺绣"（典型的女性工种）。最后一个例子是 *matiana*，这个例子揭示的是近代贸易帝国特有的某种现象，无关乎旧时的罗马帝国。苹果在拉丁语中为 malum，与西塞罗同时代的农学专题作家盖乌斯·马修斯（Caius Matius）曾对一种苹果赞不绝口（或许是出于宣传或营销的目的）。这种苹果以他的名字命名为 matianum——mala matiana（mala 是 malum 的复数）最初意为"优质苹果"，后来泛指任意一种苹果。该词在通俗拉丁语中的发音 MATSIANA 已经接近古西语词 maçana。同理，1930 年左右，所有的留声机都可以叫 victrola；但 Victrola 原本只是留声机的一个品牌名称。）

以上我们看到的一系列词汇更替的例子中，从 *altiare 和 *fortia 到 *tripaliare 和 *matiana，都呈现出一个共同特征：都有加以强调、使之生动的必要。新词的萌芽是由于旧词变得苍白无力、索然无味：*pitaccium 比 fragmentum 更有凸显力，*plicare 比 pervenire 更有表现力。不过，长远来看，原本的新生事物最终也会变得平淡。一旦整个社会都欣然接受了一项革新，那么它也必然"词汇化"，即被纳入词汇体系或通用词典。在拉丁语存活的最后几年，人类社会已经进入中世纪前期，当时流传着有关图尔的圣马丁的传说。相传他曾将自己身上的袍子（通俗拉丁语中为 cappa）一分为二，将其中一半赠与一位赤身裸体的贫民，而这位贫民正是耶稣。于是先在法国、尔后在基督教界的其余地方纷纷建起一座又一座教堂，每一座都声称自己存有圣徒用来替耶稣遮蔽裸体的半张袍子（"cappella"，即 cappa 的指小词）。这便是 capilla "小礼拜堂"一词的由来。然而没过多久，礼拜堂就不再让人联想到圣马丁，正如苹果和它背后的盖乌斯·马修斯之间的联系也很快就淡化了。第一个用 encapotado "阴云密布的"来形容天空的人将它想象成了一张脸庞，被云做的巨大披风遮盖。如今，这个形容词失去了原本的表现力，就连披风也很少见到。

现在我们再来看一些词形变化，首先是动词的形式。古典拉丁语的动词是句中一种非常复杂的成分，形态变化异常丰富。首先，它的变位不像西语那样只有三类规则变位，而是有四类，每一类都通过相应的词尾来标记各种时态。而且不但有主动语态的动词变位，还有被动语态的动词变位：amamus（amamos，"我们爱"），但 amámur （somos amados，"我们被爱"）。甚至还存在第三种语态，名为"异相语态"，即词形被动但词义主动。比如 útimur 虽然带有被动语态的词尾 -ur，其词义并非"somos utilizados，我们被利用"，而是"utilizamos，我们利用"。通俗拉丁语化繁为简，大大简化了动词形态的机制。这为普洛布斯之流的语法学家提供了大量可供指摘的素材。试想，假如现在许多成年人不说"yo quepo, tú cabes..."和"yo cupe, tú cupiste..."，而是像整个西语世界的儿童常犯的错误那样，说成"yo cabo, tú cabes..."和"yo cabí, tú cabiste..."，那么语法学家们必定愤愤不平。"yo cabo"和"yo cabí"这两种形式颇对人们的胃口是很好理解的：它们满足了简单明了、有规律、合逻辑的要求，符合所谓的"语感"。孩子们这么做不无道理，而父母和老师成功阻止了"yo cabo"和"yo cabí"的蔓延，实际是打着"教育"的旗号去破坏语言的真实性。通俗拉丁语展现给我们的事实是：为数众多的语言使用者严重缺乏"教育"，他们的大量"谬误"入侵整个动词领域（可以想见有成千上万类似"yo cabo"的例子），最终导致古典拉丁语框架的轰然崩塌。尽管语法学家大声疾呼，许多动词甚至连原形都变了：audere 变为 *ausare，posse 变为 *potere，uti 变为 *usare（útimur 被 usamus 代替，等等）。被动语态和异相语态的词形变化彻底消失。唯一幸存的是主动语态的部分动词词尾——式、时态、数和人称。西语中只有七个变位是从古典拉丁语延续而来的，以 cantar 为例：canto, canté, cantaba, cante, cantara, cantase, cantare（最后这个虚拟式将来未完成时的变位实际已经消亡）。除此之外的所有变位形式均来自通俗拉丁语的"谬误"。例如，cantaré 来自复合形式 cantare habeo，其字面意思为"cantar tengo"或者说"tengo que cantar"（"我应该唱歌"）。直到 16 世纪，人们依然认为 cantaré 是一种复合形式，可以拆分为 cantar+he，he 即 haber，人们通常会说"cantarte he una copla"（"我将为你唱首歌"）。古典拉丁语动词的其余屈折变化被 habere+ 过去分词代替：*habeba(m) cantatu(m)* 代替了 cantáveram，字面意思为 "tenía cantado"（"我唱过"）。同时，动词 esse 即 ser+ 过去分词负责代替被动语态的所有词尾：如 era(m) amatu(m) 代替 amábar 表示"yo era amado"（"我曾被爱"）等。另一方面，伊斯帕尼亚行省的大部分地区还彻底破坏了古典拉丁语四类动词变位中的第三类，将其改归第二类（légere > *leyére*）或第四类（scríbere > *scribíre*）。

72 古典拉丁语名词的屈折变化在通俗拉丁语中的命运比动词的更为凄惨。或者我们从积极的角度看，今天学西语的学生虽然遭受三类动词变位（以及复杂的不规则变位）的"脚镣之苦"，但还得感谢通俗拉丁语，感谢它摧毁了古典拉丁语名词和形容词的五类变格法，每一类都有六七个单数的"格"和六七个复数的"格"，其中的第三类变格更是充斥着魔鬼般的变体和特例。这其中唯一幸存至今的词尾变化是性和数。

通俗拉丁语有一个特点：倾向于使用分解式短语（两个以上词）阐释古典拉丁语的合成式词汇（单个词）。假如西塞罗听到 *olorem de rosa* 代替了 odorem rosae 一定忍俊不禁，对他来说，属格是由词语内部的 *-ae* 来体现的。又如，古典拉丁语的 íntegre 中 -e 即表明该词为副词而非形容词；altíssimus 的 -íssimus 和 púlchrior 的 -íor 表明两者分别为最高级和比较级。上述例词在通俗拉丁语中都通过分解式短语表达：*olore(m) de illa rosa*，*intégra mente*（或"con intención entera，带有完整的意图"），*multu(m) altu(m)*，*magis formosu(m)*。古典拉丁语中也有 formosus "hermoso，漂亮的"一词，而它的比较级就是 formósior[①]。

---

① 通俗拉丁语中只保留了两组"合成式"比较级：melior/peior 和 maior/minor，即 meliore(m)/peiore(m)。这两组至今依然保持强大的生命力：某样东西比另一样"mayor"和"más grande"是同一个意思。另外几组——anterior/posterior、interior/（转下页）

　　至于 *magis formosu(m)，大家应该还记得我的词表倾向于收 73
录伊斯帕尼亚行省的语言现象。同样的"谬误"在帝国的不同地区
取得的成果不尽相同，比如各地都用 *caballu(m) 代替了 equus，用
*oricla 代替了 auris，但不是所有地方都使用 *comédere 和 *matiana。
意大利语的 nozze 和法语的 noces 说明并非所有地区都用 *vota 代替
了 nuptiae。此外，通俗拉丁语势不可挡的崛起，使得"谬误"变得
"正常"，从而与语法学家徒劳的、洁癖的"规范"针锋相对，这与
那几个世纪政治和社会的巨大震荡是分不开的，这些震荡目睹了西
罗马帝国从出现裂缝直至最终瓦解。罗马越来越无力维系在已经为
北边民族所占地区的统治，罗马城使用的拉丁语的"规范"与高卢、
潘诺尼亚、阿非利加、伊斯帕尼亚等地区的用法差异越来越大。换
言之，历史上不是只有过一种通俗拉丁语，而是多种。意大利的拉

（接上页）exterior 和 superior/inferior 没有留在通俗拉丁语中，但在相对近代的时期
却以古典拉丁语中的完整形式起死回生，不过原本的比较意味遭到大幅削弱：我们
不但不会说某样东西比另一样"interior"，而且还经常看到或听到"**más** interior"和
"**muy** superior"这样的短语，这在严谨的语法学家看来是不可接受的，因为"interi-
or"即"más interno"，"superior"即"más alto"，那么"más más-interno"和"muy
más-alto"便是胡言乱语。同样，mejor/peor 和 mayor/menor 有时也会在大众和口头
用语中被"错误"使用：我们也没少听见人们说某样东西比另一样"**más** mejor"，或
者某某"**muy** mayor"；连 13 世纪的贡萨罗·德·贝尔塞奥也写作"más mejor"。还
有些古典拉丁语的比较级在通俗拉丁语和中世纪拉丁语中被名词化：比如 señor 来自
senior(m)"más anciano，更年长的"；prior 来自 priore(m)"más delantero，更靠前的"。
　　-ísimo 也是后来才被重新纳入西语表示合成式最高级，而且它的最高级意味非常
强烈。如果我们说"**muy** sabrosísimo"或"**tan** altísimo"，我们很清楚这不是常规表述，
而只是一时夸大。为数不多的以 -érrimo 结尾的单词也是同理，如 pulquérrimo（古典拉
丁语 pulchérrimus"hermosísimo，极漂亮的"，相应的比较级为 púlchrior。）近年吸收的
其余古典最高级形式还有 infimus、íntimus、máximus/mínimus 和 óptimus/péssimus，它
们相应的比较级分别为 inferior、interior、maior/minor 和 melior/perior。其中有些的最高
级意味有淡化的趋势——尽管语法学家强烈不满，但"**muy** íntimo"和"el **más** mínino
detalle"都是很常见的短语。

丁语和南法拉丁语之间的关系比和帝国其他地区的拉丁语都要密切。有人曾评价法－意式拉丁语为"最不粗鄙"或"最城市化"的拉丁语。有一点可以肯定：意大利和法国的拉丁语没有用 *magis formosu(m)* 来表示"更漂亮的"，而是与之不同的形式：plus bellus（意大利语为 più bello，法语为 plus beau）。和我们一样偏爱 *magis formosu(m)* 的还有罗马尼亚语（mai frumós）。偏爱 *quaérere* 的还有撒丁语，撒丁语中甚至保留了古体形式 kérrere，而意大利语为 volere，法语则为 vouloir。偏爱 *afflare* 的还有达尔马提亚语（aflar）和罗马尼亚语（afla），而法－意式拉丁语采纳了更聪明的形式 tropare，并由此演变为意大利语的 trovare 和法语的 trouver；偏爱用 * fabulare*（或许应该是 fabellare）表示 hablar 的还有令人意想不到的罗曼什语（favler），而法－意式拉丁语采纳了 parabolare，并由此演变为意大利语的 parlare 和法语的 parler。

74　　最后，我再说明一下句内的词序。在这一点上，书翰拉丁语和口头拉丁语始终存在巨大差距。前者大量使用倒置法，即在语义相关或形态一致的两个成分之间插入其他成分。（比如将"cayó en **una caldera** de fregar"滑稽地说成"en **una** de fregar cayó **caldera**"）。若要将拉丁语文学——而且还不是维吉尔和贺拉斯之流的诗作，而是西塞罗和塔西陀的散文——译成任何一种现代语言，就意味着必须有事先对词语重新排序的功夫（或习惯）。维吉尔优美的诗句"silvestrem tenui musam meditaris avena"中，"silvestrem musam"（"la musa que vive en los bosques，住在森林里的缪斯"）和"tenuiavena"（"con una delgada flauta，拿着一根瘦长的笛子"）交错在一起。口头拉丁语从来没有这种精心安排的乱序，后来出现的文本比如圣本笃的会规（公元 6 世纪）几乎完全抛开了这种跳跃的句法，而是照搬了口语中平实的词序。比如其中有这样的语句："Ad portam monasterii ponatur senex sapiens, qui sciat accipere responsum et réddere, et cujus maturitas eum non sinat vagari." 如果我们加上必要的冠词和介词，便可以将这句话逐字翻译成当代西班牙语："A la puerta del monasterio póngase un anciano sabio, que sepa recibir recados y darlos, y cuya madurez no lo deje divagar."（"在隐院门口，应安置一位善于应对的智慧老人；他既已老成，便不会信口开河。"）唯一有词序变动的是最后一处，"eum non sinat"（代词 eum 在前，否定词在后）调整为 "no lo deje"（否定词在前），不过古西语中确实写作 "lo non dexe"。

文雅语言、通俗语言和半文雅语言

别忘了圣本笃会规终究是文雅文本。无论其结构和句法如何简化，构建文本的文字材料并非出自 6 世纪的意大利老百姓之口，而是带着书面语言的传统特色。如果将它和当时的口头拉丁语的差距与今天的法律用语和日常用语的差距相比较，那么它显然矫揉造作得多。作为守则的文本语言要追求（或表面上追求）清晰易懂，同时还要考虑持久稳定。因此，它会避开口语中易波动变化的部分，寻求（或试图寻求）更"现成"、更"被认可"、更坚挺、更循规蹈矩的句法和词汇的庇护。例如，今天的法律文件中依然会使用虚拟式将来未完成时："el que **impidiere** u **obstaculizare**"（"凡阻止或妨碍者"），可没有哪个神志清醒的人在说话时会使用这一时态；又如，尽管从几个世纪前开始，大家都说带有不发音的 h- 的 hoja，而早已固化的公证书用语中仍坚持使用古语 foja。大家都能明白任何一种专业术语和普通人的用语必然存在巨大差异，但这一差异在圣本笃的拉丁文中实在夸张。刚刚引用的那句话仍然严格遵守当时只有会读书写字的人践行的一套规范。从 porta（人们说 puerta）一词开始，整句都是书翰拉丁语：仍在使用已经没有人说的被动语态（人们表示"被安置"时已经不再使用 ponatur，而是说 sit pósitum，或者更确切说是 sía postu)，甚至依然使用早已被主动语态同化的异相语态（人们已经不说 vagari，而是使用 vagare)。

然而，在古罗马帝国的语言统一性彻底衰落的那段时期，会读书写字的人成了越来越小众的群体；西方隐修制度创始人圣本笃制订会规，规范的正是这个少数群体生活与事务方面的准则。公元 3 世纪时，"上等"文化和民间文化之间的鸿沟，大体上可类比异教名流和基督教平民之间的差异。(基督教当时被称为"奴隶的宗教"。) 而此时这一差异愈加凸显，只是换了个说法而已。教士将成为书翰拉丁语的统一性和完整性的守护者，而罗马帝国各行省的黎民百姓所讲的语言逐渐背离"正确的"语法和词汇。比圣本笃早一个多世纪有一位叫埃格里亚（Egeria，还是 Eteria？）的妇女，可能是西班牙人，曾写过一篇去巴勒斯坦圣地朝圣的札记，她的语言无疑比圣本笃更好地描绘了当时的现实：在她的《朝圣记》(4 世纪末) 中有不少明白无误的西班牙语词汇，如"tenere consuetúdinem"(tener costumbre，"有习惯"，"subire montem"(subir un monte，"爬座山"）。到了圣本笃的时代，原始意大利语、原始法语、原始西班牙语等语言的特征比埃格里亚的时代更明显，可他却依然书写着一种游离在现实和现状之外的拉丁语，一种完全故步自封的拉丁语。

需要补充说明的是，基督教和犹太教以及后来的伊斯兰教一样，都是"典籍宗教"——比起希腊罗马宗教（从未有过任何"信条"或"教义"，而且从史前时期诞生之初到公元后头几个世纪始终在不断变化），文本在基督教文化中有着难以估量的分量。伙同语法一起抑制语言发展的还有宗教圣事的力量。整个中世纪，以圣本笃会规为代表的教士拉丁语如同水泥板一样保持得完好无损，但在修道院学校和教堂学校之外的地方，人们所说的语言越来越丰富多彩。同样起到阻碍作用的还有司法的力量：保存着拉丁语或者说使之停滞的另一个领域便是中世纪的公证文件。

教士拉丁语中再次涌入一大波希腊语借词：evangélium、ánge-lus、propheta、apóstolus、mártyr、epíscopus、diáconus、ecclesia、basílica、baptizare，等等。由于口语经过破坏或者说进化，这些外来词变得很难发音。人们将这些常用词汇吸收进新生的宗教文化时，自发地、下意识地将它们套入日常使用的通俗拉丁语的模型中。（其中很多词汇的重音落在倒数第三个音节上，前文提过，原本倒数第三个音节重读的词在通俗拉丁语中会失去倒数第二个元音或音节。）然而这次，套用熟悉的模型的做法遭到了卫道士们、即从圣本笃时代开始起的修士们的阻挠。几个世纪以来，他们是西欧唯一的保持阅读和写作习惯的群体。修士们作为旧时拉丁语著作的 77
读者，朗读希腊拉丁语新词时"将所有字母都发音"，完全照着书上写着的形式念，而平民压根不看这些书。由于宗教教育是唯一一类面向全体民众的有组织的教育，这些词汇在文化主导者们的控制下，不像其他词汇那样经历了罗曼语化，或者说只是不完全地罗曼语化。

monasterium（重音在倒数第三个音节：monastéri-um）便是一个很好的例子。它其实是希腊词语 monastérion 移植到拉丁语中的产物。有人或许会认为 monasterium 一词应该很容易被接受，因为拉丁语中已经存在一个几乎一模一样的词——ministerium，意为"职业"或"职责"。不过，它在基督教伊斯帕尼亚平民口中的发音不是 ministerium，而是接近 menester 和 mester。假如不加干预，任由其随着人们的使用而自由发展，monasterium 一词今天的发音本应接近 moster。然而，修士们不仅仅在自己的禅房里默诵"Ad portam monasterii"之类的句子，也会在面对民众布道时念出 monasteriu(m) 这样的词。因此，最终占据上风的是这个拉丁化的词语，这个文化教育的产物。（中世纪时曾出现过 monesterio 这一形式，算得上通俗化的一个小进步，但仍没有挺过 16 世纪。）

　　另一方面，坚持使用 monasteriu(m) 的人为了维护拉丁语的完整，又将 ministeriu(m) 也再次纳入体系中，专用于表示教士们的"职业"或"职责"。因此，ministerio 在宗教和文化领域焕发生机，而 menester 和 mester 则活跃在其他领域。

　　monasterio 和 ministerio 都是从教士拉丁语词汇演变而来的"文雅词汇"，或可比作温室里的植物；menester 和 mester 是"通俗词汇"，是 ministerium 历经几个世纪、在真正的生命力作用下磨砺出来的后代词汇，好比大自然野生的植物。llantén 一词是一种生命力顽强的野生植物的名称，也是典型的通俗词汇，和所指的植物一样坚韧。由于这个词几个世纪来一直活跃在口语中，其形式从 plantáginem（在古典拉丁语中音为 PLANTÁGUINEM）开始不断改变：PLANTÁYINE、PLANTAINE、LLANTAINE（我们回忆一下 plicare > llegar，就能明白此处 pl- > ll- 的变化）、LLANTÁIN（llantén）、最终的 YANTÉN（包括我在内的大部分讲西语的人都是这样发音的，虽然我们依然写作 llantén）。相反，vorágine 则是个典型的"文雅词汇"：它是到了近代才直接从拉丁语借来的。古典拉丁语中的 plantáginem 和 voráginem 原本是词法完全等同的词语；假如这一点维持至今——也就是说 voráginem 始终都作为常用词汇，今天它必然演变成 vorén 或 borén（和 llantén 同理），而 vorágine 会变得和 plantágine 一样别扭。voráginem 没有经历"罗曼语化"。西班牙语继承的遗产、它的财富的根本在于经历过罗曼语化的拉丁词汇或者说通俗词语。文雅词语只是锦上添花。

　　说白了，文雅词语和通俗词汇只是技艺与天性这对宿敌在语言学上的体现。在理想情况下，技艺的目的是终结野蛮的生活，使人类受到教化而变得文明，比如阿波罗成功杀死巨蟒皮同；天性的任务是反复确认生命的首要地位，比如一场场与占尽先机的技艺抗衡、维护自然之卓越的文化革命。事实上，技艺与天性之争（或许也可以称之为革新与传统之争）的结局往往是达到某种平衡。在我们的母语中，同时存在着 llantén 这样构成语言遗产根基的"天然词汇"和许多像 vorágine 这样锦上添花的"加工词汇"。

　　从通俗拉丁语或者说原始罗曼语的时代再到今天，源自古典拉丁语的文雅词汇持续不断地被移植到我们的语言体系内。最早的文字记录中就曾出现它们的身影，之后更是不断涌入。第 53 页的词表中，左边一列包含了五十多个被通俗语言弃用或变形的古典拉丁语词汇。假如没有连续不断的词汇移植，今天的西语使用者根本不可能看懂这些词。然而，事实却是本书的任何一位读者，不需要学拉丁语就能看懂其中的大部分词，比如可以依稀辨认出 frígido、íntegro、aurícula、fragmento、interrogar、estrépito、laborar 和 nupcias。这些都是到了近代（通常是 16 世纪开始）被引入的文雅词汇，而最终还是以人们常用的罗曼语化的词汇的面貌示人。我们还可以辨认出 vespertilio 和 pigricia 这两个不常用、却也确实被收录在字典中的词语。此外还有 altísimo，它的最高级词尾曾被通俗拉丁语弃用、后又被西班牙语（法语则不然）重新启用。最后，还有相当数量的词汇本身并没有被重新采纳，但我们可以从其同族词中窥见其身影：我们不说 invenir，却会说 invención；不说 mutar，却会说 conmutar；parietem 会让我们联想到 parietal，equus 会让我们联想到 equitación，frater 和 puer 会让我们联想到 fraternal 和 pueril。用来表示"剑"、但最终让贤于 *spatha 的那两个词出现在植物学术语中，表示"剑状树叶"：ensiforme、gladio、gladíolo。álacrem 虽然被 *alécre(m) 代替，但留在了 alacridad 中。dóminum 消失了，但有 dominio 和 dominar；óculum 和 loqui 也消失了，但有 oculista 和 elocuencia；等等。

　　上述所有例子，从 frígido 到 elocuencia 都是文雅词汇。像 simular、ferroviario、exhibición、contemporáneo 和 "ánimas del purgatorio" 这样的普通词汇则是纯粹的文雅词汇，是未经过罗曼语化的拉丁词。这类词之所以进入并仍在进入我们的词汇体系是因为它们有用、词义精确。当人们需要一个词来表示葡萄的种植时，便求助于拉丁语：用表示"葡萄"的 vitis 和表示"种植"的 cultura 造出了 viticultura "葡萄栽植"。当人们需要一个词来描述类似鸡蛋的形状时，他们没有从 huevo 这个词出发，而是找到了拉丁语的 ovum，从而造出了 oval "卵形的"。人们不说 tiniebloso 而是说 tenebroso "阴暗的"，因为拉丁语为 tenebrosus；不说 sueñiaportador 而是说 somnífero "催眠的"，因为拉丁语为 somníferum。直到近代中期，拉丁语仍然是当之无愧的"文化的语言"；因此，这些词汇属于国际通用词汇。大部分情况下，它们并不是在西班牙语中首次重获新生。

我们刚才说过，ministerio 这一文雅词汇被引入时，口头拉丁语中已经有一种对应的"通俗"形式（大概是 menesteru），这一通俗
80 形式后来又演变为 menester 和 mester。然而，文雅词汇被广泛使用，最后成了通俗词汇的某种"翻版"，即文雅的同源异义词。如果我们粗略浏览这些同源词，便会获取很多关于某个本质问题的信息，这个问题无论对于西班牙语的历史还是它和拉丁语的关系都至关重要。下表中首先列出的是一连串我们非常熟悉（pigricia 除外）的西语单词：artículo、atónito……它们都是西语中寻常的一部分，都是后期引入的文雅词汇，都与相应的通俗词汇构成双式词。接着，我在括号中标出对应的古典拉丁语单词和它"真正的"后代词汇，即经过时间的检验而在语言内部成长起来的通俗词汇。

artículo (*artículus* > artejo)	fláccido (*fláccidus* > lacio)
atónito (*attónitus* > atuendo)	frígido (*frígidus* > frío)
aurícula (*aurícula* > oreja)	gema (*gemma* > yema)

续表

cálido (*cálidus* > caldo)	íntegro (*íntegrum* > entero)
capital (*capitalis* > caudal)	laborar (*laborare* > labrar)
cátedra (*cáthedra* > cadera)	legal (*legalis* > leal)
cauda (*cauda* > cola)	litigar (*litigare* > lidiar)
clavícula (*clavícula* > clavija)	minuto (*minutus* > menudo)
colocar (*col-locare* > colgar)	nítido (*nítidus* > neto)
computar (*computare* > contar)	operar (*operari* > obrar)
comunicar (*com-municare* > comulgar)	película (*pel-lícula* > pelleja)
delicado (*delicatus* > delgado)	pigricia (*pigritia* > pereza)
espátula (*spátula* > espalda)	pleno (*plenus* > lleno)
estuario (*aestuarium* > estero)	quieto (*quietus* > quedo)
estricto (*strictus* > estrecho)	sumario (*summarius* > somero)
famélico (*famélicus* > hamelgo)	trunco (*truncus* > tronco)
fibra (*fibra* > hebra)	viriles (*virilia* > verijas)

仅看文雅词汇的外在形式，我们便能发现不但"不同"（比如大量单词倒数第三个音节重读），而且"出众"。这些词汇通常都比对应的通俗词汇更为精致。如果我们再考虑词义，那么这种"不同"和"出众"就更明显。文雅词汇的含义通常更宽泛和抽象，适用于思辨和哲学话语范畴；通俗词汇的含义更随性和具体，反映熟悉的家常情况。例如，artículo 基本含义为"连接处"或"整体的一部分"，落实到各个领域有不同含义；但 artejo 只表示"手指的连接处"，即"指关节"。又如，colocar "放"的含义也比 colgar "挂"要宽泛得多。（挂衬衣是放衬衣的一种可能的方式。）再如，película "薄膜，胶片"是生物和摄影术语，它的用处也比 pelleja "毛皮"要宽泛得多，后者光看词形就给人一种粗犷乡野的感觉，也因此不适用于使用 película 的场合。读者们只要稍稍留意这些双式词，很自然地就想弄明白每个词存在的意义：为什么既有 estrecho 又有 estricto，既有 caudal 又有 capital，既有 contar 又有 computar，等等。方法非常简单：只要观察文雅词汇的用法，并与通俗词汇进行比较即可。比如，我们既可以说"poseer un capital"也可以说"poseer un caudal"，但却不能说"capital de un río""águila capital"或"pecados caudales"，卡尔·马克思的著作也不能更名为 *El caudal*。进行这番思考和比较之时，以下几条提示或许能有所助益。

atónito 一词中起决定性作用的是 tronido"雷声"。tonare 意为"打雷"（司雷霆者朱庇特是制造雷电者），前缀 ad-（adtonare=attonare）表示"靠近"之义：靠近雷电的人听见轰鸣声便会不知所措。与之对应的通俗词汇 atuendo 有以下几点值得注意：1. 重音在倒数第三个音节的拉丁词语常规的罗曼语化：如重读的短音 o 变为二重元音；2."不知所措"的隐喻用法：用毫无防备的人听到雷声的感受，来类比普通人对于皇帝或教皇铺张的排场的感受；3. attónitus 表被动的"因某事而不知所措"，atuendo 表主动的"能令人茫然的事物"；4. attónitus 是形容词，atuendo 是名词。这类从拉丁语中的形容词变为西班牙语中的名词的例子还有：cálido/caldo、famélico/hamelgo、trunco/tronco。

82　　文雅词汇 aurícula 用于指称外形类似小耳朵的事物，"小耳朵"是它在拉丁语中的含义。文雅词汇 clavícula 也是同理：它是拉丁语词 clavis（即 llave"钥匙"）的指小词。

希腊－拉丁词语 cáthedra 意为"椅子"，但和如今的 asiento 一样，既可以表示"用于落座的家具"，又可以表示"落座时使用的身体部位"。（人们会委婉地使用 asentaderas 和 posaderas 表示"用于在椅子上落座和休息的身体部位"。）人们使用 cadera"胯"，从而回避 nalga"臀部"。从词法上看，从 cáthedra 到 cadera 之间应该还有一个通俗词汇 catégra。

拉丁词语 famélicus"饥饿的"经历了正常的演变：famélicu >

famelcu > hamelco > hamelgo。我们在西班牙语字典上找不到最后这个词，是由于此处 h- 发音同 j，音同 jamelgo。饥肠辘辘瘦骨嶙峋的马不叫 caballo，而是 jamelgo。（jamelgo 确实能在字典上找到。）

　　文雅词汇 gema（顺便一提，这是表中最近代的词）意为"宝贵的石头"（拉丁语为 gemma）。由此可见，蛋黄、指腹、植物返青的部位都被视作"宝贵的东西"。

　　分词 minutus 意为"缩小的"，想必与 minus"较小的"有关：如果我们用 menuda 形容一张嘴，那它必然"比一般的嘴要小"。这一例中名词化的不是通俗词汇，而是文雅词汇：minuto 是"一小块时间"。

　　fláccido 与 lacio、litigar 和 lidiar、fibra 和 hebra、delicado 和 delgado 之间的关系显而易见，每组的两个词的词义差异鲜明，古典拉丁语词被吸收的原因也很明显。用 aurículas 代替"esas cavidades como orejitas que hay en la parte superior del corazón"来表示"心耳"，这显然是语言使用者乐意接受的做法。可是，estuario 和 estero、íntegro 和 entero、frío 和 frígido 之间"真正的"区别究竟是什么？或者说，为什么需要引入这几个拉丁词语？它们的优势何在？这几个问题尚无定论。自然是有不同的"优势"和不同程度的"需求"。拉丁词语 rarus 不会无缘无故同时派生出 ralo 和 raro，cognoscitivo 和 presciencia 这种带有强烈的拉丁语风格的词语也不会毫无道理地兴盛起来。（照理说似乎应为 conocitivo 和 preciencia）。在少数人看来，拉丁语的强调意味可以丰富原本的含义。这种"少数人"有时甚至仅仅是单个人。比如某位诗人[①]使用 pluvia 和 lilio，仅仅是出于将"雨"和"百合花"变得更有诗意的个人意愿；但我们不能据此说 pluvia 和 lilio 分别是 lluvia 和 lirio 的同源异义词。这两个词根本

83

---

① 指贡戈拉。——译者注

不属于我们的词汇体系。

最后，还有些词语既不是文雅词汇也不是通俗词汇，而是介于两者之间，尤其是在受到教士拉丁语阻挠的影响之下。第 71 页提到的词（evangélium、ángelus 等）没有一个的后代词汇是完全的通俗词汇。iglesia 便是一个很好的例子：照理说应该演变为 egrija 甚至是 ilesia，可实际上它却非常接近古典拉丁词 ecclesia[①]。这类停滞在半途的词汇称为"半文雅词汇"，也可以叫"半通俗词汇"。petra 正常演变为 piedra，但人名 Petrus 却不然，它停留在 Pedro 或 Pero 的形式，没有继续发展为 Piedro 或 Piero。又如，ovícula 和 saéculum 在某个时刻分别演变为 ovicla 和 sieclo，但 ovicla 继续发展为 oveja，sieclo 却停在了 sieglo（siglo "世纪"），没有最终演变为 siejo 或 sijo。有的文雅词汇不是和通俗词汇，而是和半文雅词汇构成双式词：tóxico/tósigo、secular/seglar、capítulo/cabildo。当然也有半文雅词汇和通俗词汇构成双式词：比如 temblar 彻底罗曼语化（tremulare > tremlar > tremblar > temblar），而其同源词 tremolar 却十分接近拉丁词形。

---

① ecclesia 一词跻身西班牙词汇之列也是颇费周折，这一点可以由它拥有多个古语形式来加以证明：eclegia、eglesia、elguesia、igleja、elgueja、iglisia、egrija 甚至 grija。最后这个形式没有在古籍上出现过，但从地名 Grijota 中可见一斑。它是 ecclesia alta 罗曼语化的形式，这个短语的后半部分也经历了超级进化：alta > auta > ota。16 世纪时书面语已写作 iglesia，不过圣女特蕾莎念作也写作 ilesia。类似的还有 Almonaster 和 Almonacid 这两个地名（打头的 Al- 是阿拉伯语），也向我们呈现了 monasterium 的两种通俗形式。

第四章　西哥特时期的西班牙

　　公元 410 年，罗马帝国宏伟华丽的首都被西哥特国王阿拉里克攻占并洗劫一空。这位国王在数年前就已经占领巴尔干半岛和意大利半岛的大片地区。罗马人蒙受的这一耻辱只是为一个漫长的战争与协议时期画上了休止符：战争越打越令人绝望，同日耳曼民族的协议也越来越艰难：对方在几个世纪之前还只能勉强抵挡罗马军队，如今却转守为攻、甚至掌握着局面的主动权。站在罗马立场上的历史学家称这一事件为"蛮族入侵"，"蛮族"包括西哥特人、东哥特人、法兰克人、苏维汇人，阿兰人和汪达尔人（尤其是最后这个民族：在今天的许多语言中都有个词叫"汪达尔主义"，诞生于法国"1793 年恐怖统治"时期；而"汪达尔主义"绝不仅仅属于汪达尔人）。站在对方立场上的历史学家则称其为 Völkerwanderung "民族大迁徙"，即日耳曼部落在欧洲南部的扩张。

　　事实上，早在 3 世纪初，罗马军团即便有与日俱增的北欧雇佣兵的援助（率兵抗击阿拉里克的罗马统帅埃斯蒂利孔，其父亲是一位效忠罗马帝国的汪达尔小头目），依然无法抵御这些操着形形色色的日耳曼方言的"蛮族"的屡屡进犯。罗马皇帝们不得不做出让步。于是，西哥特人在占领和洗劫了罗马之后，终于在 5 世纪内、法国南部的图卢兹建立王国；不过他们名义上依然臣服于罗马皇帝。

最早入侵西班牙（即埃斯蒂利孔还在意大利奋力抗击阿拉里克之时）的日耳曼民族是汪达尔人。没过多久，阿兰人和苏维汇人紧85 随其后。汪达尔人攻至安达卢西亚（它的阿拉伯语名 al-Andalus 中就透出汪达尔一词 Vándalus 的影子），继而挥师向北非进发；阿兰人和苏维汇人则在半岛其他地区分而治之。最后，6 世纪初，西哥特人被法兰克人驱逐出图卢兹，辗转至今天的加泰罗尼亚，并向西班牙其他地区扩张。据估计，当时的侵略者不超过二十万人，但罗马治下的伊斯帕尼亚却是零抵抗。西哥特人实际占领了整个半岛长达两个世纪，他们定都托莱多，最终断绝了同罗马之间的一切关联。唯一一次的"光复"行动并非来自罗马城（无能的统治已使它自顾不暇），而是来自罗马帝国的新首都君士坦丁堡。554 年，查士丁尼大帝派出了拜占庭军队和官员，但直到 7 世纪他们都一直在南部和地中海偏安一隅，并没有乘胜追击。

早在 3 世纪末、西哥特人还生活在多瑙河及巴尔干地区时，已经欣然接受了基督教。4 世纪中叶，主教乌尔菲拉将《圣经》译成哥特语。（译本的残卷保留至今，是已知的关于日耳曼语最古老的资料。）然而，西哥特人和罗马帝国东部许多居民一样，信仰的是基督教的"阿里乌教派"——一个被罗马教廷视为异端的教派。（阿里乌是亚历山大港的希腊神学家，完全否认耶稣的神性；他的学说在 325 年的尼西亚会议上被斥为异端。）这是西哥特军事贵族在西班牙的头几十年遇到的冲突的根源。直到 589 年，有政治头脑的统治者们宣布赞成罗马基督教，冲突才告一段落。可以说，从这时起，罗马治下的西班牙人民才接受了现实。后世的西班牙人将这些事件理想化了。13 世纪一位教士在他的诗作《费尔南·贡萨雷斯之歌》中这样讲述当时的故事：

哥特人受圣灵启发，　　　　　　　　　　　86

发现所有糟糕真相：

终于得知偶像有罪，

其信奉者受到愚弄。

他们需要经师讲授

基督的信仰，这才是当信之事；

你们要知道，经师们非常乐意

将自己理解的信仰说予所有人听。

　　（这位修士的观点还犯了时代错误：早在几个世纪之前，西哥特人就不再崇拜雷神和其他"偶像"。）雷卡雷多、雷塞斯文托等西哥特国王的确实现了一桩至关重要的伟业：西班牙政治和宗教的统一。正因如此，在阿拉伯人入侵之后，光复运动的首领们才会将重建西哥特王国视为政治目标。

　　另一方面，西哥特人生活了近百年的图卢兹也是帝国内罗马化最彻底的地区之一。因此，很多西哥特人到西班牙时，所讲的拉丁语比乌尔菲拉翻译的《圣经》中的拉丁语更新更好。这想必也缓和了他们同罗马治下的西班牙人之间的文化冲突或者说语言矛盾。为了使双方和谐共存，国王钦达斯文托和雷塞斯文托在 7 世纪中期融合了日耳曼习惯法和罗马习惯法，汇编为法典。（前一个世纪的 528 年到 565 年间，长寿的查士丁尼大帝已经将罗马习惯法汇编成浩瀚的《民法大全》，时至今日它都是不少国家民法的基础。）西哥特人编纂的法典使用的语言是拉丁语而非哥特语。法典被命名为"Forum Júdicum"（"法官的法典"，是法官们应当遵守的准则）；但前一章已经说过，7 世纪时，拉丁语的发音和文字并不相符：人们将 forum 说成 fuoro 或 fuero，将 júdicum 说成 juzgo（音 YUDGO）。当然，"fuero juzgo"在西班牙语中从来都没有任何意义——它并不是西班牙语，而是"发错音的"拉丁语。

87   《西哥特法典》（*Fuero Juzgo*）[①] 对于西班牙历史、甚至是欧洲历史都至关重要。事实上，除了后来在半岛各基督教王国起到教化作用，并维持通俗拉丁语或者说"原始罗曼语"在阿拉伯统治下的西班牙人民中的影响，这部汇编式法典也是后人研究中世纪制度不可或缺的资料来源，尤其是欧洲中世纪的标志——封建制的基础：领主和附庸之间的关系。《法典》之所以没有在西哥特时期产出丰富的果实，是因为问世不久便在 8 世纪初遭遇了阿拉伯人突如其来的进犯。不过，它对于中世纪的西班牙而言是一股强大的凝聚力；唯一没受影响的是原始卡斯蒂利亚人，他们是野蛮的坎塔布里亚人后代，而坎塔布里亚人从未罗马化，也从未承认西哥特国王。

我必须补充一点，西哥特人在统治初期拒绝与西班牙人通婚，即便在《西哥特法典》颁布之后也依然自视为一个特别的民族。（后来的几个世纪里，除了居于首位的"基督徒"和"摩尔人"的对立，"哥特人"和"罗马人"这一历史遗留差异也不容忽视。）这两个世纪内，半岛的生活和文化"基调"依然是罗马式的，没有西哥特化。这一时期文学上最重要的人物是塞维利亚的大主教圣依西多禄（560—636），著有神学、史学作品和基督教论战录，以及两部极其重要的百科全书汇编——《万物的性质》和关注语言文化的《词源》，他是三个世纪前开始延伸的那条文学链上的最后一环。开启了这条文学链的是科尔多瓦主教奥修，紧随其后的是前西哥特的其余作家，尤其是研究阿兰人、汪达尔人和苏维汇人侵略的史学家伊达西奥，以及中世纪流传甚广的、第一篇关于基督教通史的杂文作者保卢斯·奥罗修斯。总之，西哥特人在西班牙历史上留下的脚印远不如法兰克人对高卢文化的影响。因此，高卢最终改名为法兰西，

---

① 国内普遍将 *fuero juzgo* 称为《西哥特法典》，下文均采用这种译法。——译者注

但伊斯帕尼亚依然叫伊斯帕尼亚，而没有变成"哥特亚"或"西哥特亚"。

　　圣依西多禄的《词源》关注的并非 6 世纪末、7 世纪初的口头 88
拉丁语，而是几个世纪之前的书本上的拉丁语。不过，他也收录了
一定数量的确实在西班牙使用、但似乎不属于书翰拉丁语的词汇，
如 cattus "gato，猫"，cattare "catar、mirar，品味、看"，colome-
llus "colmillo，尖牙"，cama "cama，床"，camisia "camisa，衬衣"，
mantum "manto，披风"，cunículus "conejo，兔子"，avis tarda "avu-
tarda，大鸨"，capanna "cabaña，茅屋"，merendare "merendar，喝下
午茶"，tábanus "tábano，牛虻"，catenatum "candado，锁"。他的
"词源"其实与作为现代科学的词源学风马牛不相及。和一些毫无
根据的词源学著作相似，他的结论也是仅仅基于心理上的联想。为
什么猫叫 cattus？因为它用犀利的眼神观察（catar）。为什么蜜蜂叫
apes？因为它没有脚（a-pes）。为什么衬衫叫 camisa？因为我们在
床上（cama）使用。那披风为什么叫 manto 呢？因为它在我们手里
（manos）……现代语言学家称之为"民俗词源"。

　　通俗语言也在先前的语言基础上继续发展。圣伊西多禄没有
谈到发音问题，但从一些语法正确性不及他的文稿和其他资料来判
断，可以确定 7 世纪时西班牙使用的拉丁语已经进化成这样的形
式：eglesia (< ecclesia)；buono (< bonum)；famne (< fáminem "ham-
bre，饥饿")；ollo (< oclu "ojo，眼睛")；nothe，音 NOTJE，
(< noctem "noche，夜晚")；fahtu，后为 faito (< factum "hecho，事
实")；potsone，后为 pozón 及 ponzoña (< potionem "poción，份")；
caltsa，后为 calza (< calcea)；lluna (< luna)；llingua (< lingua)。上述词
形特征均符合正常演变的趋势，并没有受到哥特语的影响。

　　哥特语对西班牙原始罗曼语词汇的影响，与公元 1 世纪开始日

耳曼语族对拉丁语的整体影响是分不开的。确实，西班牙语中的日耳曼语借词在法语、普罗旺斯语和意大利语中都有对照词，在各地的通俗拉丁语都有 tripalium 等我们前面所举的例子。我们不妨粗略浏览一番最有意义的日耳曼语借词。我们可以将其分为两类，姑且称为"战争类"与"和平类"吧，免得再杜撰造术语。这样一来可忠实精准地描绘出罗马帝国对日耳曼人的看法，或者更具体地说，
89 哥特人在罗马治下的伊斯帕尼亚眼中的形象。

godo 的词义最后变为"高傲的"。（直到 16、17 世纪，人们还用"hacerse de los godos"来表示"自视甚高"。）罗马人正是这样看待战胜他们的日耳曼人——傲慢又强大。表"自负"的 orgullo 和 ufano 是日耳曼语词。可怕的 guerra（"战争"）是日耳曼语词，而战争自然让人联想到对领土和财富的贪欲。除了 riqueza（"财富"）一词，下列词汇或某些义项都来自日耳曼语：talar "毁坏"，rapar、robar、triscar（均为"破坏"），estampar（表"碾压"），gana（表"贪婪"），guardar "守卫"，botín "战利品"，ropa（表"掠获物"），ganar "获得"，galardón（表"酬金，偿金"），lastar（表"代偿"），escarnir（表"嘲弄"），honta（表"羞辱"），bando "派别"，bandido "强盗"，banda "帮，伙"，bandera "旗帜"，guiar "领导"，espía "间谍"，heraldo "传令官"，barón（表"适合上战场的男子"），ardido（表"无畏的"），sayón（表"发布通令者"），estribo "马镫"，brida "马笼头"，espuela "马刺"，anca "臀"，albergue（表"营地"），burgo "城郊村镇"，feudo "封地"，bastir（有关"堡垒"），guisar（表"安排"），yelmo "头盔"，esgrimir "挥舞刀剑"，blandir "挥舞武器"，dardo "投枪"。tregua "休战"和 guarir（表"躲避"）也在其中。如此长长的一串词汇着实震撼，尤其是考虑到，拉丁语中原有的词语完全贴合其中大部分词表达的概念。日耳曼人好战的习性破坏了罗马民族的想象力，迫使他们吸收了这些"野蛮

的"表述。同理，现代西班牙语单词 guerrilla "游击战"被引入其他语言词汇体系、英语动词 to lynch "私刑处死"被推广到其他语言都是有原因的。

　　相反，"和平类"词汇中能胜出的绝大多数都是因为所指称的对象超出了罗马文化范畴。与"战争类"一样，这类词也彼此相关：toldo "帐篷"，sala "厅"，banco "凳"，jabón "肥皂"和 toalla "毛巾"；guante "手套"和 lúa（后者与前者同义，已经消亡，但在葡萄牙语中还有 luva 一词）；fieltro "毛毡"，estofa "织锦"，cofia "盔衬"，falda "半身裙"和 atavío "装束"；sopa "汤"；rueca "手工捻线杆"，aspa "绕线架"，tapa "盖子"；estaca "桩"和 guadaña "钐镰"；brote "萌芽"和 parra "瓦罐"；三种动物——marta "松貂"，tejón "獾"和 ganso "鹅"；两种颜色——blanco "白色"和 gris "灰色"，一种乐器——arpa "竖琴"。日耳曼人的宴会形式想必是罗马人闻所未闻的：escanciar "斟酒"和 agasajo（基本含义是"被陪伴的愉悦"）都是日耳曼语词。就连 compañía "陪伴"也是"语义上的"日耳曼语借词：companionem 借鉴了日耳曼语的 ga-hlaiba "分享面包的人"（hlaibs 是 pan "面包"，也是英语词 loaf 的来源），用拉丁语词素 com-pan-io-nem 模仿构词得来。realengo "王产"、abolengo "祖业"和 abadengo "修道院院长财产"则融合了罗马元素 rey "国王"、abuelo "祖父"、abad "修道院院长"以及日耳曼语后缀（类似于英语的 -ing），这是哥特语对西班牙语词法唯一的影响。

　　伊比利亚半岛（尤其是加泰罗尼亚、旧卡斯蒂利亚、莱昂、阿斯图里亚斯、加利西亚和葡萄牙北部）如今的地图上，出现了大量西哥特地名。有些甚至保留了 godos 一词：Toro（< Gothorum "哥特人的"）、Godones、Godojos、Godins、Godinha、Vilagude（< villa Gothi "哥特人的庄园"）、Gudins、Gudillos，等等，与之形成对照的地名则有 Romanos、Romanillos、Romanones 等；由此可见上文

90

提到的哥特人与西班牙人之间的泾渭分明。还有一些地名点明了土地主人的身份：加泰罗尼亚的 Castellganí（castillo de Galindo "加林多的城堡"）和 Castelladrall（castillo de Aderaldo "阿德拉尔多的城堡"），半岛上其余地方还有 Castrogeriz（campamento de Sigerico "西赫利哥的军营"）、Villafruela（finca de Froyla "弗洛依拉的庄园"）、Villasinde（finca de Swíntila "斯温提拉的庄园"）、Fuenteguinaldo（fuente de Winibaldo "维尼瓦尔多的泉"）、Guitiriz（< Witerici, tierras de Witerico "维特里格的土地"）、Vigil（< Leovigildi）、Mondariz（< Munderici）、Allariz（< Alarici）、Gomesende（< Gumesindi）、Guimarães（< Vimaranis）、Hermisende（< Hermesindi）、Gondomar（< Gundemari），等等。括号中的几个人名，Galindus、Aderaldus、Sigericus 等是日耳曼语名字的罗曼语化形式；同样，Álvaro、Fernando、Rodrigo、Rosendo、Ildefonso 和 Elvira 分别是 Allwars、Frithnanth、Hrothriks、Hrothsinths、Hildfuns 和 Gailwers 的罗曼语化结果。但后面这些名字不同于 Froyla、Swíntila 等，在我们看来已经是非常西语化的名字，它们不属于最后一位哥特国王罗德里戈战败后的几个世纪里西哥特人后代。

第五章　阿拉伯时期的西班牙

最后一位哥特国王罗德里戈的落败在随后几个世纪中都蒙上了传奇色彩，令人扼腕。那是在711年的瓜达莱特战役中，对方的将领塔利克率领一支或不足七千名"摩尔人"的军队，在后来被命名为直布罗陀的地方登陆几周后便取得胜利。（"摩尔人"是西班牙人对侵略者的称呼，实际为阿拉伯人和柏柏尔人。它本应用于指称柏柏尔人——moro一词来源于Maurus，在拉丁语中指毛里塔尼亚居民；但后来在西语中泛指"穆斯林"、"背叛者"，与地域上的起源无关。）摩尔人对基督教王国的征服几乎是闪电式的。718年，整个伊比利亚半岛实际已经降服，塔利克甚至跨过了法国的边界。穆斯林们有强烈的征服欲，也展现了出众的凝聚力。相反，西哥特王国的政治框架早已分崩离析。罗德里戈在战败前一年，从前任国王威蒂萨的继承人手中篡夺王位。因此，我们也就不难理解瓜达莱特战役中，威蒂萨的一位兄弟、塞维利亚主教奥帕斯为何会率领众人与塔利克并肩作战。（712年，奥帕斯在仍与"背叛者"结盟的同时，还晋升为托莱多大主教，这是西班牙教士体系中的最高级别。）

和伊斯帕尼亚省的衰落一样，伊斯兰教的诞生和兴盛也几乎是爆发式的。"先知"穆罕默德（570—632）与塞维利亚的圣伊西多禄生活在同时代，奠定伊斯兰教基础的"希吉拉"发生于622年。也就是说，穆斯林们将西哥特王国据为己有之时，他们的这一身份仅有短短的 89 年历史。况且，除了占领整个阿拉伯半岛、开始向北边及印度拓展疆域，他们还统治着从埃及到摩洛哥的整个北非。711 年的柏柏尔人已经是真正的穆斯林。

伊斯兰教的扩张无疑是最积极热闹的扩张史之一。只要抛开"基督徒"刻板的视角，便能理解这样的观点。后者在抵抗和奴役残忍野蛮的摩尔人时确实英勇，但也离不开雅各赐予的援助。（在今天的西班牙、葡萄牙和西班牙语美洲民俗活动上，仍然能看到一些表现摩尔人和基督徒的舞蹈和戏剧表演，展露出这一刻板的视角。）当然也不能站到穆斯林狂热分子这一边，他们至今仍在惋惜西班牙这颗"伊斯兰明珠"落入了"基督狗"手中。我们应该站在许多现代历史学家的角度去看待这段历史。他们以职业要求的公正客观看待问题，最后为这段历史折服，迷上了这段扩张史的活力，迷上了伊斯兰教徒们在曾经生活过的国家展现的人性、包容、对劳动和生活的热爱、文化和艺术①。这一点尤其适用于西班牙。塞万提斯、贡

---

① 西班牙和葡萄牙地图上大量的源自阿拉伯语的地名便是这段扩张史鲜活的证明。下面是一些西班牙地名：Alaminos, Albacete, Albarracín, Alberite, Alcalá, Alcanadre, Alcántara（及 Alcantarilla），Alcaraz, Alcázar（及 Los Alcázares），Alcazarén, Alcira, Alcocer, Alcolea, Alcoletge, Alcudia, Algar, Algeciras, Alguaire, Almadén, Almazán, Azagra, Aznalcázar, Benagalbón, Benaguacil, Benahadux, Benahavís, Benamejí, Benaoján, Benasal, Benejúzar, Benicásim, Benidorm, Borja, Bugarra, Cáceres, Calaceite, Calatañazor, Calatayud, Calatorao, Gibraltar, Gibraleón, Guadalajara, Guadalaviar, Guadalupe, Guadamur, Guadix, Iznájar, Iznalloz, Medina（及 Almedina），Medinaceli, La Rábida（及 La Rápita），Tarifa. 其中几个地名，如 Alcalá、Alcolea 和 Medina 重复出现在不同的省份、甚至同一省份。此外，还有不少地名是姓氏，如上述三个以及 Alcaraz、Alcocer、Almazán 和 Borja 等。Medina 意为"城市"，或者更确切地说，一座城市被城墙围起来的核心区域，以它为中心向外延伸出错综复杂的小巷；时至今日，不少西班牙的城镇依然维持这样的城市布局。Medinaceli 即"塞利姆（Sélim）的城市"，Alcalá 意为"城堡"（Alcolea 即"小城堡"），Calatayud（词首去掉了冠词 al-），意为"阿尤布（Ayub）（转下页）

戈拉、洛佩·德·维加身为西班牙基督徒，却对摩尔人始终抱有好感，这可是西哥特人从来没有得到过的待遇。他们喜爱伊斯兰文明的诸多方面，既有中世纪丰硕的科学和哲学成果，也有摩尔人生活中美好的事物、美食、华服、音乐和娱乐。因此，无论是出于"实用性"还是"愉悦性"的考虑（在两者可以分开的前提下），这些伟大的作家都运用来自阿拉伯语的词汇，这些词汇连发音都让他们倾心。贡戈拉的《孤独》中最优美的诗段之一回忆的是猎捕游隼的盛大场面；其中，诗人着重突出了猛禽的名字，大部分的名字都是阿拉伯语——阿拉伯人除了教会欧洲人代数和化学，也传授了精细、琐碎的猎鹰术。alfaneque、tagarote、baharí、borní、alferraz、sacre、neblí 等指称猛禽的词都是从阿拉伯语被借入西班牙语，此外还有 alcahaz "关猛禽的笼子"和 alcándara "猛禽的栖木"。

16 世纪上半叶，对于那些对西班牙语的特点感兴趣的意大利朋友，胡安·德·巴尔德斯会这么说："对于摩尔人带来的东西，除了随之而来的阿拉伯语名称之外，我们没有其他词汇可用来命名。"以及"我们用阿拉伯语命名的很多东西其实都有对应的拉丁语词汇，但习惯使得我们倾向于前者。因此，比起 tapete，我们更喜欢说 alhombra（地毯）；我们认为 alcrebite（硫黄）优于 piedra sufre，azeite（油）优于 olio。"他不是第一个发现西班牙语（及葡萄牙语）不同

（接上页）的城堡"。rábidas 即边境的要塞。有大量以 Ben-（阿拉伯语的 ibn，意为"……之子"）开头的地名，如 Benicásim 原意或许是"卡西姆（Qásim）之子的土地或房屋"。还有大量以 Guad-（阿拉伯语作 wadi，意为"河"，"河谷"）和 Gibr-（意为"山"）开头的地名。阿尔佳维以及堂吉诃德的故乡拉曼查同样也是阿拉伯语地名。单词 aldea "村庄"、alcaldía "村政府"、arrabal "城郊区"、barrio "区"都是阿拉伯语词，城市的知名地区的名字亦然：托莱多的索格多维尔（Zocodover），格拉纳达的萨卡丁（Zacatín）和哈瓦丁（Habatín），等等。许多当时已有的地名则阿拉伯语化：Pax Augusta 变为 Badajoz，Hispalia（Hispalis 的通俗形式）变为 Ishbilia，即 Sevilla（塞维利亚）。Caesaraugusta 因其发音 Saraqusta 而变为 Çaragoça（萨拉戈萨）。

于其他罗曼语的这一特点之人，当然也不是最后一个。有专门的阿拉伯语词表，更不乏相关方面卓越的历史学和词源学研究。

94 　　其实，若要理解阿拉伯统治时期的西班牙历史，从语言学角度入手不失为一个好方法：可以研究我们的语言中的四千个阿拉伯词汇的词义。

　　对历史事件的大致了解有利于理解语言现象。伊比利亚半岛起初是臣属于大马士革哈里发的一个酋长国。但阿卜杜·拉赫曼一世（755—788）打破了这层从属关系，阿卜杜·拉赫曼三世（912—961）从埃米尔改称哈里发，并定都科尔多瓦①。被称为"政治军事奇才"的阿尔曼佐尔领导的战役（977—1002）巩固了摩尔人在北方从巴塞罗那到圣地亚哥－德孔波斯特拉的统治，同时也终结了三个世

---

① 科尔多瓦是 10 到 11 世纪欧洲最重要的城市之一。和阿拉伯治下的托莱多一样，是吸引文明世界的各地学者的文化中心。阿卜杜·拉赫曼一世时期，在不到两年的时间里（784—786）建成了宏伟的清真寺，9 到 10 世纪又进行修缮和扩建。在《卢卡诺尔伯爵》的一个"事例"中，堂胡安·马努埃尔讲述了哈里发阿尔哈金二世（961—976）如何完成这个建筑的故事，也表明了自己对建筑的雄伟和对这位哈里发人格的赞赏。故事说，这位阿尔哈金爱好音乐，于是在一种木笛上添了一个洞，从而拓宽了音阶。然而，这个小发明并不符合国王的身份，于是，"人们开始用嘲讽的方式夸奖这个行为"，当有人吹嘘微不足道的小事时，人们会说："这是阿尔哈金国王添加之物。"这话传到了哈里发耳中，"他是一位好国王。因此，他不打算惩罚说这话（这句嘲讽的话）的百姓，而是暗下决心要做一件真正值得人们称赞的大事。于是，他把清真寺剩余的部分补上，使之完全竣工。这是摩尔人在西班牙建造的最大、最漂亮的清真寺；此外，自从费尔南多国王在上帝的帮助下攻下这座城市、将清真寺献给圣母马利亚之后（1236 年），它也是基督徒们的科尔多瓦圣母马利亚教堂。国王建完清真寺后说，虽然到目前他都因为木笛一事被人嘲笑，从此他一定会因为对这座伟大的清真寺作的添加而备受称赞。如果说那句话曾经是对他的嘲讽，那么现在成了真心实意的称赞；甚至今天的摩尔人想要称赞一样东西时也常常说'这是阿尔哈金国王添加之物'。"

纪以来的军事扩张和优势。1031 年，哈里发统治的疆域分裂为数个小王国（称为"泰法"，即诸侯分邦），其中一些文化发展达到的高度甚至能与文艺复兴时期意大利的重要城市媲美。政治统一的重建（自然免不了流血牺牲）主要通过北非的两次穆斯林移民潮完成——阿尔摩拉维德人、或称"虔诚者"（1086—1147）和阿尔摩哈德人、或称"唯一神教者"（1147—1269）。他们原本只是受到宗教狂热的驱使，最后也不由自主地迷上了泰法王国光辉灿烂的哲学、科学、艺术和诗歌。（说句题外话：假如西班牙和葡萄牙的摩尔人是真正的狂热分子，那么当时他们必然摧毁半岛上存在已久的大葡萄园，就像今天许多地区捣毁罂粟和古柯的种植点；然而他们非但没这么做，而且还不顾穆罕穆德的禁止爱上了葡萄酒。）

　　从文化的角度看，哈里发统治的终结恰恰标志着阿拉伯统治的西班牙最辉煌的两个世纪的开始。这个时期涌现出众多学者：著有《鸽子项链》的诗人伊本·哈兹姆，哲学家及科学家阿芬巴塞，诗人伊本·古兹曼，伟大的阿威罗伊以及他的朋友伊本·图菲利和思想家伊本·阿拉比。同时，融合了阿拉伯模式的伟大的希伯来西班牙文化也兴盛起来，涌现出同样世界知名、值得骄傲的学者：诗人和哲学家伊本·盖比鲁勒（拉丁语称阿维斯布隆）、犹大·哈列维，智者阿伯拉罕·本·埃兹拉和哲学家迈蒙尼德。迈蒙尼德最重要的作品《迷途指津》是用阿拉伯语写作，而非希伯来语。犹太伦理学家伊本·帕库达也用阿拉伯语写作。而犹大·哈列维除了这个希伯来语名之外，还有个阿拉伯语名——阿布勒·哈桑。还有一位犹太人1106 年受洗后改名为佩德罗·阿方索，用阿拉伯语写了一本东方故事集，其拉丁语译本的标题为"Disciplina clericalis"，在后来的几个世纪的欧洲读者间都受到追捧。（"Disciplina clericalis"的意思不是"教士的戒律"，而是"献给文学友人的文集"。）假如我们说 10 到 12 世纪的阿拉伯西班牙的文学足以与其他任何一个欧洲国家比肩，那

092 | 西班牙语 1001 年

算不上褒奖——当时所有的欧洲国家写的都是大同小异的东西，大部分都是使用拉丁语。真正的夸奖应该是：阿拉伯西班牙文学与巴格达、开罗和广阔的伊斯兰世界任何一个属地的文学相比都毫不逊色。西班牙的那几个黄金世纪其实是阿拉伯文化的黄金世纪。

96 　　源自阿拉伯语的西班牙语词汇大部分产于阿拉伯文化扩张和繁荣时期。那几个漫长的世纪里，塔拉戈纳、萨拉戈萨、托莱多、梅里达、科尔多瓦、塞维利亚这几个自罗马时期起就富裕丰饶、人口众多的基督教大城市在穆斯林统治下发展得欣欣向荣。那几个漫长的世纪里，西班牙成了欧洲各国的老师，一名叫葛培特的学生、也就是后来的教宗西尔韦斯特二世专程从法国赶到科尔多瓦打探只有穆斯林才掌握的科学；莱昂－卡斯蒂利亚的一位国王铸造的钱币刻有阿拉伯语文字；整个欧洲都赞赏摩尔人生活和睦惬意；北方的基督教新兴王国的达官贵人竭力效仿他们的习俗，甚至到后来，西西里（穆斯林文化在欧洲的另一个传播中心）未来的皇帝腓特烈的生活"比起德国人，更像个阿拉伯人"；欧洲到处流传阿威罗伊等阿拉伯西班牙学者的作品的拉丁语译本，这些作品对哲学和科学思想的发展起到了决定性作用；甚至连穆斯林色彩浓重的《穆罕穆德登霄记》这样的宗教－伦理奇幻小说也广为人知，并为但丁基督教意味强烈的《神曲》提供了冥世的架构。

穆拉迪人、莫扎拉布人和穆德哈尔人

　　源自阿拉伯语的西班牙语词汇给我们的第一印象具有双重性：既有穆斯林的包容与开放，又有同他们有过接触者流露出的钦佩与迷恋。

　　我们以"穆拉迪人"（muladí）一词为例。在基督徒看来，这是个可耻的词，因为穆拉迪人是叛徒；但在阿拉伯人看来，这是个非常人性化、有气度的词：muwalladín 即"被接纳者"。阿拉伯西班牙的统治获得好感的深层次原因是它兼容并蓄的政策、海纳百川的意识形态和支持共存的法令。9 世纪的基督"殉道者"的死亡，不是因为信仰耶稣（穆斯林历来敬重耶稣），而是因为破坏公共稳定。同一个世纪内的 839 年，安达卢西亚地区的基督主教们可以毫无顾忌地在科尔多瓦市召开教士议会；几位教士用圣伊西多禄的拉丁语写作时可以畅所欲言，不用接受政治或宗教方面的任何审查。穆斯林允许以前的居民继续按《西哥特法典》行为处事，也从未使用暴力强迫他们放弃基督教信仰。信奉穆罕穆德的基督徒（而且为数众多）都是自觉自愿的。穆拉迪人的后代不会因为语言不同而被排除在"真正的"阿拉伯人之外。那时候还有金发的"摩尔人"。伊本·古兹曼的名字"Ben Qusmán"是日耳曼语的"Guzmán"。可以有母语是"罗米语"（或者说罗曼语）的高官，也可以有不会阿拉伯语的虔诚的穆斯林。"官方"从来没有施压要求人们放弃自己的语言。正因如此，柏柏尔人虽然与阿拉伯人来往了几个世纪，但直到今天柏柏尔语依然能存活在北非地区。埃米尔和哈里发不像 16 世纪迫害犹太人的西班牙统治者那般神经质地追求"血统纯净"。从一开始阿拉伯人就和西班牙女性通婚。根据当时的资料显示，1311 年格拉纳达的二十万人口中，只有五百个是"纯种"阿拉伯人（并不代表这五百人就是"最好的家庭"），但这二十万人都是穆斯林，都说阿拉伯语（自然是充满罗曼语词汇的阿拉伯语）。穆斯林西班牙令人瞩目的成就归功于全体人民，阿拉伯人和莫扎拉布人同等重要。

"莫扎拉布人"（mozárabe）意为"阿拉伯化的"。无论是基督教重镇的市民、还是小城镇人民、甚至是田野村落的乡民，或者说，西班牙和葡萄牙的绝大多数居民都成了阿拉伯世界的一部分。他们可以自行决定阿拉伯化的程度，只有一开始有过几次零星的独立尝试。格拉纳达的情况确实是例外，但各地居民统统无法抵挡阿拉伯生活方式的吸引，这也是不争的事实。莫扎拉布人中，有不少基督徒仍使用罗曼语，但其中夹杂了不少阿拉伯语词；有不少是标准的双语使用者；有的给孩子起阿拉伯语的名字；有的有意识地总结两种语言之间的对应关系（莱顿保存着一本 10 世纪左右的这类字典）；11 世纪甚至还有基督徒用阿拉伯语进行基督教话题的写作！

我们刚刚说过，9 世纪的作家们可以用圣伊西多禄的拉丁语畅所欲言。其中一位名叫阿尔瓦罗·德·科尔多瓦的学者曾感慨："唉！可悲！基督徒正在对自己的文化感到陌生！"如果我们站在他的立场，便很能理解他的痛楚：伊斯兰文化的魅力对于基督教年轻人来说实在难以抵挡，甚至令他们忘了自己的母语；据阿尔瓦罗说，有些人甚至能比摩尔人更好地掌握阿拉伯语诗歌的微妙规则。况且，有吸引力的不仅仅是诗歌，而是整个伊斯兰文化，包括"物质"文化和"精神"文化、劳动文化和休闲文化；年轻人也不是唯一被吸引的对象。

与"莫扎拉布人"恰恰相反的是"穆德哈尔人"（mudéjar）一词。莫扎拉布人是继续生活在摩尔人领土上的基督徒，穆德哈尔人是留在北方基督教国王逐渐光复的领地上的摩尔人（"穆德哈尔人"意为"被允许留下的人"）。11 到 13 世纪期间，穆德哈尔人尤其集中于阿拉贡、托莱多和安达卢西亚，他们保留着自己的信仰和语言。这几个世纪的西班牙是"有三种信仰的西班牙"——除了摩尔人和基督徒，还有犹太教徒。在穆斯林科尔多瓦，基督教堂、清真寺和犹太教堂和谐共存，这种和平也延伸到了基督托莱多。但穆德哈尔人就没这么幸运了。和最终融入阿拉伯世界的莫扎拉布人不同，他们从未完全属于基督教世界。他们被赶出自己的家园，从 14 世纪开始宗教信仰自由也不再被容忍。许多人学习基督徒的语言，他们

被称为"拉迪诺"[1]摩尔人。至今仍然留存了不少他们用罗曼语（称 99
为"阿尔哈米亚文"[2]）撰写的文学作品，所用的文字是他们唯一会书
写的文字——阿拉伯语。其中的代表作品如《约瑟之歌》，讲述的是
关于埃及人约瑟的圣经传说，深受阿拉伯人、犹太人和基督徒喜爱。
（"阿尔哈米亚文"的词义也拓展为用希伯来语字母书写的罗曼语文
章。）莫扎拉布人和穆德哈尔人不但对立，而且互补[3]。

西班牙语中的阿拉伯语借词

西班牙语中的阿拉伯语借词是那几个世纪里的和谐共存留下的
不可磨灭的证据。比如，西语中存在大量与园艺学、园地栽培和灌
溉工程相关的阿拉伯语词汇，可见莫扎拉布人甚至整个半岛的居民
都熟悉家庭农业文化，以及阿拉伯人身为沙漠之子灵魂深处对水的
渴望。西语中的四千个阿拉伯语借词都有其存在的道理：它们分别
对应四千个必须被接纳的物品或概念。añil"靛蓝"、carmesí"洋红
色"、escarlata"猩红色"甚至 azul"蓝色"都来自阿拉伯语，这是
注定的；甚至还有一个极端的例子——almaizal"教士拿圣餐用的长
方形白丝披肩"和 acetre"圣水器"这两个指称天主教礼拜仪式专

---

① "拉迪诺"即 ladino，意为"会讲罗曼语的"。——译者注
② "阿尔哈米亚文"即 aljamía，意为"用阿拉伯语字母拼写的西班牙语"。——译
者注
③ 莫扎拉布和穆德哈尔的建筑风格是一个清晰的例子。莫扎拉布人建造基督教堂
时沿用西哥特时期的规划和布局，不过在建造过程中融入阿拉伯元素，比如马蹄状拱
门。穆德哈尔人被雇来替基督教收复的城市建教堂时，被要求采用的是后西哥特时期
的建筑结构，同时偏爱使用点缀（意大利人称其为"阿拉伯风格"）——华丽的瓷砖
和嵌板式顶棚是典型的穆德哈尔风格。如果说穆斯林西班牙的繁荣当归功于阿拉伯人
和莫扎拉布人，那么基督西班牙的繁荣也有穆德哈尔人和摩里斯科人（即受过洗礼的
摩尔人）的一份功劳。

用的物品的词汇居然来自阿拉伯语！如果想知道中世纪穆斯林陶瓷
术的发展程度，只需了解制陶工艺方面的词汇（连 alfarero "陶器工
100 人" 这个词都是阿拉伯语词）就能知道西班牙基督徒有多么钦佩并
乐于学习阿拉伯人的这门技术。不止如此，阿拉伯人还是园艺师、
磨坊工、木匠、裁缝（alfayates）、皮匠、赶脚夫（almocrebes）、理
发师（alfajemes）、面包师、厨师（甚至美食家）、水手、渔夫、农
民，还精通马术、油文化（aceite "油" 和 aceituna "油橄榄" 都是
阿拉伯语词）、医药学、度量衡，也是伟大的建筑师和装潢师、兽医
（albéitares）、调香师（alatares），布料和地毯编织工。如果写一部研
究阿拉伯语借词的语言学著作，可以按上述角度划分章节，这样便
涵盖了西班牙文化史的所有方面。

　　不仅是西班牙文化史，还可以了解世界上很大一部分地区的文
化史。西语中的阿拉伯语词有的指零食，如 almíbar "糖浆"、jara-
be "糖浆"、alcorza "甜淀粉糊"、alajú "用杏仁粉、胡桃粉、面包屑
等加香料和蜜做成的一种甜食"、alfajor（同 alajú）、alfeñique "糖果
条" 等；有的指特别不起眼的东西，如 aladar "一绺头发"；有的指
重要的小物件，如 alfiler "大头针"。不过，拥有突出地位的总是那
些 "大词"，即有关数学思维和科学研究的词语。属于数学思维的有
cero "零"、cifra "数据"、algoritmo "算法"、guarismo "数字" 和
álgebra "代数学"。阿拉伯人令整个欧洲都摒弃了加减乘除都异常麻
烦的罗马计数法。他们引入了 "零" 这个希腊罗马传统文化中不存
在的概念，教会了他们全新的 "简化" 方法，即代数。与数学思维
相关的还有 ajedrez "象棋"（以及象棋中的 alfil "象"、jaque "将军"
和 mate "将死"）——将这个魔鬼的游戏引入欧洲的也是阿拉伯人。
属于科学研究的词汇如 cenit "天顶"、nadir "天底"、acimut "平
经" 和 alquimia "炼金术"（以及炼金术中的 redoma "细口大肚瓶"、
alambique "蒸馏器" 和 alquitara "蒸馏器"）——阿拉伯人也是伟

大的天文学家。或许有人认为炼金术难登大雅之堂，那是因为他
们不了解"贤者之石"在科学史上的重要性：elixir"点金石"是
从 'iksîr 演变而来的；阿拉伯人教会了后人有寻找才有发现。此外，
alcanfor"香樟"、atíncar"硼砂"、azogue"水银"、almagre"红赭
石"、alumbre"明矾"、álcali"碱"和 alcohol"酒精"也都是阿拉伯
语词。

　　我们再稍稍深入了解一下阿拉伯西班牙文化的某些方面在词汇
上的表现：

　　园地栽培和园艺学：树木和灌木名称 arrayán"爱神木"、adel- ¹⁰¹
fa"欧洲夹竹桃"、alerce"落叶松"和 acebuche"野生油橄榄树"；花
草植物名称 alhucema"薰衣草"、albahaca"罗勒"、alhelí"桂竹香"、
azahar"柑橘花"、jazmín"茉莉花"、azucena"百合花"、amap-
ola"虞美人"和 arriate"花坛"；水果名称 albaricoque"杏"、al-
bérchigo"杏"、alfónsigo"开心果"、alficoz"一种黄瓜"、sandía"西
瓜"、limón"柠檬"、naranja"橙子"、toronja"柚子"、albacora"一
种大无花果"；水果的特殊品种如 jaharí"无花果"、jabí"苹果"和
zafarí"石榴"。

　　农业：alquería"田间房屋"、almunia"果园"、almáciga"秧
田"、cahiz"一种干量单位"、fanega"一种干量单位"等词足以证明
摩尔人农业技术的卓越。有些词与灌溉工程有关：atarjea"水管道"、
acequia"渡槽"、aljibe"雨水池"、noria"水车"、arcaduz"水管"、
zanja"壕沟"、azud"堰"和 alberca"蓄水池"；有些词证明阿拉伯
人引入了大量农作物：alfalfa"苜蓿"、algodón"棉花"、arroz"水
稻"、caña de azúcar"甘蔗"、azafrán"藏红花"、ajonjolí"芝麻"、
acelga"甜菜"、acerola"山楂"、espinaca"菠菜"、alubia"菜豆"、
人们熟悉的 berenjena"茄子"、chirivía"欧洲防风"、zanahoria"胡
萝卜"、algarroba"单花野豌豆"、alcachofa"洋蓟"（以及其中两个

品种 alcaucil 和 alcanería）。

经济与贸易：ceca "铸币厂"（及两种货币名称 cequí "塞基" 和 maravedí "马拉维迪"）、almacén "仓库"、alcaicería "百货商店"、atijara "贸易"、alqueire 和 alquiler "租金"、albalá "敕许状"、almoneda "甩卖"、dársena "船坞"、alhóndiga "粮行"、alcancía "积钱罐"、almojarife "税吏"、alcabala "商业税"、aduana "海关"、tarifa "关税"、arancel "关税率"；度量单位 azumbre（液量单位）、arrelde（重量单位）、celemín（干量单位）、adarme（重量单位）、quilate（珠宝重量单位）、quintal（重量单位）和 arroba（重量单位）。

建筑与家具：alarife "建筑师"、albañil "泥瓦工"、adobe "砖坯"、azulejo "瓷砖"、zaquizamí（原指 "镶嵌式顶棚"，后指 "顶楼"）、alacena "食橱"、tabique "薄墙"、alcoba "寝室"、alféizar "窗台"、ajimez "中分拱顶窗"、albañal "污水沟"、alcantarilla "下水道"、azotea "平屋顶"、zaguán "门厅"、aldaba "门环"。ajuar "家当" 也是阿拉伯语词，表示 "家当" 的阿拉伯语词还有 azafate "小筐箩"、jofaina "脸盆"、almofia "脸盆"、almohada "枕头"、almadraque "用于坐在地上的垫子"、alfombra "地毯"、alcatifa "精致地毯"、almozalla "一种地毯"、alifafe "床单" 和 alhamar "壁画"。（值得注意的是，直到 12 世纪初，西班牙人家里的会客桌旁都很少看到椅子，而是和摩尔人时期一样摆放着各种靠垫、枕头和小地毯。）

衣物和奢侈品。布料名称如 tunecí "突尼斯布" 和 bocací "粗麻布"；衣物如 almejía "长衫"、albornoz "带帽斗篷"、alquicel "披风"、aljuba 或 jubón "紧身坎肩"、jaez "马饰"、gabán "厚呢大衣"、zaragüelles "鞋子"、alpargatas "草鞋"、alcorques "软木底凉鞋"；女式衣物 albanega "发网"、ciclatón "一种锦缎" 和 alcandora "衬衣"；连衣裙的装饰 cenefa "花边"、arrequive "边饰" 和 alamar "穗

饰"。此外还有香水和化妆品：almizcle "麝香"、ámbar "琥珀"、algalia "灵猫香"、benjuí "安息香"、talco "滑石"、alcohol "酒精"、solimán "氯化汞"、alcandor "妇女用的化妆品" 和 albayalde "铅白"；珠宝和宝石，如 ajorca "镯子"、arracada "耳坠"、aljófar "小珍珠"、alaqueca "光玉髓"、azabache "煤玉"、ámbar "琥珀" 以及首饰的统称 alhajas[①]。

音乐与娱乐：乐器的名称如 adufe "铃鼓"、rabel "三弦琴"、laúd "琵琶"、guzla "独弦琴"、albogue "钹" 及 albogón "一种木笛"、ajabeba "摩尔人的笛子"、añafil "摩尔人的长号"、tambor "鼓"；表示快乐的喧闹的词，如 algazara、albórbola 或 albuérbola、alharaca、alborozo 和 albricias。（algarabía 如今也可表示孩子或鸟类的吵闹声，但原本的词义是 "阿拉伯语"，与之相对的是 aljamía "阿尔哈米亚语"。）

军事 "技能"：alcazaba "要塞"、alcázar "堡垒"、rábida "寺庙城堡"、adarve " 城墙顶上的通道"、almena "雉堞" 和 atalaya "瞭望塔"；alarde "阅兵"、algara "马队"、rebato "突袭" 和 zaga "后方"；almirante "海军上将"、adalid "头领"、arráez "首领或长官"、

---

① 我们这个时代的墨西哥贵妇的衣柜里一定有许多从巴黎、伦敦等地进口的物品，这些物品名称也往往是法语或英语词汇（如 brassières、panties 等）。中世纪的西班牙情况也类似。恩里克二世（1369—1379 在位统治）的女儿卡斯蒂利亚的贝阿特丽丝公主的财产明细中，也有名称中带法语的衣物，如："几件带有 tapete de verdegay 鞘的 canivetes"，两件金色的 formales，"三块 arraja 布料"（即产自法国北部阿拉斯、后称 raja 的布料）。然而占优势地位的还是阿拉伯语名：三件 alfayates；"一件的针脚是倒缝式的"，另两件针脚 "大如 aljófar 颗粒"；"两只镶了 cafies 的金戒指"（最大的 cafi "和榛子差不多大小"）；"十件 almocelas，其中一件为丝质"；"一个 aitija"；"一个 alfamerejo"；"四个 alguebas 的服装布料"。上述词汇中除了 aljófar 之外，均未被收录在科罗米纳斯的词源字典中（这说明对于阿拉伯语词汇的研究仍在进行中）。cafi 应该是某种比较珍贵的宝石，algueba 似乎是用于丈量的棍子。

almocadén "军队领袖"、alcaide "要塞司令" 和 alférez "旗手";
adarga "椭圆形皮盾"、aljaba "箭筒"、alfanje "大刀";hazaña "功
绩" 似乎也是阿拉伯语。

　　堂吉诃德还曾给桑乔·潘沙上过关于阿拉伯语借词的一课:"al-
bogues 这个名称",他说,"是摩里斯科人用词,我们卡斯蒂利亚语
里以 al 开头的所有词都是如此,比如 almohaza、almorzar、alhom-
103 bra、alguacil、alhucema、almacén、alcancía 等,应该还有几个。"堂
吉诃德犯糊涂了:首先,alba 和 alma 等一部分以 al- 开头的单词并
不是摩里斯科词;其次,我们只要稍稍浏览一遍前文的例词,就会
发现以 al- 开头的阿拉伯语词不仅仅是"还有几个",而是数量庞大。
al- 是阿拉伯语的冠词,在引入西班牙语时并入其他词语。此外,
acequia、adelfa、ajonjolí、arrayán、atarjea、azahar 等词中其实也含
有这一冠词,只是因后接的辅音而简化为 a-。jubón 和 aljuba 是同义
词;Medina 和 Almedina 也是同一个地方;我们平时说的 Corán 其实
也叫 Alcorán;alárabe 是 árabe 的同义词。

　　有些读者可能已经发现,其中很大一部分词汇并非源于伊斯兰
文化。的确如此。但这恰恰是这一文化的"独特性"。从西班牙、葡
萄牙、摩洛哥,到西西里、巴尔干半岛、埃及(和埃及以南大片地
区)、黎凡特、美索不达米亚、波斯、印度,直至远东,阿拉伯人所
到之处都留下了虔诚的穆拉迪人,同时也吸收了当地的精华。许多
阿拉伯语借词(尤其是"大词")直观地反映了这段历史。其实,许
多词汇原本也不属于阿拉伯语,而是阿拉伯人在与当地人交往时吸
收而来。这些国家中最负盛名的当属希腊。阿拉伯人对于希腊文化
的改编和传播,首先从亚里士多德的几部作品开始,后来逐渐反映
到了许多词汇上,如 adarme 来自希腊语的 drachmé,adelfa 来自希
腊语的 daphne,如果再费点力气,还能从 albéitar 中辨认出希腊语

的 hippiatros "马的医生"。因此，阿拉伯语借词除了来自摩洛哥、埃及和叙利亚，还有些来自波斯、印度、孟加拉国甚至更远方。例如，cero 和 ajedrez 来自印度，naranja 和 jazmín 来自波斯，benjuí 来自苏门答腊（阿拉伯人从这里获得这种熏香），aceituní 中不但包括"橄榄"，还有生产绸缎的遥远的中国城市"刺桐"。矛盾的是，西班牙语中尤其多见的是来自拉丁语的阿拉伯语词！我们举三个简单的例子：castrum、thunnus 和（malum) pérsicum "波斯的苹果"这三个拉丁词，如果不是因为出现在摩尔人的日常语言中，也不会演变为 alcázar、atún 和 albérchigo①。

---

① 我们之前提到的胡安·德·巴尔德斯如果和他的意大利朋友谈起阿拉伯语的冠词（在这一点上，他比堂吉诃德的观察更敏锐），或许会说："我们将冠词和拉丁词语糅合在一起，这是因为我们不把它们视为我们的词语。"确实，我们很难将 alcázar 和 atún 视为我们的词语（或者说拉丁语）。假如当初 thunnus 直接从拉丁语演变过来，那么现在的形式应该是 ton（即 tonina 中的 ton）；假如希腊拉丁词汇 amygdala 没有和阿拉伯语的 al- 混合起来，也不会变为 almendra；alcorque 中包含了 corcho。这种"混血"在 amapola 一词中来得更为彻底。需要有高度敏锐的洞察力才能发现其中隐藏的拉丁词 papáver，即通俗拉丁语的 papávera 和后来的 papaura；papaura 因添加的阿拉伯语成分 habba "颗粒，种子"而变为类似 habapaura 的形式（habbapapaura）；最后，habapaura 再变为 habapora、hamapora 和 hamapola，其中的 h 是送气音（曾读作 JAMAPOLA）。有些西班牙语姓氏中也有这种"混血"，如 Benavides 和 Venegas；地名中也很常见：不但有 Almonte、Alpuente、Almotacid 和 Almoster（el monasterio "修道院"），甚至还有复合形式，比如 Castielfabib 即 Castillo de Habib。纯阿拉伯语地名有 Guadalqui-vir（gran río "大河"）和 Gibraltar（monte de Tárik "塔利克的山"），混血的地名有 Guadalupe（río del lobo "狼之河"）和 Gibralfaro（monte del faro "灯塔之山"）。也有阿拉伯语词和罗曼语词共存的情况，如 mejorana 和意大利语的 maggiorana、法语的 marjolaine 是姐妹词语，但它的近义词 almoraduj 则是阿拉伯语的创造；hiniesta（确切说是 iniesta，h- 是到了现代添上去的）和意大利语 ginestra、法语 gênet 是姐妹词语，但近义词 retama 是纯阿拉伯语，而且还差点被取代。espliego 底子是罗曼语，是一种西班牙北部特有的植物，它的近义词 alhucema 却是南部特有的。（这三组是多么奇妙的植物学"同源异义词"！）

有些阿拉伯语借词从未普及，就好比今天的许多科技语以及只有精英阶层才使用的词汇。almanaque"历书"始终是大众词汇，cenit、nadir 和 acimut 也是人们熟知的词，但 alcora"天球"就只出现在智者阿方索的技术专著中。arracada"耳坠"仍然是常用词汇，但 alhaite"各种宝石连成的串"就很少见，只出现在两份国王的遗嘱中。alcora 和 alhaite 是纯粹的古语词汇。还有不少曾经被民众广 105 泛使用的词汇如今也已经成为历史。有些词消失是因为所指的事物消失了，如 alahilca"墙上的帘子或挂毯"是阿拉伯人或莫扎拉布人家里常见的物品，后来随摩尔人的许多精巧构思及学识一同永远消失了。还有些词消失是后世的西班牙人的羞耻心作祟。（穆斯林西班牙曾在欧洲独树一帜似乎是个耻辱。）胡安·德·巴尔德斯的出生地昆卡离托莱多不远，是半岛上阿拉伯化程度最高的地区之一；所以他既认可 piedra sufre（来自拉丁语 petra sulfur）的合法性，也发现西班牙人其实更偏爱阿拉伯语词 alcrebite。而与他同时代的人文学家弗朗西斯科·洛佩兹·德·维亚洛博斯刻薄犀利，他认为托莱多人用成堆的阿拉伯语词"玷污和模糊了卡斯蒂利亚语的美好和清白"。alcrebite 或许是因为与国际通用的词汇形式格格不入而被遗忘，但其他词的消失都可以用西班牙人的羞耻心来解释。可能在某个时刻，alfajeme 给人感觉太阿拉伯，不够尊贵，于是西班牙的理发师宁可自称 barberos；这和今天的理发师自称"男性美学导师"如出一辙。同理，外来词 sastre"裁缝"和 mariscal"兽医"也取代或"流放"了 alfayate 和 albéitar 这两个本已扎根、算得上纯正的西班牙语词。（葡萄牙语中依然用 alfaiate 表示"裁缝"。）

除了极个别的特例（如形容摩尔人的 latiní 和形容石榴品种的 zafarí 等），上述所有阿拉伯语借词都是名词。同样，墨西哥西语中的纳华语借词大部分也是名词。这是语言学上所有"外来词"历史的共通之处。因此，从阿拉伯语直接借来的形容词和动词就显得格外有意思。（既然是"直接"，那就不包括 algebraico "代数的"、alcohólico "酒精的"等，也不包括 alfombrar "铺地毯"、alambicar "蒸馏"等、也不包括 azul、escarlata 等——指颜色的词既是名词又是形容词。）拉法埃尔·拉佩萨认可的只有下列这些词：

106

　　形容词：1）baldío 原意"无用的，无价值的"，从而衍生出"游手好闲的"；2）rahez 原意"便宜的"，后转意为"低劣的""可耻的"；3）baladí 现为法语借词 banal 的同义词。本意应该和格拉纳达的摩尔国王铸造的"巴拉迪金币"有关，这种金币在基督教王国间广泛流通，但远远比不上精致的摩洛哥金币。因此，baladí 即"当地的""本土的"，甚至是"次等的"。4）相反，jarifo 意为"头等的""高贵的"，后引申为"显眼的""出众的"；5）zahareño 意为"性子烈的"，原为野生的游隼（生活在陡峭处），被猎捕时已成年，难以驯化，但因勇猛而受珍视；6）gandul 现意为"懒散的"，"一事无成的"，原本也不是形容词，而是意思完全不同的名词。阿隆索·德·帕伦西亚曾在其 1490 年（格拉纳达被收复之前）的《词汇集》中写道：gandul 意为"有结婚意愿（到了适婚年龄）的男孩，勇敢的单身青年，好拉帮结派的"也就是说，能义无反顾地拿起武器的小伙子（"单身青年"是褒义），讲义气，乐意与同龄和同地位的人混在一起。短短几年后，西班牙人在美洲大陆上四处遭遇成群结队的年轻、强壮、好斗的印第安人，于是恰如其分地称他们为"indios gandules"；7）horro 指"状况自由的""不受束缚的"；esclavo horro 即"被解放的奴隶"。8）mezquino 原指"贫穷的""衣不蔽体的"（带同情意味），但最后却变为感情色彩截然不同的"悲惨的""吝啬的"。以上八个形容词有一个共同点：带有非常强烈的评判意味。

　　动词：1）recamar 指"在布料上织出条纹"（看得出这是非常专

业的活儿）；2）acicalar 即"擦亮"；3）halagar 原本也指"擦亮"、"磨光"。这三个动词都是使手工业作品完美的最后一步；但 halagar 拓展到了道德层面——"悉心、亲昵地对待某人"（替他抚顺头发），甚至是贬义的"恭维""奉承"。（还有第四个动词是古西语的 margomar，为 recamar 的同义词。）

107　　来自阿拉伯语的还有不定代词 fulano"张三"和 mengano"李四"；短语 de balde 和 en balde（"徒劳地"来源同 baldío）；he aquí、he allí"这就是"中的指示小品词 he、极其重要的句法联结词 hasta（每当我们说"desde...hasta..."时，我们都是在使用一种"混血的"语法结构）；一些感叹词，如《熙德之歌》中屡屡出现的古语的 ¡ya!（可"译为"¡Oh!），以及我们常说的 ojalá（"希望这是安拉的意愿！"），结果成了文艺复兴时期的欧洲人嘲讽西班牙人崇拜伊斯兰教神祇的笑柄。

　　"语义上的"阿拉伯语借词也同样有意思，它们没有带着语言实质、而是带着精神进入西班牙语。比如，我们说的"如果上帝愿意""愿上帝保佑你""阿隆索先生，受上帝守护者""祝福你的母亲"，都是阿拉伯人留给我们的遗产。13 世纪初，《西哥特法典》的托莱多译者，没有将提出诉讼者译为拉丁语借词的 demandante"原告"，而是非常自然地使用了口头辩论中的术语 dueño de la razón"道理的主人"，这是对阿拉伯语的效仿。（可类比前文第 85 页的 companionem。）这些精神上或者说语义上的阿拉伯语借词揭示了两种语言之间极其密切的共性。像 fijo de algo"有身份的人的孩子"（> hidalgo"贵族"）和 infante/infanta"hijos del rey，国王的孩子"这种非常西班牙、词源为拉丁语的词语也是语义上的阿拉伯语借词。

　　相反，阿拉伯语对我们西班牙语的词法影响微乎其微：唯一可以确定的只有 marroquí、alfonsí 和 sefardí 等词的后缀 -i^①。发音方面的痕迹更是空白。15 世纪末，内布里哈认为西班牙语有三个拉丁语中不存在的音，是摩尔人留下的：herir 的 h（JERIR）、dexar 的 x（DESHAR）、fuerça 的 ç（FUERTSA）。今天也有人说 ajo 和 juerga 中的 j 在法语和意大利语中都不存在，也是我们从阿拉伯语沾染来的。事实并非如此。这四个音统统是正常罗曼化的结果，与阿拉伯语音素的相似纯属巧合。西班牙语中所有阿拉伯语词都按照西班牙语语音规则发音。（我们可以举一个现代的例子来更好地理解：overol 是英语借词，但其所有音位都是西班牙语，和英语单词 overalls 的音素没有半点相符之处。）

莫扎拉布人的语言

阿拉伯语词的来袭，既没有影响伊比利亚罗曼语的语音和句法结构，也没有使得单词像拉丁语的后代语言那么"面目全非"，也没有改动莫扎拉布人说的罗曼语的结构，完全没有动摇他们的文化根基。莫扎拉布语的语音、语法和基础词汇都是西哥特拉丁语的延续，同 8 世纪初摩尔人入侵时伊斯帕尼亚的"普通话"是一样的。不过，穆斯林的统治也间接造成了莫扎拉布语的独特性。

我们回顾一下 11 世纪的情况。南半个伊比利亚半岛仍属于阿拉

---

① 堂吉诃德关于阿拉伯语词的课堂是这样结尾的："……以 i 结尾的源于摩尔语的词只有三个（名词），那就是 borceguí、zaquizamí 和 maravedí。"只要稍稍回顾我上文提及的阿拉伯语借词，比如 baharí、borní 和 neblí，就会发现堂吉诃德说"只有三个"是糊涂了，或许是因为他刚败在白月骑士手中而心绪不宁。（后来他倒确实补充了 alhelí 和 alfaquí 这两个既以 al 开头又以 í 结尾的名词），后缀 -í 的独特之处在于它并未囿于古西语词汇，而是仍在产出新词——构成说明地域和民族的词，如 israelí、pakistaní 和 kuwaití。

伯人，因此，南北两地说西语的人们之间没有交流。和北方有多种罗曼语一样，莫扎拉布语必然也呈现出方言之间（不是埃武拉和萨拉戈萨的差异、而是埃武拉和托莱多、科尔多瓦和穆尔西亚、萨拉戈萨和瓦伦西亚之间）的差异，但与北方的语言相比，莫扎拉布语由于它的与世隔绝而偏保守。恰好在 11 世纪（见 132 页），北方的王国开始了克吕尼改革，礼拜仪式变得欧洲化、现代化。但这一改革没有影响到莫扎拉布人：他们教堂里的仪式、浮雕、典礼、典籍和音乐统统来自西哥特时代；对莫扎拉布礼拜仪式的热爱，使得托莱多人在卡斯蒂利亚人光复托莱多之后，仍沿用旧制，没有改用罗马式礼拜。一旦莫扎拉布语同其他罗曼语有接触，这份"保守的天性"就立马开始发挥作用。（同理，直到 20 世纪中期，塞萨路尼基、君士坦丁堡、伊兹密尔的塞法迪人讲的西语发音和词汇都与众不同。两者巨大的不同之处在于：塞法迪语从头到尾都是特立独行的语言，但莫扎拉布语在逐渐与北方征服者的语言有了接触之后，最后与之融为一体。）此外，莫扎拉布人从来没有将他们说话的方式带到书面语中。他们先是用拉丁语书写，尔后又明智地改为阿拉伯语。不过，莫扎拉布语文献缺失的遗憾有其他方式弥补。

109 首先，西班牙阿拉伯作家们零散地使用了大量的罗曼语词汇，或许是因为是他们将这些词移植到阿拉伯语中（伊本·古兹曼的诗作中有近 200 个西班牙语外来词），或许是为了使用这些词来表示当地的事件或特色。一位植物学专题作家说基督徒们用 yeneshta 来称呼阿拉伯人称为 retáma "金雀花"的东西；还有一位历史学家为求准确，一字不差地引用了有人说出的侮辱性词语：boyata（或 boya-da）"牛群"。

其次，许多罗曼语词好比镶嵌在阿拉伯语借词中间：alcan-dor "用于洗白面部的化妆品"中可以清晰地看到拉丁词 candor，且维持其原意"白"。此外，阿拉伯语借词还能让我们知悉莫扎

拉布语的发音。拉丁语词 matricem（matriz，后为 cauce）发音为
MATRICHE，因为有阿拉伯语借词 almatriche（一种沟渠）。地名
Alconchel 中包含拉丁词 concilium。西塞罗的名字发音为 CHICHE-
RONE。（chícharo 和 chicharra 都是非常典型的莫扎拉布语，至今西班
牙的北部都不使用。）当时莫扎拉布人还未将 -atus 和 -ata 中的 t 变为
d，如 boyata 和 alcayata（后者起初与西班牙语中对应的词汇 cayada   110
同义，指"上部为钩子状的手杖"）。从 alcornoque 一词还可以得知，
古典拉丁语词汇 quercus "encina，栎树"后来被 quernus 取代。第
104 页我们还提到，古典词汇 papaver 后变为 papaura，等等。

　　再次，11 到 13 世纪的西班牙阿拉伯诗人高超的诗艺，也使
得 50 多首莫扎拉布语短诗流传至今。在那个文学阿拉伯语和通俗
阿拉伯语差异巨大的时期，他们采取的做法出乎意料：用老百姓的
市井歌谣作为一首词法、句法和意象俱"古典"的诗歌（称为彩诗
"muwashaja"）的结尾；可以使用安达卢西亚的通俗阿拉伯语，也
可以使用莫扎拉布人的罗米语。这种构思巧妙的结尾被称为哈尔恰
（jarcha）。莫扎拉布语的哈尔恰，除了带来"罗曼语抒情诗的春天"
（哈尔恰最早出现在普罗旺斯语抒情诗之前，而普罗旺斯语抒情诗传
统上被视为罗曼语世界的首创），也是仅有的连贯的文章，不再是孤
零零的单词。哈尔恰通常借由姑娘用阿拉伯语词 habib "亲爱的"或
habibi "我的爱人"呼唤爱人的方式出现，下面是三个例子：

¿Qué faréi, mamma?　　　　　　妈妈呀，我当何如？

Meu al-habib est ad yana　　　　我的爱人呀在门口。

Garid vos, ay yermanellas,　　　姐妹们，告诉我，

¿còm' contener a meu male?　　　要如何承受这痛苦？

Sin el habib non vivreyo:　　　　爱人不在我不独活：

| ¿ad ob l'iréi demandare? | 他的踪迹何处寻觅？ |

111

¿Qué fareyo, ou qué serad de mibi?	我当何如？何去何从？
Habibi,	我的爱人，
non te tuelgas de mibi.[①]	请别离开。

　　正是因为这些资料的存在，才使得我们能对莫扎拉布语有粗略的了解。我们可以说它是"古语"，也可以说是语音进化"停滞"的语言；但这是因为我们的比照对象是 11 和 12 世纪北方的优势方言——卡斯蒂利亚语。比起莫扎拉布语，卡斯蒂利亚语和拉丁语的距离要大得多（莫扎拉布语实为西哥特通俗拉丁语，其语言特征前文已经以 eglesia、nohte、orella、llengua 等词为例阐明）。如果我们不把卡斯蒂利亚语作为比照对象（1001 年前，它的领土与莫扎拉布语的相比简直不值一提），而是将哥特时代的原始罗曼语作为一个整体看待（当时它与意大利原始罗曼语尚有关联），莫扎拉布语就不能被称为古代方言或停滞的语言。这门语言确实有特别之处，如将来时 vivreyo 和 fareyo（通俗拉丁语作 vivire habeo 和 fare habeo），如

---

① 为了同罗曼语哈尔恰的质朴与轻盈形成对照，我再举一个当时西班牙的阿拉伯高雅诗人的诗作（不过，和所有诗歌译作一样，这个现代西班牙语译本中已经失去了原诗的部分精髓，如响亮度、节奏感和阿拉伯语诗歌的内涵）："多么美丽的喷泉！仿佛将流浪的星星撒向天空，如同灵活的杂技演员跳跃着／匆匆滑过的水柱，如同奔向水池的蜻蛉／习惯了在地下流淌的水，见到敞开的空间便急忙逃逸／尔后休憩时，对新家心满意足，骄傲地露出泡沫牙齿微笑着／因微笑而展露的美丽牙齿，引得树枝情不自禁地亲吻。"发明哈尔恰的是 9、10 世纪的盲眼诗人穆卡丹·德·卡布拉，但流传下来的没有这么古老，被发现的更是在相当现代的 1950 年前夕。这种手法还被知名犹太诗人效仿写成希伯来语彩诗，如摩西·伊本·埃兹拉、犹大·哈列维、阿伯拉罕·本·埃兹拉。必须说明一点，哈尔恰都是以阿拉伯语或希伯来文字写成的（使用阿尔哈米亚文），通过音译转写为我们的字母时，难免会出差池。

动词 garir（即 decir，通俗拉丁语作 garrire），又如代词 mibi（古典拉丁语的 mihi 受第二人称代词 tibi 影响变为 mibi）。但也有一些现象在当时并不罕见，连北方方言中也存在，如 ob "dónde，哪里"（拉丁语作 ubi）和 serad "será，将会是"（通俗拉丁语作 sere habet）的 -d。yana "puerta，门" 是拉丁语 janua 唯一一个幸存的后代词汇，其他地区的通俗拉丁语都用 porta 取而代之；不过葡语确实还保留了 janua 的一个后代，即指小词 janela "puertecita，小门" 即 "ventana，窗"。

与其寻找莫扎拉布语和葡萄牙语、加泰罗尼亚语之间随处可见的相似性（比如 nohte 念作 NOJTE，比 noche 更接近 noite；又如 llengua 的发音），何不将莫扎拉布语中的 "古语" 看作一系列语言之间深入的亲缘关系的证明呢？如果一个葡萄牙人看到 "¿Qué faréi, mamma?" 这样的诗句，他或许会说："这不是西班牙语，而是我的母语八九个世纪之前的样子。"我们这些西语使用者会觉得哈尔恰中的很多词都是古语（或许应该说过时得滑稽的古语）：fillolo "hijito"、yermanellas "hermanitas"、dolche "dulce"、amare、bechare "besar"、rayo de sole、corachón、bono "bueno"、adormes "duermes"、ollos "ojos"、nomne "nombre"、fache "faz" "cara"，等等。但如果我们根据已知的资料先念出莫扎拉布语的句子 "bechare la dolche fache del fillolo"，再念出今天的意大利语句子 "baciare la dolce faccia del figliolo"，那么莫扎拉布语给人的观感完全不同，全然没有古语的影子。

第六章　卡斯蒂利亚语的诞生

北方基督教王国

阿拉伯人在极短时间内改变了西班牙的面貌；然而，战败后，罗德里戈国王的亲属以及拥护他的西哥特贵族们匆匆逃往阿斯图里亚斯、靠近坎塔布里亚山区，他们并不乐意看到这样的变化。穆斯林的建筑才华大放异彩的那几个世纪，在西班牙中世纪的基督教王国的作家笔下却是"摧毁西班牙"的世纪。

逃到北方的那一小簇显贵中最为人称道的就是传奇人物佩拉约，他在 722 年奥维耶多东边爆发的科瓦东加战役中战胜了摩尔人（被佩拉约打败的摩尔人军队的首领之一便是第 87 页提到的奥帕斯大主教）。在此之前应该也有过一次小规模的军事行动，但阿拉伯人因为坎塔布里亚这个条状地区没有有价值的城市，压根不把它放在眼里，而是继续北上侵入法国，直至遭到查理·马特的阻挡（即 732 年的图尔战役）。人们将佩拉约视作阿斯图尔－莱昂王国的创立者。他的女婿阿方索一世（739—757 年间的阿斯图里亚斯国王）坐观阿拉伯人与柏柏尔人发生武装冲突而渔翁得利，袭击了从杜埃罗河流域到埃布罗河流域的地区，消灭了稀少的敌方驻军，焚烧已经播种的土地，将村落夷为平地，带着已经开始阿拉伯化的基督徒回到奥维耶多地区^①。

接下来的一个世纪里，行宫设于奥维耶多的奥多尼奥一世 114
（850—866在位）通过有条不紊的"重新开发"，坚定地收复了南面的领土。一部早期的拉丁编年史是这么讲述他是如何重新开发莱昂城的："一部分靠自己的人，一部分靠从西班牙带来的人。""自己的人"是阿斯图里亚斯和毗邻的加利西亚人民，这两个地区几乎没有摩尔人；"从西班牙带来的人"就是渐渐获得"救赎"的基督徒莫扎拉布人。在这些早期的国王眼中，"西班牙"是他国。阿斯图里亚斯

———————————

① 这种土地"荒芜化"的做法曾一度是常用的军事策略。这样制造出一个"战略荒漠"，一片焦土，既没有人也没有作物，养活不了任何人。那几个世纪里"平民百姓"的命运也可想而知。大部分莫扎拉布人是基督徒，但是已经相当融入阿拉伯人的生活，因此，北方基督徒对每座城市的光复对于他们和对于摩尔人来说几乎都是毁灭性的。那是一段残暴的时期。776年，阿斯图里亚斯的一位名叫贝阿托·德·列巴那的修士，写过关于《启示录》的评论。《启示录》一书通过幻觉、意象和奇幻场景描绘了教廷早期同内外敌人的抗争，用象征性的话语预告了即将到来的更可怕的战斗以及最后的胜利。对于贝阿托·德·列巴那那个年代的人来说，《启示录》里的战役就是同"不信服的"摩尔人的战役的真实写照。后来的几个世纪里，他的评论被人反复抄录，尤其是在莱昂王国内：这被称为"贝阿托"，即用栩栩如生的细密画装点的手抄本，通常也是出自莫扎拉布人之手。在中世纪欧洲传统文化中，"贝阿托"手抄本展示了各种异象，也透露了天启最终的选择；加洛林王朝的教士会议宣称《新约》的最后一卷是伪造的，但西班牙教会早在7世纪就认可了其真实性。"贝阿托"的流传意义非凡。从天启的幻象、云层中的神秘战马和赶来支援基督徒的天庭士兵身上，隐约可见基督徒的光复史。圣徒雅各骑着白得发亮的马出现，在克拉维霍战役（844年）中亲手杀了无数的摩尔人；也正是在那几年间，伊利亚-弗拉维亚（今帕德龙，位于拉科鲁尼亚附近）的主教在海边发现了这位使徒奇迹般地从耶路撒冷漂洋过海的石墓。我们还应该联想十字军东征的欧洲部分，这场自1096年开始持续了近两个世纪的战争目的是从穆斯林手中夺回耶稣之墓。西班牙人没有参与十字军东征，但他们长期进行着另一场圣战。摩尔人的疾速涌现也是伊比利亚半岛中世纪文学的一个常见主题。（比如，有一类作品丰富的谣曲叫"边境谣"，因为讲述的通常是摩尔人和基督徒变幻多端的边界上的小冲突和事变。）

王室最后在 920 年左右搬至莱昂。但 988 年，城墙又被很快进行反攻的阿尔曼佐尔推倒。他势不可挡，一路攻到圣地亚哥－德孔波斯特拉。1017 年，莱昂第二次也是最终得到"开拓"。

这个莱昂王国一直自认为西哥特王国的直系继承人，而不是延续者。王国的治理始终遵照《西哥特法典》，君主（其中有些还自封为"帝王"）努力在莱昂复制罗德里戈国王终未能返回的托莱多昔日的繁荣。（据说，早在奥维耶多时，阿方索一世的继任者已经"用大教堂、宫殿、浴室和卧躺餐厅"扩建了宫殿，将其打造成西哥特国王们从罗马时期继承而来的高贵典雅的建筑。）莱昂王国在语言上也偏保守，这不足为奇。我们掌握的最初几个世纪的文献都是用脱离现实的"书记员"拉丁语书写的，但还是能隐约透露出通俗拉丁语保守的属性。可以说，在被奥多尼奥一世重新开发的莱昂，他的人民和加利西亚人、莫扎拉布人之间没有沟通的障碍——他们说的实际是同一种语言。

纳瓦拉是另一个早期的基督教王国，它的起源更晦暗些。从罗马时期开始这里就是巴斯克语的地盘，唯一一个罗曼语飞地就是小城潘普洛纳。在不受摩尔人重视的情况下，这个地区在 9 世纪诞生了一个王国的雏形，甚至包括了比利牛斯山在法国境内更罗马化的坡地。由于吞并了从阿拉伯人手里收复的拉里奥哈，纳瓦拉王国从 10 世纪开始崭露头角。历任纳瓦拉国王中，桑乔大帝（1027—1035 在位）为王国的稳固做出了尤为杰出的贡献。

同时，比利牛斯山一带以东、罗马化程度不高的地区，建起了小小的阿拉贡王国，是纳瓦拉的附属国。早期的阿拉贡国王们收复了几块土地，其中，桑乔·拉米雷斯（卒于 1094 年）还终结了同纳瓦拉的附庸关系。收复韦斯卡（1096 年）、巴尔瓦斯特罗（1100 年）和萨拉戈萨（1118 年）都是阿拉贡王国的功劳，不过队伍中也有纳瓦拉人。可以说这些光复者们的语言比莱昂人的语言更"粗鲁"，毕竟他们的罗马化程度不如莱昂。不过，其实阿拉贡古语和莱昂古语相似度很高，这两种方言都很接近西哥特通俗拉丁语。纳瓦拉－阿拉贡人同他们遇到的莫扎拉布人之间的语言差异应该也不大。

回顾卡斯蒂利亚王国的起源之前，我们再提一下加泰罗尼亚和 116 葡萄牙。加泰罗尼亚从一开始命运就与众不同。收复它的（9 世纪初）不是哪位加泰罗尼亚"国王"，而是查理大帝的儿子虔诚者路易。加泰罗尼亚先是被分为数个依附于法国的"伯爵封地"，后来这些封地也接连获得自由；1137 年并入阿拉贡王国，但 12 世纪时巴塞罗那的伯爵们仍参与法国政事。同样在 12 世纪，葡萄牙王国建立，原本它也是依附于莱昂国王的"伯爵封地"。阿方索·恩里克斯（葡萄牙的阿方索一世）是最后一位法国伯爵的儿子，1139 年加冕为王。在他收复里斯本的战争（1147 年）中，帮助他的既不是莱昂人也不是加利西亚人，而是前往圣地的英格兰十字军。

卡斯蒂利亚王国

Castilla 一词来自 castellum 的复数 castella，在西哥特时期的意思并不是"城堡"，而是"小军营"（castrum 的指小词），或者说简陋的军营、营房、甚至是某个胆子比较大的佃农的田产（莫扎拉布语中 castil 的意思是完全和平的——"乡下的小房子"）。就如同"莱昂"这个名字让人们想起负责管控不屈服的坎塔布里亚人的常驻罗马军团，"卡斯蒂利亚"这个名字让人联想起小型防御工事，罗马人、西哥特人和后来的莱昂人用来管制这些既野蛮又傲慢的坎塔布里亚人的后代。早期，任何有关"宏伟的城堡"的想法都可以排除在外。

西哥特时期，坎塔布里亚地区只不过是罗马帝国三个旧行政区

的交汇处：加雷西亚、塔拉科和迦太基。光复战争之初，阿斯图尔－
莱昂国王们只是将这个地区视为东部边境几个臣属于他们的"伯爵
117 封地"。（Castella 首次作为集合概念出现是在 9 世纪的莱昂文献中。）
可以说，10 世纪的卡斯蒂利亚伯爵们照搬了 10 个世纪之前的坎塔布
里亚祖先们的态度：他们同古加雷西亚（当时的莱昂王国）开战、
同古迦太基（被摩尔人和莫扎拉布人占领的领土）开战、同古塔拉
科人（即纳瓦拉－阿拉贡王国）、同所有人开战。此外，他们还顽
固地拒绝实施《西哥特法典》（这部法典不仅约束莱昂人、阿拉贡
人和加泰罗尼亚人，也包括莫扎拉布人），并且秉承依靠"惯例"
或仲裁来解决司法冲突的习俗。据说 10 世纪末，卡斯蒂利亚人在
布尔戈斯烧毁了所有包含《西哥特法典》的书籍。他们找来的唯一
的帮手是巴斯克人，彼时巴斯克人的领土比现在要大得多。（巴斯
克人和卡斯蒂利亚最早的伯爵封地上的居民向来都瞧不起其他西班
牙人。）

卡斯蒂利亚最知名的伯爵当属费尔南·贡萨雷斯（卒于 970
年），关于他的统治时期，13 世纪中期的诗歌《费尔南·贡萨雷斯之
歌》歌颂他的功绩道：

> 彼时卡斯蒂利亚还只是个小角落：
>
> 奥卡山界碑属于卡斯蒂利亚人……

在只有巴斯克支援的条件下，费尔南·贡萨雷斯硬是将摩尔人
赶出了布尔戈斯，将领土范围又向南推进了一点，向东则一直到达
不算太高的奥卡山，这里是他的战果同刚被纳瓦拉吞并的拉里奥哈
之间的"界碑"或者说分界线。确实只是一个"小角落"，但已经
算"小有成就"了。从布尔戈斯开始，这些"几个世纪里向来不安
生的"（1150 年前后一位佚名的编年史家用拉丁语如此形容他们）卡

斯蒂利亚人致力于摧毁同莱昂国王之间的臣属关系①。他们不放过任何一种手段，似乎尤其青睐流血的手段。那个时期的背叛、死亡与复仇，经过整理与适当美化后，成了卡斯蒂利亚最早的史诗作品的素材。他们同摩尔人的较量则是另一回事：这方面卡斯蒂利亚人确实用了些外交手段：其中一位叫桑乔·加西亚的伯爵（卒于1017年）常常在用阿拉伯地毯和靠垫装饰的大厅里接待阿尔曼佐尔的使臣——另一方面，这也明显标志着他们抛弃了莱昂王室践行的过时了的西哥特礼仪。

最后一位伯爵去世（暴毙）（1029年）之后，卡斯蒂利亚又落入了纳瓦拉的桑乔大帝之手，后来由他的儿子费尔南多继承，同时他将纳瓦拉留给另一个儿子加西亚。这样，费尔南多摇身一变成为卡斯蒂利亚的"国王"费尔南多一世。莱昂人自然不认可他这个身份，争端又一次通过武力得到解决。1037年，费尔南多打败了莱昂的国王、也是他的连襟，从而成为卡斯蒂利亚和莱昂的国王；几年后他又谋杀了亲兄弟加西亚，从而将拉里奥哈也并入卡斯蒂利亚（1054

---

① 后来的几个世纪对这些冲突也记忆犹新。下面是一首游吟诗的开头：

　　卡斯蒂利亚人与莱昂人分歧巨大

　　费尔南·贡萨雷斯伯爵与桑乔·奥尔多涅斯国王

　　谈到划分领土便开始失去理智

　　互相骂对方是流氓和叛徒之子

　　他们拔刀相向，划开昂贵的长袍

　　哪怕宫里所有人相劝，他们就是不肯言和

　　神圣的修士们请兄弟俩休战

　　一个是国王的叔叔，一个是伯爵的兄弟

　　他们休战了十五天，再不能忍

　　让他们去卡里翁河的山坡吧

　　若国王早起，伯爵就彻夜不眠

　　若伯爵从布尔戈斯出发，国王便从莱昂出发

　　最终两人在卡里翁河的浅滩再次相遇。

年的阿塔普埃尔卡之战）。

这就是卡斯蒂利亚霸权的开始。不过莱昂与卡斯蒂利亚的最终统一还是到 1230 年才实现。比如，费尔南多一世将卡斯蒂利亚留给大儿子、莱昂留给小儿子（1064 年）。在此期间，还有过几个费尔南多、阿方索、桑乔，他们统统延续了最初的双线作战：一边与东西两边的基督邻国作战，一边与南方众多的摩尔人作战。阿方索六世时期（即 1072—1109 年），骁勇善战的罗德里戈·迪亚斯·德·维瓦尔（他的名号 Campeador 即 campi-doctor，意为"战场方面的学者"）的任务之一就是将纳瓦拉人赶出卡斯蒂利亚领土。这位罗德里戈·迪亚斯被莫扎拉布人称为 mio Cid 或者说 meu Cid（sidi 在阿拉伯语中的意思是"我的主人"）。1094 年，他从摩尔人手中夺走了瓦伦西亚；但过了五年他去世之后，其遗孀希梅娜不得不将瓦伦西亚归还给以前的占领者[1]。那个时期的很多军事行动目的不是收复失地，而是掠夺。阿方索七世（1125—1157 在位）甚至在南部的阿拉伯城市进行洗劫式的进犯，如加的斯和阿尔梅里亚。卡斯蒂利亚人确实

---

[1]　历史上的熙德不像《熙德之歌》中的人物那样完美无瑕。1081 年左右，他抢在国王即领主阿方索六世同意之前，擅自侵犯托莱多地区，因而被罚出卡斯蒂利亚开始流放。于是开始为萨拉戈萨的一位摩尔君主效力。这位摩尔君王派他同托尔托萨的摩尔君主以及两位基督教领主作战——阿拉贡国王和巴塞罗那伯爵。托莱多被收复之后，阿方索六世与熙德和解，但很快又起冲突。1088 年，熙德与瓦伦西亚的摩尔君主结盟共同对抗他的前"雇主"——萨拉戈萨国王，还成为瓦伦西亚地区泰法诸侯的"守护者"，以换取贡金（赋税）。1094 年，击败了欲另立新王的阿尔摩拉维德人之后，他终于成了瓦伦西亚的主人。于是他将自己的一位战友、法国修士杰罗姆捧上瓦伦西亚主教之位，政府的管理依然交给摩尔人，自己则靠当地的泰法诸侯缴纳的贡金生活。《熙德之歌》中借这位英雄之口透露了部分事实（我将其译成现代西班牙语）："我从前穷困，如今富裕；我拥有产业、土地、黄金和贡赋；摩尔人或基督徒，他们都一样对我心生畏惧；在摩洛哥、清真寺的土地之上（阿尔摩拉维德人的故乡），他们害怕每天夜晚被我袭击；我不打算这么做：我不需要离开瓦伦西亚；如果上帝一如既往地眷顾我，他们会继续向我或我指定的人交纳贡金。"

逐渐成为了优秀的光复者：1085 年，阿方索六世占领了伟大的托莱多城；1212 年，阿方索八世在法国人和纳瓦拉－阿拉贡人帮助下，在拉斯纳瓦斯－德托洛萨（哈恩）会战中打败了阿尔摩哈德人，从而为卡斯蒂利亚王国打开了富饶的安达卢西亚的门户。

托莱多自 1087 年起一直是卡斯蒂利亚的首都，曾经在很长一段时间内非常阿拉伯化，同科尔多瓦、哈恩一样是双语城市，依然遵守《西哥特法典》，公证文件依然使用阿拉伯语书写。这些并非由于获得了特别的许可，而只是顺其自然。费尔南多三世时期（1217—1252 在位）开始才在这种类型的文件中使用罗曼语。费尔南多利用拉斯纳瓦斯－德托洛萨会战之后安达卢斯西班牙的衰弱，占领了乌韦达（1233 年）和繁荣丰饶的科尔多瓦（1236 年）[①]，几年后又攻下哈恩（1246 年）和塞维利亚（1248 年）。到他逝世时，摩尔人手里几乎只剩下包括马拉加和阿尔梅里亚在内的格拉纳达王国。阿尔罕布拉宫恰好也是那几年里修建的。费尔南多三世对天主教教会来说也是圣徒，虽然原因不同于与他几乎同时代的亚西西的方济各。

如果不了解先前的政治历史概貌，便无法理解卡斯蒂利亚语的

[①] 阿方索十世（费尔南多三世之子）在《第一纪实统编》中以胜利者的口吻讲述了收复科尔多瓦的历史。997 年，阿尔曼佐尔带走了圣地亚哥－德孔波斯特拉教堂的钟，当作战利品，"这是对基督教人民的羞辱。带回的钟后来一直放在科尔多瓦的清真寺里用作灯盏。"然而，两个半世纪后，当费尔南多国王攻下科尔多瓦之后，"命他们将钟归还，并送去了加利西亚的圣地亚哥教堂。被失而复得的钟重新装点的教堂显得特别明快，与响亮的小钟相得益彰；朝圣者赶来聆听钟声，也明白其中的由来，因而万分感谢上帝之意。"（男孩一边讲述堂盖费罗斯的故事，佩德罗师傅一边用他的木偶进行表演。男孩说，桑苏埃尼亚的摩尔王听说堂盖费罗斯带走了梅丽森德拉，"立即下令拿起武器追赶，你们看，他们的动作有多快：全城响遍了钟声，所有寺院的钟都敲响了。""这不对，"堂吉诃德说，"在敲钟这个问题上，佩德罗师傅是大错特错了。摩尔人不敲钟，只敲铜鼓，还吹一种类似笛号的六孔竖笛。要说在桑苏埃尼亚敲钟，那简直是胡言乱语。"）

历史。卡斯蒂利亚王国的战争行动曾被比喻为楔子，从北方（先是阿玛亚，再是布尔戈斯）钉入开始反复敲打，一点点深入南部（塞戈维亚、阿维拉、托莱多等），同时向东西两边推进。从费尔南·贡萨雷斯伯爵到费尔南多三世国王年间，西班牙的政治版图发生了根本性的变化，语言地图也基本同步改变。卡斯蒂利亚版图的扩大依靠的是阿斯图里亚斯-莱昂和纳瓦拉-阿拉贡，尤其是以从摩尔人手中夺取的土地为基础。卡斯蒂利亚式语言的推广意味着莱昂方言和阿拉贡方言的毁灭以及对莫扎拉布语的吸收。从语言学角度来看，
121 卡斯蒂利亚语也是一根用力向下方和两侧推入的楔子，直至打造出与其最初的渺小不可同日而语的无比广阔的空间。

发音提示

在谈论卡斯蒂利亚语区别于其他伊比利亚罗曼语的特点之前，或许应当先对某些音素的发音做一个说明：有些是中世纪存在，但现在已消亡的音素，有些是在现代西班牙语中改变了发音的音素。这主要是由于 15 世纪下半叶到 17 世纪初之间发生的一些变迁。（下文破例、也是纯粹图新鲜使用这些音素的现代音标。）

h：如今，herir 和 alhelí 中的 h 都不发音，可视为不存在；但在古卡斯蒂利亚语中在任何情况下都必须发音——这两个词分别发作 JERIR 和 ALJELÍ，不过并不是西班牙中部和北部通过软腭振动发音的"生硬的"j，而是大部分西语世界发的"柔和的"j，基本等同英语单词 house 中的 h，即呵气的音（送气音 h，音标为 [h]）。

x：xabón "jabón"、quexa "queja" 和 box "boj" 发音分别为 SHABÓN、KESHA 和 BOSH，与英语的 sh（音标为 [š]）和现代法语的 ch 相同。（古法语的 ch 和西语的发音相同）。音素 SH 在塞法迪犹太人的西语中依然保留。墨西哥的许多印地语词汇中 x 也仍然发

作 SH（México 的 x 除外）：如 Uxmal、Xalitla 等。

g（位于 e 和 i 之前）和 j：gentes 和 consejo 起初发音为 DYENTES 和 CONSEDYO（D 和 Y 合并为一个发音，音标为 [ǧ]）；但到了中世纪 D 开始消失，只留下强化的长音 Y，类似于我们今天听到的阿根廷人和乌拉圭人说 yo 或 yegua 的发音（音标为 [ž]）。中世纪的卡斯蒂利亚语中，gentes 和 consejo 也可以写作 yentes 和 conseio。[ǧ] 和 [ž] 的差别即英语单词 John、gentle 同法语的 Jean 和 gentil 的差异。hijo[hižo] 与 dixo[dišo] 并不押韵。

ç（以及 e 和 i 之前的 c）：braço、çerca 和 Çid（即 cerca 和 Cid）音为 BRATSO、TSERCA 和 TSID（T 与 S 合并为一个音，音标为 [ŝ]）。

z：azada 的发音为 ADSADA（音标 [ẑ]）。D 说明 azada 中的 z 是浊音，与 cerca 中的清音 c 相对立：发 d 时，声带振动，可用手指触摸喉部感知，这一振动发出了"浑浊"的音，但发 t 时没有这一现象。（现代意大利语中还有同一个字符代表两种发音的情况：pazzo 音为 PATSO，azzurro 音为 ADSURRO。）

元音之间的 s 和 ss 原本是两个不同（且对立）的音素：oso（osar 的变位）与 osso（"熊"，拉丁语的 ursus）发音不同——过去 oso 和 rosa 中的 s 发音与现在的 saber 中的 s 不同，而是现代意大利语 rosa 和法语、英语 rose 中浑浊的 s。现代西语的 s 只是偶尔发作浊音（音标 [ž]），如 rasgo 和 desde。相反，osso、fuesse 和 assí 则发作现在的 s（音标 [ŝ]）。oso 中的 s 是浊咝音，osso 中的 ss 是清咝音。

ll：这个双写的字母很早就被引入我们的语言，用于表示罗曼语中的一个音素，这段历史我们已经在第 59 页提到。（它在不同的语言中使用的符号也不同：西班牙语使用 -alla，意大利语使用 -aglia，葡萄牙语使用 -alha，法语则是 -aille。）虽然有迹象表明中世纪时人们有时也用 yama 代替 llama，我们最好还是将中世纪 ll 的发音系统化，即同今天的西班牙北部和南美地区的发音（音标为 [l]）。

v：在纯正的卡斯蒂利亚罗曼语中，这个字母从来不发作意大利语 víviere 或法语 vivre 中的唇齿音（即上门齿同下嘴唇接触而发出，现代音标为 [v]）[1]。古籍中确实有大量的 v，但只是用作 b 的"变体"。其实双唇音 b 有两种发音情况：位于词首或与某些辅音连在一起时，双唇必须紧闭，如 boda 和 tromba（即塞音，音标为 [b]）；位于两个元音之间时，双唇微启放松，如 caballo（即擦音，音标为 [6]）。中世纪有部分文稿一直保存至现代，其中的 b 用于第一种发音情况（bailar、bellota、ambos 等；同时还写出 baho "vaho"、boz "voz"、bolar、combidar 等），v 对应第二种发音情况（ave、avía "había"、cantava、nuevo、cavar、cavallo 等；甚至还常常写成 aue、auia、cantaua 等。）因此，古语拼写方式 bivir、bolver 和 bever 比现代的 vivir、volver 和 beber 更浅显、更"合理"；后者是从拉丁语的 vívere、vólvere 和 bíbere 一板一眼的复制。

123

---

① 古典拉丁语中的 v 发音同现代英语的 w——vívere 音为 WÍWERE。但在整个罗马帝国的通俗拉丁语中，这个 v 以及 caballus、cantabam 中元音间的 b 都成了唇齿音 v；唯一的例外是在罗马化程度不高的比利牛斯－坎塔布里亚地区。卡斯蒂利亚语和比利牛斯山另一侧的方言（即加斯科涅语）将其发为双唇音 b。（值得注意的是，加斯科涅语也将 ferire 和 filius 的 f 发作送气音 h。这两个方言区的这两种情况，显然是受了前罗马时期"底土"的影响，参见第 22 页。）所以，如果有人认为我们西语中 vaca 的 v 和 burro 的 b 不同，那便是错了。就连 16 世纪的西班牙人文学家在说拉丁语的 vívere 也未发成唇齿音，而是采取了西语的发音，这招来了欧洲同行们的嘲讽："Beati Hispani, quorum vívere est bíbere"（西班牙人命可真好，他们的生活 vivir 就是喝酒 beber）——对于意大利人、法国人来说，vívere 和 bíbere 的区别和 tardo 与 dardo 一样明显；而我们西语使用者却不区分 vasto 和 basto。

卡斯蒂利亚语的“楔子”

　　1001 年前，卡斯蒂利亚只是一个“小角落”。卡斯蒂利亚语是仅在罗马化程度不高的坎塔布里亚地区使用的方言。伊比利亚半岛的大部分地区，包括仍被阿拉伯人掌控的部分在内，从根本上说使用的是同一种语言。当然，各地方言之间存在差异（加泰罗尼亚人有很多东西的说法已经与阿斯图里亚斯人完全不同），但是从阿拉伯化的埃武拉到拉科鲁尼亚、赫罗纳和阿利坎特，各地的人都说 ferir， 124 只有坎塔布里亚方言区的人说 herir。

　　我们不知道将 ferir “错误且野蛮地”说成 herir 的人群是否是卡斯蒂利亚最初的核心群体，但这种发音确实来自文化程度较低者，他们连半罗马化都算不上、难以接受半岛上绝大多数人早就内化为己有的发音。（可以类比菲律宾人从来都不会西班牙语字母 f 的发音。在他加禄语的西班牙语借词中，这个音被 p 代替——菲律宾的官方名称写作 Pilipinas。）今天依然有人用 cairá 取代 caerá、用 tasi 代替 taxi、用 güélvamos 代替 volvamos 或用 refalar 代替 resbalar，凡此种种都称为“语言文化的缺失”。（与执着教导学生的老师不同，语言学家在运用这个术语时没有半点歧视的倾向。）也就是说，费尔南·贡萨雷斯伯爵的同胞严重缺失语言文化。

　　将 f 发作 h 只是卡斯蒂利亚方言的“谬误”之一 [1]。包括莫扎拉

---

① 这个特点是卡斯蒂利亚语之楔最突出或“典型”的一刃，恐怕也算尤为“没文化”，因为好几个世纪里，即便是发作送气音 h 的人，书写时依然使用“有文化的 f”。后来，北部即旧卡斯蒂利亚人念到 h 时不再发送气音（将其省略），而最晚被卡斯蒂利亚王国光复的南部依然发为送气音。16 世纪，布尔戈斯和巴利亚多利德人会说 embra 和 umo，托莱多和科尔多瓦则说成 jembra 和 jumo。如今，安达卢西亚和美洲许多农村地区的西语中依然说 jembra 和 jumo；旧时用 h 代替 f 的习俗甚至（转下页）

布人在内的所有西班牙人遇到 genesta 中的 g 和 januarius 中的 j 都会发音；（这两个词在加利西亚－葡萄牙语中为 giesta 和 janeiro；在莱昂方言和阿拉贡方言中为 genesta/giniesta 和 genero；在加泰罗尼亚语中为 ginesta 和 giner；在莫扎拉布语中为 yenesta 和 yenair。）只有那些没文化的卡斯蒂利亚人将这两个音去掉不发，说成 iniesta 和 enero。所有人都将拉丁词中置于元音之间的 -sc- 念作 SH：piscem "pez"、crescit "crece"（葡语 peixe、阿拉贡方言 pexe、莱昂方言 crexe、加泰罗尼亚语 creix、莫扎拉布语 créshed）；只有卡斯蒂利亚人念作 TS——peçe、creçe。所有人都将拉丁语的 óculus、通俗拉丁语的 oc'lu 演变为 ollo、olho、uello 和 ull，将拉丁语的 vétulus 和通俗拉丁语的 vet'lu 或 vec'lu 演变为 vello、velho、viello 和 vell，将拉丁语的 filius 演变为 fillo、filho 和 fill；只有卡斯蒂利亚人说成 ojo、viejo 和 hijo。所有人都保留了拉丁语词 noctem、factum 和 multum 中的 t（noctem：加利西亚语 noite，莱昂方言 nueite，加泰罗尼亚语 nit，莫扎拉布 nohte；factum：加利西亚语 feito，阿拉贡方言 feito/feto，加泰罗尼亚语 fet；multum：葡萄牙语 muito，加泰罗尼亚语 molt）；只有卡斯蒂利亚人说 noche、hecho 和 mucho。

下表中，我们略去加利西亚－葡萄牙语、加泰罗尼亚语和莫扎拉布语不说，只考虑莱昂方言和阿拉贡方言，因为它们是紧挨着卡斯蒂利亚西边和东边的邻居（分别在表的左列和右列）。可以直观地看出，虽然卡斯蒂利亚夹在中间，但莱昂人和阿拉贡人反而能更顺利地交谈：

_125_

（接上页）拓展到了 juerte 和 perjume 之类的词。不过，如今，卡斯蒂利亚遗产已经不能成为将 h 发作送气音的借口了——西班牙皇家语言学院的字典中并不认可类似的"通俗词汇"，除非是逼不得已。因为 jalar 终究不是 (h)alar，juerga 也不能和 (h)uelga 混为一谈。

farina, ferir, foz	*harina, herir, hoz*	farina, ferir, falz
genero/yenero, yermano	*enero, ermano*	genero, germano
crexe, pexe	*creçe, peçe*	crexe, pexe
exada	*azada*	axada
muller, ovella	*muger, oveja*	muller, ovella
espello	*espejo*	espillo
chamar/xamar	*llamar*	clamar
chama/xama	*llama*	flama
chorar	*llorar*	plorar
palomba	*paloma*	paloma/palomba
peito, feito	*pecho, hecho*	peito, feito/feto
ariesta, Iéñego	*arista, Íñigo*	ariesta, Iéñego
pueyo, uello	*poyo, ojo*	pueyo, ollo/uello
carraira/carreira	*carrera*	carrera
vello	*viejo*	viello
mallolo	*majuelo*	malluolo
Cuonca	*Cuenca, Huesca*	Uosca

卡斯蒂利亚语的"独特"跃然纸上，仿佛是与左右邻居的语言"故意作对"似的。当然，其中也不乏巧合（或许是语言污染）：卡斯蒂利亚语的 carrera 和 paloma 与阿拉贡方言相同；莱昂方言的 126 palomba 和 lombo 中有 b，卡斯蒂利亚语没有，但两者的 ambos 都有 b（不过最初两者都和阿拉贡方言一样使用 amos）；lamer 基本取代 lamber，但至今不少西语地区仍继续使用 lamber。llamar、llama 和 llorar 这三个词在卡斯蒂利亚语和莱昂方言（以及加利西亚－葡萄牙语）相似，都将拉丁语的 cl-、fl- 和 pl- 缩为一个音素（阿拉贡方言保持未变），但方式不尽相同；至于 arista（对比莱昂方言和阿拉贡方言的 ariesta），我们可以通过观察古时的卡斯蒂利亚文献发现，原本的 siella 和 castiello 很快就被 silla 和 castillo 取代。另一方面，莱

昂方言和阿拉贡方言在 puorta、puerta 和 puarta 之间、在 amariello 和 amariallo 之间摇摆不定，卡斯蒂利亚语却与之不同，毫不犹豫地选择了 puerta 和 amarillo。莱昂方言和阿拉贡方言中还有 tiampo、piadra、duano/duaño "dueño" 以及 cuamo "como"，卡斯蒂利亚语中曾有过 cuemo。

卡斯蒂利亚方言确实如同一根楔子，将语言材料组成的一块原本压得相当紧实的木板分割开来。考虑到 10 到 11 世纪，莫扎拉布语从使用者人数来说是西班牙的第一大罗曼语，我们就能更好地理解卡斯蒂利亚的光复运动对语言的深远意义。

我们可以对照正文后附图（第 397 页）循着这根楔子的轨迹前进。1001 年前，伊比利亚罗曼语的卡斯蒂利亚方言只存在于图上标注 I 的地区，而且非常不起眼。地区 II 代表到 12 世纪末卡斯蒂利亚方言取得的进展。并不是说整个地区 II 里，卡斯蒂利亚方言都胜过了莱昂方言、阿拉贡方言和莫扎拉布语，也不是说当时已经出现真正意义的卡斯蒂利亚语文学，但该地区的卡斯蒂利亚化程度确实基本领先。地区 III 是卡斯蒂利亚人和他们的语言在 13 世纪——属于伟大的光复者费尔南多三世的世纪——获得的成果：被排除在外的白色地区是仍属于阿拉伯人的格拉纳达王国、西边的加利西亚 - 葡萄牙、北边的巴斯克和东边的加泰罗尼亚 - 瓦伦西亚 - 巴利阿里一带。

127 地区 IV 是 14、15 世纪，卡斯蒂利亚语 "蚕食" 莱昂方言、阿拉贡方言和莫扎拉布语地区。地区 V 是今天仍使用阿斯图里亚斯 - 莱昂方言、阿拉贡方言或者至少是保留其痕迹的地区。部分城市后面带有数字，表示被基督徒收复的年份。如果我们从阿斯托尔加出发、经过布尔戈斯到韦斯卡画一条线，再从萨莫拉经过奥斯马到萨拉戈萨画一条线，接着向南一条条画这样的横线，我们就能看到最初深灰色的核心区域如同像电影的慢镜头一般缓缓自上而下、同时向左右两边推进：这就是光复战争，也是卡斯蒂利亚语扩张的过程。

当然，夺回一块土地不代表当地立刻卡斯蒂利亚化。梅迪纳塞利、卡拉特瓦拉或哈恩的居民从穆斯林统治过渡到基督徒统治或许经过了数周或数日，绝不可能前一天晚上仍说莫扎拉布语、第二天白天就改说卡斯蒂利亚语。语言的楔子不像政治的楔子那样采取暴力手段。比如，公元 1200 年左右，在托莱多北边的城镇的"法典"或城市规章中，能看到的是 tella 而非 teja，是 cutello 而非 cuchillo。这些看起来似乎是莱昂方言甚至葡萄牙语词汇，但其实只不过是过了一个多世纪还没有"跟上时代"的莫扎拉布语。军事的光复行动常常是闪电式的，但卡斯蒂利亚化绝不可能一蹴而就。

圣米扬和西洛斯的"批注"

今天，世界各地不少人阅读时都有一个好习惯（也可以说是坏习惯）：手里握着铅笔或钢笔，时不时地画出一些语句，在边白或页脚处写点东西，这种做法似乎从有书写和阅读开始便一直延续至今。批注的内容自然随做批注者而有所不同。中世纪，人们勤勉地保持着这一习惯。许多保留下来的拉丁古典手抄本都附有"批注"或"注释"（手稿可能是 9 世纪的，但批注是 12 世纪的）。不过由于那个时代的文化状况，尤其是有学问者只占少数，绝大多数人都是文盲，再加上当时的欧洲"文学"就等于拉丁语"文学"，各地注释家或评注者的工作其实大同小异，都是满足最基本、最急切的需求——最常见的批注是解释影射，或是将复杂的句子译成更通俗易懂的拉丁语，或是讲清楚晦涩艰深的含义。绝大部分中世纪手稿都出自修道院，在那里总是一位 scriptorium（抄录或撰写文字的修士）带着一位 studium（修士带的学徒或新入教者）。

批注以被注释的段落的语言写成，也就是拉丁语。然而在西班牙出现了新情况。人们在莱昂的好几处地方（莱昂城、卡里翁、萨

128

阿贡和萨莫拉）发现了用阿拉伯语加注的拉丁语文献：显然，有兴趣阅读并深入钻研这些书籍的是使用双语的莫扎拉布人。更重要的是，在距离布尔戈斯不远的两处地方——圣米扬修道院和圣多明我 - 德西洛斯修道院，都罕见地发现了西班牙语的注释。西洛斯的批注叫 glosas silenses，圣米扬的被称为 glosas emilianenses（Aemilianus > Emiliano > Millán）。圣米扬的手稿内容多为伪奥古斯丁教派的布道或训诫，而西洛斯的则是一本忏悔苦赎规章，是为各种罪孽和同一罪孽不同程度的罪行进行赎罪的一本"处方"。（有意思的是，批注出现得最多的一章是关于"各类通奸"。这暗示了批注者是一位拉丁语学徒，而不是修士；或者我们也可以将其想象为一名年轻的新入教者。）圣米扬和西洛斯的批注都可追溯至将近"1001"年前，从而成为本书诞生的契机[①]。

129 　　我们来看一个非常典型的例子。西洛斯的手稿中，拉丁语正文某处规定某样东西要用一点水清洗。倘若原文使用的语句是 pauca lavetur aqua，那便完全不需要做注——任何一个懂西语的人都看得懂这三个词；但该处的拉丁语有些矫揉造作，使用了三个"文绉绉"的词语：modica abluatur limpha（就好比我们说"要用适度的寒晶[②]盥洗"）。于是，批注者就在下方逐字翻译为 poca，labatu siegat，agua。如果不考虑文本的特点，这些词可以连成这样一句话：sieyat labado con poca agua（sieyat 即 sea）。

---

① 　梅嫩德斯·皮达尔和科罗米纳斯认为，圣米扬的批注出自 10 世纪中期，西洛斯的出自同一世纪下半叶。拉佩萨则认为两者都"来自 10 世纪末或 11 世纪初"。现有证据似乎表明两者均出自 11 世纪上半叶。圣米扬的手稿如今在马德里（皇家历史学院），西洛斯的手稿在伦敦（大英图书馆）。已知的还有 10 和 11 世纪拉里奥哈和莱昂的手稿，上面大部分都是拉丁语批注，此外还有罗曼语批注。（圣米扬的手稿上也有两处巴斯克语批注。）

② 　原文使用的西班牙语词为 linfa，是诗歌中对水的雅称。——译者注

种种迹象表明，圣米扬和西洛斯的批注家们还借助了当时已问世的字典。无论如何，如果将批注按字母顺序排列，便可以得到一本古典拉丁语－罗曼语小字典，我们不妨截取一部分作为示例。（我首先列出拉丁词语并译成现代西班牙语，接着列出批注并附上部分说明；E代表圣米扬的批注，S代表西洛斯的批注。）

*

abducta	raptada, llevada	levata S	应读作 levada，levar 是 llevar 在古卡斯蒂利亚语中常用的形式
bárbari	bárbaros	gentiles, paganos, mozlemos S	在一个注解中对同一个词采用了三种译法；在批注者看来，蛮夷就是"基督教之外的人"
beneficia	los favores, los servicios	elos serbicios E	冠词 los 仍接近拉丁语的 illos
caracterem	marca, señal	seingnale E	显然应读作 señale，当时字母 ñ 尚未发明，批注者设法将这个拉丁语中不存在的音素写了出来
comburátur	sea quemado	kematu siegat S	与上文 labatu siegat 同理
commotiones	conmociones, movimientos	moveturas E	应读作 moveduras
divident se	se separarán el uno del otro	partirsan E	即 partirse han
erubescere non erubescunt	avergonzarse	non se bergu[n]dian E	书写起来非常接近拉丁语 verecundia，发音应该是 non se bergonzan 或 non se bergoñan。西洛斯的一处批注中写作 uergoina，即 vergoña
exclúdere	excluir, separar, dejar	separare, laiscare S	当时还没采纳 laixare 的形式，x 音为 SH，是拉丁语中不存在的音素。因此 laixare 写作 lexar，后变为 dexar

130

---

* 表中略去原文无说明的内容。——编注

fémora	muslos	campas S	应该读作 cambas，该词接近 gambas 和 jambas；古卡斯蒂利亚语中会说成 camas，与将 ambos 说成 amos 同理
fenum	heno, hierba	jerba E	发音应为 ierba，而非 yerba，否则批注者当写 gerba
ignorans	ignorando	non sapiendo S	拉丁化的文字，批注者嘴上会说 sabiendo，笔下却"不敢"这么写
inválidi	débiles, enfermos	débiles, aflitos S	拉丁语 afflictus 即 afligido
inveniebit	hallará	aflarat E	关于 aflar 参加前文第 26 页
lapsus	caído	cadutu S	过去确实用 -udo 而不是 -ido 作为第二变位动词的分词词尾
libenter	de buen grado	uoluntaria E	voluntariamientre 应该也能看懂：参见本表最后一个词条
póculum	la copa, la bebida	la bebetura S	即 la bebedura
sollíciti simus	estemos preocupados	ansiosu segamus E	即 seyamos ansiosos
violenter	violentamente	fuertemientre S	《熙德之歌》第一行诗句里曾出现这个副词

131　　圣米扬的拉丁语原文有一处讲述了各式各样的魔鬼如何觐见地狱王子、向其坦白自己所犯罪行的故事。第一个说："我挑起（suscitavi）战争，导致血流成河……"；第二个说："我制造（suscitavi）风暴，导致船只沉没（submersi）……"此处，批注者采用了过去时的三种不同形式，分别译为 lebantai、lebantaui 和 trastorné。当然，这种词形的多样性并不符合现实中语言的使用；同时，既然批注者已经会写 trastorné，按理来说前两个词完全可以写作 lebanté（lebantaui 是对拉丁语词汇的效仿，lebantai 则更接近通俗拉丁语而不是罗曼语。）这种摇摆不定颇有深意。我们不能忽视书面语对批注者如同

磁铁一般无法抗拒的吸引力，正因如此才会出现拉丁化的词形。写 siéculos 时，他的脑海中浮现的是每每在祷告词结尾处遇见的 saecula（sécula）；既然已经有将通俗语言写成文字的传统，那么原本他应该写作 sieglos，同理他本该将 las votas 写作 las bodas。（关于拉丁语词 vota 可参见前文第 61 页）从某种意义上说，批注者的文字可以与受过教育的英语使用者和法语使用者的文字进行类比，他们会不由自主地使用"历史上的"拼写方式，而这种拼写往往与语言的现状相距甚远。（按照词语的发音来看，英语中的 knight 和 sword 应当各自写作 nite 和 sord。实际上，确实已经有现代派敢用 tonite 取代 tonight，用 thru 取代 through。）

这些批注使用的是"我们的语言"吗？显然不是。费尔南·贡萨雷斯的人民（不包括其巴斯克盟友）讲一口粗鲁的卡斯蒂利亚方言，但从未写下来，因为他们不会写字。只有修道院里的人才写字。圣米扬修道院位于 10 世纪的纳瓦拉境内，而西洛斯修道院位于刚收复的领土上，文化上依赖于圣米扬；西洛斯的注释和圣米扬的注释使用的是同一种语言——纳瓦拉－阿拉贡古方言，一门非常接近莫扎拉布语的语言。哪怕是 de fueras、muertos 和 fuerte 也不能被视为卡斯蒂利亚语，因为纳瓦拉－阿拉贡方言中也有二重元音 ue 和 uo、ua，批注中将 hombre 写作 uamne 或 uemne。除此之外，典型的阿拉贡方言词还 ₁₃₂ 有 clamar、aflar、aplecar "allegar"（保留了拉丁语的辅音连缀 cl、fl、pl）、laixar、cambas、fruito、muito、sieglo、feito、spillo 和 conceillo。

圣米扬有一个批注因其篇幅和"无偿性"值得着重突出。一篇伪奥古斯丁教派的典籍结尾处是常见的三一颂：恳求耶稣的援助，说他拥有 "honor et imperium cum Patre et Spiritu Sancto per saécula saeculorum, Amen"[①]。按理说此处唯一需要注解的只有 imperium，但

[①] "几个世纪里和圣父、圣灵一同主宰世界的荣耀"——译者注

批注者没有仅仅写上 ela mandatione（la mandación，"裁判权"）了事，而是从阿尔勒的圣赛塞利的布道中找了一段更长的三一颂并进行完整的翻译：

> ...cono ajutorio de nuestro dueno, dueno Christo, dueno Salbatore, qual dueno yet ena honore, e qual duenno tiénet ela mandatjone cono Patre, cono Spíritu Sancto, enos siéculos delosiéculos. Fácanos Deus omnípote[n]s tal serbitjo fere ke denante ela sua face gaudioso[s] segamus. Amén.

> （"我们的主、基督的主、救世的主、光荣的主，几个世纪里和圣父、圣灵一同主宰世界。万能的上帝，让我们快乐地出现在您面前吧！"我们可以将最后这句说得非常笨拙的话简化为：上帝啊，让我们一睹您的面容吧！）①

总之，西洛斯和圣米扬的批注一方面"美化了"试图外化的通
133 俗语言，另一方面绝不愿意成为卡斯蒂利亚方言的表达途径；卡斯蒂利亚方言在 10 世纪末是最见不得人、最不成气候、最粗俗不堪，最不配与文字有交集的方言。真正的卡斯蒂利亚人也不说批注中那样"体面"或"拿得出手"的罗曼语，不用 clamar、feito 和 concei-

---

① Cono=con elo，ena=en ela，enos=en elos（均为介词和冠词的缩合形式，同现代西语的 al 和 del）；ajutorio 是比较原始的拉丁语借词（adjutorium 'ayuda、auxilio，帮助，援助'）；dueno 应该念作 dueño（当时还没有 ñ）；yet 意为 es（＜拉丁语 est，其中 e 为二重元音）；honore 是阴性名词，calore、colore 等其他词也是阴性（h- 是书翰拉丁语风格，实际发音为 onore）；Deus omnípote[n]s 完全是拉丁语；gaudioso[s] 书写成拉丁语，发音应当为 gozosos，z 音为 DZ。达玛索·阿隆索曾写过一篇关于西班牙语的"第一声啼哭"的短文，他认为有一点很耐人寻味：第一篇法语文章是外交性质的，第一篇意大利语文章是贸易方面的，而第一篇西班牙语文章却是这句虔诚的祷告词。

llo 这样的词——他们讲的话比这"糟糕"多了。或者，我们换个角度来看，这个时期的卡斯蒂利亚语（没有公开的舞台，只是勉强藏身于批注中）已经比过去那个陈旧而飘忽的语言"进步"多了。卡斯蒂利亚语的传播正在开启。作为一门还没有胜过绝大多数人使用的罗曼语的语言，它的书写表现自然不佳。直到 11 世纪下半叶才开始出现卡斯蒂利亚语文字的书面记录。不过，这并不意味着旧的语言就消极等待死亡：我们说过，到公元 1200 年托莱多人还是说 tella 而不是 teja，说 cutello 而不是 cuchillo——他们仍然没有接纳我们的语言。

1001 年前，我们的语言是西班牙罗曼语多种方言之一，使用范围在基督教北方从拉科鲁尼亚到莱里达的地区。如果要给它定位或者找到它的背景，需要借助几代语言学家对于伊比利亚半岛北方的研究成果。这里是方言学家的天堂——加利西亚、阿斯图里亚斯、萨莫拉、莱昂、坎塔布里亚山、拉里奥哈、阿拉贡和纳瓦拉的比利牛斯峡谷，不仅是地区之间，哪怕是只隔着一座山或一条河的村落之间都常常存在语言差异。可以说，卡斯蒂利亚语"跳出了自己的一方天地"，在西班牙扩散开来。正因如此，与法国和意大利某些地区相似，伊比利亚半岛四分之三的区域没有北方多样化的方言特征。西班牙南部与卡斯蒂利亚语同时代的方言，虽然也是同一个家庭的成员、甚至在 1001 年前更有名望，如今反倒成了它的穷亲戚。

法国之路

134

9 世纪圣徒雅各之墓的"发明"或者说"发现"带来了重要的影响。圣地亚哥 - 德孔波斯特拉城一举成为朝觐圣地，西欧各地大批圣徒蜂拥而至。好几个世纪里，圣徒之墓都足以与耶稣之墓相提并论。（通往圣地之路也委实坎坷。）圣地亚哥 - 德孔波斯特拉城的名声之响亮，甚至在但丁《天堂篇》第二十五歌和乔叟的《坎特伯雷故事集》序言中都有所体现。朝圣者们越过比利牛斯山后，沿圣塞巴斯蒂安、格尔尼卡、毕尔巴鄂、拉雷多、桑坦德和奥维耶多一路前行，直至抵达加利西亚西侧。这是一条崎岖的山路，但也是唯一可以避开惹人厌的摩尔人的路线。朝圣者来自世界各地，但其中大部分自然还是法国人；因此，圣地亚哥之路后来也被称为"法国之路"。

　　10 世纪末，就在圣米扬和西洛斯的批注写就前不久，身经百战的阿尔曼佐尔向北方的基督教国王证明了科尔多瓦的哈里发才是局势的掌控者，最好的证明方式便是占领并洗劫了圣地亚哥－德孔波斯特拉。对于当时的欧洲来说，来此地朝圣具有强烈的宗教、旅游和贸易吸引力；"不信服者"对圣徒雅各之墓的占领本可以为欧洲新兴强国的"介入"提供完美的理由，也就是和 11 世纪针对耶路撒冷发动的十字军东征相同的行为。然而事实上根本没有这个必要。阿尔曼佐尔发动的战役来得快，去得也快。没过几年，基督教的光复运动便开展得如火如荼。莱昂重新变为安全地区，纳瓦拉国王桑乔大帝拿着摩尔人的"averes monedados"（即战争赔款），决定为更南边的新"法国之路"建造桥梁。这一路经过潘普洛纳、洛格罗尼奥、布尔戈斯、莱昂和阿斯托尔加；不但不会有性命之忧，旅途还更加轻松悠闲。

135　　罗马行省时期的西班牙是欧洲的一部分，到了西哥特统治时期仍是如此，但被伊斯兰人占领之后却陷入孤立的境地。圣地亚哥－德孔波斯特拉的朝圣活动才使得西班牙重新融入欧洲，尽管此时的欧洲已然面目一新。与基督教欧洲的接触主要还是通过法国。桑乔大帝是第一位"亲法派"。从宗教政治方面来看，当时欧洲最先进有活力的体制来自 910 年成立于克吕尼（位于勃艮第）的克吕尼教派的改革。克吕尼派的修士直接听命于教皇，从而成为日后强硬的格里高利七世（1073—1080 在位）实现其改革、现代化与统一大业的理想工具。1022 年，在桑乔登上王座之前不久，克吕尼派已经在潘普洛纳附近的莱乐建立起第一座修道院，这里也是纳瓦拉国王们安息之地。不过，桑乔才是真正为他们敞开西班牙大门之人，纳瓦拉也是西班牙首个摒弃陈旧的西哥特礼拜仪式、改用克吕尼派传播的罗马（或者说欧洲）礼拜仪式。桑乔将相当一部分战争赔款用于建造修道院，其子卡斯蒂利亚的费尔南多一世也延续这一做法，使用同一种"averes monedados"作为建筑资金。费尔南多的儿子阿方索六世在莱昂和卡斯蒂利亚强制推行罗马礼拜仪式，还让一位法国修士坐上了托莱多大主教之位。（不过，我们前文也说过，很长一段时间内西哥特仪式都无法被彻底废止。）基督教西班牙拥有众多普罗旺斯和法国的主教，其中一位名叫杰罗姆·德·佩里戈尔，嗜酒如命，是熙德的战友也是好友。

　　法国的影响在 11 世纪末已然不容小觑，接下来的两个世纪里更是在生活的方方面面都发挥巨大作用，而不仅仅局限于宗教方面。一座座华丽的罗马式教堂拔地而起，尤其是圣地亚哥之路沿途。每一座修道院都是一个文化中心，克吕尼派的修道院里格外重视"scriptorium"和"studium"。纳瓦拉是第一个字体欧洲化的西班牙王国：他们摒弃了圣米扬和西洛斯批注使用的西哥特体字母，开始采用法国的哥特体。（字母 ch 就是从法语借来的。在受法国影响之前，公证员不会书写姓氏 Sánchez，于是就写成别扭的 Sangiz 或 Sanggeç。）整个西班牙北部都为法国的魅力折服。进入西班牙境内的众多"法兰克人"（法兰西人和普罗旺斯人）无须痛苦地适应西班牙生活。他们通常在圣地亚哥之路沿途成立真正的"侨民区"，在 14 世纪的纳瓦拉依然使用他们的语言。更有甚者，在南至瓜达拉哈拉的地区用通俗语言写成的文献中，充斥着普罗旺斯语词句。"法兰克人"可以光明正大地表现自己的喜好、风俗、潮流和语言，而且还会被模仿。

136

法国的影响经常会和加泰罗尼亚的影响混淆起来：因为加泰罗尼亚向来是更偏向欧洲的，它的罗马式建筑比西班牙其余地区出现得早得多。

从语言的角度看，圣地亚哥－德孔波斯特拉的朝圣活动和克吕尼派的进入带来了多重结果。其中最重要的是提升了西班牙文献的拉丁化程度，从而推倒了文雅语言和通俗语言之间越来越粉饰太平的桥梁，是无知的公证员和教士们用变质的拉丁语架设了这些桥梁。克吕尼派证明了有学识者的拉丁语和文盲的罗曼语之间实则存在巨大的差异，只有严肃认真学习才能掌握前者；同时，也间接地推动了将后者付诸文字的进程。

另一个结果是许多外来词进入卡斯蒂利亚语词汇。有些来自真正意义上的法语（奥依语），有些来自普罗旺斯语（奥克语）和加泰罗尼亚语。这些外来词构成了一个与日耳曼语借词（见第 83—85 页）相似的词汇群，但数量更庞大，类型也更丰富。一类是大量有关教士世界的术语：如 prest "祭司"、arcipreste "大祭司"、calonje 和 canonge（派生出 canonjía "受俸职务"）、deán "教长"、monje "僧侣"、fraire（后为 fraile "修士"）和 hereje "异教徒"。另一类则与封建骑士世界相关：linaje "门第"、homenaje "崇敬"、usaje "习俗"、mensaje "信息"、ardiment "精神，勇气"、barnax "hazaña，壮举"（古法语为 barnage）、coraje "勇气"和 corajoso "恼火的"（法语为 courageux）、lisonja "奉承"、tacha "污点"、fonta 或者说 honta 且 h 为送气音（"不光彩"，法语为 honte）、duc 和 duque "公爵"、palafré 或 palafrén "驯马"。还有一类反映了两种文化的日常交融——jornada "一日行程"、viaje "旅程"、hostal "旅舍"、mesón "客栈"、argén 或 argent "钱"，都是确凿无误的法语借词。西班牙人不再说 lunada 或 pernil 而是改说 jamón "火腿"，不再说 acedo 而是改用 vinagre "醋"。vianda "食物"、pitanza "饭食"、manjar "美食"、jardín "花园"、vergel "花果园"、ruiseñor "夜莺" 和 jaula "笼子" 都是法语借词。法语借词还有 doncel "侍童" 和 doncella "侍女"、bajel "船舶"、fol "疯子"、follía "疯狂"、salvaje "野蛮"、jayán "巨人"（法语为 géant）、matino "早晨"、形容词 ligero "轻的"、动词 trovar（包括其两层含义："找到" 和 "作诗"）、副词 tost "立即" 和 de volonter "自愿地"。这些法语借词也是源自拉丁语，假如它们在西班牙直接从拉丁语开始罗曼语化，演变的结果必然与之迥异：如 vascellum 不会变为 baxel（bajel）而应当是 baciello 和 bacillo；viáticum 不会成为 viaje 而应作 viazgo；mónachus 不会变为 monje 而应作 mongo 或 muengo、muénago。（矛盾的是，我们的语言的名称 español 居然是外来词。这并不难解释：来西班牙的外国人才是一个整体，西班牙国内并没有 "西班牙意识"——人们会说 "我是纳瓦拉人""我是莱昂人" 等，但不会说 "我是西班牙人"。再者，我们在第 111 页也提过，对于基督教王国来说，"西班牙" 是他国。假如人们曾使用 Hispaniolus 这个词，那么最终它将演变出 españuelo 一词。实际上，español 是普罗旺斯语借词。）

还有第三个结果：许多单词词尾 e 的缺失，使得它们一下子与对应的法语或加泰罗尼亚语词汇相似起来：val（valle）、mont、grand、part 等。11 世纪至 13 世纪的西班牙语给人一种已经加泰罗尼亚语化的印象：huest、noch、deleit、aduxist（adujiste、condujiste）、com（come）、dix（dije）、diz（dice）……有大量这样的词。字母 e 的缺失使得 nave 成了 naf，nueve 成了 nuef，todo 成了 tot（与法语的 nef，neuf 和 tout 相似），人们在 13 世纪的文献中会看到这样的词句：af（ave）、bef（bebe）和 "non ris, ca miedo of"（"no reí, porque tuve miedo"，of 是 ove，即 hube）。字母 e 的缺失使得人称代词缩减为音素 m, t, s, l 并与前面的词连写：nomdixo（no me dijo），ques pone（que se pone），una ferídal dava（le daba）；更有甚者：nim'la

138

dan（ni me la dan）变为 nimbla dan，yot'lo do（yo te lo doy）变为 yollo do。

　　最后，法国的影响似乎还强化了中世纪西班牙语特有的一些词法特征。比如助动词 ser 和不及物动词的搭配使用：es nacido（ha nacido），eran idos（se habían ido），serán entrados（habrán entrado）。又如现在分词的"短语学"用法：todos sus conocientes（todos los que lo conocían）和 merezientes érades de seer enforcados（merecíais ser ahorcados）。

第七章　卡斯蒂利亚语的巩固

游唱诗

开启卡斯蒂利亚语文学之先河的《熙德之歌》，主要反映的是卡斯蒂利亚王国同时与莱昂和阿拉贡王国以及阿尔摩拉维德王朝展开的战争。诗歌如今留下来的部分并不完整，是从熙德被阿方索六世逐出卡斯蒂利亚开始的。他离开维瓦尔的 "palacios"（府邸），离开小镇时回头 "catar"（张望），面对眼前凄凉的景象不住流泪："uços sin cañados"（没有上锁的门扇；uços 源自拉丁语 ostium，cañados 即 candado "锁"）；衣架和栖息木上也不见往日挂着的衣服和休憩的猎鹰及 "adtores"（雕鹗）：

> 他的热泪夺眶而出落下如珠，
> 他转回头对府邸不停地张望。
> 看那大门敞开，没有锁上，
> 衣架空着，没有皮袍也没有外衣
> 看不见心爱的猎鹰和蜕换羽毛的雕鹗。[1]

---

[1]　译文摘自《熙德之歌》，赵金平译，上海译文出版社，1982。——译者注

六十位忠诚的战士（六十面枪旗，或者说长矛）决定追随他一同流放。上路的第一天，他带着这些疲惫不堪的人来到布尔戈斯城。城里的男男女女纷纷上街或从窗户（finiestras）探出头去一睹这个场面，他们流着同情的眼泪对彼此说："如果我们的国王配得上这样的下属该多好！"人们本来都很乐意让他留宿，可国王的怒火束缚住了他们：他们已经收到了国王的诏书，禁止对鲁伊·迪亚斯[①]有任140 何招待；违者将失去财产（averes），失掉一双眼睛，死了以后也得不到救赎。于是人们躲了起来，没有勇气与熙德对视。康佩阿多尔（Campeador）朝客栈走去（adeliña），店主将大门紧闭：他不得不这么做（assí lo pararan），因为惧怕国王。熙德敢破门而入吗？他的手下对着店主大声呼喊，但只是徒劳。鲁伊·迪亚斯于是骑着马向前，一只脚脱下马镫（他的手下默不作声地看着他），使劲响亮地踹门，但大门依然紧闭。这时出现了一位大约九岁的女孩，她天真无畏地对熙德说："您啊，在吉时良辰佩上剑！"接着向他解释，他们断然不会开门招待：阿方索国王的命令可不是儿戏。倘若布尔戈斯的人民生活被毁，熙德又能得到什么好处呢？您还是继续赶路吧。上帝伴您左右，永不弃您而去……

这一段原文通俗易懂，着实优美，不妨一读：

> 熙德鲁伊·迪亚斯进了布尔戈斯城，
> 有六十面枪旗随从。
> 布尔戈斯的男男女女，有的走出门，
> 有的从窗口探头见识英雄。
> 他们流着泪，万分悲痛。

---

① 即熙德。熙德原名罗德里戈·迪亚斯·德·维瓦尔，鲁伊是罗德里戈的昵称。——译者注

所有的人都异口同声：

"主啊！如果主君贤明，他该是多好的辅相佐卿！"

人们本来都乐意留他住下，但谁也不敢应承：

他们都知道国王阿方索十分恨他。

昨夜诏书已下达布尔戈斯城，

上面有严厉的通告，还盖着堂堂大印：

不准任何人留宿熙德鲁伊·迪亚斯。

谁要留他，应该懂得国王的谕旨：

财产要被没收，还要失掉一双眼睛，

躯体和灵魂也不能得救和超升。

基督教徒们隐忍着深沉的悲痛，

避开熙德，默不作声。

康佩阿多尔走向他的老客栈。

走近客栈，看见大门紧紧闭关，　　　　　　　　　141

门内的人因害怕阿方索国王，都下了决心：

除非他破门而入，绝不开门。

熙德的人大声呼喊，

门里面的人都不愿答话。

熙德用马刺踢了一下马，走到大门前，

一只脚脱下马镫，使劲踢门，

但是大门还是不开，仍旧关得紧紧。

一个九岁的小女孩走到他跟前立停，开言道：

"康佩阿多尔啊！您在吉时良辰配上剑！

国王有禁令，昨夜发来了诏书：

上面有严厉的警告，还有堂堂的大印，

我们都不敢给您开门，让您栖身：

否则我们将失掉财帛和房屋，

而且还要丢掉双目。

熙德啊！就是我们遭了殃，您也得不到好处。

但愿仁慈的主以他的圣德把您保护。"

小女孩说罢转身回家。①

这几行诗已经告诉了我们很多信息，既有对客观事物的反映，也有对人类情感的刻画：它同时展示了语言所处的状态和诗歌的理念。最重要的是，它是用西班牙语写成的。以西语为母语者一旦开始读这首诗，虽然免不了需要解释，但不会遇到太大的理解障碍，也懂得欣赏它，因为在它将近 4000 行的诗句中不乏美句。因此，不难理解为什么有人热衷于将其视作欧洲中世纪文学的一座丰碑。

如果再读第二遍，像"他的热泪夺眶而出落下如珠"② 这样的诗句向我们传达出一个重要信息：史诗中的英雄也会哭到"热泪夺眶而出落下如珠"这么激烈的程度，这是从法国借鉴来的"文风"；肆意流泪是《罗兰之歌》里的英雄的作风。再者，"llorar de los ojos"也不属于口语的表达方式，而是从法语史诗里的短语"plorer des oilz"翻译而来，也就是说，是十足的法语文风。法国的史诗作品 142 （《罗兰之歌》和后来的"香颂"）对于《熙德之歌》的创作理念和语言表述都产生了决定性的影响。假如没有这些珠玉在前，很难想象《熙德之歌》的命运如何。

熙德在世时，民间一定已经开始流传他的努力和不幸，他的赫赫战功，也就是他的"传奇"；而且不仅是在北方的基督教王国，莫扎拉布人之间也在传播。（像潘乔·比利亚和切格瓦拉这样的现代人物如今也开始成为传奇人物。）熙德传奇的优秀传播者是游唱诗

---

① 译文摘自《熙德之歌》，赵金平译，上海译文出版社，1982。——译者注

② 原文为"De los ojos tan fuertemientre llorando"。——译者注

人。他们云游四方、甚至充当"集市"艺人，除了会弹奏乐器、唱歌、杂耍、讲笑话逗趣，还会以诗歌形式讲"新鲜事"，即之前闻所未闻的惊人消息。如果是人们已经听过的消息，那么游唱诗人就得通过其他方式提供"新鲜感"，比如夸大事实、添加新的功绩、进一步润色文风。这些写成诗歌形式的故事或者说"歌谣"不是一成不变的整体式作品，而是频繁"改编整合"。它们并没有用文字记录下来，而是艺人凭记忆口头朗诵（抑或是哼唱）；面向的不是"有学识的"或"宫里"的人群（因为听众中根本没有这样的人物），而是"领主"这个对政治话题最感兴趣、最懂得欣赏这门艺术、又能付得起钱的人群。这就是"游唱诗"。（诗作越好，诗人吃得越好。）

我们知道曾出现过不少关于卡斯蒂利亚人和莱昂人激烈斗争的游唱诗（尤其是关于费尔南·贡萨雷斯），但却从未被写成文字。关于声势浩大的萨莫拉之围和不幸的拉腊七王子的歌谣如今只剩下残卷；这还得感谢 13 世纪的一些作家，他们天真地把这些歌谣当作历史文献汇入了编年史中，从而将其改写成散文。熙德的歌谣也是其中之一，但它同时也以游唱诗的形式保存了下来。同样流传下来的还有一首残缺不全的《隆塞斯瓦耶斯之歌》，写于 12 世纪，是当时已经在法国流传开的《罗兰之歌》部分内容的卡斯蒂利亚语改编143版，从而成为西班牙流行起来的以加洛林王朝——查理大帝、罗兰和十二圣骑士等为主题的第一例作品。

英勇善战的罗德里戈（鲁伊）·迪亚斯·德·维瓦尔卒于 1099年。梅嫩德斯·皮达尔认为《熙德之歌》创作于他去世后约 40 年（1140 年左右），但当代几乎所有评论家都一致认为应该更晚：12 世纪末（权且当作是 1180 年左右吧）[①]。诗歌向我们展现了一个较为小

---

① 唯一的手抄本（保存于马德里国家图书馆）字体属于 14 世纪。人们从尾注推断出这是 1207 年一位叫佩德罗·阿瓦特的人对一个抄本的再抄写。英国的 （转下页）

说式的熙德。14 世纪中期的歌谣《青年时代的熙德》中，他已经成了彻头彻尾的传奇小说人物，甚至带点疯狂。

《熙德之歌》中每一行可长可短，从摘录的几段可以看出，还被分割为不对称的两个部分。由于模仿了法国史诗，韵脚都是元音韵，变换韵脚的间隔也不规律，从而形成长短不一样的"诗节"（法语说的 laisses），短则三四行，长则将近两百行。我摘录的属于三行诗节，其韵脚分别为：á-o（De los sos ojos tan fuertemientre llorando...），ó-e（Mio Çid Roy Díaz por Burgos entróve...）和 á-a（Combidar le ien de grado, mas ninguno non osava...）。

梅嫩德斯·皮达尔不得不在他的版本中修改了大量段落，因为 14 世纪佚名的抄录人并不总是尊重原来的语言，而是改得贴近自己所在的时代：比如省略了 dolore、razone 和 señore（原本与 pendones 押韵）词尾的 e，而且还破坏了许多韵脚。比如有时候一个诗节中似乎有三四种不同的元音韵：押 é（fuert, fuent, alén），押 ó（Carrión, noch），押 ú-e（nubes），也押 ó-e（Corpes）。显然皮达尔对原版进行了重构，才使得我们能看到现在如此一致的韵脚 ó-e（fuorte, 144 fuonte, aluonde, Carrione, noite, nuoves, Corpes）。将近两个世纪的时光没有白白流淌，原诗作者的语言仍带有许多接近阿拉贡方言的特征。

学士诗

1230 年左右，出现了一种新的文学形式——与游唱诗相对的

（接上页）西班牙语言文化学者科林·史密斯在他的那版《熙德之歌》（1985）中提出并论证了一个观点：1207 年就是这首诗歌的写作时间，佩德罗·阿瓦特就是作者（以及"一种文学体裁的创始人"）。这个论点并非完全不可能，但其他专家似乎并不认可。

"学士诗"（mester de clerecía，"教士的行当"），是与书本为伍者才有的技艺。13 世纪有三部佚名作品问世——《阿波罗尼奥之书》《亚历山大之书》和《费尔南·贡萨雷斯之歌》；还有一位诗人崭露头角——贡萨罗·德·贝尔塞奥，他是西班牙历史上第一位有名有姓的诗人。《亚历山大之书》的作者在诗歌的开头炫耀他的诗歌与游唱诗相比的优越性：

Mester trago fremoso, non es de joglaría,	为君带来优美的技艺， 可不是游唱一首，
mester es sen peccado, ca es de clerezía,	而是无罪的技艺，教士的技艺，
fablar curso rimado por la quaderna vía	诗分四行同押一韵
a síllavas cuntadas, ca es grant maestría.	计算音节就属它精 [①]。

"无罪"的技艺实指"无暇"的技艺，不似游唱诗人的那般拙劣（这些人没准都不知"音节"为何物）。现在有了真正的押韵（音节韵），规律性的四行一个诗段即"quaderna vía"，每句诗的音节都是精心计算（cuntadas）的——不多不少 14 个音节，停顿前后各 7 个。这就是法国的《亚历山大传》中使用的"亚历山大体"诗歌。（我之前引用的《熙德之歌》中有一行 tornava la cabeça —y estávalos catando 也是完美的亚历山大体诗句，不过纯属巧合。）

《费尔南·贡萨雷斯之歌》应该取材于古老的游唱诗，但也能看出法国"香颂"的影响。长达一万行诗的《亚历山大之书》是篇幅最长的学士诗，是对以该人物为主题的两首法国诗歌的翻译及改编。讲述推罗王阿波罗尼奥坎坷经历的《阿波罗尼奥之书》最直接的源

---

① 译文参考《西班牙文学史》，沈石岩编著，北京大学出版社，2006。——译者注

145 泉似乎也来自法国。贝尔塞奥的诗歌全部取材于拉丁语文学，有些
来自法国——尤其是他篇幅最长的作品《圣母的奇迹》，还有些来自
西班牙——尤其是他的圣徒传诗作）①。

贝尔塞奥比《亚历山大之书》的作者谦逊，他没有吹嘘自己
"精湛的技艺"。相反，他还在《圣多明我·德·西洛斯生平》开头
宣称：

> 我想写篇简单轻快的散文，
>
> 用上人们交谈常用的语言；
>
> 不再是文绉绉的拉丁诗，
>
> 我想我该得到一杯好酒。

《圣劳伦斯殉道记》开头也说："我想写下圣劳伦斯的殉道 / 用罗
曼语，好让所有人看懂"。他想用罗曼语而不是拉丁语写作，因为这
样所有人都能看懂；但其实还有一个原因：他自知没有能力像 12、
13 世纪的众多教士尤其是修士那样，用书翰拉丁语写出绚丽的诗歌。
在那些"文人"面前，贝尔塞奥教士自比游唱诗人。《熙德之歌》手
稿的最后有几行诗，开头是这样的："谣曲唱完了，列位看官赏杯酒
喝吧……"讨酒喝是游唱诗人讨要打赏的一种惯例（人不能只靠喝

---

① 冈萨罗·德·贝尔塞奥称颂的是两位古代西班牙圣徒——圣劳伦斯和圣女奥丽雅
和两位更近代的圣徒——圣米扬和圣多明我。圣米扬是他居住的修道院的创始人，不
过贝尔塞奥在那里的身份并不是修士，只是普通的教士；圣多明我则是相距不远的西
洛斯修道院的创始人。《圣米扬·德·拉·科戈利亚生平》（圣米扬即"科戈利亚的
圣徒"）的第一段四行诗里说读者从诗中"将看到乡民的财产会送到哪里（verá a dó
envían los pueblos su aver）"，也就是说基督徒们的纳贡和捐赠会流向一座多么杰出的
修道院。这是一种相当隐晦的恳求资金的方式。（贝尔塞奥和圣米扬以及西洛斯的批
注之间只间隔一个多世纪，然而在这么短的时间内语言的形式却发生了天翻地覆的
变化！）

酒活下去）。贝尔塞奥认为自己所做的事值得获赏一杯好酒。

目前看来，他留下的诗歌确实向我们展示了当时的人们交谈使用的语言真实的面貌。我们墨西哥人如果说一样东西毫无价值，尤其爱用"不值一颗花生"这一说法。古往今来的各种语言中可能都有类似的表达方式，西班牙比较常用的短语之一是"不值一粒无花果"。贝尔塞奥应该也从人民口中学到了生动的俗语，如："不值 una hava"，"不值 una nuez foradada"，"不值 tres cherevías"（chirivía，"欧防风"是一种品质较差的萝卜），"不值 sendos rabos de malos gavilanes"。他和写学士诗的其他诗人的用语运用了老百姓用来指称不幸、悲惨、穷苦的词汇：aciago、aojado、astroso、malastrugo、malfadado、fadamaliento、fadeduro、mesquino、mesiello（< 拉丁语 misellus 演变而来，是 miser "miserable" 的指小词）等等，甚至包括 pobre 这个被认为非常庸俗、不该从英雄嘴里说出来的词（比如熙德不会说"我曾经 pobre"而是"我曾经 minguado"，即 menguado "渺小的"）。不同于努力提高格调的游唱诗人，教士们恰恰试图向人民靠拢；既然这是第一次将书面诗歌的语言谱成谣曲，他们自然知道这些词都是口头语言中特有的。）

然而这种"民众主义"也有广泛的反例。在《圣母的奇迹》的引子中，贝尔塞奥讲述自己（"我名叫冈萨罗·德·贝尔塞奥"）如何突然置身于一片长满了树的草地（"石榴树和无花果树，梨树和苹果树"），那里"流淌着清澈的泉水，/ 冬暖夏凉"，还有鸟语花香，风景宜人，于是他减了衣服（用词为 ropiella），躺倒在"美丽的树荫下"。然后接着说道：

> 我说的这片草地还有一个优点：
>
> 无论天冷天热都不失一分美丽；
>
> 一年到头生机勃勃，

任何一刻（nulla tempestat）都不会失去绿意……

最后几个词"nulla tempestat"可不是邻家稚子用的词——这完全是拉丁语借词，等于 ningún tiempo (del año)"（一年中的）任何时候"。贝尔塞奥大量使用了拉丁化的表述：有 flumen、leticia 和
147 exaudir 这种现代人都需要翻译的词（分别是"río，河"，"alegría，高兴"和"escuchar，听"）；还有 convivio"邀请"，exilio"流放"，ileso"安然无恙的"和 tributario"赋税的"这些现代人不需要翻译、但对当时的老百姓来说完全不知所云的词；甚至还在一首诗中使用了最高级 dulcíssimo，这是各地的通俗拉丁语都已经摒弃的形式（后来直到 16 世纪才真正重回我们的语言）；他还毫不犹豫地使用"plus blanco"，而不是"más blanco"。这个 plus 有可能是拉丁语借词，也可能是法语借词，因为贝尔塞奥不但模仿拉丁词汇，也模仿法语词汇。上面这四行诗的第二行中，beltat 一词就是法语词（西语当为hermosura）；贝尔塞奥不说 joglaría 或 juglaría，而是 jonglería，这也是受法语的影响；第三行的 entegredat 也不是民间用词，而是介于integridad（integritatem）和 enteridad（或 entereza）的半文雅词；同样，人们都说 vengar，贝尔塞奥却说 vendegar，这里清晰地透露出拉丁语 vindicare 的影子。

我们应当意识到，学士诗是供人阅读的，那就意味着它面向的受众是**懂一点拉丁语**的读者（除了拉丁语文本，人们还能读什么呢？）当这些诗歌在为数不多的读者中流传时，它们其实在以某种方式修补"上等文化"和民众文化之间的裂痕（见第 70 页）。这时有了一个小小的"中间"阶级：会阅读的人，虽不是用拉丁语，却也是罗曼语。

西班牙没有参与中世纪拉丁语文学的蓬勃发展。12 世纪是它的发展巅峰，法国、英格兰和日耳曼语国家则是它最重要的舞台（兴

盛起来的其至包括放纵派吟游书生的拉丁语诗歌，这种诗歌只有在已经开始出现"学徒人口"的国家才存在，而西班牙还远没有发展到这个程度）。另一方面，12世纪的西班牙在通俗语言文学作品方面仍然一片空白（游唱诗不是书面文学），而比里斯牛斯山另一侧却已经硕果累累。西班牙这两方面的"滞后"都是穆斯林入侵造成的间接后果。半岛上第一个出现文学的地区是加泰罗尼亚，因为它最少 148 与摩尔人发生摩擦、又与欧洲尤其是普罗旺斯关系最紧密。紧随其后的是纳瓦拉－阿拉贡，它比莱昂－卡斯蒂利亚率先实现社会的稳定性；11世纪起，在桑乔大帝的带领下，也借着与法国的密切往来而逐渐欧洲化。我们说过，11至13世纪，西班牙的各种语言都多少沾染了法语和普罗旺斯语的色彩。13世纪的西班牙人肩上的"重任"是将繁荣的欧洲文学移植到本土，而唾手可得的范例便是法国文学。于是各式各样的题材纷纷进入西班牙：凯尔特传说（亚瑟王和他的圆桌骑士、珀西瓦尔、兰斯洛特、崔斯坦、寻找圣杯），特洛伊战争、亚历山大大帝的传说、推罗的阿波罗尼奥的传说、贝尔拉姆与约瑟伐特的传说（即释迦牟尼故事的基督教版本）、圣派翠克的炼狱的故事、脍炙人口的埃及玛丽亚和圣亚历克西斯的故事、圣母的奇迹、死亡之舞、水与酒之争、教士与骑士之争、灵魂与肉体之争。上述"题材"中的大部分都在13世纪的西班牙文学中有所体现。如果说1200年左右实际上根本没有可阅读的材料，那么到了1300年，读者其实已经有一间小书房了。13世纪末开始出现用我们的语言写作的书面文学，既有散文也有韵文。除了题材丰富之外，还出现了新的"体裁"，比如戏剧（已遗失，只留下《东方三博士》的残本）。游唱诗仍在发展，但大部分书写下来流传到后世的是"学士诗"，虽然未必都是韵文，或虽是韵文但既不是亚历山大体也不是"四行为一段"。被写成文字的主要是"有学问的"、受过文学滋养者的作品。

12世纪初，人们听到拉腊七王子骇人的故事时不禁毛骨悚然，听到熙德与他的近卫军的英雄事迹会激动不已——比如有一幕是阿尔瓦尔·法涅斯杀了三十四个摩尔人，鲜血喷涌而出溅到剑和手臂149 上，顺着手肘流淌到地面："...por el cobdo ayuso la sangre destellando" 即 "destilando"。13 世纪初，出现了一个不同的声音，来自一位 "学生"，一个喜欢书本、旅行和姑娘（dueñas）的年轻人；他懂得什么是讲究的（acabada）诗歌形式，也乐意让他人听闻自己的文化理想（odrá 即 oirá，razón 即 discurso）：

> 有谁心里忧伤，
>
> 来听听这个演讲（razón）：
>
> 听听（odrá）这写作讲究的（acabada）演说，
>
> 有爱，读来朗朗上口。
>
> 写它的是位学生，
>
> 素来喜欢姑娘（duénas）；
>
> 在德国和法国
>
> 接受教育；
>
> 在伦巴第
>
> 努力学习教养（cortesía）……

（事实上，cortesía 一词不是来自圣米扬的注解，而是普罗旺斯。）

　　1150 年左右，一位不知名的西班牙人说过 "卡斯蒂利亚人向来不安生（Castellae viri per sécula fuere rebelles）"，还说连他们的方言听起来都像 "小号与鼓合奏那般嗡嗡作响（illorum lingua resonat quasi tympano tuba）"。我们刚刚读到的这首《爱的演说》的前几行却不符合这个描述。原始的方言变得温和文明，不再是毫无节制纷乱嘈杂的语言，而是适合舒缓的表达与平静的思考。卡斯蒂利亚语已经做好了成为西班牙大部分地区的语言的准备。

　　卡斯蒂利亚语能从方言擢升为语言（以及文学的语言），还有另一个同等重要的原因：旧卡斯蒂利亚人，即布尔戈斯人和拉布雷瓦人不再是**他们**的语言唯一的"主人"。13世纪众多讲西班牙语的人中，只有很小一部分是旧时"真正的"卡斯蒂利亚人的后代。此时，1252年至1284年间的莱昂和卡斯蒂利亚国王——智者阿方索十世庄严肃穆地登上历史舞台。

智者阿方索的功绩

　　阿方索十世是费尔南多三世的儿子和继承人。父亲最终统一了莱昂和卡斯蒂利亚的王权，将基督教光复运动一路推至与格拉纳达王国的边境；儿子却缺乏战斗野心和外交智慧。他曾觊觎日耳曼帝国的王座但最终落败，甚至连自己的儿子"勇者"桑乔都发动叛乱。有人曾说，他太过于关注星空里的动向，反而看不清地面上发生的事。若不是他在语言和文化发展方面起到的决定性作用，恐怕如今没有人会记得这号人物。

　　他在位时期，托莱多城已经不再是一座"军事基地"，也不再是劫掠摩尔人行动的起点，而是一处安定的"行宫"。这座城给人的印象是里面住着的不是军人和政治家，而是法学家、史学家、科学家和诗人，领导他们的是一位爱好和平、法制、历史、科学和诗歌的君主。

　　1085年，这处曾经的西哥特国王驻地被收复，两年后成为卡斯蒂利亚的都城。然而从这时开始到后来的几个世纪里，它的名望并不在于都城的身份，而是因为延续了光复战争之前事物的状态。托莱多文化作为摩尔人、犹太人和莫扎拉布人模范共处的果实，被光复者们系统地加以利用。整个欧洲的智者与学者来到此地学习阿拉伯人的文化，如此一来，托莱多城为卡斯蒂利亚君主带来了声誉，

　　150

并不是君主令城市声名远播。在东方的学识和西方的求知欲碰撞之下，传输知识的渠道应运而生，其中最重要的一条是 1125 年至 1152 年间任托莱多大主教的雷蒙多成立的"翻译学校"。这间学校或者说工作坊里，有人将阿拉伯语和希伯来语（或许是口头）翻译成罗曼

151　语，还有人负责将这些译文写成当时国际通用的拉丁语，因为这些译本面向的是如饥似渴又舍得为之花钱的欧洲客户。

随着时间的流逝，托莱多的另一任大主教，被称为"托莱多人"的罗德里戈·希梅内斯·德·拉达又更进了一步：在工作坊的撰写人及译者的协助下，他写了一部西班牙历史，不但借助传统资料（比如圣伊西多禄），还用上了几位阿拉伯史学家的作品。在这部题为《西班牙历史》①（1243）的拉丁语史书之前已经有好几部西班牙编年史，也是用拉丁语写成；但它开创了引入穆斯林史学家的视角来丰富阐述的先例，而这个视角同等重要。除了"托莱多人"之外，"图伊人"卢卡斯·德·图伊（Lucas de Tuy）也值得一提，他用拉丁语写了一部"世界"历史《世界编年史》（1236）。

阿方索十世明智地以这些优秀的前人为榜样。他借鉴大主教雷蒙多的做法，在自己身边召集了一群撰写人，且其中不仅有西班牙人（包括摩尔人、基督徒和犹太人），还有法国人和意大利人。"托莱多人"在 1235 年前后曾任阿方索和法德里克两位王子的家庭教师，阿方索十世也学老师编了一部西班牙史，名为《第一纪实统编》。他还学着"图伊人"的做法，挑起了书写一部世界史的重任，即《世界通史》。不过，阿方索意识到，进行更深刻彻底改革的时机已经成熟。从大主教雷蒙多开始起，"罗曼语化"似乎一直都只是为拉丁语散文写作提供材料，但如今变成了一个目标：罗曼语不再是

---

① "Historia gothica"是后人对这部编年史的俗称，拉丁语原标题为"De rebus Hispaniae"，故译为《西班牙历史》。——译者注

个脚手架，而要成为一栋大楼。虽然拉丁语文本的写作仍在继续，但由于他的努力，用罗曼语书写的文稿终于有了正式的"公民身份证"。阿方索十世是西班牙散文的创造者[①]。

　　首先，我们来仔细看看《卡里来和笛木乃》。前一个世纪初，"阿拉伯故事"的传播工具是拉丁语（诸位可以回忆第91页提到的佩德罗·阿方索），而现在的工具变为卡斯蒂利亚语。《卡里来》一书从8世纪的阿拉伯译本转译而来，是一本包罗万象的印度"说教故事"集（逸事、故事或结尾带寓意的寓言）。尚未成为国王的阿方索负责这本书时，他的弟弟法德里克王子也在忙一本类似的书——同样起源于印度的《辛德巴》（西班牙语译本的标题为《骗术或厌女之书》）。我们不妨来读一则《卡里来》的故事，不是为了猎奇（这就是挤奶姑娘的寓言的前身），而是因为看到1251年的西班牙散文发展得如此完满实在令人心满意足。（故事的主人公不是位修士，而是东方的"托钵僧"，现在我们称其为"德尔维希"。）

---

① 最后这句话其实颇为微妙。首先，国王没有亲自执笔写下"他的"数千页作品。他是资助者、协调者、监督者和作序者。（每当人们说"智者阿方索的书"时，都应该记住这一点。）其次，"翻译学校"蓬勃发展，存续的一个世纪里其技艺必然日臻完善，而这样的技艺对于阿方索的作品以及汇编、翻译和写作来说都是基本保障。再者，在没有君主介入的情况下，从这所"学校"还产出了用西班牙语写成的其他书。如《圣经》的两个译本：一个直接从希伯来语译出，一个译自罗马教会"官方"认可的《圣经武加大译本》；还有一些从阿拉伯语翻译来的道德警句汇编集，如《高贵与忠诚》《百章书》（又名《智者之言》）《智慧之花》《咬黄金》和《秘密的秘密》。这些专题著作中有好几部虽然没有确切的日期，但问世时间很可能早于阿方索最早的作品——《宝石鉴》（1250）和《卡里来和笛木乃》（1251）。1250年之前已经有了粗糙的《托莱多编年史》，一部题为《国王之书》的纳瓦拉简短编年史和一本阿拉贡方言写成的忏悔者手册《十诫》。那几年间还有一本题为《海外的庄园》的译本，是对通往圣地的路线详尽描述的翻译；原版是前一个世纪一个叫阿尔梅里克的人受雷蒙多大主教所托而写，用普罗旺斯语写作。（上述作品中很大一部分都是20世纪下半叶才首次出版；而智者阿方索的《世界通史》仍在出版中。）

据说一位教士每天都能从一位富商家里讨得施舍：面包、蜂蜜、黄油和其他食物。他只吃面包和其他食物，蜂蜜和黄油则省下来储存在一个罐子里，然后将罐子挂在床头，渐渐地就装满了。恰好蜂蜜和黄油涨价了，于是有一天他躺在床上开始暗想："我要把这个罐子里的东西卖个好价钱，然后用这笔钱买十只山羊，给它们配种，五个月后就能生小羊羔了。"他算了算，发现这样下去五年后就能有四百只羊。于是又自言自语："我再把它们卖了，按四只羊抵一头牛的价格可以换一百头公牛或母牛，我再买点种子，让牛耕地、生小牛犊。这样再过五年就能靠庄稼和牛奶赚一大笔钱。这笔钱就用来盖漂亮房子、买几个奴仆，接下来娶一个又漂亮家世又好的姑娘，生个大胖小子，将他抚养成人，让他接受国王和学者们的教育。假如他不肯好好学习，我就用手里的这根棍子狠狠揍他。"说着便抬起手来，手里的棍子正好击中挂在床头的罐子。罐子碎了，蜂蜜和黄油也打翻在他脑袋上。

值得注意的是，对于阿方索十世和他所处的年代来说，《卡里来和笛木乃》不只是一本打发时间的闲书，而是和《宝石鉴》以及早一年翻译的矿物学专著同样扎实、实用的作品。阿拉伯科学中最让国王感兴趣的似乎是宇宙志《天文知识》和占星术（《十字之书》）。令人称奇的《博弈集》也是从阿拉伯语翻译而来。这本棋谱既古老又现代，包含对将军的不同着棋方法的精准描述："第九弈，白马行至黑象的第三格，黑王行至白车的第三格，将军；第十弈，白车不动，黑王行至白马的第二格，将军……"等等。尤其是书中还配上了插图，像今天的教科书一般演示棋子在棋盘上的位置。（不过在《博弈集》一书中，插图中的棋盘连同人物、家具和建筑一起出现。阿方索工作坊里的细密画家与译者、编者同样重要。）

阿方索的三本汇编涵盖了法律和历史领域。《法典七章》是一部民法典，不是精简版，而是包括阐释和评述。百科全书式的、雄心勃勃的作品《世界通史》运用了各式各样的资料：首先自然有《圣经》（采用的是一个新鲜出炉的西班牙语译本）以及圣奥古斯丁、俄利根和圣比德等圣经评注家的评注；古典拉丁作家尤其是老普林尼、奥维德和卢坎的作品；阿拉伯历史学家如伊本·瓦瑟夫和巴克里；中世纪拉丁作家如佩德罗·康莫斯特和前面提到的"图伊人"、《世界编年史》的作者。他还把《亚历山大之书》及几部法国作品权当作历史资料，尤其是关于特洛伊战争和底比斯战争的诗歌－小说体作品，如《特洛伊谣曲》和《底比斯谣曲》，还有教人们将奥维德的《变形记》当作"学术"文献而非纯奇幻作品阅读的《教化的奥维德》。《第一纪实统编》也汇集了各色资料：《圣经》；古典作家作品——看来他们准备从西班牙的起源开始记录历史；阿拉伯西班牙和拉丁西班牙时期的史学家作品，包括保卢斯·奥罗修斯、圣伊西多禄和"托莱多人"；甚至包括上文提到的关于萨莫拉之围和拉腊七王子的游唱诗①。

　　阿方索工作坊的另一件伟大作品是《圣母玛利亚歌集》。这本诗集囊括了 420 首宗教诗，同《博弈集》一样装点着精美的插图（尤其是服饰各异的基督乐师和摩尔乐师手持乐器的画面）进行美化。不过这本诗集是用加利西亚—葡萄牙语（13 世纪加利西亚语实际上就是葡萄牙语）写成的，因此严格来说不属于我们的语言史。这暴露了那段历史中的一个空白：阿方索十世时期、甚至直至 14 世纪初 155

①　智者阿方索认为游唱诗与书本具有同等价值。《法典七章》中有一处提到"古人"很注重骑士的文化和道德修养："下令说，既然战争时期通过亲身经历学习军事，和平时期也应当通过倾听和理解进行学习。因此，骑士们都习惯边吃饭边听人讲书，内容都是他人的赫赫军功，以及为了取得战果所付出的智慧和努力。如果没有这样的书本，便向能找到的卓越骑士或老人家求助；如果这些条件都没有，那么就想别的办法：把游唱诗人叫到跟前，专讲英雄史诗或军功。同样，晚上睡不着时，每个人都会在自己的寝室读或者听这样的故事，如此便能士气大振，发奋图强，见贤思齐。"

卡斯蒂利亚缺乏某样东西——抒情诗"流派"。葡萄牙人模仿普罗旺斯人研习可以结合音乐吟唱的抒情诗，这种诗就叫作"坎蒂加"。既有"情人谣"（姑娘在诗中谈论自己的恋人或对他说话），也有"爱人谣"（由男声吟唱），两者都是高雅考究的抒情诗；同时还有"嘲讽歌"，诗中有一连串的辱骂甚至是污言秽语，但也同样是精心设计的（这一点非常特别，因为在有些时期有些地方，粗话是不会变成文字的；或者即便成了文字，也被视为"亚文学"。）迪尼什一世，即堂迪奥尼西奥，是智者阿方索的孙子，也是 1279 年至 1325 年间在位的葡萄牙国王；他即位时这个"流派"已经成立，于是不但进行资助，本人也是活跃其中的成员。他的笔下诞生了不少"情人谣"，可视作旧时的罗曼语哈尔恰（见前文第 107 页）的文雅继承者。迪尼什一世的不少诗非常优美，比如下面这段诗歌开头：

> 花儿，绿松的花儿，
>
> 你们可有我友人的消息？
>
> 主啊，他身在何方？
>
> 花儿，绿枝的花儿，
>
> 你们可有我爱人的消息？
>
> 主啊，他身在何方？

　　这颗明珠是葡萄牙语的荣耀，出现在了流传至今的好几部诗歌集中。阿方索十世时期，加泰罗尼亚也有了自己的抒情诗"流派"，不过那里的诗人可以划归法国南部吟游诗人运动，甚至连他们的创作语言都是普罗旺斯语，而非加泰罗尼亚语。普罗旺斯诗歌确实是罗曼语世界中第一类用通俗语言写作的诗歌。诗歌历史上的这一伟大时刻同时也是音乐史上的一个重要时刻。脱离了拉丁教士的垄断，

"文雅"诗歌与音乐反而开始出现。

　　以上这些新动向从未出现在阿方索十世的托莱多，更不用说塞维利亚和科尔多瓦（不久前，这里还兴起了阿拉伯语抒情诗）。因此，当阿方索十世决定唱起赞歌，颂扬圣母玛利亚的奇迹时，他只能和贡萨罗·德·贝尔塞奥一样采取欧洲模式。崇拜圣母是一种新现象，与吟游抒情诗的出现有关，不过圣母诗多用拉丁语写作，如《圣母的奇迹》（拉丁名 *Laudes* 或 *Mirácula Mariae Vírginis*），配乐则是加长的"额我略圣歌"。模仿这些样式时，阿方索自然舍弃了拉丁语，但取而代之的不是卡斯蒂利亚语、而是葡萄牙语。阿方索为叙事语言、法律语言和科普语言注入了养分，使其稳固壮大，因为卡斯蒂利亚语传统文化中有这方面的前人的经验可以借鉴，但诗歌语言方面却没有这样的经验。因此，他借鉴了葡萄牙的经验。（没有证据表明阿方索知道《爱的演说》这首小众诗歌，也无法证明他了解贝尔塞奥在远离托莱多和塞维利亚的一隅写下的诗歌。《圣母玛利亚歌集》和《圣母的奇迹》有部分题材重合，是因为阿方索十世与贝尔塞奥找到了相似的拉丁语文献。）可以这么说：国王认为卡斯蒂利亚语样样好，唯独不适合抒情诗如此娇弱的羽翼①。他并不是唯一一个持这种观点的人：13 至 14 世纪的葡萄牙诗歌集里，卡斯蒂利亚 157

---

①　这里有一段诗歌开头摘自阿方索十世的《歌集》：

　　　　　欢迎五月，满心喜悦
　　　　　我们祈求圣母
　　　　　请让她的圣子
　　　　　庇佑我们远离罪恶与疯狂。
　　　　　欢迎五月，面包与美酒，
　　　　　我们祈求她
　　　　　怀抱圣婴指引我们
　　　　　即刻见到她。
　　　　　欢迎五月，遍地丰饶……

诗人的名字并不罕见；尤其是安达卢西亚诗人，显然他们仍在使用莫扎拉布语，而它更接近葡萄牙语而不是西班牙语。因而，《圣母玛利亚歌集》成了一个重要的"反面"历史证据：在抒情诗领域，葡萄牙语和加泰罗尼亚语比卡斯蒂利亚语发展得更好。（有一点必须补充，流传下来的葡萄牙语抒情诗和加泰罗尼亚语吟游诗鲜少配有乐曲，但阿方索十世的《歌集》中所有诗都附有写得工工整整的乐谱。）

14 世纪和 15 世纪的文学

智者阿方索去世时，我们的西班牙语书面文学已经初具雏形，所有后来者都可以看作是其延续。阿方索的儿子桑乔四世负责继续编纂《第一纪实统编》，托莱多的工作坊也持续活跃了一段时间。后来又在这里诞生了《海外大征服》，是从法语文献翻译而来的十字军前几次东征的历史。这部鸿篇巨制着重讲述攻陷耶路撒冷的经过以及布永的戈弗雷的丰功伟绩，但也包括了诸多其他题材：奥马尔哈里发的消息，首批骑士团的成立，十字军在突尼斯、的黎波里和埃及的远征，等等。此外，还添加了来自德国和法国的一些传奇，比如查理大帝年轻时的传说、瓦尔多维诺斯和蛇的故事、大小脚贝尔塔的传说，尤其是天鹅骑士的传说——对应于德国的罗恩格林的传说。不过，"延续"也意味着新的文学表征。14 世纪的文坛出了几位个性鲜明、值得一提的人物。

堂胡安·马努埃尔（1283—1348）是智者阿方索的侄子，在他耕耘卡斯蒂利亚语散文时已经有高度的职业创作意识。他的著作《卢卡诺尔伯爵》（又名《帕特罗尼奥之书》）由五十个说教故事（即有寓意的故事）构成，这些故事有些来自东方，有些来自欧洲甚至就出自西班牙。其中，"堂娜·特鲁哈娜的故事"就是对我们前面看到的《卡里来和笛木乃》中那个故事的再加工（与侄子的版本一比，阿方索的句法尤显粗粝）；"托莱多的伊扬的故事"取材自阿拉伯传说，为后来鲁伊斯·德·阿拉尔孔的戏剧《诺言的考验》提供了灵感；《一个男人和一个凶悍女人的故事》则是莎士比亚的《驯悍记》的前身。

1350 年，卡里翁的拉比犹太人塞姆·托布献给国王佩德罗一世一部教育警句集——《道德格言》。这本书因其思索的语调和精妙的文字布局而出众：

Por nasçer en espino non val la rosa cierto	玫瑰不因带刺而失了美丽，
menos, nin el buen vino por salir del sarmiento.	美酒不因离开葡萄藤而失了香气。
Non val el açor menos por nasçer del mal nido,	猎鹰不因生于坏巢而失了勇猛，
nin los exemplos buenos por los dezir judío...	故事不因出于犹太人之口而失了精彩。

这和教士诗一样同属亚历山大体诗歌，但两行为一段。此外，除了句尾押韵之外（这两句格言都是元音韵），每半行还有一个韵脚（vino/espino，buenos/menos），因此这段外文还可以这样书写：

Non val el açor menos

por nasçer del mal nido,

nin los exemplos buenos

por los dezir judío,

这样一来，一行十四音节诗变为两行七音节诗。无论如何，《道德格言》的格律方式后无来者。很有意思的是，塞姆·托布在承认自己
159 出身"不好"（犹太人当时受歧视）的同时，又淡然地肯定了自己诗句的优秀。用他自己的话说，他的诗歌就如同玫瑰的香气，即便花朵已然枯萎，即便经过调香师和蒸馏器的处理，也依然浓郁芬芳：

> 花朵枯萎之时，香气散发之日，
> 只留玫瑰香水，恰是精华所在。

胡安·鲁伊斯是伊塔的大祭司（伊塔位于西班牙中部地区），他写了一部作品，比卡里翁的拉比的这本卷帙更浩繁、内容更丰富。关于他的生平几乎没有任何资料，但欧洲中世纪很少有作品的生命力与幽默感能与《真爱之书》媲美。《真爱之书》的大部分内容都按照学士诗的规则书写（即四行为一段的亚历山大体），但仍不失为一部生动活泼的杂记。其中包括故事、诸如城里的老鼠和乡下的老鼠（"瓜达拉哈拉的老鼠和蒙费拉托的老鼠"）这样的寓言、"守节女士和肉欲先生的战役"这样的讽喻，甚至还有各式各样香艳的桃色事件。和《卢卡诺尔伯爵》一样，大祭司的《真爱之书》在现代也出了诸多版本。本书应该不止一位读者记得读过这样的四行诗[①]：

El Amor faz sutil al ombre que es rudo,	爱情让粗鲁的人变得精细有礼；
fazle fablar fermoso al que antes es mudo,	让木讷寡言的人变得口齿伶俐；
al ombre que es cobarde fázelo atrevudo,	使胆小如鼠之徒变得胆大无畏，
al pereçoso faze ser presto e agudo;	懒散的人会变得非常利索勤快。
al mançebo mantiene mucho en mançebez,	爱情能使年轻小伙子青春常在，

---

① 译文摘自《真爱之书》，屠孟超译，昆仑出版社，2000。——译者注

al viejo faz perder muy mucho la vejez; 　　　能使年迈的人大大地失去老态；

faze blanco e fermoso del negro como pez; 　　使鱼一般黝黑者变得又白又美，

lo que non val una nuez, Amor le da grand prez... 　使核桃般一文不值者名扬四海……

不过大祭司为诗坛引入了新的音律。《真爱之书》中有些诗段为十六音节一行，即两组八音节诗句；部分抒情诗段落采用八音节诗句打破了原本亚历山大体的四行诗规律。还有的抒情诗段落使用七音节、六音节、五音节甚至四音节，但从大祭司的时代到我们今天的西语诗歌中，地位最稳固的始终是八音节诗。14 世纪中叶或许还没开始谱写谣曲，但读大祭司的诗句 "Por vos dar solaz a todos fablévos en joglaría"，就仿佛在读两组八音节谣曲 "Por daros solaz a todos / os he hablado en juglaría"（"为了给你们增加情趣 / 我用游唱诗的形式写出"）。（堂胡安·马努埃尔非常在意自己作品的完整性，他曾下令任何一个手抄本都必须与他授权的手稿进行核对，还委托佩尼亚费耶尔德的多明我会修道院保管手稿；而大祭司截然不同，他将《真爱之书》传给想唱的游唱诗人，还公开允许他们随意增减内容。）

　　胡安·费尔南德斯·德·埃莱蒂亚（1310—1396）是阿拉贡宫廷里一个身居高位的人物。当时，阿拉贡王国的政治扩张进行得如火如荼，干预欧洲事务，还在地中海东部布兵。他本人曾任医院骑士团教长，晚年开始致力于文学创作。他的举动和阿方索十世相似，也开设了译者和撰写人工作坊。从这里诞生了详尽的《西班牙编年史》和《征服者伟大编年史》（从马克·安东尼、奥古斯都到卡斯蒂利亚的费尔南多三世和阿拉贡的海梅一世），都辅以精美的细密画；几个译本：《马可·波罗》《东方历史之花》、尤其是普鲁塔克的《希腊罗马名人传》和修昔底德的《伯罗奔尼撒战争史》中最值得铭记的演说。（这是历史上第一次将希腊作家的作品直接译成现代欧语言。）阿拉贡式西班牙语在费尔南德斯·德·埃莱蒂亚的作品中迎来了光辉时刻，不过 14 世纪的阿拉贡方言其实已经高度卡斯蒂利亚语化。

佩德罗·洛佩斯·德·阿亚拉（1332—1407）曾任卡斯蒂利亚的掌玺大臣，既是杰出的政治人物，又是多产的作家。著有几位卡斯蒂利亚国王的编年史，其中最重要的当属"残暴者"佩德罗一世。他组织翻译了蒂托·李维的《罗马史》（通过法语译本转译为卡斯蒂利亚语）、波爱修斯的《哲学的慰藉》、格里高利一世对《约伯记》的评述以及圣伊西多禄的《至善》。他还翻译了两本近代意大利作家写的拉丁语作品——乔万尼·薄伽丘的《王子的陨落》和基铎·德·克洛纳的《特洛伊编年史》[①]。此外，他也是一位优秀的诗人。他的《宫廷韵文》题材广泛，以政治和伦理道德尤为突出，也是学士诗流派的最后一部作品（同大祭司的《真爱之书》一样也穿插了抒情诗）。这部诗集与他的散文一样带着严肃和反省的口吻，对死亡的思考"我们的生命如影子一般逝去……"可以视作豪尔赫·曼里克的挽歌《悼亡父》的预告：

> 届时财富与权势
> 虚无的光辉荣耀又当何如？
> 一切过往如同奔腾的河流

---

① 和卡斯蒂利亚国王的编年史一样，《特洛伊编年史》在 14 世纪末就有幸出版。（基铎·德·克洛纳德的书在 14 世纪末还被译为加泰罗尼亚语。）荷马作品的翻译在欧洲开始得很晚，但特洛伊战争的历史早已通过许多次要的渠道得到传播，在各地都享有盛誉。《亚历山大之书》和《世界通史》中都有大量四行诗讲述的是这段历史。1270 年左右有人写了一本既有散文又有韵文的《特洛伊历史》，到洛佩斯·德·阿亚拉时期又出了一本《特洛伊历史全书》，被归于"莱奥马特"名下，但这其实是个假名。

留下的只有无尽的寒冷……

　　1400 年前后，即 14 和 15 世纪交替之际、掌玺大臣在世时，出现了一首著名的诗——《死亡之舞》，作者不详。这支"阴森的"舞蹈（在民主的死神面前，教皇、皇帝和乞丐一视同仁）在欧洲已经有过许多表征，尤其是在 14 世纪末那场夺去半数人性命的瘟疫之后。西班牙的《死亡之舞》的写作模式效仿法国，但格律的确是西班牙式。我们不妨读一读下面这一段，是统帅继教皇和皇帝之后面对死神时说的话，死神正吹着芦笛"邀请"他一同起舞：

Yo vi muchas danças de lindas donzellas,	我见过许多美丽的少女起舞，　162
de dueñas fermosas de alto linage;	更不乏家世显赫的漂亮贵妇；
mas, según me paresçe, no es ésta de ellas,	不过依我看，这位不在其中，
ca el tañedor trae feo visage.	因为吹笛人的脸色并不好看。
¡Venid, camarero! Dezid a mi page	过来，小伙子！叫我的仆人
que traiga el cavallo, que quiero fuir,	把我的马牵来，我想要逃离，
que ésta es la dança que dizen morir:	这分明是在诉说死亡的舞蹈：
si della escapo, tener m'han por sage.	如果我能脱逃，我就是智者。

　　（诸位请顺便留意其中的法语借词：linage、page、visage "脸"、sage "智者"。）这里每一行几乎都是十二音节（6+6），但其中第三行是十三个音节（7+6），这一行也可以是十一音节甚至十音节诗。这样的杂乱无章看似是对"精心计算音节"的学士诗的反叛，是回归游唱诗的自由，实则不然。实际上，新式诗句不再按音节计算，而是严格按照重音衡量；重视的是节拍的规律性，是重读音节和非重度音节之间的持续对比。比如 "yo vi muchas danças de lindas donzellas"的节奏为"tatántara **tán**ta / tatántara **tán**ta","mas según me paresçe no es ésta de ellas"念起来是"taratántara **tán**ta / tatántara **tán**ta"（十三音节），其他可能出现的节拍还是"**tán**tara **tán**ta / tatántara **tán**ta"（十一音节）甚至是"**tán**tara **tán**ta / **tán**tara **tán**ta"（十音节）。必不可少的一条要求是每行诗的正中间必须是夹在重读的 **tán** 和 **tán** 之间的两个非重读音节。这种节奏感极强的诗被称为"长句诗"①。

163　　将韵脚安排在八行的诗段或"短诗"内的形式（比如上面那首诗）也被称为"长句诗"。这可以说是语言的一大热身锻炼。整个 15 世纪甚至 16 世纪初，西班牙语的所有"严肃"诗歌都将以这种长句诗或"短句诗"的形式示人，后者即历史更为悠久的八音节诗（正如我们看到的，八音节诗在伊塔大祭司的《真爱之书》的部分内容中就已经稳定下来。）

　　弗朗西斯科·因佩里亚尔是定居在塞维利亚的热那亚人。14 世纪末，他用长句诗的形式，写了一首罕见的讽喻诗《七美德赋》，这是人们第一次在西班牙语诗歌中听到《神曲》的影子；因佩里亚尔想必在新的诗歌形式中看到了类似但丁的十一音节诗的东西。总

---

①　感人至深的诗歌《啊！耶路撒冷》中有这种十二音节诗的先例（6+6），约写于 1280 年，也是四行诗："De Iherusalem vos querría contar, / del Sepulcro Santo que es allende el mar: / moros lo çercaron / e lo derribaron"（但此处没有典型的 **tán**tara tanta 节拍）。长句诗 1550 年左右开始被摒弃，文艺复兴的诗人们或许是认为它太过僵硬单调，太过"中世纪"。不过它在各地的民间艺术中存活了下来（"Tanto bailé con el ama del cura, / tanto bailé, que me dio calentura"；"Ese retrato de Santa Teresa / que sólo le queda la pura cabeza"；"De una, de dola, de tela canela, / zumbaca tabaca de vira virón"）到了现代，又被何塞·索里利亚和鲁文·达里奥等诗人重新启用并大放异彩（"Yo tengo en mi guzla de son berberisco..."；"El mar, como un vasto cristal azogado..."）。八音节诗自中世纪诞生之日起也一直是民间诗歌的形式（"Aquí me pongo a cantar / al compás de la vigüela..."；"Guadalajara en un llano, / México en una laguna..."）；但与长句诗不同的是，它由始至终都是典雅诗的载体。

之，他和另一位诗人阿隆索·阿尔瓦雷斯·德·维利亚桑蒂诺是一个真正的诗歌"流派"的先驱。1406—1454 年在位的卡斯蒂利亚国王胡安二世统治时期，该流派因两位诗人丰富的作品而得以发展壮大——桑蒂亚纳侯爵伊涅戈·洛佩斯·德·门多萨（1398—1458）和他的好友胡安·德·梅纳（1411—1456）。1445 年，酷爱这种新风格的胡安·阿方索·德·巴埃纳收集了五十多位诗人的近六百篇大作，一一抄录之后再附上对作者的些许介绍，整理成一卷《巴埃纳诗歌集》(*Cancionero de Baena*)。(cancionero 的意思就是"诗歌集"，收录的诗只用于阅读，不用于吟唱；彼特拉克的诗选也名为《歌本》*Canzoniere*。)

至此，卡斯蒂利亚语中终于出现了阿方索十世一直渴求的东西：对抒情诗语言坚韧的、多样的、"专业的"耕耘。桑蒂亚纳侯爵在给葡萄牙统帅堂佩德罗寄去自己的诗作手稿时，还专门附上了一篇《序言·信札》（同时也是高级美学理念的宣言和第一部用西语写成的文学史草稿）。他在其中无不自豪地说："不久以前，这些地方的吟游诗人即便是埃斯特雷马杜拉的卡斯蒂利亚人或安达卢西亚人，所有的作品也都是用加利西亚语或葡萄牙语写作。"但现在不同了。加利西亚人胡安·罗德里格斯·德尔·帕德龙用卡斯蒂利亚语写作，《巴埃纳诗歌集》中虽然也有一两首加利西亚语诗歌，但只是前一个时期的残余，很快事情就会向相反方向发展：葡萄牙将模仿卡斯蒂利亚先进的文风，今后葡萄牙的是诗歌集中会出现"用卡斯蒂利亚语"谱写的诗。此外，15 世纪的瓦伦西亚诗人，以及佩雷·托罗艾利亚和佩雷·莫乃尔这样的加泰罗尼亚诗人虽然没有完全放弃自己的语言，也开始偏爱用卡斯蒂利亚语写作。16 世纪加泰罗尼亚诗歌几乎销声匿迹。

15 世纪的这些卡斯蒂利亚语诗歌的题材、技巧、理念和修辞都被称为"诗选式的"，这是由于后来有一连串的诗选手稿作为《巴埃

164

纳诗歌集》的延编和更新问世。这根链条上的最后一环是 16 世纪初一本印刷的书——埃尔南多·德尔·卡斯蒂略的《诗选总集》,其中收录了约两百位诗人的近千首大作。由此可见,读者对"诗选中的诗歌"热情不减;但有一个事实也同样不容忽视:在现代人看来,15 世纪的诗歌不如前几个世纪的(《熙德之歌》、贝尔塞奥、伊塔的大祭司作品)那么有吸引力。人们很少读 15 世纪的诗歌,只有两个可算例外:一个是桑蒂亚纳侯爵的一首牧歌("在边界上我没有见过 / 哪个女郎这般漂亮");另一个自然是豪尔赫·曼里克(1440—1479)的《悼亡父》。后者的诗句在五个多世纪后的今日,依然在所有人的记忆中庄严地回荡着("我们的人生是河流……","堂胡安国王情况如何……?""那位吟游诗人情况如何……?"曼里克的《悼亡父》以及梅纳和桑蒂亚纳侯爵最知名的作品在 15 世纪末都有了印刷版。

梅纳和桑蒂亚纳侯爵师从因佩里亚尔和阿尔瓦雷斯·德·维利亚桑蒂诺,他们还有另一位老师,也是阿拉贡一位响当当的人物——堂恩里克·德·维耶纳(1384—1434)。他为人古怪,甚至因为过盛的求知欲而被疑使用巫术[1]。维耶纳翻译了《神曲》、维吉

---

[1] 受这些怀疑所累,他的一些书(比如关于梦境和预言的)被胡安二世的忏悔牧师洛佩·德·巴利恩托斯修士烧毁。从我们已知的他的作品来看,他确实是一个"小众"作家,痴迷于一些隐秘的知识,如占星学、"目惑学"(研究用眼神影响他人的方式)、以及领主们的生活方式。他的《赫拉克勒斯十二功》"适用于世界上的十二个国家",不是讲述一个俗套的故事,而是赞扬贵族们的理想,与堂胡安·马努埃尔的《骑士与盾矛手》可归于一类(赫拉克勒斯是骑士中的典范)。《食物切术》罗列了美味佳肴,并教人们如何用不同的刀切割(是为"切术")各式各样的肉:禽肉、牛肉、野猪肉、鱼肉等。现代人或许会觉得这种书非常幼稚,但我们应该设身处地想一想:确实需要有人告诉伟大的领主们,(在公开场合)抓起一只牛腿直接啃是不对的。再说,所谓严肃和轻松、大众和精英的边界到底如何划分?假如有人认为关于狩猎这一贵族运动的专著(阿方索十一世的《猎术》、堂胡安·马努埃尔的《狩猎术》(转下页)

尔的《埃涅阿斯纪》和西塞罗的一部修辞学专著。他是卡斯蒂利亚
文化欧洲化的伟大推动者，这份热情也无疑感染了他的学生。编年
史家埃尔南多·德尔·布尔嘉尔称桑蒂亚纳"有眼光又谨慎"，"广
泛抄录"意大利语、法语、卡斯蒂利亚语、葡萄牙语和拉丁语典籍
（尽管他不懂拉丁语）。他最具野心的诗作为《蓬萨小喜剧》和《恋
人的地狱》，两个标题分别向《神曲》和《地狱篇》致敬①。梅纳最
瑰丽的诗歌是《命运的迷宫》，又名《三百节》，因为其中包括了近
300 节"长句诗"。后来几位诗人争先恐后地往原有的 297 节中再添
加 3 节，终于凑齐 300 节。作品的主题是命运女神任性地摆布我们
的人生，这是中世纪欧洲司空见惯的题材，但《命运的迷宫》没有
局限于此，而是以诗意的眼光表现了形形色色的人物命运，这种视
角深受但丁的影响，语言也精雕细琢。梅纳其他的重要诗作也值得
一提:《桑蒂亚纳侯爵的加爵礼》和《致命罪恶之歌》;作品的观念非
常"中世纪"，但词汇的创新、对古典拉丁作品的模仿和诗人的尊严
意识又是其现代性的表现。

166

　　我们还不能开始谈文艺复兴。按照欧洲人的观点，如果和同时
代的意大利人洛伦佐·瓦拉一比，堂恩里克·德·维耶纳只是无名
之辈。15 世纪的意大利已经完全进入文艺复兴;或者确切地说，在
西方文化史上起到决定性作用的文艺复兴就是意大利人的功劳。谈

（接上页）、掌玺大臣洛佩斯·德·阿亚拉的《驯鹰术》）或者阿方索十世的《博弈集》
是轻松文学作品，那可就太荒唐了。另一方面，维耶纳对于血统和财富的贵族以及学
识的贵族一视同仁:他的《作诗学》（即研究诗歌写作的规则）也是面向小众的。

①　在我们看来桑蒂亚纳确实是"业余爱好者"，这个词包含两层意思:他的诗往往
辞藻平庸，但他对于作诗的艺术实在是充满热情! 这一点上他和维耶纳一脉相承。维
耶纳在他的《作诗学》中盛赞普罗旺斯"快意的学识"的诗社活动。桑蒂亚纳说，推
动诗歌的发展，是"天赐的热忱，神圣的爱好，是永远无法满足的精神需求"，总之，
是最崇高、最高尚的任务:"如同物质需要实体，不圆满的渴求圆满，只有在优雅的
情绪和崇高的灵魂中才能找到作诗的科学、即快意的学识。"

论欧洲文艺复兴就等于谈论"意大利化"。这一次的意大利化就好比一束光，在它出现之前的文化则是与之相对的一团黑暗。文艺复兴时期的人文学家们不遗余力地反对一切"黑暗中的人"，反对中世纪的思维方式。（胡安·德·梅纳的中世纪思想也让意大利人文学家们贻笑大方。）由于历史政治的原因（还有一个原因是阿拉贡出了费尔南德斯·德·埃莱蒂亚这样的文艺复兴先驱），加泰罗尼亚和阿拉贡的意大利化程度高于卡斯蒂利亚。最早翻译和模仿彼特拉克诗歌的是加泰罗尼亚人贝尔纳·梅切，乔迪·德·圣乔迪和奥西亚斯·马尔齐；同样，后来第一个将意大利诗句新韵律搬入卡斯蒂利亚语诗歌的也是巴塞罗那人胡安·波斯坎，而不是托莱多人加尔西拉索·德·拉·维加。薄伽丘的代表作《十日谈》的加泰罗尼亚语译本先于卡斯蒂利亚语出现。对于彼特拉克和薄伽丘，卡斯蒂利亚人更感兴趣的也是他们带有"中世纪特点"的作品，它们都是用拉丁语而非意大利语写成：前者的《命运的解药》（包括好运和厄运）在15 世纪的西班牙引发反响，后者的专题著作《名媛列传》被胡安二世的宠臣堂阿尔瓦罗·德·鲁纳模仿，写成《清白贞洁的妇人们》。

总而言之，西班牙已经大大落后于意大利。以彼特拉克为首的意大利人文学家们，既令黑暗世纪中被遗忘的古典作家重见天日，也阅读像维吉尔和奥维德这样从来没有退出人们视线的作家，但不再带有中世纪的狭隘和误解。意大利是第一个抛弃散文体"特洛伊历史"、改为直接从荷马的诗歌中汲取知识的国度。而西班牙的条件却还很不成熟。桑蒂亚纳崇拜奥维德，但他不懂拉丁语；梅纳称《伊利亚特》是"天使般圣洁的作品"，但他只知道（且译成卡斯蒂利亚语散文）陈旧的缩合版拉丁诗《伊利亚德》[1]。可以说，15 世纪

---

① 原文 *Ilias Latina* 即"拉丁文版伊利亚特"是《伊利亚特》的拉丁文简短版本，从古代至中世纪流行。为与希腊文原版区分，故译为《伊利亚德》。——译者注

的卡斯蒂利亚文化竭力模仿意大利文化，算得上文艺复兴的前奏。

不过，卡斯蒂利亚的滞后或者中世纪性也带来了一些积极的结果，比如催生了西班牙特有的文学体裁"骑士小说"。这类作品在桑蒂亚纳侯爵的时代就已经出现，但或许因为他的兴趣集中于诗歌，便没有在《序言·信札》中提及。骑士小说首先在贵族圈里流行起来，到了 15 世纪读者已经遍布各阶层，数量之庞大堪比今天"超人"英雄文化的爱好者。特洛伊历史中有关赫克托、阿喀琉斯和布里塞伊斯的章节变成了民间故事，成了堂赫克多的战功、堂阿咔琉斯与美丽的布里塞伊达之间的爱情，其间还穿插着千百个跌宕起伏的小插曲。查理大帝和他的十二圣骑士的历史或野史也为编写故事提供了绝佳的素材。于是出现了《罗马皇帝卡洛斯·梅恩斯与他的妻子皇后塞维利娅高贵的故事》《板车的故事》（主人公为湖上的兰萨罗，即法国文学中的兰斯洛特），《堂奥塔斯皇帝的故事》《雷蒙德之妻美丽的美露莘的故事》《智者梅林与他的预言》，等等。从另一个角度来看，骑士文学诞生确实是那个时代的产物——当时诸如十字军东征之类的真实英雄事迹俯拾皆是，如前面提到的《海外大征服》便是受其影响而诞生的作品之一；然而这些书中的英雄都是完全虚构的。西班牙最早的两部骑士小说是《西法尔骑士》和《阿马迪斯·德·高拉》。掌玺大臣洛佩斯·德·阿亚拉年轻时（约 1350 年）就读过的《阿马迪斯·德·高拉》，无疑是同类作品中最受欢迎的一部：先是手抄，接着印刷出版又再版，扩写和续写、译成别的语言，更是成为后来大量作品模仿的模板。该书最痴迷的读者便是众所周知的堂吉诃德·德·拉曼查。

13 ～ 14 世纪，卡斯蒂利亚语文学仍能按部就班地发展，而到了 15 世纪却不可能再以这样的步调发展，尤其是在下半叶的恩里克四世和天主教双王时期。哪怕只是列一张 1450 年至 1500 年之间活跃在文坛的作家作品清单，恐怕都要占去数页篇幅。文学形式变得多样化，内容也日趋丰富。胡安·德·梅纳的继承者可以组成一个军团，带有鲜明的个人特色的诗人也层出不穷：罗德里戈·科塔、加尔西桑切斯·德·巴达霍斯、胡安·阿尔瓦雷斯·加托；普通编年史与特定编年史作品（指某个王国的历史或某个人物的传记）也成倍增加。15 世纪下半叶属于费尔南·佩雷斯·德·古斯曼的《世代略传》和埃尔南多·德尔·布尔嘉尔的《卡斯蒂利亚耀眼男子》；也属于佩德罗·纪廉·德·塞戈维亚的《快活》（即快意的学识），这部作品是维耶纳的《作诗学》的续编，添加了一本韵律字典以辅助作诗者。教化散文作品精彩纷呈，各有千秋。如阿方索·德·拉·托雷的哲学及伦理学百科全书《愉悦的视野》；塔拉维拉大祭司阿方索·马丁内斯·德·托莱多的一本书，主题关于"坏女人的恶习和男人的情结"，作者特意没有取标题（"既然没受洗那就称为塔拉维拉的大祭司吧"；后来人们管这本书叫《大鸦》，因为其中浓重的厌女思想总让人联想起薄伽丘的《大鸦》）。除骑士小说外，还出现了一种新的"情感小说"，代表作家有胡安·罗德里格斯·德尔·帕德龙、胡安·德·弗洛雷斯和迭戈·德·圣佩德罗，他们都是薄伽丘《菲亚美达》的效仿者。随着诗人和散文家的涌现，读者也越来越多。15 世纪末，许多西班牙城市都纷纷开设印刷坊。（最早掌握印刷术的城市是巴塞罗那、萨拉戈萨、瓦伦西亚和塞维利亚；马德里直到 1566 年才掌握这一技术，比墨西哥晚了 30 年，比巴塞罗那晚了不止 90 年。）

169

    15 世纪末的《塞莱斯蒂娜》是《堂吉诃德》之前最优秀的西班牙语消遣文学。年轻的费尔南多·德·罗哈斯似乎是萨拉曼卡的学生，偶然发现了一本未竟的散文戏剧，他认为出自胡安·德·梅纳或罗德里戈·科塔之手，读来发现写得实在精彩有趣，于是决定将它写完。原作只写了一幕剧，他续写了 15 幕，然后在 1499 年印刷出版。如果说西班牙的 15 世纪可视为文艺复兴的前奏，那么《塞莱斯蒂娜》已经站在了文艺复兴的入口。罗哈斯和第一幕剧的作者无疑都读过当时意大利（用拉丁语）模仿普劳图斯和泰伦提乌斯的"人文主义戏剧"，《塞莱斯蒂娜》是卡斯蒂利亚语的人文主义戏剧。

我们将时光倒转几年，1492 年人文主义者安东尼奥·德·内布里哈已经称赞过几个世纪以来我们的语言的进步。在度过了它的"孩提时代"——费尔南·贡萨雷斯和卡斯蒂利亚早期的几位国王时期之后，卡斯蒂利亚语"在杰出尊贵、流芳百世的智者阿方索国王时代开始展露出强劲的实力。这位国王指挥撰写了《法典七章》和《世界通史》，还引入了多部拉丁语和阿拉伯语书籍"。在 15 世纪末的此刻，卡斯蒂利亚语已经到达顶峰，"比起期待再攀高峰，更应该担心遭遇滑坡。"

13 至 15 世纪的语言

和其他罗曼语（如法语）或非罗曼语（如英语）相比，西班牙语有一个优势：对现代读者来说，阅读写于七八个世纪之前的文章基本不会遇到理解障碍。中世纪文学的读者不多并不是因为难看懂，而是它的题材、视野、写作技艺在后世有更好的替代品。不是只有专家才看得懂《卡里来和笛木乃》，但是只有专家——语文学家、研究文学和思想的史学家、阿拉伯语言文学学者——才会去读这种书。（普通读者可能会觉得吃惊，居然还有人专门研究"源自阿拉伯的中世纪短篇小说体"，或许也完全不知道我们这个时代也存在"短篇小说体"。）另一方面，其实不乏当今"普通"读者也读的中世纪作品：在西语世界的任何一座城市的书店里购买《熙德之歌》和《真爱之书》的顾客，未必都是读文学专业的大学生。相反，法语和英语的普通读者如果不借助现代语言译本，就看不懂《罗兰之歌》和乔叟的诗。

不过，阅读古西语文献的"普通"读者也得准备好面对诸多惊喜。比如，一些没过多久就被弃用的奇怪的法语借词：barnax、ardiment、tost 等。这些都是"非必需"词汇，何况还有更"纯正地道"的词来表示同样的概念。就连 pierna 和 cabeza 这种有渊源又常用的词都曾有过法语和加泰罗尼亚语的竞争者（camba、tiesta）。消失的不仅有法语借词，还有大量原本非常有活力的卡斯蒂利亚语词 poridad "秘密"、fiuza "信任"、finiestra "窗户"、ál "别的东西"（但在 Debajo del sayal hay ál "脱了袍子就变了个人"这个影射虚伪的修士的谚语中得以保留），asmar "思考"、lazrar "忍受"、aína "快"、cras "明天"、suso "上方"（在 el susodicho "上述的"中保留下来）、ayuso "下方"、maguer "虽然"，等等。还有一些当时的词义不同于现在：castigo "建议"、fincar "留下"、cuidar "思考，评判"、me aguardan "他们陪着我照顾我"，等等。有些小品词的形态根据紧随其后的词汇是否以元音开头而变化：santa María / sant Olalla；doña Sol / don Elvira；muy fuerte / much estraño；la ciudad, la puerta / ell alegría, ell espada。（这种现象到如今还有余痕：以重读的 a 开头的阴性名词前要使用阳性冠词：el agua, el águila, el hambre）。

171 有大量如 pudo、puso、cupo 代替"规则的"podió、ponió、cabió 这种类型的过去时"强"变位——又称为"不规则"变位，如：nasco "nació"、cinxo "ciñó"、miso "metió"、priso "prendió, cogió"、escriso "escribió"、fuxo "huyó"。还有大量如 querrá、pondrá、saldrá 代替quererá、ponerá、salirá 这种类型的"缩合式"不规则将来时：ferrá (fer'rá) "heri- rá"、morrá (mor'rá) "morirá"、verná (ven'rá) "vendrá"、terná (ten'rá) "tendrá"、combrá (com'rá) "comerá"。最后，还经常出现两种形式并存的情况：既有 cinxo 和 nasco，又有 ciñó 和 nasçió；既有 perdudo 和 vençudo，又有 perdido 和 vencido；既有 son entrados

又有 han entrado；既有 nos hallarán 又有 hallar nos han；既有 cogido han la tienda 又有 cogida han la tienda；既有 ser en peligro 又有 estar en peligro；nadie 与 nadi 可以交替使用；otri、otre 和 otrie 均可表示"另一个人"。不过，书面语总是比口语保守。13 世纪的抄写员和公证员依然可能使用 otorigar、semedero 和 setmana。它们的词形与通俗拉丁语的 autoricare、semitariu(m) 和 septimana 相似，但在口语中显然已经"表现"为 otorgar、sendero 和 semana。

从阿方索十世开始，不仅西班牙语文章的数量增长，其语言特征也由于书写习惯而迅速稳定下来。在属于不同发展阶段的迥异的词形之间举棋不定的情况已经越来越罕见，仿佛阿方索跟他的撰写者们交代过："既然我们说 otorgar 和 vengar，那便没有理由写作 otorigar 和 vendegar。"圣米扬和西洛斯批注语言的书面形式和人们实际使用的形式不尽相同，但我们可以确定阿方索文学作品的语言形式与现实相符[①]。他的文字是"现代的"文字，是当下的文字。因 172

[①]　我们以 lindo 一词为例。16 世纪时，费尔南多·德·埃雷拉称赞它说"任何一门语言中都找不到比它更好的词"。lindo 源自 legítimus，在古典拉丁语中音为 LE-GUÍTIMUS，通俗拉丁语读作 LEYÍTIMU，中世纪的公证员拉丁语中仍在使用这个词（hijo legítimo、mujer legítima、señor legítimo）。在古葡萄牙语中，LEYÍTIMU 演变为 leídimo（即现代葡萄牙语的 lídimo）。古西语在 lidmo 之前可能曾使用 leídimo、lídimo 或 leídmo，后由于"字母移位"变为 limdo，最后成了 lindo。圣米扬的批注人仍坚守拉丁语的习惯，会将 sieglo 写作 siéculo；《世界通史》的撰写者则截然不同，他完全将拉丁文形式抛诸脑后，也甩开了（现代语文学重构的）中介形式，只写作 lindo——比如朱诺（Juno）是朱庇特的 "muger linda"（不同于他的露水情人）。《西哥特法典》的译本中，"cristianos lindos" 是"正统的基督徒"，lindo 意为"真正的、纯粹的"。胡安·德·梅纳称胡安二世是 "rey de los godos magnífico, lindo"。（伟大的、真正的哥特国王）但塞万提斯的 "fácil y lindo ingenio" 中 lindo 已经接近我们现在的词义。（半文雅词 lídimo 在葡萄牙语中仍表示"正统的"或"真正的"；葡萄牙人和巴西人确实将 lindo 用作"漂亮的"之义，这是由于他们喜爱这个词并将它从西语中借用过来。此外，lindo 在阿根廷和墨西哥比在西班牙常用得多。）

此，可以确定阿方索作品中使用的动词形式 cantades、cantábades、cantaredes 等与口语的实情相一致，同时我们也有理由怀疑其中的 -d-（来源于拉丁语的 -t-，如 cantatis 等）正在弱化，人们很快就该开始说 cantáes，这是从 15 世纪开始固定下来并沿用至今的 cantáis 和 cantás 的前身。

阿方索十世和贝尔塞奥的卡斯蒂利亚语在很多方面同样"过时"，因为其中也充斥着后来被取代的词汇，取而代之的自然是我们觉得进化得更现代的形式。比如，阿方索十世依然使用 í "allí" 和 o "donde"，也说 mont、trist、marid e muger 和 dim "dime"。因为这些简化形式在他所处的时代是被认可的（见前文第 135 页），而完整形式 monte 和 triste 等反而显得落后，有"过时"之感。不过这一点后来遇到了抵触，从而回归了先前的状态。伊塔的大祭司仍使用 muert 甚至 nief "nieve"，但 14 世纪末针对这种简化形式的反对声很高，到了 15 世纪末幸存的几乎只有 tien "tiene"、faz "hace"、diz "dice" 和 quier "quiera" 等（最后两个形式保留在了 dizque 和 cualquier 中）。15 世纪末，avía 和 sería 已经替代了 avié 和 serié（伊塔大祭司恰好处于过渡时期，因为他同时使用两种形式）。内布里哈已经不再说 aína、maguer 或 fruente "frente"，而不到半个世纪前，讲究辞藻的胡安·德·梅纳仍在使用。

此外，阿方索的卡斯蒂利亚语也不是一步到位地实现了"稳定"，而是也曾经历多番探索。《第一纪实统编》的语言（尤其是阿方索去世时正在撰写的那几章）比《宝石鉴》的更明确可靠。再加上撰写者来自不同地区，他们的语言理念并不总是与国王不谋而合。从部分作品的序言来看，国王本人不像撰写者那么爱用 mont 和 trist 之类的简写词。事实上国王后期开始更多地亲自参与撰写工作。1276 年的天文学著作《第八范畴》中记载了这个重要转变：阿方索国王

> tolló las razones que entendió eran sobejanas e dobladas e que non
> eran en castellano drecho, e puso las otras que entendió que complían; e
> quanto en el lenguaje, endreçólo él por sise.

即：亲自（por sise）"矫正"书的撰写工作；删除了（tolló）因为不合规范或烦琐冗余（sobejanas e dobladas）的不当词句，改用合适的词句（las que complían）；使一切变得规规矩矩（castellano drecho）。

　　每当说起西班牙语的历史，人们都必然提到上面这几句话，因为它清楚地说明了一个至关重要的事实：阿方索十世时期，不仅有越来越多的西班牙人讲卡斯蒂利亚语，并且有人认识到了这一点并借此引导出一些结果；无意识的举旗不定已经进化为"语言意识"①。阿方索的语言意识不仅表现为上面这段话——这已然是真正的语言 174 政策规划，而且还表现在他对整个计划的实施。语言的主体已经形成，是"现成的"，但仍需加入过去未使用过的词，而且必须决定它

---

①　语言本是下意识的行为；但任何一个语言的使用者都可以根据自己的能力将语言提升为有意识的行为。如果我们对一个讲西语的人说 "hace mucha calor"，"discutiré las disgresiones en tanto que tales"，"en su narrativa ocurren flash-backs"，"que púberes canéforas te ofrenden el acanto"，然后问他这些表达方式是否属于自己的母语，便能根据他的回答衡量出他的语言意识水平。绝对不止一个以西语为母语的人会认可 "este cigarro estar mucho buena"，也的确有人"听不出来"电视上经常听到的 "Voy a **alimentar** al perro" 不属于西班牙语，而是对英语 "**to feed** the dog" 的糟糕翻译，正确的译法本应是 "**dar de comer** al perro"。我们的不安全感和无知促使我们走向这种语言意识。比如，我们知道 soldar 和 abolir 的陈述式现在时变位吗？我们知道 abrogar 中的 r 是同 abrojo 还是同 rogar 和 subrayar 吗？我们是心满意足地使用从英语 computer 翻译而来的 computadora，还是更乐意使用 computador？英语的 commuter 就译成了 conmutador。16 世纪最早将实用的拉丁语动词 interrúmpere 引入西班牙语者，曾在 intcrrumpir 和 interromper 之间徘徊（此前人们应该倾向于 entrerromper，与 entremeter、entreverar 同理）。interrumpir 的最终胜出应该关乎某种集体意识，这种意识能制定出将文雅词汇输入普通语言的一些"原则"。

们以什么样的面貌加入。阿方索选择了那些"在他看来"合适的词，其选择反映了他对于一个"规矩的卡斯蒂利亚语"的理念：首先自然必须是对过去的继承，此外也必须迎合进一步发展的方向。

13 至 15 世纪还有一个显著的事实：面对卡斯蒂利亚语的高歌猛进，纳瓦拉—阿拉贡方言和莱昂方言逐步"隐退"。《爱的演说》中像 ojos 和 orejas（而不是 uellos 和 orellas）这样的卡斯蒂利亚语词只是凤毛麟角，淹没在阿拉贡方言中；贝尔塞奥的作品中充斥着阿拉贡方言用词，如 ropiella、nomnado、palomba、esti；《阿波罗尼奥之书》中阿拉贡方言也有压倒性优势；《埃及圣母生平》中还能读到 peyor "peor" 和 aparellar "aparejar" 这样的字眼。然而很快这些"方言干涉"就变得罕见，并且逆转了方向：14 世纪末的阿拉贡人费尔南德斯·德·埃莱蒂亚大量使用卡斯蒂利亚语词；15 世纪上半叶的维耶纳用卡斯蒂利亚语写作，当然还是保留了一些阿拉贡方言词；阿拉贡的费尔南多——卡斯蒂利亚和莱昂的伊莎贝尔的丈夫在位时期，阿拉贡方言已经从文学中消失。莱昂方言的境遇也大致相似。关于《亚历山大之书》有一个非常有趣的事实：没有人知道它最初究竟是用什么语言写成；流传下来的两个抄本一个充斥着阿拉贡方言，另一个则是满纸莱昂方言。戏剧《东方三博士》写于托莱多，其中能看到 muorto、porto 和 clamar 这样的莫扎拉布语词汇；《西哥特法典》的翻译工作在莱昂进行（1260 年左右），自然译成莱昂方言；反映教士与骑士之争的《埃莱娜与玛丽亚》和《寻找圣杯》中的莱昂语风非常鲜明。1360 年左右，《阿方索十一世之歌》的作者尝试"用卡斯蒂利亚语"写作，不过写出来的却是重度沾染加利西亚－葡萄牙语的莱昂方言。不过 15 世纪末，旧时方言留下的唯一的书面痕迹是一些村夫谣和诗人胡安·德尔·恩西纳等创作的戏剧作品中极其粗鲁、但又经过艺术加工的语言，被称为"萨亚戈方言"（见第 304~305 页，萨亚戈位于萨莫拉省）。

　　虽然阿方索十世使用的基本是布尔戈斯的旧卡斯蒂利亚语，其中也不乏对莱昂尤其是托莱多用法（那里毕竟是王宫所在地）做出的"让步"。在莱昂和托莱多这样刚刚经历卡斯蒂利亚化的城市，取代了词尾 -iello（castiello, siella）的 -illo 听起来还不顺耳，取代了 ferir、fazer 和 fablar 的 herir、hazer 和 hablar 中的 h 依然难听。为了维护一直以来的追求——语言大局的"尊严"，阿方索决定将这些不够"规矩"的语言特征拒之门外。（词尾 -illo 在几乎一个世纪后才由伊塔的大祭司引入卡斯蒂利亚语文学；字母 h 则过了许久才见诸文字，哪怕 14 和 15 世纪许多写作 f 的文字已经发作送气音 h。第一个系统地写作 herir 和 hablar 的是内布里哈。堂吉诃德所说的 ferir 和 non fuyades 并不是 1605 年的西班牙人的用词，而是模仿阿马迪斯·德·高拉；受旧文学熏陶的堂吉诃德自然也会使用 sobejano、yantar 和 maguer。）

　　卡斯蒂利亚语的"规矩"意味着拒绝通俗词汇，但同时也得警惕陷入另一个极端：过多的文雅词汇。贝尔塞奥虽然怀着"简单轻快"的好意（见前文第 145~146 页），却仍大肆使用文雅词汇，他的文章通常比现在的晦涩难懂；实际上，今天读贝尔塞奥的人比当时要多。相反，阿方索十世尽可能地回避使用只有少数人才懂的词语，他的"规矩的卡斯蒂利亚语"理念，并不是要在两种文化之间划清界限，而是真心实意地呈现一种优于大众文化的选择。像《第一纪实统编》和《法典七章》这样的作品，如今只是专家学者的读物，但在过去的几个世纪里整个西班牙语世界都在反复阅读。

　　阿方索的作品涉及的很多内容此前都只用文雅语言表述，要么是阿拉伯语要么是拉丁语。比如《第八范畴》。阿方索应该是第一个使用文雅词汇 esfera（用的是变体 espera）的人，该词在希腊拉丁语中的形式是 sphaera 或 spaera；但是，既然卡斯蒂利亚语中有序数词 ochavo，那么他便选用这个词，从而放弃拉丁语词 octavo（octavo 后来才进入西语词汇）。假如阿方索真的倾向于文雅语言这一派，那么他应该直接从拉丁语借用 longitud 和 latitud，而不会使用卡斯蒂利亚语的 longueza 和 ladeza；既然有 amuchiguar 和 averiguar，他也没有必要使用 multiplicar 和 verificar；既然有表义性很强的词汇 estrellero，他也不需要用 astrólogo 来表示"占星师"。

如果遇到不得不使用文雅词汇的情况，阿方索则不遗余力地加上解释："拉丁文称大型圆形场地为 teatro"；"tirano 是残忍的领主，通过武力、欺骗或背叛占有王国或土地；即便成为领主后，仍然是爱自己的利益胜过爱众人共同的利益，哪怕会对领地造成损失"（这个解释确实令人折服）；"rector 即学业的管理者"即大学的管理者。（有时候他会为了避免使用生僻的字眼而对概念进行解释。比如他没有直接提到"欧墨尼得斯"，而是说"地狱里的哭丧妇，被人们称为愤怒女神，因为她们会让男人伤心而暴怒"。"哭丧妇"即歌唱阴森的挽歌的女人。）他的侄子堂胡安·马努埃尔也是如此："他建议一位朋友食用拉丁语称 licor 的食物，如蜂蜜、油、葡萄酒或苹果酒。"（也就是饮品）。

文雅词汇是文化习得在语言上的体现，是对"高等"文化的巩固，其目的未必是影响普通文化（有些词以后会牢牢扎根于语言中，有些则不然）。在它刚进入一种语言的时候，既可以被称为"文雅词汇"，也可以叫"外来词语"，因为它是从外部输入的产物，来自于另一个世界。比如阿拉伯语借词 alcora、普罗旺斯语借词 perpendicle 和 horizón 在阿方索十世的卡斯蒂利亚语中都属于文雅的外来词。15 世纪，法语借词 page、gala、galán、corcel 和意大利语借词 bonanza、piloto、embaxada 和 soneto 都是受过教育的人才用的词汇；称呼自己讨好和追求的女性时，只有朝臣们才不再使用 dueña，而是像法国人和意大利人那样改称 dama 和 donna；此外，他们还既用法语借词 beldad 又用意大利语借词 belleza。古往今来都有这种现象。过去，拉丁语从希腊语中借来大量的词汇（见第 47 页）；如今，散文甚至诗歌中都常常出现来自法语（chic、déjà vu）、意大利语（allegro、dolce far niente）、英语（compact、gin and tonic）、德语（Weltanschauung）的词句；诸如此类的表达方式从未真正属于我们自己的语言。它们都是文雅词汇。不过，传统意义上的"文雅词汇"尤指从希腊语和拉丁语借来的词，如 nictálope 和 dehiscente（本书的有些读者或许需要查字典才能看懂这样的词）。具体到西班牙文学诞生后的最初三个世纪，这期间出现的大部分文雅词汇——也是这三个世纪的逐步欧洲化在语言上的体现——均起源于拉丁语，包括 teatro 和 esfera 这样拉丁化的希腊语词。

文雅词汇的使用有时是技艺、科学和哲学领域语言表达的需要，有时只是单纯起点缀作用。在胡安·德·梅纳这样的人身上，既有艺术家对于词语与生俱来的痴迷，又融合了学者渴望先于任何人捕捉拉丁语词汇并赋予其新生命的热情：

E toda la otra vezina planura	旁边的整块平地
estava çercada de nítido muro,	都被洁净的墙包围，
assí trasparente, clarífico, puro,	如此清澈、透明、纯净，
que mármol de Paro pareçe en albura;	堪比蛋清般的帕洛斯大理石；
tanto, que el viso de la crïatura,	人类的目光，
por la diafana claror de los cantos,	因石块的干净清透，
pudiera traer objetos atantos	能将围在其中之物
quantos çelava so sí la clausura.	悉数收入眼底。

其中每一行都"包含"（梅纳会说 çela）全少一个文雅词汇，比如第一行的 planura "llanura"。前半段诗不难看懂，而且结尾的这句还是 178

整段最优美、最有"乐感"、同时也最高雅的。（在梅纳那个时代，很少有人了解帕洛斯的大理石的名气。）但后半部分就需要注解了："era tal el muro, que la mirada humana, a causa de la diáfana claridad de los bloques de mármol, hubiera podido atraer de golpe hacia sí, una a una, todas las cosas que encerraba ese recinto."（墙上的大理石块如此清澈干净，围在其中的所有事物，被人们一个接一个地尽收眼底。）〔我将"viso de la criatura"译为"mirada humana"。此外，梅纳还"搞错了"形容词 diáfano 的重音位置，这在他所处的年代实属罕见：按理应读作"por la diafána"（节奏为"**tán**tara **tán**ta"）。倒数第二行的动词 traer 和 çelava "encerraba，包含"、clausura "recinto cerrado，封闭区域"同属于文雅词汇，梅纳将它用作拉丁语动词 tráhere 来表示 arrastrar。"los cantos"为现代西语的"las piedras"，这种用法也见于短语"de cal y canto"中。〕《命运的迷宫》中几乎每首民歌都陈列这类精致的词汇：nitente（同时也使用 nítido）、fulgente 和 fúlgido、fuscado "oscuro，暗淡的"、crinado、superno、corusco、penatígero 和 lucífero、lúrido 和 tábido、piramidal 和 angelical、vipéreo、ebúrneo 及许多其他短语式的形容词：nubíferas glebas "jirones de nubes，一团团的云朵"（gleba 是标准的"土坷垃"），fúlmina espada "espada que hiere como rayo，闪电般锐利的宝剑"；以及名词和动词：pluvia、flama、múrice、nequicia "maldad，邪恶"、áncora、cárbasos "velas，帆"、nauta "marinero，水手"、belo "guerra，战争"、punir "castigar，惩罚"、fruir "gozar，享受"……

对这种拉丁词汇"过盛"感到遗憾的评论家们犯了一个时代错误。胡安·德·梅纳是他那个时代众多诗人中最受欢迎的一位，这说明当时的读者们渴望读到这样高雅的词汇。况且，梅纳的盛名

一直延续到 16 世纪[①]。最后，并不是所有他使用的文雅词都是老古 179
董——梅纳引入的 turbulento 和 enorme（取"超乎寻常"之义）及
许多其他形容词、名词和动词，最后都被我们的西班牙语完美地吸
收：longevo、innumerable、senectud、elocuencia、convocar、exhor-
tar... 不过，无论是他还是他的读者（以及后来效仿他的诗人和这些诗
人的读者）都无法辨别日后哪些文雅词汇能流传于世，哪些只能忧
郁地躺在博物馆里。或许可以说，梅纳的许多词汇都是单纯的诗歌
用词，除了对他本人及其忠实的效仿者来说都是"非必要词"，而这
种现象也经常发生在其他作家和他们的用词上。恩里克·德·维耶
纳翻译维吉尔时，从拉丁语里搬了大量语句到西班牙语译本中，但
也学着阿方索十世加上解释：paluda（lago non corriente，"不流动的
湖"，即"沼泽"），asilo（templo de refugio，"提供庇护的寺庙"），
monstro（cosa vista no acostumbrada de ver，"不常见的事物"），aras
（altares，"祭坛"），fundar nuevos muros（fazer nueva población，"建

---

① 16 世纪初，胡安·德·梅纳的声望没有丝毫衰减。马丁·费尔南德斯·德·恩
西索在《地理全书》（1519）中谈到一处奇特的泉：不但燃着的火把没入泉水中会熄
灭，熄灭的火把没入泉水中竟会燃烧。费尔南德斯·德·恩西索是最早的"近代"地
理学家之一（也是最早提供关于新大陆的"科学"信息的学者之一），而他盲目地崇
敬梅纳。他曾在梅纳的《命运的迷宫》中读过一个怪诞的传说："皮洛士有一眼独特
的泉，/ 如果你想试火把，/ 投入熄灭的火把，它会燃烧；/ 插入点燃的火把，你很
快便要遭殃，/ 因为火将越烧越旺。"人称"卡尔特会僧侣"的胡安·德·帕迪利亚
著有两首长诗《耶稣生平壁画》（1516）和《圣徒的十二功绩》（1521），其语言风格
几乎是对梅纳逐字逐句的模仿。胡安·德尔·恩西纳的封笔之作为《耶路撒冷之圣
路》（1521），他认为这首诗必须"写成长句诗，这样听起来更高雅"，还向梅纳的这
种模式致敬：《三百节》通篇辞藻华丽，/ 胡安·德·梅纳无人能及。"甚至 1550 年
后，仍有戏剧作品按照《命运的迷宫》的格律编写。这首诗的受欢迎程度还有一个表
征：那就是讽刺剧，如《下体剧》，一出相当淫秽（又令人捧腹）的戏剧。16 世纪中
期，依然有读者认为与胡安·德·梅纳铿锵有力的诗句相比，意大利的十一音节诗缺
乏节奏感，索然无味。

立新的城镇"），等等。相反，梅纳很少解释他使用的文雅词，似乎他很有信心，自己的读者即便不懂拉丁语，也能借助他的整个诗句理解生词的含义。这种语言行为反映了胡安二世时期人们对卡斯蒂利亚语的信心（尤其可以对比阿方索十世时代，他的《歌集》是用葡萄牙语写的。）

胡安·德·梅纳是典型人物，代表了每个时代在文化方面的努力。比如他将大众西语（如伊塔的大祭司）中的 petafio 或 pita-fio "复原为" epitafio；又如当今无数以西语为母语者拒绝使用 16 世纪非常普遍的 mesmo 和 escuro，而是愿意说 mismo、oscuro 甚至更"文雅的" obscuro（其中的 b 来自拉丁语词）。其中许多人在"未开化的"儿童时期曾说过 mesmo 和 escuro，但一旦接受"教育"便立马改口为 mismo 和 oscuro。同样的差异也存在于 dotor 和 doctor，llama 和 flama，lluvia 和 pluvia 之间（包括贡戈拉用 lilio 代替 lirio）。此外，作为拉丁语的后代语言之一，卡斯蒂利亚语接纳与吸收拉丁语借词并非难事：magnánimo 在西语使用者看来不像 magnanimous 对英语使用者来说那么奇怪。

除了词汇，句法方面的文雅主义也值得一提。读 15 世纪的诗歌和散文（尤其是后者），我们会发现其中的整句和短语结构呈现出的多半是拉丁语样式。维耶纳的诗句写作 "en pocas le respondió pala bras" 而不是 "le respondió en pocas palabras"，这是直接移植拉丁语的倒置法；梅纳说 "e vimos las yslas Eolias estar" 而不是 "y vimos que estaban las islas Eolias"，这是在西语中重启通俗拉丁语已经弃用的原形动词句。

15 世纪的古典散文热衷于重叠、对仗、响亮和雄辩。比如塔拉维拉大祭司的作品有一章开头这样写道：

Por quanto las mugeres que malas son, viciosas e desonestas o infamadas, non puede ser de ellas escrito ni dicho la mitad de lo que dezir se podría, e por quanto la verdad dezir non es pecado, mas virtud, por ende digo primeramente que las mugeres comúnmente por la mayor parte de avaricia son dotadas.

（对于邪恶、不诚实、不检点的坏女人，我们能说出或写出的缺点不及一半；既然实话实说不是罪恶而是美德，那么我首先就要说，大部分女人生来就贪婪。）

其中的不少风格——用洋洋洒洒数行文字说明一个极其简单的观点（女人通常都很坏，首先便是贪婪）、将动词置于句末（"lo que de ellas dezir se podría"而不是"lo que podría decirse de ellas"，"la verdad dezir"而不是"decir la verdad"）等——都是对拉丁语的模仿，是句法上的文雅主义。在这种"艺术性"散文面前，阿方索十世和堂胡安·马努埃尔的作品相形见绌；而且它不但出现在教材（包括内布里哈的《语法》序言）和演讲中，也出现在轻松文学中。《塞莱斯蒂娜》从卡利斯托第一次对梅利贝娅表白的长篇独白开始，许多章节中都有这样的散文；在《塞莱斯蒂娜》之前、迭戈·德·圣佩德罗的小说中也有这样的散文。比如《爱情牢笼》，其中讲到作者（也是小说的人物之一）来到一座耸入云霄的高塔，爱情牢笼就在此地，里面关着疯狂爱着拉乌雷奥拉的莱里亚诺。以下是不幸的莱里亚诺对作者说的一段话（请注意其中的修辞手法，如排比、联结词省略、发挥等。）

　　你见到的被囚者是我。你在一片混乱中没能认出我。歇一歇，醒一醒，平复你的思绪，好好听我想对你说的话……我想告诉你我是谁，我想让你了解你看见的秘密，我想让你知道我被关起来的原因。若你好心，求你让我自由……请你评判我的爱有没有得到回应，请你看看我有没有什么好办法。既然你来到此地，我恳求你帮我出出主意，可怜可怜我。①

    和对文雅词汇的态度一样，如果认为这里有"过盛的"文雅主
182 义，那也是犯了时代的错误。这类作品同样流芳百世。再者，豪尔
赫·曼里克的《悼亡父》既属于文雅作品，又不像桑蒂亚纳侯爵和
梅纳的作品那么过时；同理，15 世纪末的散文的语言雕琢观念深入
人心，但仍比维耶纳的散文更接近我们今天的某些严肃的说明文。
与其说是"过盛"，句法的拉丁化更像是对语言的训练，是前文艺复
兴时期的典型现象。

    另一方面，在西班牙，文雅派和大众派其实早已融合。人们除
了写《巴埃纳诗歌集》中那样典雅的诗歌，也写了一首接一首的谣
曲；其中不少并非取自旧的史诗，而是老百姓口口相传的歌谣。像
桑蒂亚纳侯爵那样反感谣曲和歌谣、认为只是"下里巴人"（村夫和
奴仆）自得其乐的玩意儿的态度实属个例。第一部署名的谣曲是和
侯爵同时代的一个叫卡瓦哈尔的诗人所写；天主教双王时期的文雅
诗人，如安布罗西奥·蒙特西诺修士和胡安·德尔·恩西纳都曾读
过他的谣曲，他们还采纳并效仿民间的歌谣和村夫谣。谣曲已经完
全被视为一种艺术形式。

    正如伊塔大祭司融合了学士诗和游唱诗、学识和民俗，塔拉

----

①   这部小说中很大一部分篇幅都是莱里亚诺和拉乌雷奥拉之间的书信。（书信体尤其
适合这些修辞手法的展开。）在《爱情牢笼》（1492）之前，迭戈·德·圣佩德罗还写过
另一本小说——《阿纳尔特和卢森达的爱情》（1491）。这两本尤其是前者在 16、17 世
纪屡屡再版，还被译成欧洲的主要语言，是西班牙语文学最早的"畅销书"（紧随其后
获此殊荣的是《塞莱斯蒂娜》）。《爱情牢笼》是对爱情真正的剖析。一位评论家曾评价
它对于当时的欧洲堪比歌德的《少年维特的烦恼》对于三个世纪后的欧洲的影响。和
《维特》一样，《爱情牢笼》也以男主人公的自杀为结局。（结尾处莱里亚诺母亲的哭诉，
也是费尔南多·德·罗哈斯写《塞莱斯蒂娜》时模仿的范例之一。）奇怪的是，几乎找
不到任何关于迭戈·德·圣佩德罗生平的信息。

维拉祭司在上面那段精心雕琢的拉丁式的导语（"Por quanto las mugeres..."）之后，也向细碎语言敞开大门，这番话来自一位贪婪的女人，因为鸡毛蒜皮的小事（一只鸡蛋）而大闹一场：

> 那只鸡蛋怎么了？谁吃了？谁拿走了？……贱人，婊子养的，告诉我，谁吃了那只鸡蛋？哎呀我的双黄蛋啊！我是为了养鸡特意留着你的啊！哎呀我的鸡蛋啊！你本来能孵出多好的公鸡母鸡啊！我把公鸡阉了能卖个二十块，母鸡能卖十四。这下可好，我还是那么穷。哎呀我的鸡蛋啊！我该怎么办啊？伤心绝望！连只鸡蛋在我家都留不住。我这该死的生活啊！……

这种俗化风格，对细碎之事、百姓的言语和对谚语的偏好（如"Mal de cada rato non lo sufre perro ni gato（猫狗不识老鼠苦）"；"¿Cómo te feziste calvo? Pelo a pelillo el pelo llevando.（头秃非一日掉发之果）"），最终在费尔南多·德·罗哈斯身上大放异彩。如果说《塞莱斯蒂娜》是《堂吉诃德》之前最优秀的作品，那么塔拉维拉祭司的散文从整体上看就是《塞莱斯蒂娜》之前最轻快愉悦的作品。

从阿方索十世和堂胡安·马努埃尔开始一直到今时今日，打造一个"规规矩矩的"或者说均衡发展的卡斯蒂利亚语的理念从未动摇：这种卡斯蒂利亚语不偏不倚、有其稳固而悠久的群众基础、同时能满足左边（通俗的语言）和右边（精致的语言）的需求。今天的西班牙语、或者说卡斯蒂利亚语可左可右，既大众又文雅，既有地域特色又国际通用，是一门健康而协调的语言。西班牙语世界内各地的文化差异（无疑比法语世界内的差异要大得多）丝毫没有妨碍他们拥有一种"普通话"，即本书的写作语言，也是地球上四亿多人共同的语言。

第八章　卡斯蒂利亚语的鼎盛时期（第一部分）

政治背景

1479 年，联姻十年后，卡斯蒂利亚的伊莎贝尔一世和阿拉贡的费尔南多二世决定从朝政上统一两个王国，如此一来，他们的继承人就会被称为卡斯蒂利亚、莱昂和阿拉贡的国王。西班牙人欣然接受了这一联合，还用一根茴香枝的图案作为其标志，并加上这样一段话作为解释：

> 卡斯蒂利亚称它为 inojo，
> i 为伊莎贝尔名字中的 I；
> 阿拉贡称它为 finojo，
> f 为费尔南多名字中的 F。

此外，还铸造了座右铭"伊莎贝尔和费尔南多，登基统治权力一样多。"（然而，伊莎贝尔并不参与阿拉贡王国在意大利的贸易，而美洲的发现和开垦则是莱昂和卡斯蒂利亚王国单独进行的事业。基本上没有阿拉贡人来新大陆，因此美洲的西班牙语中没有阿拉贡方言痕迹，但确实有莱昂方言和"西方文化特征"，且有时会与莫扎拉布文化混为一谈难以辨别。）

1504 年，伊莎贝尔女王去世后，天主教双王唯一的继承人成了胡安娜公主，她和丈夫勃艮第公爵、马克西米利安皇帝之子、"美男子"费利佩一同居住在佛兰德。然而，早在 1503 年胡安娜便有过发疯的迹象，因而 1506 年丈夫英年早逝之后，她自然无力继承王位。真正掌管卡斯蒂利亚事务的是托莱多的红衣大主教，弗朗西斯科·希梅内斯·德·西斯内洛斯修士。天主教国王费尔南多去世后（1516），大主教以胡安娜和费利佩的儿子卡洛斯的名义摄政，治理整个王国。卡洛斯 1500 年出生于根特，直到 1518 年才首次踏足西班牙，但当时已经是佛兰德（今比利时和荷兰）和勃艮第的君主，并将在祖父离世后继承神圣罗马帝国的皇位。

他就是西班牙的卡洛斯一世和神圣罗马帝国的查理五世。在他的统治之下，西班牙成为欧洲第一强国。他从外祖父母那里继承的不单单是一个统一的西班牙，还有那不勒斯王国和两西西里王国（西西里岛和撒丁岛），以及意大利北部的部分地区和正在发现的新大陆。16 世纪初，天主教国王费尔南多废黜了那不勒斯合法的国王而将王国纳入囊中，还将先前被法国占领的一部分纳瓦拉领土并入西班牙。查理五世时期才是完成美洲征服大业的时期，尤其是征服了墨西哥和秘鲁；西班牙人从这两处挖走了大量贵金属，来资助查理五世和不计其数的敌人之间的战争。西班牙帆船"维多利亚号"第一次成功环绕世界也是在这个时期。查理五世的帝国是当时历史上领土最为辽阔的帝国。

葡萄牙与西班牙发展轨迹一致。葡萄牙也盛产航海家，当时已经在非洲、亚洲和美洲建立起一个殖民帝国，在美洲问题上与西班牙曾有过纷争（最后由教皇仲裁解决，他替两个王国瓜分了各自的领土）；不过，总体来说，西班牙人和葡萄牙人起初惺惺相惜：葡萄牙人麦哲伦（葡语 Magalhães）替西班牙发现了菲律宾，西班牙人圣方济·沙勿略协助巩固了葡萄牙在印度的"据点"；记录欧洲同中国和日本早期往来的资料（不包括《马可·波罗》），用西语和葡语写作；很久以前，葡萄牙人就干大规模抓捕非洲人再贩卖为奴的勾当，而第一大客户就是西班牙；最后，费利佩二世时期，葡萄牙及其领土成了西班牙帝国的一部分。（这段被合并的历史从 1580 年持续至 1640 年，是葡萄牙人的屈辱史。）

同之前和之后的所有帝国一样，西班牙帝国的铸就也付出了血流成河的代价。旧大陆和新大陆的许多人命丧西班牙人之手，而许多西班牙人又死在了敌人的手中。法国和英格兰向来看不惯西班牙的霸权，低地国家则始终不承认西班牙的独立。西班牙与土耳其的战争中交织着政治目的和宗教诉求，这一点同路德宗的德国与加尔文宗的荷兰之间的纷争一样。不过，彼时的西班牙声称自己是"真正的信仰的捍卫者"（称自己从上帝手中接过了新大陆，目的是让这片土地遍布天主教徒，以弥补欧洲数百万改宗的"异教徒"造成的损失），与天主教内部的敌人展开了殊死搏斗：1525 年查理五世在帕维亚之战中将法兰西国王弗朗索瓦一世抓为战俘；1527 年为了报复曾支持法国人的教皇，西班牙军队占领罗马城并进行地毯式扫荡。

费利佩二世是查理五世的儿子与继承人。他的拥护者称他为"谨慎者"，他的反对者则对他有各式各样的称呼。他曾一举两得地巩固了西班牙在欧洲的势力、捍卫了天主教在基督教分裂出的形形色色教派（路德宗、加尔文宗、圣公宗、再洗礼宗等）面前的地位，还极其残暴地打击伊拉斯谟派。在他支持下召开、通常由西班牙人掌握话语权的特利腾大公会议上，明确和奠定了天主教教义的形式。此外，在他统治期间西班牙还打了不少胜仗，如 1557 年在圣康坦城

（又称圣昆丁）打败法国人①、1571 年在勒班陀战胜了土耳其人。不 187
过，在查理五世时就曾吃过败仗的西班牙也从这时开始越来越频繁
地尝到失败的苦果。西班牙在《威斯特伐利亚和约》（1648）中最终
承认尼德兰的独立，但其实早在 1579 年尼德兰就已经脱离西班牙，
同时还与英法联合逐步成功地打击西班牙的霸权。16 世纪，美洲的
西班牙领土上海盗开始肆虐，英国、法国和尼德兰还纷纷抢占地盘。
1587 年英国人轰炸了加的斯港；为了复仇，第二年费利佩二世向英
国派去了著名的无敌舰队，结果却是一败涂地。此时的英国已经为
其北美帝国打牢根基，于是在拉科鲁尼亚和里斯本（1599）、再次在
加的斯（1596）以及加那利群岛狂轰滥炸，耀武扬威。费利佩漫长
的统治年间（1556—1598），曾对臣服于他的、西班牙和新大陆的所
有民族进行过某种人口普查。毫无疑问，费利佩二世是一位勤于政
务的统治者，但也是一位典型的专横压抑、心胸狭隘的君主。

　　费利佩三世、费利佩四世和卡洛斯二世的统治正好覆盖整个 17
世纪（卡洛斯二世卒于 1700 年），这一个世纪，帝国在美洲的辽阔
领土已经稳固繁荣起来，但随着国王和朝臣们越来越昏庸无能、骄
奢淫逸，"西班牙大方阵"即步兵团在欧洲的战役越打越艰难绝望。
《乌得勒支和约》（1713）不但令西班牙最终失去了在欧洲的所有领
土，还割让了直布罗陀和梅诺卡岛。（18 世纪下半叶，已经属于法国

---

① 圣康坦战役中西班牙人并没有重创法国人，费利佩二世却借此机会下令建造一
座象征西班牙和他个人永恒荣耀的纪念馆。这座纪念馆位于距离马德里不远处的埃斯
科里亚尔，即圣洛伦索王家修道院。这个名字是由于发生战争的 8 月 10 日是圣劳伦
斯节。修道院建造于 1563 至 1584 年期间，破土动工的建筑师是托莱多的胡安·巴乌
蒂斯塔，他将建筑设计得如同一只长方形铁罐（传说圣劳伦斯是在铁罐中被活活烧死
的）。将建筑竣工的是胡安·德·埃雷拉，他还将这种风格命名为"埃雷拉式"。费利
佩二世是绘画和书籍的收藏大家。埃斯科里亚尔的图书馆是整座修道院内对西方文化
的历史最具意义的部分，里面保存着约五千份手稿（包括希伯来语、希腊语、叙利亚
语、阿拉伯语、意大利语、西班牙语等），其中不少还是孤本，更有四万多本印刷册。

势力范围内的西班牙重启扩张大业，成立了不少私人投资的公司以便于与殖民地往来，试图复制英国与荷兰公司的繁荣。从此，殖民"colonia"一词才开始被赋予现在的含义。）

文学

从第一位卡洛斯国王、费利佩二世，到后来几位费利佩国王和卡洛斯二世的两个世纪是西班牙文学的"黄金世纪"，其鼎盛时期大致为 1580 至 1640 年间，恰好是西葡两国王权重叠的时期（不过这两件事之间似乎并无关联）。那是属于塞万提斯、贡戈拉、洛佩·德·维加、克维多的时代。欧洲文学史上出过蒙田和莎士比亚这样的顶尖人物，在他们面前西班牙语文学几乎只能默不作声；但若放眼整个文坛，可以毫不夸张地说，西语文学是当时的西方文化世界中的佼佼者。无论是创造力、生命力、还是对新途径的探索和产出的优秀作品的数量，都没有任何一个地区可以与之相媲美。1530 年左右的政治霸权在一个世纪后蜕变为一种文学霸权。

1492 年，内布里哈对西班牙语的进步感到非常骄傲，在他看来，比起期待再攀高峰，更应该担心遭遇"滑坡"（见前文第 170 页）。没过多久，1499 年，西班牙人手中出现了一本《塞莱斯蒂娜》，其华丽复杂、意味深长的语言不失为对内布里哈这一担忧温柔而淡然的驳斥。《塞莱斯蒂娜》几乎可以说是黄金世纪的开端。（1692 年，内布里哈发表这番言论两百年后，胡安娜修女告别文坛；因此，我们可以说黄金世纪终结于 1692，所谓的"滑坡"迟来了许久。）

1535 年前后，两位苛刻的读者——胡安·德·巴尔德斯和加尔西拉索·德·拉·维加对当时已经出版的西语文学的价值持怀疑态度，这与内布里哈过早的乐观态度形成鲜明对比。巴尔德斯说："我看（意大利语）因薄伽丘和彼特拉克而繁荣杰出"，然而"却从来没有人带着应有的用心和敬意用卡斯蒂利亚语写作。"加尔西拉索说："不知我们的语言是何其不幸，人们写的都无外乎原本应该避开的东西（即还不如不写的东西）。"尽管有所保留，巴尔德斯还是称赞了《塞莱斯蒂娜》的艺术性；当时这本书已经再版三十多次（在几座西班牙城市和威尼斯印刷），还被译成意大利语、法语和德语。然而，很显然，他和加尔西拉索都认为诗选、骑士小说、情感小说等等统统都是"原本应该避开的东西"。

　　文学是一门语言的历史绝佳的载体。阅读 16 和 17 世纪的作品，就如同感受我们的语言在一段光辉岁月里脉搏的跳动。有些书能将"现实中"使用的语言直观地呈现在我们眼前；相反，有些书写作之时使用的语言似乎刻意凌驾于日常街头的语言之上。但这两种书都是向我们讲述西班牙语"历险记"的文献。我们已经看过胡安·德·梅纳的例子（见第 178~181 页）；显然，包括他在内没有任何人平时会使用《命运的迷宫》中的词汇和句法，但梅纳忠实地记录了一种高尚的文化追求，一种"升华"的愿望；我们的语言在 15 世纪经历了这种追求，为即将到来之事进行打磨和历练。

　　再者，黄金世纪的文学作品，从《塞莱斯蒂娜》到胡安娜修女，都是本书的任何一位读者能接触到的作品。一位普通读者恐怕不会有兴趣翻阅 12 世纪莱昂的公证文件，但认定他读过《堂吉诃德》却一点都不为过（况且《堂吉诃德》为当时的语言带来了多么耀眼的光芒！）这两个世纪的文献汗牛充栋，需要几世才能读完印刷本，若还想读手抄本，又需再加上几世。不过，我还是必须提一提其中的文学丰碑，权当作为读者们贡献一份阅读基本指南。为了有条理，这份指南按"体裁"分为四部分：戏剧、诗歌、小说和非小说性质的散文（即专题著作、杂文、史书等"说明性散文"）。

戏剧

16 世纪初，最令人耳目一新的文学体裁是戏剧。《塞莱斯蒂娜》在 1500 年就已经出名，于是很快开始出现续写和仿写。第一个续写者正是费尔南多·德·罗哈斯本人。为了满足沉迷于戏剧冲突、"渴望延长这一愉快过程"的读者们，他在 1502 年在原先的 16 幕剧之后又加了 5 幕。后来还有人写了第二部和第三部。在这个"用于阅读的戏剧"百花齐放的时期（如喜剧《特瓦伊达》和《塞拉菲纳》、悲剧《玻利西亚诺的悲剧》、悲喜剧《里桑德罗和罗塞莉娅》，等等），有两颗明珠格外耀眼：弗朗西斯科·德利卡多的《安达卢西亚女郎》（1528）[1] 和洛佩·德·维加"散文方面的作为"《多罗特娅》

---

[1] 《安达卢西亚女郎》是查理五世时期最怪诞却引人入胜的作品之一，1528 年在威尼斯出版。作者弗朗西斯科·德利卡多（或者说德尔加多）一直生活在罗马，直到 1527 年这座教皇之城被查理五世的军队洗劫。书的封面上介绍说"本书展现了在罗马发生的故事，内容比《塞莱斯蒂娜》丰富得多。"我们下面要看的例子，不仅表现了在罗马发生的故事，而且还体现了作者语言的毫无顾忌。女主人公罗萨娜是安达卢西亚的一名妓女，初到罗马时，用委婉的话说，想找个"老实的营生"，于是就向一位脚夫打听当地的行业内情，"以便知道如何选更好的"。这位脚夫还真是个专家。"他对罗萨娜说：'在罗马或许没有人比我更懂有多少种穿衣或不穿衣的妓女。你看，有的不好看但有趣，有的以妓女身份为傲，有的热情敬业，有的毛剃得干干净净，有的口碑很好值得尊敬，有的该下地狱……有的白天工作，有的晚上干活，有细腰的有块头大的，有乡下的有混血，有打过仗的有战败的，有虔诚的和四处被责骂的，有信教的，有反悔的，有的明明是上了年纪的洗衣妇还非得说自己永远十五岁，比如埃莱娜；有的是被偷来的，有的不爱说话，有的跟在阿姨后面入行、然后又把妈妈也带入行，有的伺候上面的人有的为下面的人服务……有的很机灵，有的是特尔赛隆人，有的爱干净，有的穷有的光鲜，有的好有的坏，有的隐秘有的公开，有的隐退……有的被教皇宣福，有的同时是虔婆，有的紧跟时代……'"等等。然后罗萨娜接着问在罗马妓女中有没有"已婚的良家妇女"（也就是体面的妇人），脚夫回答说："也许有也许没有，谁知道呢；这样的太难得，好是好，就是又贵又危险……"怪（转下页）

（1632）。

　　然而，在《塞莱斯蒂娜》之前已经出现了另一种戏剧——用于
表演的戏剧。其创始人为胡安·德尔·恩西纳，他既是诗人和剧作
家，也是 15 世纪末 16 世纪初欧洲优秀作曲家之一。长期生活在意
大利让他深受人文主义精神的熏陶，所以他使用的写作语言是精心
美化的曾经的莱昂王国遗留下来的萨亚戈粗鲁方言。他的这种风格
很快被路卡斯·费尔南德斯和另两位模仿：同样在意大利长期生活
的巴尔托罗梅·德·托雷斯·纳阿罗和葡萄牙人吉尔·比森特。最
后这位既读西班牙人的作品，也用西班牙语创作过几部作品，是这
四位戏剧界前辈中最有才华的一位。拜读《塞莱斯蒂娜》是这四位
的必修课。这部"原始戏剧"在宗教和世俗领域的生命力一直持续
至 16 世纪末，最后一位代表人物是在墨西哥写作的费尔南·贡萨
雷斯·德·埃斯拉瓦。与此同时，出现了新的潮流。深受塞万提斯
喜爱与尊敬的作家和喜剧作家洛佩·德·鲁埃达写了一些新颖、轻
松的"小品"（短剧）；胡安·德·拉·库埃瓦则令洛佩·德·维加
萌生了对"国家主题"（如拉腊七王子）的热情；还出现了一种披
着古典的外衣、模仿古希腊罗马悲剧的戏剧，如塞万提斯的《努曼
西亚》，以及赫洛尼莫·贝尔姆德斯修士的《可怜的尼斯》，这出
戏剧并非原创，而是译自葡萄牙人安东尼奥·费雷拉的悲剧《伊内
斯·德·卡斯特罗》。

　　从恩西纳的"牧歌剧"到《努曼西亚》的所有作品都会被贴上
"前洛佩·德·维加戏剧"的标签；这也无可厚非，毕竟塞万提斯
曾说"自然界的精灵——洛佩·德·维加带着喜剧王国横空出世"，

（接上页）不得封面上说本书"内容比《塞莱斯蒂娜》丰富得多"。梅嫩德斯·佩拉约
作为虔诚的天主教徒，对于《安达卢西亚女郎》之流在西班牙文学史上后继无人感到
欣慰。

"用独特、快乐、合理的喜剧填满人间"，其风格影响了众人。洛佩
本人也在 1609 年的作品《喜剧创作新艺》中论证了"洛佩的格式"。
瓦伦西亚是最意大利化的西班牙城市，享受着马德里所缺乏的文化
的浸染；16 世纪末活跃在这里的一群剧作家都是洛佩学习的对象。
作为瓦伦西亚派戏剧最年轻的代表人物纪廉·德·卡斯特罗的好友，
洛佩在瓦伦西亚开始了他的喜剧创作生涯。然而尽管前人的成就卓
越，"自然界的精灵"的创作才能却仍是遥遥领先。时人常说："洛佩
当然好，我看他简直是上天入地无所不能的诗人。"他的戏剧与"现
实主义"沾不上一点边，却不失为一面反映当时的社会与语言状况
的棱镜。①

　　1635 年洛佩去世时，一颗新星已经冉冉升起——佩德罗·卡尔
德隆·德·拉·巴尔卡（1681 年去世），他也采纳了洛佩的格式——
包括洛佩戏剧的理念和剧幕的结构，但与众不同的是他还丰富了这
一形式。洛佩的《萨拉梅亚的镇长》与卡尔德隆的同名剧作相比黯
然失色。后者的喜剧如同运用夸张修辞手法对前者进行的加工。现
代读者往往对卡尔德隆意识形态的僵化感到恼火，但又忍不住被他

---

① "西班牙观众们看戏时很期待在舞台上看到自己的影子；他们希望能看到自己的
情感与观念、世界观与人生观在戏剧化的情节中得到刻画；他们爱幻想，也渴望看到
紧张的情节。洛佩·德·维加完美地满足了观众的种种愿望。他确立和巩固了西班牙
式的理念：在他的戏剧中，超自然的事物和尘世生活同样可感，历史、爱情、荣誉、
爱国的英雄事迹等主题一一展现，描绘出一个激情澎湃、夸张而理想的世界。与这种
戏剧理念相匹配的是丰富多样的韵律：表达方式巧妙精致、有朝气、充满抒情；文风
灵活多变，既有英俊小生精辟漂亮的话语，也能出粗鄙农夫或奴仆质朴的语言。此
外，还有受益于文学传统和文学潮流的传统语言形式：时而是模仿中世纪西班牙语的
古阿拉贡方言，时而是村夫用语（延续胡安·德尔·恩西纳的萨亚戈语）……比斯开
人、摩里斯科人和黑人的语言经过雕饰后也能出现在作品中。"（拉法埃尔·拉佩萨）
胡安·德尔·恩西纳的"牧歌剧"在宫廷里上演，洛佩·德·鲁埃达的"小品"在村
镇的街头广场上演，从洛佩开始的所有"喜剧"几乎都是为专门的剧院演出设计的，
即面对城里的"广大观众"。

极富创造力的语言所吸引。卡尔德隆将"讽刺劝世剧"发挥到了极致，这种宗教题材的短剧是西班牙独树一帜的体裁。他几乎所有的戏剧作品都在马德里皇宫的剧场中演出，剧场中还安装了意大利工程师们制作的舞台机关；部分作品还出现在带有歌剧性质的大型演出节目中。（在洛佩尤其是卡尔德隆身上，极具西班牙特色的查瑞拉歌剧已初见端倪。）

　　巨匠的身边总是围绕着形形色色的追随者。1632 年，洛佩的崇拜者胡安·佩雷斯·德·蒙特阿尔班用一本书中三页的篇幅做了一个关于"仅限在卡斯蒂利亚创作戏剧者"的普查①。其中大部分模仿者并不出众，但也不乏个性鲜明的剧作家，如与洛佩同时代的蒂尔索·德·莫利纳和胡安·鲁伊斯·德·阿拉尔孔、与卡尔德隆同时代的弗朗西斯科·德·罗哈斯·索里亚和阿古斯丁·莫雷托。胡安娜修女 1683 年的作品《家庭的责任》正是效仿卡尔德隆和莫雷托这样的大师。另一位多产且有辨识度的剧作家是路易斯·金农内斯·德·贝纳文特，他既不是洛佩也不是卡尔德隆的弟子，而是塞万提斯在幕间短剧这种"短小"又"庸俗"的文学品种方面的弟子。（师徒二人的幕间短剧能使得现在读者都不禁莞尔。）

　　卡尔德隆式的戏剧一直到 18 世纪才渐露疲态。最后引入了洛佩·德·维加从来没有用过的精致手法，如新的作诗方式或者说长篇演说。写这种多达数百行诗句的长篇演说是为了让演员出风头；这样的"演讲稿"还会单独印刷出来供人们在家庭茶话会上朗诵。然而，总体来说，洛佩的格式直到 18 世纪被新的戏剧形式彻底取代

---

① 卡耶塔诺·阿尔贝托·德·拉·巴雷拉·伊·雷拉多在他的著作《从诞生至 18 世纪中期西班牙语古代戏剧名录》（马德里，1860）中，列举了超过一千位作者，记载了八千多部作者信息已经完整的戏剧作品。除此之外，仍有许多作者和作品是拉·巴雷拉所不知道的。

才不再流行。

诗歌

16 世纪的前四分之一，与戏剧不同，诗歌领域没有泛起任何新的浪花，主流依然是 15 世纪下半叶的创作风格。1525 年左右，诗人胡安·波斯坎写下了这首献给一位美丽而疏离的贵妇的村夫谣：

194

假如我未曾看向你
便不会忧伤，
但也就此错过了你。
见到你已如此糟糕，
不见你更无法忍受；
或许我不会如此迷惘，
却因此错过更多美好。
没有见你的我见到了什么？
女士，我当如何？
假如未曾看向你。

"村夫谣"原指"乡巴佬的歌谣"，属于粗鄙之人，也就是我们今天所说的"民歌"或"传统歌曲"（多为佚名）。但同时，"村夫谣"也用来指这类歌谣常采用的诗歌形式（迭句＋短诗＋迭句）。以下是一首符合这两重意义的"名副其实"村夫谣：

在哈恩
三位摩尔姑娘令我倾心：
阿莎、法提麦和梅里恩。

> 三位迷人的摩尔姑娘
>
> 正要采摘橄榄，
>
> 却发现已摘好。
>
> 在哈恩，
>
> 阿莎、法提麦和梅里恩。

15世纪的诗人借用了这种形式，并注入了宫廷元素使之走向了与民间对立的另一极。例如，15世纪末的一位诗人借用了"三位摩尔姑娘"的迭句，写了这样一段宫廷主题的短诗（偷心的贵妇是"体面的爱情"中的典型形象）

> 我对她们说："女士们，你们究竟何人？
>
> 偷走了我的心？"
>
> "曾是摩尔人的基督徒
>
> 在哈恩，
>
> 阿莎、法提麦和梅里恩"

村夫谣"假如我未曾看向你……"玩了一个概念游戏（"我爱这份因 195见过你而带来的痛苦"），实为彻头彻尾的宫廷诗，形式为典型的歌谣体，遣词造句完全是知识分子的手笔，充满了对偶和颠倒词序改义法，而这也是当时主流的风格。生活在16世纪前四分之一的任何一位诗人都有可能写出波斯坎的这首诗。

　　然而，一进入这个世纪的第二个四分之一，诗坛光景便大不相同，一场革命开始了。意大利风潮温柔但迅速地占领了高地。假如没有这场革命，古铁雷·德·塞蒂纳便不会在1550年左右写下这首著名的情歌开头：

清澈而平静的双眸，

因为甜蜜的目光而被歌颂，

却为何看着我时怒气冲冲？

最后一句更是令人难忘："倘若定要这样看着我，也请至少看看我。"看得出来，塞蒂纳对这位女士说的话其实与波斯坎并无二致；不过正如这类诗歌的称呼从卡斯蒂利亚语词 villancico（村夫谣）变为了意大利语词 madrigal（情歌），陈旧的表达方式"假如我未曾看向你……"变成了完全现代的"清澈而平静的双眸"。

　　有意思的是，这场变革的发起者正是胡安·波斯坎本人。据他讲述，1526 年，当他在格拉纳达身处查理五世的朝臣们中间之时，意大利使臣安德雷阿·纳瓦赫罗问他，既然西班牙人使用的语言和意大利语如此相似，为何不像两个多世纪以来的意大利人那样、像但丁、彼特拉克和彼特拉克派群英那样写十一音节和七音节诗？被这个问题震撼的波斯坎开始用实际行动回答，写下了我们的语言史上最早的十四行诗和意大利风的歌曲。（诚然，桑蒂亚纳侯爵也曾写过"意大利体的"十四行诗，但在他所处的时代，意大利文化和西班牙文化之间横亘着一条难以跨越的鸿沟。这种不成熟的十四行诗缺乏最精华的部分：诗歌的节奏和旋律，而彼特拉克早已将这一点做到极致。）

196　　借着十一音节诗和七音节诗用音律打开的渠道，意大利精神也随之进入西班牙诗歌。波斯坎与彼特拉克的诗歌遥相呼应。彼特拉克曾写过：

Chiare, fresche e dolci acque	清澈、凉爽而温柔的河水，
ove le belle membra	夫人的玉体曾多次在你那儿栖身，

pose colei che sola a me par donna;	只有她才是名副其实的美人；
gentil ramo ove piacque,	啊，亭亭如盖的树荫，
con sospir mi rimembra,	一旦想起它，我就叹息不禁
a lei di fare al bel fianco	她多么喜欢倚靠着你的
colonna...,	躯身；……
date udienza insieme	你们都来啊，
a le dolenti mie parole estreme...	请你们听听我那最后痛苦的言论……①

波斯坎则说：

Claros y frescos ríos	清澈凉爽的河水，
que mansamente vais	你们静静地流淌，
siguiendo vuestro natural camino;	经过自然的道路；
desiertos montes míos,	我的沙漠与山峰，
que en un estado estáis	你们延绵不绝的
de soledad muy triste de contino...,	绝望与孤单……
oídme juntamente	你们都来听啊，
mi voz amarga, ronca y muy	我那苦涩，沙哑，痛苦的
doliente...	声音……

　　此时的诗已经与"Yo vi muchas danças de lindas doncellas"和"E toda la otra vezina planura"中"tatántara tánta / tatántara tánta"的节拍（见第 162 和第 178 页）相去甚远。十一音节诗句的重音位置不固定，因而不像长句诗那般僵化，而是可塑造性强得多；再者，

———————

① 译文摘自《歌集》，李国庆，王行人译，花城出版社，2000 年。——译者注

胡安·德·梅纳的格律是整体式的，不能与其他形式结合，但十一音节诗却可以和七音节诗和谐相融，彼特拉克和他在西班牙语诗歌中的第一位模仿者已经让我们看到、听到了这一点。

波斯坎何其有幸，与一位才华横溢的青年成为挚友，他就是加尔西拉索·德·拉·维加。加尔西拉索不但鼓励他创作十四行诗，而且决定自己也一同加入挑战；他做这个决定之时应该离1526年不久，并很快就产生了深远的影响。波斯坎是优秀诗人，可比起他这位好友还是差远了。光凭波斯坎的诗句根本不足以撼动传统卡斯蒂利亚语诗歌惯性的力量，真正吸引读者和年轻诗人的是加尔西拉索，他才是意大利式诗歌一举成功的原因，才是真正模仿到彼特拉克精髓之人。加尔西拉索和彼特拉克一样，神奇地融合了"感情的痛苦"和诗歌的甜美，这为他在众多不朽的文坛巨匠中赢得了一席之地。

有历史学家认为，文艺复兴是代表与中世纪决裂、"恢复"古典文化的欧洲运动，它在西班牙开展得不如在法国和英国那么轰轰烈烈。但加尔西拉索的诗歌是标准的文艺复兴诗歌。和波斯坎不同的是，他写八音节诗纯粹为了消遣。他的几位追随者几乎也只写意大利式的文艺复兴诗歌，如埃尔南多·德·阿库尼亚（"来了，先生，或是已经到了……"），古铁雷·德·塞蒂纳（"清澈而平静的双眸……"）和弗朗西斯科·德·特拉萨斯（"你们放下绕成圈的金线……"）。这些诗句（尤其是十一音节句）从此在我们的语言中牢牢扎根，成为了不可磨灭的一部分。

波斯坎从十一音节诗身上找到了"文艺复兴"的范式。他认为意大利人跟拉丁诗人学来了这种诗，而拉丁诗人又是从希腊人那里学到的，"就像他们从各个艺术领域学到的其他杰出成果"（雕塑、建筑、辩术、哲学等）；他接着说：

　　　　因此，这种既有自己的价值、又附带着从古至今曾运用过它的人的声誉的诗歌形式，不仅仅值得卡斯蒂利亚语这样优秀的语言欢迎，甚至应该胜过卡斯蒂利亚语的所有通俗诗歌。所以我也准备走上这条路，因为卡斯蒂利亚优秀的人才们都热爱它追随它，也已经过千锤百炼；假以时日，意大利人就会慨叹他们的诗歌移植到西班牙之后发展得么好。不过那一天还很遥远，在看到希望真正临近之前我们不应该过早地沉迷其中。

值得注意的是，早在波斯坎和加尔西拉索的《作品集》于 1543 年第 198 一次出版之前（加尔西拉索和波斯坎已经先后在 1536 年和 1542 年离世），卡斯蒂利亚的人才们纷纷加入了他俩引导的革命事业中。同样引人注目的是波斯坎这番慎之又慎的预言：17 世纪初，当时最杰出的意大利诗人贾姆巴蒂斯塔·马里诺的确盛赞甚至模仿西班牙人的诗歌。两国有了小小的角色互换。

　　16 世纪下半叶，即费利佩二世统治时期，波斯坎口中的"希望"确实"临近了"，这是令人瞩目的巅峰时期：阿隆索·德·厄尔西亚，路易斯·德·莱昂修士，弗朗西斯科·德·埃尔达纳，费尔南多·德·埃雷拉，弗朗西斯科·德·拉·托雷，巴尔塔萨尔·德尔·阿尔卡萨尔。他们的上一代诗人如塞蒂纳、阿库尼亚和迭戈·乌尔塔多·德·门多萨相互之间关系密切，彼此的诗句也多有相似；而这一代诗人却不同，他们不构成一个群体，厄尔西亚住在宫里，路易斯修士在萨拉曼卡，埃雷拉和阿尔卡萨在塞维利亚，阿尔达纳在意大利和佛兰德。

　　波斯坎的预言中遗漏了一样东西：他压根没有提到八音节诗。我们不难想象，他认为卡斯蒂利亚语诗歌的韵律全面溃败。如果他真的阅读过与他同时代的克里斯托瓦尔·德·卡斯蒂耶霍以卡斯蒂利亚语韵律写作的诗歌，一定会觉得这么过时的作品注定被遗忘。
从整体上看，费利佩二世时期的诗作似乎确实印证了波斯坎的观点：
路易斯修士和时人不仅将旧的长句诗束之高阁，还忽视传统的八音
节诗（除了零星的短诗之外）。长句诗在十一音节诗面前毫无竞争
力，一番垂死挣扎之后终于 16 世纪下半叶寿终正寝；而八音节诗正
如我们所知，仍然活了下来。如果波斯坎读过卡斯蒂耶霍，一定会
认为他诗艺平平。卡斯蒂耶霍的诗篇中夹杂了三首精湛的十四行诗，
仿佛是为了证明自己并不愚蠢；同时，他也宣称自己坚信好的诗作
未必要赶意大利"潮流"。的确，无论是卡斯蒂耶霍，还是波斯坎和
加尔西拉索，都是查理五世时期的有人文思想的文艺复兴派。无论
在加尔西拉索意大利式诗句中，还是卡斯蒂耶霍的卡斯蒂利亚式诗
句中，拉丁古典思想以同样"现代"而生动的西班牙语发声。况且，
卡斯蒂耶霍还是当时少数几个知道卡图卢斯的诗人之一。这位拉丁
诗人没有维吉尔、贺拉斯和奥维德那么显赫的声名，比他们更"小
众"更"文艺复兴"。卡斯蒂耶霍的这首卡斯蒂利亚短诗中完全能看
到卡图卢斯的影子，同时也能嗅出文艺复兴的气息：

> 亲爱的，给我数不清的亲吻吧，
>
> 拢着我的头发，
>
> 一千一百个吻，
>
> 再一千，再一百
>
> 尔后再一千一百；
>
> 几千个之后
>
> 还要再三个。
>
> 若要我一个都没有感受，
>
> 我们把计算过的都抹掉，
>
> 往回倒数吧。

实情是，费利佩二世时期，八音节诗通常遇不到好笔杆。世纪中，人们开始印刷"古典"罗曼采，即 15 世纪甚至更早先开始口头传播的颇负盛名的谣曲。这个想法绝妙，可是却带来了一个不妙的后果：创作协韵的八音节诗轻松简单，因而吸引了好几位资质平平的诗人，以手头所有的书为基础（奥维德、蒂托·李维或是《第一纪实统编》的随便哪个版本都能拿来一用）写了大量的"历史"谣曲 ①。最终，八音节诗沦落为"劣等"诗句，不适用于严肃诗歌。费利佩二世时期的诗人圣胡安·德·拉·克鲁斯就很好地展现了八音节诗与意大利格律诗之间的差距。世人都称赞他以加尔西拉索引入的"里拉琴体"写作的两首诗，但他的两首宗教谣曲却写得特别糟糕。这个时期唯一一位给了八音节诗生命的诗人是爱好戏谑的巴尔塔萨尔·德尔·阿尔卡萨尔，他专写维纳斯和巴科纵情享乐的故事。

　　17 世纪上半叶，即费利佩三世和四世时期，是黄金世纪诗歌的全盛时期，挂在树上的果实迎来了成熟期。一连串的姓名从史学家的笔尖一涌而出：路易斯·德·贡戈拉，阿尔亨索拉兄弟——卢

200

---

① 1550 年将近之时，安特卫普的印刷商马丁·努伊特，出版了《罗曼采歌集》，其中收录的作品几乎都从未出版过，但却活在人们的集体记忆中，任何一个人都能张口就来（新大陆征服者身上也有这样的故事）。《歌集》在安特卫普的出版似乎表明，大批远离故土来到佛兰德的西班牙人（主要当然是士兵，但也有官员及其家眷家丁）需要借助某样东西来缓解思乡之情。这本《歌集》在安特卫普屡次再版，1550 年起，好几位西班牙印刷商也开始出版古典谣曲。他们有忠实稳定的客户。于是沉重乏味的"历史"谣曲开始泛滥。1551 年，马丁·努伊特第一个出版了这类作品——洛伦佐·德·塞普尔韦达的《谣曲集》。接着，西班牙印刷商们接连出版了佩德罗·德·帕迪利亚的《歌谣集》（1563），瓦伦西亚的书商编辑胡安·蒂莫内达的四部《谣曲的玫瑰》（1573），路卡斯·罗德里格斯的《历史歌谣集》（1581），胡安·德·库埃瓦的《历史谣曲集》（1587），等等。和堂吉诃德痴迷于骑士小说而失智一样，《谣曲幕间剧》（1612 年出版）中的主人公巴托洛也是因为读了太多谣曲集而走火入魔，离家出走冲到山里妄图重温杜兰塔特与蒙泰西诺斯的壮举。

佩尔西奥·莱奥纳多·德·阿尔亨索拉以及巴尔托洛梅·莱奥纳多·德·阿尔亨索拉，洛佩·德·维加，阿隆索·德·莱德斯马，贝尔纳多·德·巴尔布埃纳，弗朗西斯科·德·克维多，维亚梅迪亚纳伯爵，埃斯特万·马努埃尔·德·维耶加斯及许多其他作家。其中前四位在上一个世纪末已经开始创作，但作品的主体还是写于1600 至 1650 年间。他们与上一代诗人还有一个非常鲜明的区别——几乎所有人都集中在"宫廷"，或者说帝国的首都。1561 年，费利佩二世在马德里建立了宫廷，17 世纪初费利佩将宫廷搬去了巴利亚多利德。是想逃离父亲在马德里和埃斯科里亚尔无处不在的阴影？还是单纯地渴望再创光辉成就？马德里的历史声誉毕竟无法与旧卡斯蒂利亚的巴利亚多利德城相提并论，他的尝试还是遗憾地失败了，1606 年宫廷又搬回马德里。巴利亚多利德的那段插曲仍给诗歌留下201 了印记，尤其是对贡戈拉和克维多而言。1605 年，在帝国当时的首都巴利亚多利德出版了一本优美的诗歌选集：由诗人佩德罗·埃斯皮诺萨选编的《西班牙名诗人之花》。16 世纪，意大利大量出版了意大利诗歌和新拉丁诗歌的选集；埃斯皮诺萨的《西班牙名诗人之花》作为对其的模仿，是我们西班牙语新诗歌真正的宣言，也是生命的宣言①。

---

① 《西班牙名诗人之花》还有第二部分，于 1611 年由胡安·安东尼奥·卡尔德隆选编，但直到 1896 年才出版。这两部非常相似，或许是由于两位编纂人品位相近。例如，两者都明显偏好以意大利式格律写作的诗歌（诗选中八音节诗不到百分之十）。其中有三位女诗人格外引人注目：堂娜希波利塔·德·纳尔瓦兹，堂娜露西安娜·德·纳尔瓦兹和堂娜克里斯托巴利娜·德·阿拉尔孔。贡戈拉、洛佩、克维多、卢佩尔西奥·德·阿尔亨索拉等许多作家的诗作都是通过埃斯皮诺萨的《西班牙名诗人之花》才首次出版，且通常诗人在世时都等不到自己的作品全集出版（贡戈拉、阿尔亨索拉兄弟和克维多都是如此）；如此看来，当时没有出版更多诗选实属遗憾。此外，在这两部诗集中还收录了不少优秀诗人最重要的作品，如路易斯·马丁·德·拉·普拉萨，胡安·德·阿尔基霍，路易斯·巴拉奥纳·德·索（转下页）

　　这些诗人大部分集中在马德里，虽说这是因君主中央集权而几乎强制的集中（比如贡戈拉显然更情愿留在家乡科尔多瓦），但也带来了重要的结果，尤其是不同凡响的活动的开展和诗歌行业的多元化。马德里模仿瓦伦西亚 16 世纪末活跃的晚间研究院（瓦伦西亚则是模仿著名的意大利研究院），也创办了几个诗歌协会，通常还有达官贵人赞助（不过西班牙对文学艺术家的保护机制运行得远不如意大利），在这些协会中源源不断地诞生华丽的诗篇。帝国各地纷纷效仿马德里的做法：巴塞罗那、格拉纳达、安特克拉、里斯本、墨西哥、利马、巴西的萨尔瓦多……另一方面，诗人们很大一部分作品是为了参加公开比赛而写，比赛中会有批评家、评委和奖品。研究院和诗歌比赛的作用都是为任何一个成熟的文学共和国中已经存在的事物提供舞台和施展空间，即你追我赶的精神。由贡戈拉、洛佩 202 和克维多领衔的争奇斗艳在我们的语言史上留下了光辉的一页。

　　有历史学家和文学老师将西班牙的巴洛克文学一分为二："夸饰主义"和"警句主义"，"夸饰主义"指大量使用文雅的辞藻和拉丁语式的句法，"警句主义"则善用巧妙深刻的语句和别出心裁的联想；两者各自的领军人物分别为贡戈拉和克维多。然而这只是一种人为刻意的划分。16、17 世纪从加尔西拉索到胡安娜修女的几乎所有诗人、包括贡戈拉和克维多在内，都是两种风格兼而有之。提出"警句"这个概念的是耶稣会教士巴尔塔萨尔·格拉西安。他说，这是"一种对两个事物之间的对应关系的理解行为"，站得越远，看得越明白。当宫廷位于巴利亚多利德时，流经半个城市的埃斯格瓦河由于人口密集而变得污糟不堪。贡戈拉为它写了一首"短歌"，诗中称

（接上页）托以及佩德罗·埃斯皮诺萨本人。1611 年，那些未来响当当的人物还没有崭露头角，贡戈拉和克维多仍被归于这些名气稍逊的作家之流，甚至包括杰出的马丁·德·拉·普拉萨。

它为埃斯格瓦先生，还用各种比喻来形容河中的污物。这种手法与克维多那首著名的十四行诗"从前有个男人贴在一只鼻子上"几乎如出一辙，克维多的诗也把鼻子比作各种东西：嘴朝上的大象、剑鱼、桨帆船的冲角、日晷、埃及金字塔、沉思的蒸馏器等。两位都可以称为警句主义诗人。贡戈拉的诗歌语言优雅，克维多的作品也同样配得上这样的评价。"夸饰主义"和"警句主义"之分或许只是为了解释贡戈拉和克维多的不同，两位无疑都是朝气蓬勃而个性鲜明的诗人，都吸收了希腊—罗马和意大利的诗歌传统，都试图超越从古至今的西班牙诗人，只不过是以各自不同的"方式"。理解这两位的许多作品需要借助不同的诠释方式。他们在自己身处的时代是最晦涩奇谲的诗人；而从西班牙语学者对他们的研究量来看，也的确是最需要诠释的诗人。

其实又何止两种巴洛克流派。17 世纪的每一位伟大的诗人——洛佩·德·维加、阿尔亨索拉兄弟、维耶加斯、胡安娜修女都有各自"成为巴洛克"的方式。当然，他们之间也不乏相似之处，比如几乎都大量使用有关神话的隐喻。当时，任何一位普通读者或多或少都直接了解希腊神话的伟大传播者——奥维德的《变形记》和《女杰书简》。早在 16 世纪，奥维德的史书已经广为人知；到了贡戈拉的时代，人人都受过熏陶，知道"泡沫的外甥"是丘比特（因为维纳斯是从海浪的泡沫中诞生的），知道"法厄同的绿头发姐妹"是杨树——赫利阿德斯为弟弟法厄同的死号啕大哭而变为杨树。现代读者远不如当时的读者那么熟悉奥维德，这些典故都会引起他们的困惑，他们需要不断地了解谁是达芙妮、安娜克萨瑞忒，阿多尼斯、阿玛尔忒亚。不过，黄金世纪里无处不在的神话确实在我们的语言中留下了脚印。所有人都知道这些短语："酒神之乐""丘比特之箭""维纳斯之乐""阿波罗的战车""缪斯的气息""俄耳甫斯的里拉琴""赫拉克勒斯的力量""是个萨堤尔""是个阿多尼斯"，等等。

奥维德的一部分仍然活着，不仅留在书本中，也活在口语中。

　　凭借代表作之一《波吕斐摩斯》（按华丽的意大利格律写的真正的八行诗），贡戈拉将"严肃"神话寓言推向极致；但同时，他又是"戏谑"寓言的开创者，他以喜剧的基调（以及地道的罗曼采格律）讲述了赫洛与勒安得耳以及皮拉摩斯与西斯贝之间催人泪下的故事。比如，勒安得耳溺亡，赫洛在海边见到他的尸体，便从塔上纵身一跃，撞到岩石上。贡戈拉说他们死得如同两只鸡蛋——他过了过水，她撞得粉碎。克维多的《众生之机》以描绘奥林匹斯山众神的一次会议开头：朱庇特在中间使劲叫喊；他身边是玛尔斯，"众神中的堂吉诃德"；巴科"说着醉话，步伐错乱，脑子里全是葡萄"；萨图尔努斯"正在一口口吞食自己的儿子"；尼普顿"成了一碗汤，闻起来有周五和节前的味道"；普鲁托"用硫黄和火药熏制妥当"；阿波罗长着"黄铜的脸和铜箔胡子"；狄亚娜，或者说月亮女神，"脸成了一片片的"；维纳斯"用裙撑的边（可以想象委拉斯开兹画中的夫人们）把二至圈弄得嘎吱作响，用裙摆淹没了五个区域；脸打扮了一半，发髻也没梳好"，整个天空中翻腾着"牛鬼蛇神，魑魅魍魉"，或者说低等小神。 204

　　有人说，17世纪上半叶，"听众们变挑剔了"。习惯了阅读好作品的读者群体渴望看到推陈出新。上一代诗人中，埃雷拉以完美主义独树一帜；可如今所有的诗人都是完美主义者。读完他们的作品（尤其是经得起时间考验的作品）后留下的最深刻印象是"完美"。枯枝败叶自然有之，但更多的是佳作。博尔赫斯曾对收集一门语言一百首最佳诗作的想法嗤之以鼻，这不无道理——仅黄金世纪的最佳西班牙语诗歌便有数百首。落到泥土里的枯枝败叶虽平庸，却也是提供必需的腐殖质的肥料。埃尔南·贡萨雷斯·德·埃斯拉瓦曾说"诗人比狗屎还多"，可能是指1585年墨西哥召开的诗歌比赛，当时有三百位参赛者；塞万提斯在幕间短剧《奇迹剧》中借人物奇里诺斯之口说："总督先生，您问我关于诗人的事儿，我不知如何回答，因为诗人可太多了，多到遮天蔽日，个个都觉得自己赫赫有名。"有一个事实可以说明费利佩三世和四世时期诗人群体的扩大：如果要列出我们的语言史上的"最佳"诗歌，那么其中必然包括罗德里戈·卡罗的《罗马古迹之歌》和安德雷斯·费尔南德斯·德·安德拉达的《致法比乌的道德书》，而这两首诗既不特别"文雅"也不特别"警句主义"，换句话说，既非贡戈拉式也非克维多式。卡罗甚至不是职业诗人，只是一位对古代文化感兴趣的学者；费尔南德斯·德·安德拉达更是个普通人，偶尔"客串"诗人。①

205　　听众们"挑剔的"品位拯救了八音节诗这种与我们的语言息

---

① 这类"客串诗人"不在少数，其中最著名的当属上一代的圣胡安·德·拉·克鲁斯：他的两首美丽的诗歌《灵歌》和《心灵的暗夜》淹没在他的作品全集中，因为其中充斥着庞杂的神学"技术性"专题文章。圣胡安·德·拉·克鲁斯成长于摩里斯科人的环境（见第 251~256 页），甚至有人认为他有摩里斯科人血统。显然他读的卡斯蒂利亚语诗歌不多，而且其宗教思想中确实有大量观念不属于神学的基督教"流派"，而是与穆斯林神秘主义传统有关。当然，黄金世纪没有人阅读阿拉伯语文献（见第 277 页），但教义总是可以口传。比如西班牙文学史上最著名的那首十四行诗《致钉在十字架上的耶稣》（"我的主没有驱使我爱你……"），其中心思想早在 1556 年摩里斯科圣徒胡安·德·阿维拉的一本书上就已出现："即便没有地狱的威胁，没有天堂的激励，没有教规的约束，守规之人也会因对上帝的爱而妥当行事。"这种有时遭到教会权威阶层嫌恶的"纯粹的爱"的主张，也是起源于伊斯兰教。《致钉在十字架上的耶稣》是佚名诗，应该写于费利佩二世时期。当时尚文之风颇盛，因此"任何一个人"都有可能是它的作者。黄金世纪里好几次盛行这样的观点：一首诗都不会写的人是傻子，写两首诗的人是疯子。也就是说，人人都会写诗，但只有疯子才当诗人。如果说人人都会写诗，那么有能力写好诗的人也不少。1588 年的马德里流传着一些巧妙的侮辱性谣曲，被侮辱者要求作者现身。宫廷里的一位骑士被召来作证，他是这么说的："这些谣曲可能是萨利纳斯神甫写的，可他在塞维利亚；可能是佩德罗·利尼安·德·里阿萨写的，可他在阿拉贡；可能是塞万提斯写的，可他在安达卢西亚一带；可能是我写的，但我没有；那么作者只可能是比瓦尔或者洛佩。"的确是洛佩，他还因此被罚出宫廷流放了好几年。

息相关的格律。原本差点要终结它生命的并不是意大利式格律的入侵，而是塞普尔韦达、蒂莫内达之流的"历史"谣曲诗人对它的糟蹋。显然，无论是过去还是现在读他们的诗都让人呵欠连连。不过，16 世纪末，在贡戈拉、洛佩和同龄的年轻人（统统都是二十岁左右）努力下，诗坛气象一新；这些后起之秀也被称为"新谣曲诗人"，他们清新而充满活力与智慧的谣曲吸引了众人。1580 年起，这些作品先是在西班牙各地以口袋书的形式相继出版，最后，1600 年在马德里集结为《谣曲总集》这样一本厚厚的书出版。创作谣曲的新技艺延续了整个 17 世纪，且日臻完善。在谣曲被拯救并上升为"伟大"文学（比如贡戈拉对自己意大利式的诗句《孤独》和关于皮拉姆斯和西斯贝那首"巴比伦城……"的谣曲感到同样自豪）的同时，押 206 辅音韵的八音节卡斯蒂利亚语传统民歌（如首尾韵四行体）技艺也得到提升，还创造出了一种光辉夺目的新式民歌——十行诗。① 17

① 16 世纪末，奥维德《变形记》的译者佩德罗·桑切斯·德·维亚纳认为意大利文学已经没有资格再当西班牙文学的对手。"散文方面表现平平"：薄伽丘、皮埃特罗·本博和桑纳扎罗无法同路易斯·德·格拉纳达修士、埃尔南多·德尔·卡斯蒂略修士相提并论。"诗歌方面毋庸置疑。没有哪种意大利诗歌不被我们模仿，而且我们写得与他们同样好：十四行诗、三行诗、八行诗、散曲、情歌……（略）。但首尾韵四行诗是属于我们自己的，曾有意大利人试图写这种诗，结果却成了笑柄。"他可能是想到了托尔夸托·塔索那首"黄色，如果我看着你……"，这首诗重音的节奏在西班牙人听来简直单调到无法忍受。首尾韵四行诗不仅指八音节押首尾韵的四行体民歌，如胡安娜修女的写给"愚蠢的男人"的诗，也可以是五行及以上。十行诗值得特别一提，不仅因为现代作家仍采用这种诗体，如泽维尔·比利亚乌鲁蒂亚和豪尔赫·纪廉；也因为在不少西语美洲国家的民间音乐中发扬光大，比如墨西哥。洛佩·德·维加认为发明十行诗的是吉他的第五根弦的发明者文森特·埃斯皮内尔，后者确实在他的《韵文集》（1591）中用过这种诗体。洛佩和贡戈拉两位乐感奇才捧红了这种形式，并使之在诗歌中扎根。卡尔德隆的《西班牙名诗人之花》作为一部意大利式的作品集，其中只有三首谣曲（其中一首格律改编得很新颖），却有七首十行诗。十行诗值得与十四行诗比肩。

世纪上半叶的诗人中有些只用意大利格律写作，如巴尔布埃纳；有的鲜明地偏爱卡斯蒂利亚语格律，如莱德斯马；不过几乎其余所有诗人还是两者兼而有之，戏剧中的诗歌则以卡斯蒂利亚格律为主。

17 世纪下半叶的诗作确实不及上半叶丰富，但也不应该被遗忘。人们常说，卡洛斯二世时期的诗歌唯有胡安娜修女的值得一读。说出这番话的人对于这阶段其他诗人的作品厌弃到了压根不看一眼的地步。胡安娜修女说自己"如同荒野里的一座高塔"一般挺立。诚然，她在所处的时代是成就最高的诗人，但这样的夸奖无异于蔑视。胡安娜修女的一个标志性特征是好胜心强，她努力较劲的对象不是平庸之辈，而是同时代最拔尖的人才，如何塞·佩雷斯·德·蒙托罗、马努埃尔·德·莱昂·马尔强特等，以及前一个时期的杰出作家，如安东尼奥·德·索利斯和萨尔瓦多·哈辛托·坡罗·德·梅迪纳，他们是连接这个世纪上下两部分的纽带。胡安娜修女最渴望看到人们因作品而对她作出评价，最无法忍受人们夸她"身为女人"能写这么好的诗或"身为修女"对于世界、人生和文学能有此见地。最后这一点恰恰是她身上最令时人刮目相看之处，她的知识面确实比当时其余诗人更广阔多元。写给忏悔者的《信》和《致菲洛特阿修女的回应》都是我们文化史上最重要的文献，也有力地证明了无论男女、人人都有权满足自己的求知欲。有人曾说，胡安娜修女意在向全世界证明"懂她所懂的一切本就稀松平常，为了证明这一点，她只好变得不同寻常。"与她同时代的人没有一个能写出《第一个梦》这样的作品，而它代表了波斯坎和加尔西拉索开启的诗歌时代的巅峰①。

---

① 这一评价也适用于胡安娜修女的剧作。《家庭的责任》（这个标题就颇有深意，卡尔德隆曾写过一部《意外的责任》）是黄金世纪最后一部伟大的戏剧，《神圣的那喀索斯》（卡尔德隆曾写过《神圣的俄耳甫斯》）是最后一部伟大的宗教劝（转下页）

小说

假如胡安娜修女将自己的聪明才智用于创作小说，那么 17 世纪末的这种体裁便不会如此死气沉沉。相反，16 世纪初的小说领域生机盎然。《塞莱斯蒂娜》的仿作、情感小说的衍生作品层出不穷，其中的佼佼者当属迭戈·德·圣佩德罗。这个时期是尤其属于骑士 208 小说的黄金时期，出现了《阿马迪斯·德·高拉》的多个续写、仿写和衍生作品。读者们不厌其烦地阅读讲述超级英雄丰功伟绩的奇幻故事，英雄的名字往往是埃斯布朗迪昂、普利马莱昂、贝利阿尼斯、克拉利贝尔、弗洛里塞尔、利苏阿尔特、菲利克斯马尔特，等等；作家们不厌其烦地满足人们在充满真实的历险的时代中对虚构的历险的渴求。特蕾莎修女的这番话可以代表数以万计的读者："我的母亲爱看骑士小说……；于是我也开始习惯看这种小说……；如果没有新书可看，我便觉得不满足。"（现在的家庭里一家人齐聚电视机跟前，过去的家庭则喜欢聚在厨房围炉听书。有这样一个名场面：一位男士回到家，发现妻儿和仆人都在厨房里泣不成声；当他询问缘由时，得到的答案是："阿马迪斯死了！"）自从阿马迪斯式的人物开始风靡，西班牙的有识之士们，无论是不是信徒，纷纷谴责

（接上页）世短剧。1675 年，卡尔德隆最好的学生之一阿古斯丁·德·萨拉萨尔·伊·托雷斯英年早逝，留下一部未竟之作：《塞莱斯蒂娜第二部》，又名《不用巫术的巫术》或《美貌的魅力》。作者的一位朋友原本负责完成作品；但胡安娜修女的保护人、伯爵夫人帕雷德斯将这个任务交给了她；因为伯爵夫人很清楚，如此优秀的萨拉萨尔·伊·托雷斯去世之后，只有胡安娜修女能续写他的作品。（有意思的是，经历了两百年的黄金世纪之后，费尔南多·德·罗哈斯笔下的人物依然鲜活；不过，萨拉萨尔·伊·托雷斯的《第二部》表现的是当有爱情存在时，"恶魔般的"虔婆毫无用武之地：真正的"魅力"是美貌，爱情是"不用巫术的巫术"。）1683 年，胡安娜修女接下了续写的重任。

这种谎言的泛滥，叹惜它的读者们浪费生命。其中有些人设法禁止了骑士小说进入帝国在美洲的领土，以免刚刚受洗的印第安人转头就迷上这些疯话。（实际上，原本就没多少印第安人识字，很快更是销声匿迹；美洲读者主要是西班牙人和土生白人，再加上一些美斯蒂索人。如此兴师动众的禁令根本不起作用。）整个 16 世纪都是盛产骑士小说的时期，不过最后几年明显式微。

16 世纪中期，骑士小说开始衰落的同时，三部杰出的小说横空出世，它们与阿马迪斯式小说截然不同，彼此之间也各不相同：《小癞子》《阿本塞拉赫和美女哈里发的故事》（这两部都是佚名，篇幅很短）以及豪尔赫·德·蒙特马约尔的《狄亚娜》。

《小癞子》中，一个出生卑微、又受到命运鞭笞的乡下男子讲述自己的坎坷故事。经历了这些波折，尽管要面对世界的敌意（后来还有自认为高人一等者对他进行的"耻辱"的攻击），成年的他终于找到了"港湾"：有地方住有饭吃，可以活下去。《小癞子》的作者流露出人文主义光辉，似乎是圣耶米罗教团的一名修士。然而，无论作品究竟出自谁手，很显然他对于笔下的人物心怀同情，任何一位健康的读者都是如此。

《阿本塞拉赫》一书歌颂了骑士的美德，如勇敢、诚实、为女士"效劳"、忠诚、守信。与可怜的小癞子不同的是，书中的所有人物都是"出身良好"的贵族，都处于同一个阶层。其可贵之处在于核心人物是个摩尔人，一位年轻英俊、身经百战的摩尔人；的确是经过理想化的处理，但他的基督徒敌人又何尝不是如此。故事背景故意设置在一个与地理－历史现实不太相符的过去，但传达出的"信息"非常符合当下：16 世纪中期，西班牙生活着许多未改宗的摩尔人，他们承受着来自基督徒的敌意。

《狄亚娜》是这三部 16 世纪的作品中最受欢迎、再版次数最多的一部。它讲述了发生在优美的田园风光里的一系列爱情故事与历

险。作者是黄金时期众多用卡斯蒂利亚语写作的葡萄牙人之一：豪
尔赫·德·蒙特马约尔（蒙特马约尔在葡语中为 Montemor），优秀
的诗人，是初代加尔西拉索派的诗人之一。蒙特马约尔在叙述故事
的过程中穿插了不少诗歌，如此一来显然吸引了更多读者。16 世纪
下半叶、甚至到 17 世纪初，出现了《狄亚娜》各式各样的续写、仿
写和衍生作品（虽然比不上阿马迪斯式的作品那么丰富）。塞万提斯
和洛佩·德·维加也曾创作牧歌体小说，前者有《伽拉苔亚》，后者
有《阿卡迪亚》。

　　《阿本塞拉赫》的传播主要源于《狄亚娜》。后者在某一次再版
时将前者作为"狂欢的结局"添加进去（虽然两者之间除了读来令
人愉悦之外毫无关联）。然而，《阿本塞拉赫》的后续效应直到世纪
末才姗姗来迟：1595 年，希内斯·佩雷斯·德·伊塔出版了《塞格
里埃斯和阿本塞拉赫家族的故事》以及后来的《格拉纳达内战》。后　210
者试图讲述格拉纳达被天主教双王占领之前的几十年里的所有故事，
不过实际上只讲了假想的事件、与基督徒的战争、摩尔人首领和基
督徒首领之间的决斗、爱情、深宫阴谋、晚会、骑马和骑牛斯打的
游戏等等。佩雷斯·德·伊塔深得蒙特马约尔的牧歌小说真传，也
同样在自己的叙述中插入大量的诗句。《格拉纳达内战》完全可以被
视为一部摩里斯科人的谣曲集 ①。

―――――――――

① 摩尔人自然是出现在"边境谣曲"中，这种谣曲是古典罗曼采谣曲的重要组成部
分，具备一定的历史真实性（有点类似《熙德之歌》）；他们还会出现在非严格意义的
边境谣中，比如有一首谣曲开头是"瓜达尔基维尔河畔，/ 好国王堂胡安走着……"，
诗中的卡斯蒂利亚国王急切盼望征服格拉纳达，像追求美丽的女子一般同这座城市讲
话。（"格拉纳达，若你愿意，/ 我便娶你为妻……"）后来，胡安·德·恩西纳将
他最美的一首谣曲（歌词和旋律俱佳）呈给摩尔王博阿迪尔，两人都为失去格拉纳
达而痛心，即便谣曲实际歌颂了天主教双王。"摩里斯科"谣曲则是第三阶段的产物：
新谣曲阶段。格拉纳达陷落将近一个世纪后，年轻的诗人（其中包括贡戈拉和洛佩）
化身为处在理想化、罗曼化的过去的摩尔青年，穿上他们的服饰，拿起（转下页）

《小癞子》却没有真正的传人，它是独一无二的。两部所谓的续作都在海外出版，完全配不上原作。（相反，《狄亚娜》不乏高质量的衍生作品。）《小癞子》或出版于 1553 年，但已知的前四版都是 1554 年。它传递了一个非常大胆的信息：同情小癞子的读者，即思想健康、不带偏见的读者，应当接受小癞子的"名誉"。这股敦促他成为可爱的"正派男子"的力量与普遍意义上的"荣誉"、与社会地位和外在声誉无关。小癞子被世人视为"卑劣"，但他的道德感不仅高于自视绅士的可怜虫，也胜过官方认可的宗教神职人员。他可211 以居高临下地俯视众人。《小癞子》对于已经确立的价值观是一种威胁。事实上，没过多久，1559 年它被列为禁书，而阅读禁书的读者会招致严酷的制裁。后来开始出现删减版，去掉的是会触怒宗教法庭的危险章节；国外反而依然源源不断地出版完整的作品。

《小癞子》的影响到世纪末才开始凸显：一种全新的文学体裁诞生了——流浪汉小说。《小癞子》提供了一种新的小说结构：以第一人称讲述一连串的遭遇。然而它的影响也仅限于此。《小癞子》描绘的世界残忍、贪婪、遍地是谎言与陷阱，但小癞子作为其中的个体却并不扭曲，也没有被虚假的名誉欺骗。正式确立流浪汉小说这种文体的是马特奥·阿莱曼的《古斯曼·德·阿尔法拉切的一生》（1599）。其主人公从第一场历险开始就已经扭曲，他的座右铭恐怕是"如果世界是个无赖，那我就要成为一个半无赖。"流浪汉是绝佳的反英雄式人物。pícaro 一词原指既没有工作又没有收入的穷困懦弱之徒，只能时不时借着在厨房里剁（picar）肉或洋葱赚点小钱的机会填饱肚子。原本只是名词。过去人们说 pícaro de cocina（后厨

（接上页）他们的武器，勇敢潇洒地在战场上奋勇杀敌（基督徒），或在情场上战胜对手（另一个摩尔人），当然有时也只是发发爱情的牢骚；这给了宝贵的阿拉伯语借词在诗歌中大放异彩的良机。摩里斯科谣曲对喜剧影响较深。

的小厮）就等于今天的 pinche de cocina（帮厨），当然现在的帮厨条件没有那么艰苦。但到了马特奥·阿莱曼的时候，词义已经发生了变化，这种情况在当时可能比现在更常见：从"物质上的悲惨"（穷困懦弱之徒）滑向了"道德上的卑微"（社会垃圾）。流浪汉成了恶人。此外，pícaro 一词也开始用作形容词。vida pícara 是"vida digna de un pícaro，无赖该过的日子"（落后，破败，卑劣）。17 世纪人们说"esos pícaros aduladores"（无耻的马屁精），或"esa pícara cama"（一张破烂的床），就等于今天的墨西哥人口中的"esos pinches aduladores"和"esa pinche cama"。流浪汉小说里的主人公，比如古斯曼·德·阿尔法拉切，通常会有手头宽裕的时候，自然是靠不义之财：这种境遇下"穷困懦弱之徒"这一本义便消失了，流浪汉们表现得如同真正的"领主"，大肆挥霍或在赌局中输个精光；当然他们依然是道德上的穷困之徒，总是满嘴谎言，厚颜无耻。事实上，《古斯曼》的读者最不乐意看到的就是主人公变成了"正派人"。

《古斯曼》催生了一系列同类作品，此处仅罗列几个足矣：弗朗西斯科·洛佩斯·德·乌贝塔的《流浪妇胡斯蒂娜》（1605），文森特·埃斯皮内尔的《马尔科斯·德·奥夫雷贡》（1618），阿隆索·赫罗尼莫·德·萨拉斯·巴尔巴迪略的《佩德罗·德·乌尔德马拉斯》（1620），赫罗尼莫·德·阿尔卡拉·亚涅斯的《健谈的杂役》（1624），克维多的《骗子外传》（1626），以及一个叫加布里埃尔·德·拉·维加的在安特卫普出版的《小埃斯特万·贡萨雷斯》（1646）。克维多的《骗子外传》无疑是个中翘楚，这是一部从标题开始就展开了一场持续不断的语言创新的作品。pícaro 这个词已经被用滥了，克维多发明了一个同义词：buscón "饿得半死、目光敏锐、绞尽脑汁搜寻能抓得住的东西之人"；流浪妇、即胡斯蒂娜那样轻浮的女子就叫 buscona "女骗子"。同古斯曼·德·阿尔法拉切和后来的小埃斯特万·贡萨雷斯一样，骗子堂巴勃罗斯也在塞维利亚长大。

从 16 世纪中期开始，这里是西班牙人口最多、最国际化的城市；既
有最令人赞不绝口的丝绸和钻石，也有衣衫褴褛和满身虱子的地痞。
人们说它是"西班牙的巴比伦"，是商贾云集的名城，也随处可见流
浪汉与妓女。和所有大城市的"底层人民"一样，流浪汉也有自己
的语言、黑话、行话、暗语，叫"赫尔曼尼亚"（germanía）。除了鲜
活的口语之外，克维多主要创新之处在于《骗子外传》中很多页没
有用正常的西语写作，而是糅合了规范西语与赫尔曼尼亚俚语 ①。创
213 作十四行体爱情诗的克维多与龙沙、莎士比亚一样，都代表欧洲彼
特拉克主义歌颂爱与美的高峰；**与此同时**，他也是将人类的爱置于
赤裸裸的现实中、以最冷酷的怀疑态度去考量的作家之一，是不厌
其烦地积累特征与色彩来描绘生活丑陋面的作家之一。"既是圣人，
也是恶魔"是一位传记作者对他的评价。

　　然而，无论是《骗子外传》或是其他，没有一部黄金世纪的作
品能与《堂吉诃德》媲美（1605 年出版首卷），在它之后骑士小说
再无问世的可能。与表面看来不同的是，塞万提斯内心的意图并不

---

① 　germanía 一词来自瓦伦西亚方言 germà "hermano，兄弟"，也用来指地痞无赖
的"兄弟会"或者说"行会"，这是一种令社会无法泰然处之的"辛迪加"。整个西班
牙都有这种兄弟会，塞万提斯曾列数最为集中的城市和地区："马拉加的佩切莱斯、
里亚兰达、塞维利亚的孔帕斯、塞哥维亚的阿索格拉、巴伦西亚的奥利韦拉、格拉纳
达的龙迪利亚、圣卢卡尔海滩、科尔多瓦的波特罗、托莱多的文提亚斯"；不过这个
"行业"的中心当属塞维利亚。赫尔曼尼亚俚语对作家有着特殊的吸引力，连塞万提
斯都无法抵挡住诱惑，让体面庄重的堂吉诃德口中也说出这样的话来。1609 年，有
位胡安·伊达尔戈出版了《多位作者的赫尔曼尼亚俚语谣曲合集》，后附一份《按字
母顺序排列的专门用语词表》。克维多的文风向来都不简单，而他那么多作品中最难
理解的还是一些"哈卡拉曲"（描写流氓放浪生活的谣曲），不仅因为全篇用赫尔曼
尼亚俚语写作，也因为它的某种幽默感：比如要懂得玛丽卡（Marica）在破破烂烂的医
院里因梅毒而去世这样的情节有多好笑。到了现代，《骗子外传》在语言学上的成就
被豪尔赫·路易斯·博尔赫斯和阿道夫·比奥伊·卡萨雷斯借鉴，两位作家用阿根廷
的俚语——伦法多（lunfardo）合写了几个短篇小说。

是简单地终结这种泛滥的荒唐文学，事实上骑士小说当时已经日薄西山。这个文学派别的收尾之作标题十分夸张:《贝奥西亚·米南德罗和格鲁梅德拉之子及唯一继承人堂珀里西斯内·德·贝奥西亚王子的知名历史及其杰出事迹和值得纪念的功绩》；作品 1602 年出版，但塞万提斯似乎没有读过（他不用读都知道比先前的同类作品还要糟糕）。塞万提斯真正的意图是说出自己在诸多方面的看法与感受:生活、世界、当时的社会、人类、人的理想、想象力的作用、当时的艺术等；他不想将它们写成一部包罗万象的专题著作，而是一本阿马迪斯式或帕尔梅林式的"戏谑"小说。塞万提斯的真正意图与《小癞子》的作者、与蒙田一样都有颠覆性的意义。然而总体而言，塞万提斯的时人既没有慧眼发现他的意图，也没有默契捕捉他的讯号。洛佩·德·维加看了《堂吉诃德》但没有看懂；更糟糕的是，有一次他因为一件事误会了塞万提斯而大发雷霆，冲动之下还在 1606 年一首诗结尾这样写道:

> 你那可悲的堂吉诃德
> 满世界一个接一个屁股地
> 贩卖香料和罗米藏红花，
> 最后掉进了粪堆里。

214

1617 年，一位名叫胡安·巴亚达尔斯·德·巴尔德洛马尔的"神甫"，在他写的《幸运骑士》中对读者说他的书讲述真正的英雄事迹，不是"《堂吉诃德·德·拉曼查》疯癫滑稽的笑话，那种玩意简直是对读者心灵最大的伤害和对时间莫大的浪费。"

　　真正理解堂吉诃德的是一位不知名的作者（可能是位修士）。这个人在 1614 年化名阿隆索·费尔南德斯·德·阿维亚内达，出版了《堂吉诃德》的续作，似乎是为了消除或至少稀释在他看来触及各种正统信仰及其组织机构的危险思想。阿维亚内达的续作唯一的作用就是给了塞万提斯动力写完真正的——也是精彩的第二卷，1615 年，也就是他去世前一年出版。与塞万提斯相比，阿维亚内达的思想非常狭隘，生活阅历也有限得多。因此，他的语言也不像塞万提斯那样丰富绚丽、无拘无束、自由率性。假如那个时代有皇家语言学院，院士们可以不费吹灰之力地纠出塞万提斯语言中不计其数的错误并示众：有些语句写得笨拙，有的句式沾染了意大利语风；随心所欲地冒出意大利语借词；还有前后不一致不连贯的句法错误。当然，今天的院士们看法截然不同。塞万提斯是他们的神，他们称之为"语言的明镜"；每年他的逝世纪念日他们会参加纪念弥撒；还在学院里供奉他的肖像画和一份手稿，虽然两者都是赝品。然而在当时看来，《堂吉诃德》确实是一本充斥着"语言错误"的书。

当然，还有其他读者捕捉到了塞万提斯的讯息，也像今天的我们一样喜爱他。1616 年，在他去世之前几个月刚写完的《贝雪莱斯和西吉斯蒙达历险记》前言中，便提到了这样一位读者。有一次，他和两位朋友在路上走着，觉得背后有人走来，骑着毛驴想要赶上他们；"只见他上下一身黑，戴着眼镜，足下一双圆头鞋，斜挎一把带包头的宝剑"，胸前的大翻领非常学生气、既累赘又不舒服，不时"扭到一边，他总要费一番力气才能把翻领拉直。"最后这位"土学生"终于追上了一行三人，听到其中一个喊出塞万提斯的名字：

> 学生刚一听到塞万提斯的大名，立刻翻身从驴背上下来，坐垫、旅行袋丢得东一个西一个。刚才还那么神气十足，这会儿，朝我猛扑过来，抓住我的左手说：
>
> "是啊，是啊。您就是身体健壮的独臂人，是四海闻名、性格开朗的作家，总之，是缪斯的欣慰！"
>
> 在短短的时间里听到这么多夸赞，再不回答似乎有些失礼（pare-

cióme ser descortesía no corresponder a ellas）。于是，我搂住他的脖子，把他的大翻领弄得七扭八歪，对他说：

　　"许多文学爱好者不知实情，实在是误会了。先生，我是塞万提斯，不是缪斯的欣慰，刚才先生说的那些话，实在不敢当。牵上您的毛驴，骑上去，咱们边走边谈，好在路也不长了。"①

　　假如当时有院士，他们该如何笑话"Yo me pareció ser descortesía"这样的句子，而对这一幕的欢快与风趣视而不见、充耳不闻？

　　17 世纪甚至 18 世纪末，就《堂吉诃德》的热度而言，西班牙的核心地区卡斯蒂利亚及首都马德里都远低于欧洲其他地区②。在下　216

---

① 译文摘自《塞万提斯全集（第八卷）：贝雪莱斯和西吉斯蒙达历险记》，杨绛等译，人民文学出版社，2018。——译者注

② 整个 17 世纪，《堂吉诃德》在马德里只再版了十次左右。相反，这期间在非卡斯蒂利亚语的城市，却一共出版了二十多个卡斯蒂利亚语版：里斯本、瓦伦西亚、巴塞罗那、布鲁塞尔、安特卫普和米兰；而这两个数字在译本的数量面前更是苍白无力——这一个世纪里，仅法语读者就能读到二十多个法语译本。上卷由托马斯·谢尔顿译成英语（1612），由塞萨尔·奥丁译成法语（1614），上下两卷都由洛伦佐·弗兰西奥西尼译成意大利语（1622）。后来其他语言的译本还有（有些只是节选，有些不是直接从西语译出）：德语版（1648），荷兰语版（1657），俄语版（1769），丹麦语（1776），波兰语（1786），葡语版（1794），瑞典语版（1802），匈牙利语版（1813），捷克语版（1838），罗马尼亚语版（1840），希腊语版（1860），塞尔维亚语版（1862），土耳其语版（1868），芬兰语版（1877），克罗地亚语版（1879），保加利亚语版（1882）和加泰罗尼亚语版（1882）。19 世纪末开始出现更加"异域"的语言译本：日语、希伯来语、巴斯克语、孟加拉语、立陶宛语、阿拉伯语、他加禄语、汉语，等等。塞万提斯的书迷（类似集邮爱好者的群体）不会错过伊格纳西奥·卡尔沃译成"仿拉丁语"的《拉曼查的吉诃德先生的故事》（1905）和世界语的选译本（1905，1915）。何况，现存的法语、英语和其他语言都有多个译本。布鲁塞尔 1671年的西班牙语版和马德里 1674 年的版本是最早在装帧时使用插画的；但其实外文的编辑还是走在前头：1648 年的德语译本和 1657 年的荷兰语译本已经加入了图片。更为重要的是，是外国读者率先认识到塞万提斯的大作**绝不仅仅**是一部（转下页）

卷（1615）的一篇序言中，有一位弗朗西斯科·马尔克斯·托雷斯先生提到有一次，几位法国使馆的大臣与费利佩三世见面时"想了解有哪些才华横溢的书是最受欢迎的"。几天前他们已经和几位西班牙人有过交谈（弗朗西斯科·马尔克斯·托雷斯也是其中之一），而这次会面时又听到了塞万提斯的名字。

> 他们一听到米盖尔·德·塞万提斯的名字，便赞不绝口，反复强调他的作品在法国和其他邻国有多么受重视……他们很详细地问我塞万提斯的年龄、职业、身份和境况，我只得说他已经老了，是个士兵，乡绅，贫寒。其中一人郑重地对我说："就是说这样的人在西班牙都没有过上优渥的生活、享受国库优待？"……

217　　塞万提斯在贫困潦倒中辞世。不过，他还是凭着 1605 年的《堂吉诃德》赚了一些钱，从而得以心无旁骛地投入其他作品的写作与出版。他在生命最后的岁月里就好似枯木又逢春。1613 年，《训诫故事集》问世；1614 年，出版了令人捧腹的《帕尔纳索斯山之旅》（韵文）；1615 年有《喜剧和幕间短剧》以及《堂吉诃德》下卷；1617 年遗作《贝雪莱斯和西吉斯蒙达历险记》出版。他始终都牵挂（好似盲目的父爱）早在 1585 年就出版的牧歌体作品《伽拉苔亚》，创

（接上页）讽刺小说，是他们先严肃看待这部作品，忙不迭加注和评述。18 世纪中期，西班牙学者马丁·萨尔米恩托教士在表达了渴望看到注释版的愿望后，又补充道："也许有人会说带评述的《堂吉诃德》很荒唐，要我说读完却没看懂才可笑。"（当时人们对这部作品的认识非常肤浅，甚至跳过那些没有好笑的历险的部分。对于萨尔米恩托神甫的时人来说，"吉诃德式的人物"就是冲动的傻子、甚至有点危险的疯子。给《神曲》写评述无可厚非，但《堂吉诃德》可不行！）最先满足萨尔米恩托神甫这个愿望的是两位英国人：查尔斯·贾维斯在 1742 年的译本中加入了解释性的注解，约翰·鲍尔 1777 年发表了关于这部不朽之作的第一篇论文。

作这部作品时他已经 38 岁，也不年轻了；直到去世前几天他还想续
写第二卷，但终成憾事。他还对《贝雪莱斯和西吉斯蒙达历险记》
青睐有加，或许是享受暮年写作的感觉。

　　"我是第一个用卡斯蒂利亚语写小说的人。"塞万提斯这句话是
指《训诫小说集》。的确，以前只有意大利语文学有这种类型的小
说（连 novela 这个词都是跟意大利语 novella 学来的）：故事不长
不短，传递一些引人入胜的"消息"，通常与爱情沾点关系；意大
利文坛盛产这类作品，以乔万尼·薄伽丘、马泰奥·班代罗等为代
表。16 世纪的西班牙已经出现了这类体裁的前身，如胡安·蒂莫内
达的几本短篇小说集，但都是粗制滥造、浅尝辄止的产物，塞万提
斯自然没有放在眼里。《训诫小说集》也有不少效仿者，尤为出众
的是蒂尔索·德·莫利纳的《托莱多郊外的别墅》和洛佩·德·维
加的《献给玛尔西娅·莱昂纳尔达的故事》（"玛尔西娅·莱昂纳尔
达"实为玛尔塔·德·内瓦雷斯，洛佩的情人之一，是文盲。）虽然
无法与群星闪耀的意大利小说圈相比，但 17 世纪的西班牙还算有一
小群"爱编故事的人"，如阿隆索·德·卡斯蒂略·索罗尔萨诺，玛
丽亚·德·萨亚斯，胡安·德·萨瓦莱塔和前面提过的萨拉斯·巴
尔巴迪略。虽然小说里的故事发生在各式各样的背景下（比如意大
利城市），实际上反映的都是马德里这一方天地。同喜剧一样，小说
也是一种都市的、"资产阶级"的体裁；但它却没有喜剧那么长的寿
命，到了胡安娜修女的时代便气数已尽。

"散文种种"

218

　　前文我尚能按一定的顺序讲述黄金世纪的文学史，但到了"散
文种种"任务就艰巨起来。这类散文包括历史与传记、阐述某个学
说或理论的教科书、几个不同的声音围绕一个话题进行的对话、科

学与哲学专著。一言以蔽之，除了小说之外的散文。这些书好比一座繁芜的丛林，很难给它们一一排序，但还是必须作一个大致介绍。有些写成了艺术性颇高的散文，有些则不然。即便贝尔纳尔·迪亚斯·德尔·卡斯蒂略和圣女特蕾莎创作的不是"文学"作品，时间将它们打磨成了耀眼的文学瑰宝。文学和非文学的界线向来就不是一清二楚的，兽医学专著也可以算文学。而就一个时代"真实的"语言而言，未经过文学加工的散文常常能透出小说中见不到的光亮，更不用说诗歌和戏剧。

16 世纪上半叶有两位杰出的散文巨匠：佩德罗·梅克西亚和安东尼奥·德·格瓦拉修士，而他们的成功得益于迭戈·德·圣佩德罗引入的优雅风格。前者尤其因《多科杂记》为人熟知，后者的知名作品有《马可·奥勒留》(半虚构的传记)《轻宫廷颂乡间》和《家书》。以下是格瓦拉的一段散文，节选自一位"多瑙河的乡民"的一番言论。这位乡民从野蛮的日耳曼尼亚来到繁华的罗马，向马可·奥勒留和元老院成员诉说自己家乡受到的凌辱，顺便也道出了两三个真相：

从我粗鲁的用词和破烂的衣服，你们一定能猜得出来我是个乡巴佬；不过，就算是这样，我也分得出谁公正谁专横。像我这种出身的粗人，虽然不会说漂亮话，但也清楚什么是善、应该得到赞同，什么是恶、应该受到惩罚。

219 一个幸福、幸运的共和国，不是开展许多贸易的地方，而应该生活着许多品德高尚的人；不是有数不尽的金银的地方，而应该以美德为荣；不是处处吵吵闹闹，而应该人人热爱和平。遵循罗马社会体制的国家，即便富裕，我们也感到同情；遵循日耳曼尼亚社会体制的国家，即便贫穷，你们也应该感到羡慕……

这段散文写得绚丽多姿。如果忽略它的伪科学、伪历史、伪哲学属性的话（梅克西亚和格瓦拉的作品往往如此），非常适合装点一些老掉牙的观点（比如，俗套的"再粗俗的人也分得清善恶"和不那么俗套的"美德比财富更可贵"）。但他们的散文非常符合单纯、有求知欲的读者的口味，所以这两位都非常受欢迎，作品再版的发行量惊人。

第二代散文家们嘲讽这种夹带中世纪糟粕的优雅风格，推崇文艺复兴式的简洁模式。实际上，16 世纪上半叶的西班牙的散文佳作都是译本。一个译本是意大利文艺复兴的杰出代表巴尔达萨尔·卡斯蒂廖内的《廷臣论》，另一个是北欧人文主义的卓越人物鹿特丹的伊拉斯谟的好几部作品。卡斯蒂廖内以罗马教皇使节的身份在西班牙旅居七年，1529 年在托莱多离世。他一生唯一的作品《廷臣论》是一本培养完美绅士的教科书，教导男性如何正确地思考、说话、行事。这本书的译者正是将意大利格律引入诗歌界的胡安·波斯坎。下面是一小段译文：

> 许多愚昧之人，明明身边有益友相伴，一旦遇到派头十足的人，也就是他们口中"身着锦衣华服者"，立马就贴上去想攀龙附凤。对于陪在身边之人，他们总是多番试探，挑挑拣拣，但并不是根据爱好或品德，而是出于可悲的虚荣心。如果他们大老远地在广场上或者其他人多的地方看见一位贵人，便会失去理智，急忙在人群中推搡着挤过去，直到来到对方身边；到了那儿，即便无话可说也要找话攀谈，于是就冒出一些蠢话，表情也夸张。不过，这种人只乐意同贵人们说话，而我们也不乐意搭理他们。

这的确是没有教养的典型表现。为趋炎附势而放弃"益友"还洋相百出的人不是"廷臣"，相反，人人得而诛之。（在墨西哥我们会用

220

lambiscones 来形容这种人。）总之，就是愚昧之人，这类人还不在少数。卡斯蒂廖内是伟大的教育家，波斯坎的译本也完美地传递了他的思想。

另一位欧洲思想的现代化者伊拉斯谟在西班牙有大批拥趸：查理五世时的西班牙是翻译了他最多作品的欧洲国家，其中最广为流传的作品是《对话集》和《手册》即《基督教骑士手册》。《对话集》收录了探讨生活各个方面的对话体杂文，谨慎但有力地批评了迷信与无知;《基督教骑士手册》的中心思想是宗教信仰并不在于外化的举止和实践（即执行圣职），而是在于内心自觉的准则。费利佩二世上台之初，教士们就设法禁了伊拉斯谟所有表达观点的作品，最令他们恐惧的就是这本《手册》。一同被禁的还有一本警世名作——《和平中的不和》。我摘了一段 1520 年出版的译文，其中伊拉斯谟谈论的是"基督教王子们"甚至是教皇尤利乌斯二世因为"令人惭愧、如同儿戏的原因"就让欧洲蒙受战乱是多么不明智：

> 有的寻来一个腐朽生锈的头衔或是干脆编造一个假称号。（如果都只想着借共和国谋私利，谁来治理王国又是件什么了不得的大事呢？）有的给出的理由是有人没有交什么不知名目的税。还有的是因为和对方结下了私仇——对方碰了他的妻子，或是说了什么打趣他的话。最糟糕严重的是其中有些很有专制的手腕，他们看到因人民安居乐业自己的权力被削弱，便想强行制造不和谐因素，居然勾结他人寻个理由来挑起战争与争端，以便一同离间原本相亲相爱的人民，伺机洗劫不幸的人民。

221

我们仿佛在阅读当今某位思想家的文字。如今的战争或许有别的典型表征，但其中的荒唐如出一辙。这样的思想自然难逃宗教法庭的封杀。（在我们的时代，不也有些运动本着和平的目的，却遭到警察残酷镇压吗？）《和平中的不和》译者为塞维利亚的一位受俸牧师，名叫迭戈·洛佩斯·德·科尔特加纳，1513 年已经精准优美地翻译了阿普列乌斯的《金驴记》[①]。同样值得一提的是《手册》的译者阿尔科尔的副主教阿隆索·费尔南德斯·德·马德里，以及《对话集》的几位译者，尤其是本笃会修士阿隆索·德·比鲁埃斯。一种经济高效的理念随着简洁纯净的翻译一同进入西班牙散文，使之远离安东尼奥·德·格瓦拉修士的矫饰风格。

　　早期的伊拉斯谟派人物中尤其突出的是阿方索和胡安·德·巴尔德斯兄弟，他们与梅克西亚、格瓦拉同时代，但其散文作品已经走上了伊拉斯谟式的清新练达之路。阿方索写了两部《对话录》，同伊拉斯谟的一样大胆而简练；胡安出版了一本《基督教学说》，其中的观点与宗教改革不谋而合，因而他不得不逃离西班牙以免落入宗教法庭的魔爪。后来他在那不勒斯定居，继续写作宣扬他的宗教新思想，1541 年在当地去世。他最知名的作品是《关于语言的对话》，书中记录的是他本人和几位想了解西班牙语的那不勒斯朋友的对话。比如朋友想知道我们的语言和意大利语有何不同，他则用平实主观的方式回答，比如他对自己所处的时代的文学评价如下：他欣赏胡安·德·梅纳但也批评他滥用拉丁语词，对加尔西桑切斯·德·巴达霍斯也是正面评价，对豪尔赫·曼里克的《悼亡父》更是不吝赞美；对胡安·德尔·恩西纳和托雷斯·纳阿罗的戏剧以及骑士小说进行了深入思考；（他说自己年轻时觉得骑士小说"津津有味，连捧着书的手都吃下去了"，结果十年间除了这类小说其他什么都没看。

_____

[①]　这本有趣的书（尤其因为丘比特与普塞克的章节而为人所知）包含一些"色情"章节，这位塞维利亚的受俸牧师在翻译时没有假正经地进行任何掩饰，后来自然也遭到了宗教裁判所惩罚。（很显然，这一方面我们至今都没有彻底改变，依然有书因为"有伤风化"被禁甚至被烧毁。）

这显然是假话。）最后，他还把《塞莱斯蒂娜》捧上了天，而且很特别的是，他认为"原先的那位作者的才华"（无论是胡安·德·梅纳还是罗德里戈·科塔）在续写者费尔南多·德·罗哈斯之上。

1550 年之前，我们西班牙语的"古典散文"已经站稳脚跟，但与"古典诗歌"即意大利式诗歌完全对立。从安布罗西奥·蒙特西诺修士到加尔西拉索的变化，也是从安东尼奥·德·格瓦拉到巴尔德斯兄弟的变化。这是人文主义的散文：埃尔南·佩雷斯·德·奥利瓦，弗朗西斯科·洛佩斯·德·维亚洛博斯，路易斯·德·格拉纳达修士，阿莱霍·瓦内加斯，克里斯托瓦尔·德·维亚隆和安德雷斯·拉古纳；以及下半叶的路易斯·德·莱昂和佩德罗·西蒙·阿布里尔。这是一种透明、精练的散文，恰到好处地介于毫无雕琢与繁冗浮华之间。阅读 16 世纪下半叶**任何一篇**西班牙语散文都是令人愉悦的经历，这么说并不为过。

阅读 17 世纪上半叶的散文也同样是件乐事，只不过原因不同。此时的语言已经"巴洛克化""矫饰化"。（实际上，矫饰风格就是巴洛克主义的代名词。）诗歌领域从加尔西拉索到贡戈拉的变化，在散文领域体现在从巴尔德斯和两位路易斯修士到克维多的变化。克维多的代表作有《获救的西班牙》和《马尔库斯·布鲁图斯》。我们来看看从《马尔库斯·布鲁图斯》的演讲中摘出的一段关于女性的感想：

> 女人是生命的缔造者，也是死亡的原因。对待女人应该像对待火一般，因为她们就像火一样对待我们。她们给了我们热，这一点不可否认；她们美丽、耀眼，使得整个屋子和城市都有生气。然而，她们也很危险，因为任何靠近她们的东西都会被点燃：靠近者会被烧焦，占有者的灵魂会被耗尽。她们发出的光（和烟）使得自身的光芒令人痛心。火就是女人，如果有人称火为女人，或者称女人为火，那他没

有叫错名字。

克维多同时代者及后人的使命就是超越他，比他走得更远。这其中包括迭戈·萨维德拉·法哈尔多、弗朗西斯科·马努埃尔·德·梅洛和巴尔塔萨尔·格拉西安，而最成功的当属格拉西安。他是"碑文体"散文的大师，语言既简洁明了又不失雕琢。他歌颂的是他心目中最崇高的品德：英雄主义、公正廉洁、慎重聪敏。他的《敏锐与机智的艺术》几乎可以看作对西班牙诗歌在 17 世纪所达到的成熟的歌颂。他的所有作品都充满智慧，以下是他在《智慧书》中对警句"不可终日嬉笑"的阐述：

> 审慎见于严肃，严肃要比智巧更能取信。总是嬉皮笑脸者绝对不可能是个认真的人。我们会把这种人视为谎话大王而不敢轻信……没法知道这种人什么时候当真，因其仿佛就没有当真的时候。嬉笑无时是最大的不恭。一旦背上巧舌如簧的名声，就会失去理智的信誉。嬉笑当有时，其他时候，则应严肃认真。[①]

我们再来看看与格拉西安同时代的路易斯·德·桑铎瓦尔·萨帕塔如何在他的《耐心的赞歌》中阐述"鸟儿生来就要飞翔，人生来就要受罪"这一陈词滥调：

> 如果有人仔细观察一只小鸟，看它像舵一样的尾巴，像船头一样的嘴巴，像风帆一样的翅膀，像锚一样的指甲，就会说："这只小鸟仿佛一艘长了羽毛的船，与空中无数的同类一起在树上排成绿色的水岸，像锚一样的指甲抓住树枝，如同停靠在高高的港口。"然

---

① 译文摘自《智慧书》，张广森译，湖南人民出版社，2015。——译者注

而，如果有人看着一个赤身裸体哭哭啼啼的婴儿在污物中出生……见到人类生命的第一束光就是灾难，他也许会说："人生来就注定要受罪。"

224　　"散文各种"这片丛林中有两个地区值得特别的探索，不仅因为其重要的内涵，还因为其广阔的外延：史书和宗教典籍。

16 世纪初有两位用拉丁语写作的史官（当然他们用的是文艺复兴时期的拉丁语，而不是阿方索十世之前的中世纪史书使用的旧拉丁语），两位都是意大利人：皮特·马特·德·安杰拉（Pedro Mártir de Angleria。姓氏 Anglería 系误传，Angléria 才是他的出生地安杰拉，位于米兰附近）和卢西奥·马里诺·西库洛，又名卢西奥·马里尼，西西里人。皮特·马特写了关于一些西班牙事件的《信札》和关于新大陆的发现及后来发生的故事的《数十载》，是真正的面向高知读者的"报告文学"。马里尼早在查理五世时期就写了一部《西班牙大事记》，1530 年随同名的西班牙语版一同出版。出版商对于为何以拉丁语出版是这样解释的："这样外国人也能了解西班牙的大事。"西班牙很清楚欧洲各国的目光正注视着她。从罗马帝国时期开始，拉丁语还从未像 16 世纪这样，以国际通用语言的身份被如此频繁又广泛地使用（并得到出版商强有力的支持）。不过此时的西班牙官方再也不用拉丁语书写历史。弗洛里昂·德·欧坎普（葡语 Florião do Campo）是为查理五世效劳的葡萄牙人，才能不如皮特·马特和马里诺·西库洛，只是用西语写了一部漏洞百出的编年史；他唯一值得后世铭记的功劳是印刷出版了智者阿方索的《西班牙编年通史》，但采用的不是原版，而是诸多的改编版之一。

紧接着出场的是两位重量级的史学家：巴尔托洛梅·德·拉斯·卡萨斯修士和贡萨罗·费尔南德斯·德·奥维耶多。拉斯·卡萨斯的作品中有一部格外突出：《西印度历史》，此书留给后来的史学家最大的馈赠是对《世袭海洋远征军司令航行日记》和《西印度讴歌史》的译写。然而令他名声大噪的主要还是《西印度毁灭述略》[①]。 225
费尔南德斯·德·奥维耶多在 1535 年出版了一本《西印度通史》，这其实是一部伟大的"美洲学"（当时"美洲"这个名称还没有普及）百科全书的第一部分，百科全书的标题为《西印度及世界洋上的陆地自然史与通史》；然而剩下的部分直到 19 世纪中期才问世。出于政治原因（比如担心敌对的强国从中获取过多关于新大陆自然资源的信息），西班牙王室阻止了这部《通史》的出版，它不仅是新大陆的征服和占领史珍贵的信息来源，也提供了许多关于"新印

[①] 这本书无情地揭露了一些自称基督徒的西班牙征服者，非但没有为查理五世的新臣民——印第安人带去肉体和精神的福祉，还摧残君主最宝贵的"财富"，即活生生的人命。查理五世很重视拉斯·卡萨斯的话，并且下令采取措施阻止暴行；但费利佩二世和他的顾问见该书被译成拉丁语和多种现代语言并在欧洲广为流传、已然变成了攻击西班牙帝国的舆论武器，紧张地下了禁令，不许人们阅读此书，同时还大力推动其驳斥者的作品——反伊拉斯谟的人文主义家胡安·希内斯·德·塞普尔韦达。他正式提出了西班牙的征服权，还美化了其征服的目的。然而"恶果"已经种下。拉斯·卡萨斯制造了"黑色传说"，将西班牙在美洲的征服史诠释为一连串如同"种族灭绝"（假如当时已经有这个总让我们联想到希特勒的词，人们一定会这样形容）的暴行。"黑色传说"对虚伪的法国人、英国人与荷兰人而言出现得正是时候。如今我们知道了拉斯·卡萨斯揭露的数百万人死亡并非夸张，不是梅嫩德斯·皮达尔说的那样得了妄想症，但是印第安人大批灭绝的真正原因并不是西班牙人的暴行（虽然的确有暴行），而是美洲土著民免疫系统的"毫无防备"：夺去数百万人生命的是麻疹、天花等疾病。美洲征服是一场生物学的悲剧，不仅是对于美洲，欧洲也遭遇了致命的梅毒。此外，有些事情虽然是"黑色传说"中的一部分，但却绝对不是传说：抨击打压拉斯·卡萨斯、让这位人类的伟大守护者、伟大的人文主义者失声（他是帝国主义和重商主义扩张史上绝无仅有的个例），西班牙朝廷一下子将他划入了敌人的阵营，与英国、法国、低地国家这些虎视眈眈渴望成为新霸主的列强为伍。在欧洲陷入孤立无缘的境地对我们的语言也造成了很大的伤害。（唯一一个从来没有与我们断绝联系的欧洲国家是意大利。）

度"的人民、自然与事物的珍贵资料。奥维耶多没有受过"正式的"
教育或者说学院派的学习实属幸运。他声称自己写作《通史》时使
226 用的是自己初学的语言："这门语言我说得很一般，作品没有高雅的
文风——因为我不会，也没有优雅的用词、转弯抹角的语句或修辞
手法的装饰，只是非常朴素平实的语言。"相反，比奥维耶多年纪
略小的弗朗西斯科·洛佩斯·德·哥马拉则是学识渊博，完全有能
力用拉丁语写自己的那本史书；但他说"我现在用卡斯蒂利亚语写
作，这样一来我们所有西班牙人都能尽早欣赏它。"哥马拉不在墨西
哥，而是在西班牙为西班牙人写作。他是埃尔南·科尔特斯的崇拜
者，同时作为他的牧师也从他那里领俸禄。他写的历史像是一本为
瓦哈卡山谷侯爵歌功颂德的宣传册，将他的视角与奥维耶多的对照
起来看会非常有意思。按照后者的说法，科尔特斯"成为山谷侯爵
的方式"并不光彩，他是个强盗，野心勃勃，谎话连篇，强取豪夺。
奥维耶多还说另一位征服者弗朗西斯科·皮萨罗也是通过令人不齿
的手段而爬上侯爵之位：他在收取了巨额赎金后还用懦夫的手段谋
杀了阿塔瓦尔帕，这个虚伪小人还表现得很哀伤，"头上戴着一顶大
得能遮住眼睛的毡帽以示哀悼"；此外，皮萨罗和阿尔马格罗大肆敛
财，"数额之庞大，自世界诞生以来还从未有人拥有过这么多财富"；
同时他们还发动可怕的内战，"导致连狮虎猛禽都比我们在**此地**（他
的用词是 por acá，因为奥维耶多在美洲大陆上写作）见到的人类要
友爱仁慈"。

从 16 世纪下半叶到 17 世纪头几十年，历史写作的技艺也被灌
输了人文主义思想而变得更"经典"，更有条理也更科学。贝尔纳迪
诺·德·萨阿贡修士的史书一开始用纳华语写作，因为他拥有的口
头资料都是使用这种语言。很少有胜利者会像他这样给我们提供一
个"战败者的视角"。假如 1575 年在马德里召开的各国公会上发表
了这本人文主义的人类学著作，那将是西班牙至高无上的荣耀时刻。

萨阿贡自己将全书译成了西班牙语，还梦想着以双语形式出版。然
而西班牙执政者下令搜集他的手稿，使得他的大作直到 1829 年才在　227
墨西哥出版。所幸胡安·德·托尔盖马达修士的《印第安王室》一
书用到了萨阿贡收集的历史数据，而这本书 1615 年在塞维利亚出版
了。严谨历史编纂学的杰出代表有：赫罗尼莫·德·祖里塔，他查
阅了大量古籍资料后著成《阿拉贡王室编年史》（1562—1580）；安
布罗西奥·德·莫拉雷斯，他的《西班牙城市古董》（1575）中公
开和研究了一些古代铭文及硬币。今天人们都说"考古学是历史的
辅助学科"，西班牙这个领域的先锋是内布里哈，这得益于他在意
大利的那段时光；然而安布罗西奥·德·莫拉雷斯的知识更宽广而
成体系[①]。贝尔纳尔·迪亚斯·德尔·卡斯蒂略的《征服新西班牙信
史》也是另一个意义上的文献资料。奥维耶多屡次标榜自己的美洲
生活经历，以此针对皮特·马特的"听闻"；与之相似的是，贝尔纳
尔·迪亚斯总是驳斥对埃尔南·科尔特斯无节制的歌颂，如哥马拉
说的"他仅凭自己的智慧与力量便将征服墨西哥的伟大事业推向胜
利的结局。"事实上，贝尔纳尔·迪亚斯的证据的分量和可信度堪比
古老的手稿和铭文。

[①]　祖里塔和莫拉雷斯的作品证明了古籍的价值，这是一个值得欣然迎接的新现象。
16 和 17 世纪交替之际，读者数量增加，听众变得"挑剔"；与《狄亚娜》和《古斯
曼》的仿写作品一样，对记录历史的新方法的模仿也层出不穷。当时流行"发现"
古老珍贵的铭文和编年史，来证明某座城市从圣徒时代开始就是基督教城市，或是
某某家庭从久远的年代开始就是贵族。当然，有人反对这种欺骗性的"证据"，但
是也不乏智者（包括罗德里戈·卡罗在内）在很长一段时间内都享受这些"伪简短
编年史"带来的曲意逢迎。甚至到了 18 世纪人们还得从历史编纂学中剔除这些糟
粕。莫拉雷斯和祖里塔真正的传人是苦心孤诣地收集真实可靠的数据的史学家，如
路易斯·德·萨拉萨尔·伊·卡斯特罗（1657—1734）和美洲学家胡安·巴乌蒂斯
塔·穆尼奥斯（1745—1803），他们的收藏或许算得上马德里的皇家历史学院最主要
的财富。

16 世纪末 17 世纪初的"经典"史书中有不少大师级作品，比如何塞·德·阿科斯塔的《西印度自然和精神的历史》，写得比奥维耶多的作品条理清楚得多；普鲁登西奥·德·桑铎瓦尔修士和路易斯·卡布雷拉·德·科尔多瓦分别记录的详尽的查理五世统治史和费利佩二世统治史；胡安·德·马里亚纳记录的西班牙和葡萄牙历史，他为综合整理资料付出了艰辛的努力，先是用拉丁语写作，后又亲自译成西班牙语；安东尼奥·德·埃雷拉的《美洲史》，采取的是官方宣传赞歌式的视角。"艺术化"历史编纂学最后的光芒来自安东尼奥·德·索利斯的《墨西哥征服史》(1685)。

以上一长串列举中忽略了众多的"特定"历史：地区、城市、家庭或者组织（比如某个教派甚至是教派某个教区）的历史。如迭戈·德·科尔梅纳雷斯的塞戈维亚史、或是迭戈·奥尔蒂斯·德·祖尼卡的塞维利亚史。同样被忽略的还有成百上千的世界和宗教杰出人物传记。不过无论如何，以下四个自传不得不提：阿尔瓦·努涅斯·卡维萨·德·瓦卡的《海难》，圣女特蕾莎的《圣生》和《创立之书》，以及阿隆索·德·孔特雷拉斯的《生平》。

黄金世纪的宗教文学对于今天的大多数读者来说是个未知的领域，因为它格格不入、乏味无趣、甚至令人反感：里面堆砌着虔诚的思想与情感、模范严苛的生活方式、何况还有布道和九日祭祈祷书！洛佩的读者不看他的《玫瑰经的秘密》，克维多的读者也不看《维拉努瓦的圣托马斯生平》。然而，这个领域的广度恰恰向我们证明了它在那几个世纪中的重要性。(17 世纪的墨西哥书目中甚至有几年收录的全都是宗教出版物。)一如其他国家 16 和 17 世纪的精神性（此处指看待世界和感受文化的方式）带着路德教派、加尔文教派或清教的烙印，西班牙的宗教性则带有鲜明的罗马天主教特色，而且其程度放到今天是无法想象的。"黑色传说"明确了一个事实：西

班牙是反宗教改革的领头羊，用现在的话说，是欧洲列强中的极右 229
翼势力，是外化仪式最勤勉的践行者，是极端狂热分子，誓死捍卫
方济各会的圣母无染原罪论的教义地位（虽然这个微妙的理论根本
不是教义）。再者，考虑到当时对于普罗大众而言没有比宗教文化
更"高等"的文化，我们就能理解这类文学产物对于我们语言的发
展起到多么重要的作用，可以类比英语国家的钦定版圣经对英语发
展的影响、路德圣经对于德语发展的影响。16 世纪开始，西班牙帝
国范围内禁止阅读《圣经》。如果两位新教徒卡西奥多罗·德·雷
伊纳和西普里亚诺·德·瓦雷拉优美的译本当初获得"钦定"，必
将改变我们的语言史。何况，客观地说，普通的读者虽然看《小癞
子》和阿隆索·德·孔特雷拉斯的《生平》看得津津有味，但也能
从宗教文学领域的一些边边角角中找到同样的滋味。我指的不是圣
胡安·德·拉·克鲁斯的《加尔默洛山的上升》，也不是胡安娜修
女《关于安东尼奥·维埃拉神父的一篇布道词的危机》，也不是维埃
拉数不清的布道（最初还是葡萄牙语写成的）或其他许许多多艰深
枯燥的作品；而是像路易斯·德·格拉纳达修士的《信仰的象征导
论》、圣女特蕾莎的《内心的城堡》（又名《寓所》）、阿隆索·罗德
里格斯神父的《基督徒德行及操守》、胡安·德·皮内达修士的《基
督徒的农业》、路易斯·德·莱昂修士的《基督的名字》……这些作
品和《精神赞美诗》一样，都不是仅仅写给基督徒或天主教徒的，
而是整个人类的遗产，意象丰富、充满理智甚至是幽默感 [①]。

---

① 佩德罗·德·里瓦德内伊拉神父写的《圣伊格纳西奥·德·罗耀拉生平》是一部
实至名归的作品。不过，有关圣徒和圣女的生平传记多达数百部，虽然放到今天已经
不再有教育意义（即激励读者追求圣洁），但依然是妙趣横生的读物，有如历史的明
镜。还有一个事实也不容忽视：通常西班牙语的文艺复兴和巴洛克时期宗教作品不但
大量再版，而且还有欧洲多语种的译本。今天的读者或许会觉得迭戈·德·埃斯特利
亚修士的《百思上帝之爱》不知所云，但在相当长的一段时间内它都是欧洲的畅销书。

230　　百花齐放的宗教文学其实从 14 世纪就开始播撒种子：那就是格列高利一世、圣奥古斯丁和圣文德等作家逐渐问世的译本。新大陆印刷出版的第一本书是圣胡安·克里马克的《升天的精神阶梯》（1532）译本，这个事实意义非凡。卡斯蒂廖内和伊拉斯谟的译本对于世俗散文的作用，就如同基督教经典译本之于宗教散文。译成西班牙语的拉丁语散文通常都不失流畅，有些甚至很优美。比如我们来看 1511 年出版并多次加印的圣奥古斯丁作品的一个段落，其中一个男人在对上帝说话：

> 我爱你爱得太迟了，哦！你是万古常新的美；我爱你爱得太迟了，你在我身内而我在身外，我来这里找寻你……我走遍各处找寻你……我问大地是不是我的天主，他说不是；地面上的一切也说不是；我问海洋沟壑、问其中的鱼虫，他们都回答说："我们不是你的天主……"我对身外的一切说："如果你们知道我的主的情况，请告诉我。"他们高声说："他养育了我们……"

　　这类文学的灵魂人物、也是传统认为的最有代表性的人物是圣女特蕾莎和圣胡安·德·拉·克鲁斯（他们都读过上面这段圣奥古斯丁的作品）。不过，如果将来有一天这类禁欲—神秘主义文学作品的读者群体扩大，他俩的前人和榜样也会随之恢复昔日的光彩，如阿隆索·德·马德里，弗朗西斯科·德·奥苏纳，贝尔纳迪诺·德·拉雷多和迭戈·德·埃斯特利亚；他们的时人和传人亦然：路易斯·德·格拉纳达和佩德罗·马龙·德·柴德以及 17 世纪将贡戈拉精致的语言移植到布道词中的奥登修·菲利克斯·帕拉维奇诺。

231　　与几乎总是散文形式的历史文学不同（诗歌体的历史总让人觉得可信度不高），宗教文学很大一部分都是韵文。几乎找不到哪位 17

世纪的诗人作品中没有宗教诗歌的身影。16 世纪末开始出现宗教专题诗集，而 17 世纪更是层出不穷。这个时期问世的有洛佩·德·维加的《伊西多禄》（圣伊西德罗传说的诗歌化，部分段落写得非常华丽），还有其余近千部作品：有的俗气有的崇高；有的才华横溢，如阿隆索·德·莱德斯马、赫罗尼莫·坎塞尔；有的短小精悍，如阿隆索·德·波尼亚。在帝国富裕的教区内——塞维利亚、萨拉戈萨、马德里、墨西哥、利马等，一年到头还举行文学 - 音乐庆典：在非礼拜性质的早祷上演唱一系列由教堂的乐师谱了曲的村夫谣（此时的村夫谣已经不似第 195 页的那些，而是有了更复杂多样的形式）。对于歌剧的姐妹形式——宗教剧的诞生和成长，西班牙及其美洲帝国没有参与，但他们非常热衷于这种"神圣音乐会"。将当天当地演唱的歌词印在单页纸上甚至成了一门生意。贡戈拉受不同的教堂所托（想必报酬丰厚）写了不少"神圣的"歌词，后来还出现了职业"村夫谣作词者"（胡安娜修女就是其中之一）。世俗与宗教的融合始于 1575 年，以塞巴斯蒂安·德·科尔多瓦神化改造波斯坎和加尔西拉索的作品为开端；这样的融合可谓典型的巴洛克风格。"神化改造"一首世俗诗歌指在尽量保留原诗内容的基础上，只改写必要的部分，从而赋予作品宗教意义。加尔西拉索笔下色情世俗的世界在塞巴斯蒂安·德·科尔多瓦改动下，成了陈列着一尊尊虔诚的圣像的殿堂。（后者认为自己变废为宝。）圣胡安·德·拉·克鲁斯在写《心灵的暗夜》时，脑中想的是奥维耶多笔下皮拉姆斯与西斯贝的寓言，想着陷入爱河的少女夜间趁众人睡着，溜出家门与情人幽会的情节。15 世纪有一首俏皮的歌是打趣某些早熟的女孩的："你还是小女孩（niña），已经懂得爱：／长大后又当如何？"一位僧侣诗人只改了一个元音，就把它变成了一首献给刚出生的耶稣的圣歌："你还是 232 圣婴（Niño），已经懂得爱：／长大后又当如何？"

　　将世俗之物基督教化的做法并不新鲜。早在《教化的奥维德》

（13 世纪的诗歌，曾被智者阿方索用于《世界通史》的写作）中，被
阿波罗追求的仙女达芙妮就被上升到了代表基督教贞洁的形象。但
17 世纪的欧洲没有第二个地方像西班牙及其帝国这样戏说"神化之
物"。洛佩·德·维加非常崇敬的阿隆索·德·莱德斯马一生出版了
一本又一本宗教诗集，其中的诗歌都是"警句"，即文字游戏、俏皮
话、出人意料的比喻，有时甚至踩到了大不敬的边缘。他的《平安
夜的游戏》是真正的游戏：字谜、谜语、以及对年轻人玩耍时歌唱、
呼喊或表演的东西进行的神化改造。巴洛克风格的村夫谣（包括胡
安娜修女的作品），充满了真正的笑话。一位诗人借着 cardenal 一词
既有"瘀斑"之意又可指罗马教会的红衣主教，说耶稣因为在被钉
上十字架之前受到鞭笞而变成了教皇，"因为他从头到脚都召集了
cardenales"[①]。

总结思考

  学者尼古拉斯·安东尼奥（也是"伪简短编年史"的反对者之
²³³一）在 17 世纪下半叶曾列了一份西班牙文学"完整"书目。第一部
分名为《西班牙旧图书目录》，涵盖从奥古斯都时代至 1500 年间的

---

① 任何方面都少不了贡戈拉的例子。在一段献给圣女特蕾莎·德·阿维拉的诗歌
中，因其本名为特蕾莎·德·塞佩达 – 阿乌马达，贡戈拉就联想起阿维拉知名主教阿
方索·德·马德里加尔，15 世纪高产的拉丁语作家，绰号为"托斯塔多"（el Tosta-
do）。于是他一本正经地想，阿维拉的两位杰出作家一个已经"烤焦了"（tostado），另
一个只是"烟熏过"（ahumada）。机智的赫罗尼莫·坎塞尔则借用了贡戈拉所讲的赫
洛与勒安得耳的笑话（见第 206 页），在戏说圣多明戈·德·古斯曼的生平时，提到
圣人受洗时额头上有一颗神奇的五角星，便说"在他过圣水的时候，人们见他额头
estrellado（被撞得粉碎 / 有颗星星）"。显然，这些笑话都颇受欢迎。但 18 世纪的"启
蒙主义者"将这类笑话和讽喻劝世剧一样视为西班牙的国耻。后来的审美标准批判神
圣与世俗的和谐相融。

作品（即包括罗马西班牙、西哥特、阿拉伯、犹太和中世纪基督教作家）；第二部分为《西班牙新图书目录》只包括至 1670 年为止的黄金世纪作品，然而所占篇幅却比第一部分多出许多。这本书与医学、法学等专业技术书一样，都使用国际通用语言——拉丁语写作；路易斯·德·格拉纳达修士用拉丁语写了关于传道艺术的《教士修辞学》，路易斯·德·莱昂修士用拉丁语写了圣经评注和神学专著，马里亚纳神父同样是用拉丁语写了他的史书和多部经济、政治以及我们今天所说的社会学专著。

　　黄金世纪的文学作品只是勉强分为戏剧、诗歌、小说和"散文种种"四类。的确，卡尔德隆几乎只写戏剧，加尔西拉索只写诗歌，格兰西安只写散文；但《狄亚娜》的作者、小说家蒙特马约尔同时也是伟大的诗人，而且既写世俗诗歌又写宗教诗歌；路易斯·德·莱昂的诗作只占他的作品全集寥寥数页，他自己也说，那些诗歌只不过是"年轻时候、甚至是孩提时代在忙碌学习的间隙，随手一写的小作品"；诗人埃雷拉也写过不少散文，尤为值得称道的是他为加尔西拉索的作品写的《评注》，堪称对作品最美丽的致敬；塞万提斯不仅是小说家，也是诗人和剧作家；卢佩尔西奥·德·阿尔亨索拉按古典模式创作悲剧，其弟巴尔托洛梅续写了祖里塔的《阿拉贡王室编年史》，还记述了摩鹿加群岛的征服史；蒂尔索·德·莫利纳是喜剧作家，但也写了意大利式小说和一本施恩会的历史，他本人就是施恩会成员。没有人能说得清究竟有多少种"文学体裁"（私人信件算吗？前言呢？），而黄金世纪确实有作家似乎涉足了各个领域。我们大致可以说，洛佩·德·维加唯一没写过的是流浪汉小说，克维多唯一没写过的是田园小说。

　　黄金世纪文学的空前繁荣与我们的语言在地理上的扩张有莫大　234
关联。这几个世纪里，西班牙及其美洲帝国是不可分割的整体。出生于秘鲁的印加·加尔西拉索与出生于墨西哥的鲁伊斯·德·阿拉尔孔都属于"西班牙"文学范畴的人物。不少西班牙作家都曾在新大陆待过：古铁雷·德·塞蒂纳、胡安·德·拉·库埃瓦和马特奥·阿莱曼在墨西哥；蒂尔索·德·莫利纳在圣多明各；贝尔纳多·德·巴尔布埃纳曾去过墨西哥和波多黎各两地（除了夸大其词的《墨西哥的伟大》之外，巴尔布埃纳还在他非常西班牙的史诗《贝尔纳多》中插入了美洲的逸事）；剧作家路易斯·德·贝尔蒙特·贝尔姆德斯和诗人迭戈·梅克西亚·德·费尔南希尔、马特奥·罗萨斯·德·奥肯多在墨西哥和秘鲁游历；西班牙殖民者试图征服智利的战争期间，阿隆索·德·厄尔西亚在智利生活了七年，这段经历成了《阿劳加纳》一书的养料；塞维利亚修士迭戈·德·奥赫达的《耶稣受难》写于秘鲁；前洛佩戏剧的最后一位代表人物、托莱多人埃尔南·贡萨雷斯·德·埃斯拉瓦所有的作品都写于墨西哥；洛佩派的追随者、墨西哥人胡安·鲁伊斯·德·阿拉尔孔德戏剧都写于马德里[1]；《致法比乌的道德书》的作者安德雷斯·费尔南德斯·德·安德拉达后来定居于墨西哥，最后一贫如洗

---

[1] 佩雷斯·德·蒙特阿尔班在前面提到的卡斯蒂利亚语作家普查中（第194页）称阿拉尔孔的写作"新颖、智慧、奇异（extrañeza），任何一部他的喜剧作品都令人赞叹，无可指摘"。有批评家认为蒙特阿尔班的"奇异"意指阿拉尔孔在马德里被视为异类、外国人、墨西哥人，但这段文字中的 extrañeza 只是表示"超乎寻常的品质"。（波斯坎在翻译《廷臣论》时，将 gran desiderio 译为 extraño deseo，即"不同寻常的渴望"。）阿拉尔孔在马德里确实受到欺凌，但不是因为他墨西哥人的身份，而是因为体型的缺陷：他是驼背。宫廷里的才子们甚至以创作侮辱他的讽刺诗文为乐，其中不少确实巧妙。不过，阿拉尔孔在墨西哥生活也同样受罪，驼背使他事业受阻，也是他搬去西班牙的理由。（除了一处对墨西哥谷排水工程、或者说对开展工程的总督的称赞之外，阿拉尔孔的作品中没有任何墨西哥色彩。相反，洛佩和蒂尔索·德·莫利纳确实喜爱美洲印第安人的词汇，贡戈拉的《孤独》中也闪现"漂亮地赤裸着的印加王 / 身披羽毛的墨西哥人"这样的句子。）

地在这里去世；诗人斯奎拉切王子弗朗西斯科·德·博尔哈在秘鲁生活了一段时间，不过是以总督的身份；厄尔西亚最优秀的弟子佩德罗·德·奥尼亚则在智利出生。1577 年，有人在墨西哥采集了《若干诗歌之花》——其他各地都出过这类不准备出版的诗歌选集，235其中包括了出生在墨西哥的诗人弗朗西斯科·德·特拉萨斯的作品。贡戈拉最出色的效仿者之一——埃尔南·多明戈斯·卡马尔戈是波哥大人，彼特拉克派的诗人迭戈·达瓦罗斯·伊·费格罗阿是秘鲁人，《耐心的赞歌》的作者桑铎瓦尔·萨帕塔是墨西哥人。

　　无论是墨西哥人、波哥大人还是秘鲁人，他们的追赶对象都不是自己的同胞，而是广阔的西班牙语世界的作家们。卡尔德隆的弟子萨拉萨尔·伊·托雷斯 3 岁来到墨西哥，18 岁离开时已经成长为诗人。十四行诗"我的主没有驱使我爱你……"最早的书面证据之一出现在墨西哥，这是合情合理的：印刷和手写的诗歌都在不断的"输入"；胡安娜修女的作品不在墨西哥出版，而是选择了西班牙城市，这也很好理解：只有这样才能走向全世界。

　　"帝国文学"也值得我们好好聊聊。这绝不是说黄金世纪的作家们如镜子一般忠实地反映了帝国的政治状况。加尔西拉索也歌颂战功，胡安娜修女曾将卡洛斯二世奉若神明，但当我们想到他们时，脑子里浮现的并不是这两个主题。"帝国意识"通常表现得较为间接和模棱两可。西班牙帝国只是代表了一种生活方式。（克维多在"给奥利瓦雷斯伯爵–公爵的信件"中公开谈论了费利佩国王们时代的生活方式，将其与古人粗陋淳朴的生活方式进行对比，他说的话和路易斯·德·莱昂修士在另一时期谴责野心和奢侈时不谋而合。）

　　帝国的财富与繁荣以多种方式体现在整个文学世界。首先，富则生闲，个体与群体层面皆是如此。这种闲适可以贫瘠乏味——比如体现为宫廷宴会和狩猎比赛等，但也可以多产而有创造性。在

236 费利佩国王们和卡洛斯二世时期，作为一个真正的帝国，整个西班牙语世界拥有一个庞大的"闲适阶层"：外交使臣、官员、包租人、朝臣、教士尤其是修士和修女。当时的大部分作家都属于这个阶层。圣女特蕾莎和胡安娜修女并不是唯一会写作的修女，爱动笔杆子的修士更是不计其数。这种现象自然是在宗主国最为显著。洛佩·德·维加是教士、宗教法庭的官员、一位大人物的私人秘书或者说淫媒；维亚梅迪亚纳是一位挥金如土的少爷；贡戈拉和鲁伊斯·德·阿拉尔孔能买得起马车。（可怜的塞万提斯虽为官却一直生活窘迫。）"帝国文学"因而意味着一个崛起与扩张的时代的文学。尽管受到意识形态方面的种种限制，黄金世纪的文学仍然是生机勃勃、向外辐射的文学。它最繁荣的顶点不是在查理五世治下，而是在三位费利佩国王时期。前者仍在谋取财富、寻求闲适，后者才迎来了享受的时代。

自然界的精灵——洛佩·德·维加的高产不仅仅因为他的个人才华，也极度依赖一个能去剧场为他的作品捧场的闲适阶层。他和他数不清的传人的戏剧作品不仅仅是单纯的消遣品，也是讲授历史、神话、科学艺术、甚至深奥的神学与哲学概念（比如人性自由的问题）的讲坛。这是一项群体活动。不仅是马德里，大西洋两岸任何一座有一定重要性的城市都有这类戏剧演出。在墨西哥还有人将洛佩和卡尔德隆的作品译成纳华语。1609 年后，被驱逐到摩洛哥的摩里斯科人仍然能背出在西班牙看过的喜剧片段。假如没有这个读书、爱才、需要精神食粮的闲适阶层，这类文学就不会发展到这个程度。可以说，这是一个渴望读书的真正的"资产阶级"——不过从贡戈拉和克维多的讽刺诗来看，他们只是假装对阅读感兴趣。

我们说 16、17 世纪的文学是"帝国文学"，还有一层含义是整 237 个帝国各地的成果本质上都是相似的。没有所谓"墨西哥的"诗歌、

"安达卢西亚的"小说、"秘鲁的"戏剧、"莱昂的"史书；"萨拉曼卡派"和"塞维利亚派"诗歌的划分也相当站不住脚。有且仅有一种文学。自波斯坎之后，加泰罗尼亚文学几乎销声匿迹，而葡萄牙归属于西班牙的时期，很大一部分葡萄牙文学都是西语文学。甚至在此之前，早在 15 世纪，桑蒂亚纳侯爵的好友、葡萄牙的统帅就已经开始进行西语创作，16 世纪则有吉尔·比森特和蒙特马约尔勤奋耕耘。出生地这个"小家"与祖国这个"大家"无法相提并论。确实，今天我们任何一位西语国家的人都可以说黄金世纪的文学是"**我们的文学**"。

　　第一个以历史视角审视我们的文学整体的是美国人乔治·提克诺。他的《西班牙文学史》（1849）是其三十多年阅读与研究的成果，该书对黄金世纪做出盘点后得出如下结论：这个时期西班牙因为在欧洲独树一帜的三种文学"体裁"而格外耀眼：喜剧、流浪汉小说和禁欲－神秘主义文学。这是非常能代表 19 世纪的观点，法国当时的西语学家也会赞同。当我们说起西班牙语民族的人民特点时，总会有这样那样的刻板印象：比如阿根廷都是穿着奇利帕、手拿套索的高乔人；说起墨西哥就是枪林弹雨、贿赂成风，还有歌唱的查罗骑手；说起西班牙就是响板、斗牛、圣周。西班牙语文学也同样给人这样的刻板印象：人们会说"乌拉圭的叙事诗最好"，或是"墨西哥的革命小说最优秀"，他们所认为的"最好、最优秀"是最有价值、最有代表性、几乎是"量身定做的"。这只是一部分人的结论，经不起时间的考验，也并非所有人都认可。奇怪的是，提克诺的这一观点——黄金世纪的精髓在于洛佩和他的传人，在于《古斯曼·德·阿尔法拉切的一生》和其余流浪汉小说，在于《寓所》和《赎罪指南》——却被广泛接受，甚至被奉为圭臬；这导致到了 20 世纪，学者们必须大声疾呼才能让人们明白这种分类毫无依据。（笔者私以为诗歌"位列第一",虽然持这一观点者不在少数,但还是应避免将个人感受上升为既定观点[①]。)

[①] 在提克诺时代的美国大学里,研究法国文学比研究西班牙文学更"时髦"。但提克诺自 1819 年开始任哈佛教授主讲这两门文学课以来,便明显地偏爱"次等"文学。他是第一个去西语国家(他去的是西班牙)旅行的美国人,兜里塞满了美元,采购的不是几本书,简直是几座图书馆。("提克诺西班牙文丛"目前保存于波士顿公立图书馆,藏本极其丰富。)当然,提克诺对喜剧、流浪汉小说和宗教文学的偏爱也有其个人原因在内:作为波士顿的新教徒、同时也是大贵族,这些领域对他来说无疑最"新奇",最能带给他惊喜;何况他还是个发现者、开拓者。值得一提的是他卷帙浩繁的《西班牙文学史》一经问世,不但立即被译成西班牙语,还有德语和法语:德法两国的学术界也在关注我们的语言文化,即"西班牙语语言文化",提克诺的《西班牙文学史》自然是必读的作品。提克诺的观点经后来的史学家延续而流传下来。不过,假如有人问与他同时代的阿图尔·叔本华什么是西班牙文学最优秀、突出、独特之处时,他一定会说是巴尔塔萨尔·格拉西安的作品。

第九章　卡斯蒂利亚语的鼎盛时期（第二部分）

对语言的关注

我们的语法书——即对语言结构和用法的系统性描述——原本在智者阿方索的时代就可以著成，但当时"语法"一词只表示"关于拉丁语的知识"。智者阿方索曾使用"我们的拉丁语"来指自己写作时使用的语言，仿佛在说"13 世纪下半叶我们在卡斯蒂利亚和莱昂王国使用的（进化过、已简化、点缀着阿拉伯语借词的……）拉丁语"。然而这种拉丁语同奥维耶多、圣伊西多禄、图伊的真正的拉丁语毫无共同之处。我们的语言的第一部语法书（实际上也是"通俗语言"或者说现代语言的第一部真正的语法书）是 1492 年安东尼奥·德·内布里哈命人出版的、献给天主教女王伊莎贝尔的《卡斯蒂利亚语语法》。

内布里哈出身卑微，后在意大利尤其是博洛尼亚大学接受教育。正是在这所大学里，他汲取了新的哲学观念和教育技术，并在自己的祖国进行贯彻，向禁锢学生思想的老一套方法宣战。他在自己的一篇序言中说，他去意大利的目的和大部分同胞不一样，他们通常是"为了争取教会的捐款，照搬法律规定，买卖货物"，而自己是去

学习文化，将人文主义研究成果带回西班牙。内布里哈对有关古典
时期的一切都有极大的热忱，他以考古学家的精神考察梅里达的罗
马废墟，并与葡萄牙人埃雷斯·巴尔波萨一起将希腊研究引入半岛。
240 他在萨拉曼卡和阿尔卡拉的几所大学展开教育工作。他迈出了阿方
索十世想都不敢想的一步。事实上，关于卡斯蒂利亚语的知识足以
与拉丁语知识作一番比较，如果后者可以通过语法来表述，那么前
者也未尝不可。内布里哈的指导思想似乎是："拉丁语是这样的，这
很好；但卡斯蒂利亚语是那样的。"不可否认，有时他的解释存在
偏差，将拉丁语现象误当作卡斯蒂利亚语现象；但他所受的人文主
义教育足以让人们原谅他。正是这样严肃、现代的教育使得他能以
这样的方式审视自己的母语。内布里哈远比一位普通的语法学家伟
大得多。他和生活在西班牙、葡萄牙的意大利学者一道，为西语世
界奠定了人文主义的基础。这是一项泛欧洲的对知识的集体追求运
动，引领这项运动的是一个庞大的群体，他们因为希腊语和拉丁语
这两门国际通用的语言而联合在一起，因而安达卢西亚人内布里哈
（他将自己的名字拉丁化为 Aelius antoninus nebrissensis）与荷兰人伊
拉斯谟（全名 Desiderius Erasmus Roterodamus）之间没有任何语言
障碍。

希腊语和拉丁语的语法实为一切文化的源头与基础。将智慧的
语言的用法总结成规则者，保证了它们能永存于时间的长河中。这
种"抹去雕琢""降艺术性"的做法也适用于西班牙的语言；内布里
哈也在他的《语法》一书序言中这样说道：

> 我决定首先抹去对我们的卡斯蒂利亚语的雕琢；如此一来，从今
> 往后用它写作的文字都能保持同样的基调，它便能在未来的时间的长
> 河中无限绵延。我们已经看到，希腊语和拉丁语便是如此，它们降低
> 了艺术性，因而即便经过几个世纪，依然维持统一性。

　　1492 年 8 月 18 日，内布里哈降艺术性的卡斯蒂利亚语语法书在萨拉曼卡印刷完毕；此时，克里斯托弗·哥伦布正朝着未知世界航行。序言中另一个值得特别注意的是这位人文主义者反复强调这样 241 一个观念：语言永远伴着帝国同行（这个观念来自洛伦佐·瓦拉）。内布里哈当然不可能想象得到热那亚航海家将会发现什么，他考虑的是更近在眼前的东西：同年年初，天主教双王这对好战的夫妻从博阿布迪尔王手中接过了摩尔人在西班牙最后的堡垒——格拉纳达城的钥匙；宫中正在讨论应该乘胜追击，把穆斯林在直布罗陀另一侧的北非领土也夺过来，直到拿下耶路撒冷的耶稣之墓。为何不呢？智者阿方索早就有过这个梦想。

　　这恰恰也是红衣主教弗朗西斯科·希梅内斯·德·西斯内洛斯的梦想，而他既是天主教双王的顾问，又是内布里哈的挚友。希腊语和拉丁语能在世界上广泛传播，其背后是亚历山大大帝和尤利乌斯·恺撒这样威名远播的人物。内布里哈深信自己站在新时代的开端，这个时代将见证卡斯蒂利亚语在世界上的传播，他认为天主教双王是亚历山大和恺撒再世，因此武装斗争是必然的。《语法》一书手稿写成后，内布里哈把它呈给伊莎贝尔女王，据他在序言中所说，女王翻阅之后问他"这有何用？"于是：

　　　　尊敬的阿维拉主教①抢走了我回答的机会。他替我答道，待陛下将众多野蛮民族和说着奇怪语言的国家收于麾下之时，既然我们是胜者，他们必然要接受我们的规则，这其中也包括语言规则。这时候我的书就派上用场了。

---

① 即埃尔南多·德·塔拉维拉修士，女王的忏悔牧师。他向女王引荐了内布里哈。——译者注

当初罗马军队就是这样令原本说着奇怪语言的野蛮的西班牙接受了
拉丁语;今天我们也是"将艺术从拉丁语语法中剥离以便解构拉
242 丁语。"①

　　奇怪的是,尽管内布里哈这个隐约的帝国"预言"很快变成了
震惊世人、光辉灿烂的现实,他的《语法》却从来没有起到阿维拉
主教所说的作用。实际上,1492 年之后就没有加印,再版之时已是
18 世纪,而且是出于好奇或博览群书的需求②。同样奇怪的是,西班
牙帝国存续的 3 个世纪里,在西班牙本土写作和出版的语法书寥寥
无几;而我们稍后会说到,在国外出版、适合外国人阅读的西语语
法书却有很多。或许也可以这么说,这三个世纪里,西语世界的人
民说和写西班牙语时都不需要成文的语法规则。

　　16 至 17 世纪在西班牙撰写的关于卡斯蒂利亚罗曼语的文稿中,
最出众的并不是真正的语法书,而是对语言本身的赞歌、尤其是语
言历史研究。如安布罗西奥·德·莫拉雷斯的《西班牙城市古董》;
又如贝尔纳多·德·阿尔德雷特的《当今西班牙所用罗曼语即卡斯
蒂利亚语的起源与开端》,这是对内布里哈起头的话题的拓展。阿尔
德雷特的著作 1606 年在意大利出版。70 多年前,胡安·德·巴尔

---

① 事实上,红衣主教西斯内洛斯 1509 年带领了一支军队,从摩尔人手中成功夺
取了非洲的瓦赫兰港。1571 年,西班牙人重燃收复耶稣之墓这一渴望救世主的梦
想,起因在于基督徒在勒班托对抗土耳其人的战争中获得大捷。这场战役受到费尔南
多·德·埃雷拉和塞万提斯的歌颂和升华(后者还在这场战争中失去左臂,因而人称
"勒班托独臂人")。埃雷拉的好友弗朗西斯科·德·梅迪纳说,感谢这场胜利,"我们
将见到西班牙语以全新的引人瞩目的阵仗,随着我们军队胜利的旗帜深入最远的行
省。"梅迪纳居然已经在想象柏尔人、埃及人、巴勒斯坦人、叙利亚人、土耳其人
和亚美尼亚人都在说西班牙语!
② 相反,内布里哈的两部作品——拉丁语语法书《拉丁语入门》和拉丁语-西班牙
语字典对于墨西哥和秘鲁的"灵魂征服者"大有助益。他们利用这两本书来打造土著
语言的"艺术性"和词汇。

德斯也是在意大利创作了同类作品中最引人入胜的一部——《关于语言的对话》，不过两个世纪后才出版。这部作品也是对卡斯蒂利亚语的全面导论：包括它起源于拉丁语、受到的种种影响（巴尔德斯 243 夸大了希腊语的影响）、与加泰罗尼亚语和葡萄牙语的区别，谚语和文学。对于被问及的问题，他的回答忠于自己的知识和理解，且不止一次承认自己的无知。这种主观化的口吻是作品最大的魅力之一："我会告诉你们，这不是我从哪一门科学中得知的（这不是我获取知识的途径），而是我自己谨慎的推断……"

　　黄金世纪，为母语是西班牙语的人群写的语法书屈指可数。巴尔托洛梅·希梅内斯·帕顿在 1606 年左右出版了《西班牙语文法规章》。另一部更重要的是萨拉曼卡的教授贡萨罗·科雷阿斯的《西班牙卡斯蒂利亚语之术》（1626），它不是为"说奇怪语言的国家"学习西班牙语而写，而是为了让说西班牙语的人了解语言的"规则"。这本语法书远胜内布里哈的那部；后来胡安·比利亚尔的《西班牙语之术》（1651）也受到现代学者的一致称赞。此时，我们的语言已经覆盖了世界上很大一部分地区。科雷阿斯说："它的范围毫无疑问比拉丁语广阔，因为卡斯蒂利亚语曾是且现在仍是整个西班牙共同的语言，而西班牙比意大利大了三分之一；何况，在这 120 年间，它还在西班牙人统治的东、西印度的新大陆行省扩张。全世界几乎没有哪个角落还从未听闻西班牙语和西班牙人的消息。"不幸的是，科雷阿斯这部大作当时止于手稿，直到 1903 年才出版。不过，或许当时没有面世也不失为一件幸事。假如当时有这些规范化的"准则"、即正式出版的学院派语法书，黄金世纪的自由度与创造力必然受其约束。对于我们的语言的稳定、巩固与凝聚力，文学功不可没，而这里的文学可以理解为通过出版而获得传播的所有文字。母语为西班牙语的人群不需要语言学院，便自发地形成了他们的语法规范。

　　诗歌语言的语法书倒是有很多。15 世纪上半叶，恩里克·德·维 244

耶纳就感到有必要写一部《作诗学》。内布里哈的语法书常常参考西班牙诗人语言习惯，这种做法后来也被贡萨罗·科雷阿斯模仿。内布里哈的弟子、诗人音乐家胡安·德尔·恩西纳著有《卡斯蒂利亚语诗歌之术》，并于 1496 年出版[①]。学者贡萨罗·阿尔戈特·德·莫利纳写了一本《论卡斯蒂利亚语诗歌》，并在他 1575 年的那版《卢卡诺尔伯爵》中并入该书（这对于中世纪的作品是至高无上的荣耀）。17 世纪初，不少介绍性的、规定性的或历史性的专著相继面世，如米盖尔·桑切斯·德·利马的《卡斯蒂利亚罗曼语的诗歌艺术》（1580），胡安·迪亚斯·任吉弗的《诗歌艺术》（1592），阿隆索·洛佩斯·平西亚诺的《古诗歌哲学》（1596），路易斯·阿方索·德·卡尔瓦略的《阿波罗的天鹅》（1602），胡安·德·库埃瓦的《诗歌样刊》（1606，韵文），路易斯·卡里约·索托马约尔的《诗歌学识》（1610），弗朗西斯科·卡斯卡雷斯的《诗歌索引》（1617），最后这本大量借鉴了意大利人弗朗切斯科·罗波特罗和安东尼奥·明图尔诺的"古典"学说。

这类专著中最优美的当属费尔南多·德·埃雷拉为加尔西拉索的诗歌写的《评注》，该书只在 1580 年唯一一次出版。相反，任吉弗的《诗歌艺术》多次再版，并不是因为他学识渊博（实则日益陈旧），而是因为其中烦琐的"押韵杂记"即押韵字典能帮助蹩脚的诗人为 ojos、labios 等找到押韵的词。

最后还有一种可以称为"正确书写的语法"，即正字法。我们

245 将在第 308~321 页谈到，16 和 17 世纪见证了中世纪发音方法向现

[①] 恩西纳在书中引用了内布里哈关于西班牙文学成就的名言："比起期待再攀高峰，更应该担心遭遇滑坡。"（见前文第 170 页）并补充道："同样地，我相信我们的诗歌或作诗的方法处于前所未有的巅峰；那么，将其置于某些规则之下去探讨它的艺术，在我看来是一件有益的事情。"

代发音方法的过渡。这期间大量专著和教科书的诞生很大程度上是由于语音的这一变革。第一本《正字法》由内布里哈编写，1517 年出版；之后陆续编写并出版正字法的作家还有：阿莱霍·瓦内加斯（1531）、安东尼奥·德·托尔盖马达（1552 完成，但 1970 年才出版）、佩德罗·德·马达里亚加（1565），费尔南多·德·埃雷拉（他还在为加尔西拉索的诗歌写的《评注》中践行这一版正字法，1580），胡安·洛佩斯·德·维拉斯科（1582），贝尼托·鲁伊斯（1587），弗朗西斯科·佩雷斯·德·那赫拉（1604），马特奥·阿莱曼（1609 年在墨西哥出版），洛伦佐·德·阿亚拉（1611），巴尔托洛梅·希梅内斯·帕顿（1614），胡安·巴乌蒂斯塔·德·莫拉雷斯（1623），贡萨罗·科雷阿斯（1630）。其中改革最彻底的是贡萨罗·科雷阿斯。他的《卡斯蒂利亚语正字法》抹除了中世纪以来惯用的、但已经不符合 1630 年现实的所有词形。科雷阿斯（按照他的体系，应写作 Korreas）写这本书是为了让西语的正字法"摆脱学过拉丁语的人对它的奴役"。honor 的 h 对应于古典拉丁语的一个音素，但在卡斯蒂利亚语中却变得多余；拉丁语词 Christus、theatrum 和 geographia 的 h 影响前面的辅音发音，西语中则不然；拉丁语词 quinta 中的 u 发音，但西语词 quinta 中的 u 却不发音。那么，我们就应该去掉那些无用的字母，"这样我们就轻松地将读音与拼写完全统一，每个字母对应一个音素。"我们别写 honor、Christo、theatro、geographía、quinta，而是改成 onor、Kristo、teatro、xeografía、kinta；别写 hazer（或 haçer）、cielo、querer、guerra、guía、hijo 和 gentil，而是 azer、zielo、kerer、gerra、gía、ixo 和 xentil。科雷阿斯原本甚至打算为此发明出来代替 ll 和 rr 的简化字母铸造特殊字模。（埃雷拉和马特奥的体系整体上更为保守，但也同样会带来印刷方面的问题。）1629 年，科雷阿斯的书出版之前，胡安·德·罗布雷斯学士发表了一篇"审核"拒绝这种改革；没过多久，在他的《文雅的塞

维利亚人》（1631 年完成，但 1883 年才出版）中，他又再次明确表

246 示反对，并摆出支持传统词形的证据（实际上，他的正字法规则与内布里哈的大同小异）。值得注意的是，上述正字法体系基本集中在 1580 年至 1614 年的三十五年间，这正是西班牙语语音变革进行得如火如荼的时期。比如，正是在这个时候不再区分 dezir 的 z 和 fuerça 的 ç，结果西语使用者——无论是否职业作家，都会出现 decir 和 fuerza 这样的"拼写错误"，语法学家们认为亟需在乱象中确立秩序。

实际上，真正统一与维护正字法的是印刷商。1580 年曾出版了一部《印刷艺术的起源与规章及排版整理人总则》（排版整理人后被称为"排字工人"），作者是一个叫阿隆索·维克托·德·帕雷德斯的，他本人是"这门艺术"的教师，更是亲手为这本书做了排版。1593 年萨拉曼卡一位叫吉耶尔莫·弗盖尔的印刷商似乎也做过同样的事——《卡斯蒂利亚语正字法总集》；在此之后，1589 年，后来成为《堂吉诃德》首位印刷商的胡安·德·拉·库埃斯塔似乎也曾亲自排版自己的作品《教授卡斯蒂利亚罗曼语真正正确的发音和拼写之专述》。不过，也有作者故意偏离规范。比如马德里印刷商阿隆索·马丁在克里斯托瓦尔·德·比鲁埃斯的作品集开头便声明："本书的拼写法仅代表作者观点，并非普遍适用于印刷界。"可能是模仿埃雷拉，比鲁埃斯也略去 h 而写作 ermano, umano, oy 等。

与内布里哈的《语法》同在 1492 年问世的还有他伟大的《词典》的第一部分（拉丁语 - 西班牙语），同样在萨拉曼卡出版。这个方面虽有珠玉在前——阿隆索·德·帕伦西亚的《拉丁语及罗曼语词汇全集》（1490），或者说一本拉丁语 - 西语单向词典；但内布里哈不仅编写得更有条理，还添加了第二部分——1495 年左右出版的西班牙语 - 拉丁语部分。不同于《卡斯蒂利亚语语法》，他的这本字

247 典的再版次数多得数不清，且还有整理和扩充。此外，它的作用在于帮助拉丁语和西班牙语的互译，这正是它不断重印的原因。瓦伦

西亚人胡安·洛伦佐·帕尔米雷诺出版了《货币、度量衡与交易词句杂记》（1563）、《人文主义者词表》（1569，"人文主义者"指"文学学生"）和《博学的朝臣》（1573）；他的这些作品既不打算完善词典的详尽度，也并非意在取代内布里哈的字典。一位姓氏为 Turrecremata（即托尔盖马达 Torquemada）的人文主义者模仿帕尔米雷诺的做法，化名为阿隆索·桑切斯·德·拉·巴耶斯塔，出版了一本《卡斯蒂利亚语拉丁语专用词词典》（1587）。这些词语汇编的目的都是帮助学生"地道地"将西班牙语译成拉丁语，从这个意义上说比内布里哈的西语－拉丁语词典要精细得多。现在还差一本字典，能让任何一个需要知道什么是"敕许状""什一税"的人找到用卡斯蒂利亚语写的定义或描述，而不是将它译成拉丁语。这就是后来塞巴斯蒂安·德·科瓦鲁比亚斯·欧罗斯科的《卡斯蒂利亚语或西班牙语的宝藏》（1611）悉数填补的空白；黄金世纪文学的读者人手一本的《宝藏》已经是一本现代意义上的字典，其中包含了大量详细的解释、例句，甚至有百科全书式的信息。科瓦鲁比亚斯基本上立足于当时使用的西班牙语，没有过多考虑将词汇译成拉丁语，但尤其注重词源。该书 1673 年再版，由一位宗教作家贝尼托·雷米西奥·诺伊登斯做了增补。

帕尔米雷诺、"桑切斯·德·拉·巴耶斯塔"和塞巴斯蒂安·德·科瓦鲁比亚斯的字典里都给了谚语很大一部分空间。早在 15 世纪（当时已经出现了包含丰富谚语的作品，如塔拉维拉祭司的作品和《塞莱斯蒂娜》），一位通常被误传为桑蒂亚纳侯爵的匿名者已经收集并整理为一本《老妇围炉谚语集》。16 和 17 世纪出版的谚语集数量超过了语法书和词典。1549 年出版的一本题为《按字母顺序排列、包含四千三百条、迄今为止出版过的最丰富的谚语集》。汇编者为佩德罗·巴耶斯，生于阿拉贡，他对谚语的定义是"古老、常用、简短、微妙、风趣、因转义而隐晦的语句"（不少需要注释讲解）；他还充分地驳斥了"汇集老妇的语句是低俗之事"的观点。"希腊骑士团长"埃尔南·努涅斯（也是内布里哈的同事）收集了超过八千条谚语，在他去世后，1555 年这些谚语被集结为《罗曼语谚语和格言》出版。1568 年，伊拉斯谟派学者胡安·德·马尔·拉纳出版了一部作品，颇有深意地起名为《通俗哲学》；并且，在前言的"感言"中，马尔·拉纳不但将这些简短的警句透出的"通俗哲学"凌驾于书本智慧之上、认为它是最高等的、活跃在百姓的心中和嘴边的哲学，而且还断言"在希腊哲学家诞生之前，西班牙早已留下了谚语的古老印记。"另一位伊拉斯谟派学者，胡安·德·巴尔德斯也曾说在谚语中"卡斯蒂利亚语的纯粹性一目了然"。这个时期的西班牙人对于谚语的偏爱有目共睹。还有好几册汇编集一直未能问世，直到 20 世纪才出版，如塞巴斯蒂安·德·奥罗斯科的《谚语及评注》——又名《谚语、俗语、格言的世界舞台》；又如贡萨罗·科雷阿斯的《谚语和格言列表》，无疑是西班牙语谚语集之中的瑰宝①。

摩尔人与摩里斯科人

1492 年，最后一位摩尔王与家人、随从一道离开格拉纳达，踏上去非洲的流亡之路。这座城市、这个王国的几十万人民都留在原

---

① 在收集谚语的工作方面，伊拉斯谟也功不可没：他是古典时期俗语的汇编者与评注者。他的第一版《俗语集》收录了八百条，但他孜孜不倦地在后续的再版中不断扩充至三千八百条。除了《俗语集》之外，他还编著了古典时期的《格言集》，"格言"指某个人在这样那样的场合说出的值得铭记的、犀利警世的语句，比如已经世俗化、人们耳熟能详的这句：老普林尼常说没有哪本书坏到一无是处。俗语和格言的共同之处在于都为交谈时的话语增色。也有不少西班牙格言的选集，其中最著名的是梅尔乔尔·德·圣克鲁斯的《西班牙格言集锦，西班牙人的智慧和风趣的警句》，1574 年出版后屡次再版和被效仿。格言几乎总是带有解释，谚语也常常如此（即带评注的谚语）；但后者可以"按字母顺序排列"，前者却不可能如此，而是更多地按主题分类。

地，听命于胜利者；但他们的生活依然如故，语言也没有变化，即依然使用阿拉伯语。格拉纳达没有基督徒，莫扎拉布罗曼语中留下的唯一印记只有被阿拉伯语吸收的一些词汇。格拉纳达从未像 10 世纪的莱昂或 12 世纪的托莱多那样有过基督徒、穆斯林和犹太人的共处。

早在 1492 年之前，西班牙的基督教文化就已经和阿拉伯文化分道扬镳。当阿拉伯文化向基督徒生活地区袭来之时，混居在摩尔人中的基督徒（即莫扎拉布人）的命运尚且可以忍受；而如今这种涌入被杜绝，生活在基督徒领土上的摩尔人（即穆德哈尔人）举步维艰。西班牙的基督教越来越拒绝宽容与共存。宗教和政治的双重原因导致阿拉伯的一切不再受到敬仰，而是落得被鄙视嫌恶的地步。一个非常能说明问题的例子是：胡安·德·梅纳在提升语言格调的时候，一方面载入拉丁语词，另一方面小心翼翼地"清除"阿拉伯语词。像我们在第 211~212 页看到的对摩尔人的理想化已经是后来的现象了。

不光是格拉纳达王国，几乎整个伊比利亚半岛在 1492 年都住满了几乎没有或完全没有改宗的摩尔人；慢慢地，他们开始被称为摩里斯科人。应该怎么处理他们呢？这个问题的处理者的答案是：首先让他们改信基督教，然后给他们施压要他们学习卡斯蒂利亚语。不少修士不遗余力地执行这双重任务，比如那位当伊莎贝尔女王问内布里哈《语法》有什么用时抢着回答的阿维拉主教便是其中一员。这位阿维拉主教名叫埃尔南多·德·塔拉维拉修士，没过多久就被任命为首位格拉纳达主教；虽然他回答女王时说到"战败者要接受胜利者的规则"，但很快就发现内布里哈的《语法》根本不起作用。唯一值得立即做的是学习战败者的语言。这个当时已经垂暮之年的老人亲口说"愿意付出一切代价学习这门语言"（他还曾经尝试用阿拉伯语讲经）；他的一位撰稿人——佩德罗·德·阿尔卡拉 1505 年

（也就是在极短的时间内）同样在格拉纳达城出版了《略通阿拉伯语之术》，一同出版的还有《用卡斯蒂利亚语字母拼写的阿拉伯语字典》，这类作品从未有过先例[1]。

原本给格拉纳达开出的投降条件相对来说还算温和，反映了埃尔南多·德·塔拉维拉修士的宽容。这是一位贤明的修士，也深受胡安·德·巴尔德斯等西班牙人文主义者崇敬。刚开始，情况似乎相当乐观，以致许多在 1497 年被驱逐出葡萄牙的摩尔人纷纷来西班牙避难。然而受洗的摩尔人并非心甘情愿，很快就心生不满，这时候就需要强硬的手段了：宗教法庭监视新基督教徒的一举一动，1502 年更是下令驱逐所有拒绝受洗者。六十年来，各地区骚乱不断，最终酿成阿尔普哈拉斯（地处格拉纳达与阿尔梅里亚之间）叛乱。大量越来越制度化的暴行令人心生绝望，从而导致了这场起义，最终在 1569

---

① 请注意这特别声明的 "用卡斯蒂利亚语字母拼写"，也就是说所有的阿拉伯语词汇都用拉丁字母转写。这本字典适用于刚开始了解阿拉伯语，或即将接触阿拉伯语口语的人，编写的理念是当传教士听到陌生的单词时，便翻开它，按照熟悉的字母顺序查找。《略通阿拉伯语之术》这一标题也特别强调了它是为略通阿拉伯语而编写的语法书——能听懂，而不是会书写；这是一本非常基础、但又迫切需要的语法书。自从 1085 年占领托莱多以来，卡斯蒂利亚王室一直都反对强迫摩尔人改宗。可到了 15 世纪末情况就变了，埃尔南多·德·塔拉维拉修士在占领格拉纳达之前，不得不在他的《天主教的责难》中反对强迫改宗，反对摩尔人受到的宗教法庭的迫害，反对改宗的新西班牙人受到的老西班牙人的歧视。塔拉维拉是反对强权、崇尚晓之以理的圣徒。1496 年，他出版了一部《简短教义》，阐述了基督教思想的精髓；后来资助翻译了一本拉丁语的书《谴责古兰经》（1501），用证据 "说服" 人们《古兰经》是假的。他还在格拉纳达为讲道士们组织阿拉伯语课，甚至命人印制了译成阿拉伯语的弥撒和福音节选的小册子。他的努力成果如何我们不得而知，但假如语言的接触也能包括书面的阿拉伯语（况且伊斯兰教本就是一个 "典籍宗教"），他的事业无疑获得了巨大的成功。不幸的是，当时还没有印刷阿拉伯语的技术。无论如何，很快风向就变了：明文规定强制改宗，像《天主教的责难》之类的书被禁；西斯内洛斯红衣主教还命人在格拉纳达的一处广场上烧毁了数千本阿拉伯书籍。

年，被查理五世的私生子堂胡安·德·阿斯图里亚斯大力镇压。费利佩二世将摩里斯科人视作土耳其人的"第五纵队"。土耳其人那些年一直在北非抢占西班牙人的地盘，而摩里斯科人数量庞大。

阿尔普哈拉斯的军事行动不仅严惩了部分同化的摩里斯科人，而且也沉重打击了已经完全基督教化、西班牙化的人群——因为任何一个摩里斯科人都被视作潜在的叛乱分子。贝尔纳多·德·阿尔德雷特曾在《西班牙往事若干》中不无同情地谈到后者，这是驱逐摩尔人之后出版的作品。阿尔德雷特说，许多摩里斯科人的卡斯蒂利亚语和"说得最好的西班牙人一样好"，甚至"谚语迭出、妙语如珠"，"比许多本土的西班牙人更能触及深奥、隐秘的东西"；他甚至说有一位摩里斯科人的语言水平"令人赞叹，我没料到能到如此地步"。他在另一本驱逐摩尔人**之前**出版的书中曾经描述了不同地区摩里斯科人的细节：

> 生活在偏远地区、与基督徒几乎没有接触交流的摩里斯科人不学我们的语言，而是依然使用阿拉伯语；而真正接受我们的信仰、并与旧基督徒通婚的那部分摩里斯科人则放弃了自己的语言。1569 年叛乱后分散在卡斯蒂利亚和安达卢西亚的摩里斯科人与其他人混居，接受了我们的语言，在公开场合只讲、也只敢讲西班牙语（参加过那场战争的为数不多的幸存者会偷偷讲阿拉伯语）。他们的子孙讲卡斯蒂利亚语，而且讲得和说得最好的西班牙人一样干脆利落；不过最顽固的那部分摩里斯科人的子孙总想着说回阿拉伯语。阿拉贡的情况也一样：不熟悉他们的人根本无法将他们与当地人区分开来。在瓦伦西亚王国，252 由于他们生活在自己的聚居地，仍然保留着自己的语言。他们对我们的语言接受程度不高的原因显而易见——那就是对我们与生俱来的反感，我不想再往下说；但我相信这种反感会随时间流逝而消失。伴随他们的恶意（对我们和对我们语言的恶意）一同消失的还会有他们被

排除在名誉和公职之外的现状……

这段话出版于 1606 年。但其中提到的"摩里斯科人问题"几乎没有好转的趋势，于是 1609 年，费利佩三世采取了大规模驱逐的"终极手段"，对于这一举动众多西班牙文人只能默默谴责（那是一段沉默与服从的时期）。还有很多人对此感到痛心，如：阿卜杜勒-阿里姆·佩雷斯，本卡西姆·贝哈拉诺，弗朗西斯科·努涅斯·穆雷和胡安·佩雷斯·易卜拉辛·泰比利；他们已经和"说得最好的西班牙人"一样西班牙化，却也从自己的家园和文化中被连根拔起。1609 至 1614 年间，被驱逐者多达三十万。塞万提斯还曾以同情的笔触描绘过其中一位，即摩里斯科人里科特，说他不但"讲自己的摩里斯科语完全没有问题"，还能说一口"地地道道的西班牙语"。

近年来人们才开始研究用卡斯蒂利亚语创作的大量摩里斯科文学作品，有时候也用阿尔哈米亚语创作（即用阿拉伯字母拼写，有时混合使用正常的欧洲字母）。在两卷阿尔哈米亚语手稿和一卷"正常"文字的手稿中，我们能读到这样一个奇异的故事，故事的主人公易卜拉辛（即先知亚伯拉罕）一路遇到各式人物，其中包括一只青蛙，"站在海里的一块石头上"唉声叹气：

> ……于是易卜拉辛来到青蛙跟前说："青蛙啊！（ya rana）"。青蛙答道："我在等你，仁慈的主的朋友。"于是易卜拉辛又说："是谁告诉你我是仁慈的主的朋友？"青蛙答道："我得到了我主的启示，说我在这里唯一会见到的就是你。"易卜拉辛说："你在这里有多久了？"青蛙答道："一千年。"……①

---

① 那卷"正常"文字的手稿中除了有易卜拉辛的这个故事，还包括一份伊斯兰教节日的日历和一篇经文。这卷手稿被藏在索里亚省阿尔科斯的一栋屋子的（转下页）

（阿拉伯语词 ya 相当于语气词"啊"，在中世纪很常用，《熙德 253
之歌》中也数次出现。）这类文学中有许多优秀的作品，包括反基督
教的论战、讴歌穆罕默德的十四行诗、训诫小说集、加尔西拉索和
洛佩·德·维加式的诗歌，等等；这些作品不全是在 1609 年前写
就，也有部分是在这之后、在突尼斯和摩洛哥的流放地完成的。这
类文学最奇特的例子是一本情色专著——一本真正的用我们的语言
写成的《爱经》。

犹太人和塞法迪人

犹太人的被逐比摩里斯科人早了一个多世纪，或者说恰好在发
生了多件大事的 1492 年。从任何一个角度来看，天主教双王的这个
决定都是纯粹的反犹主义行为。对犹太人的敌意早就"自上而下地"
渐渐加深。天主教双王适时地看到了将宗教法庭（1478 年奉教皇圣
谕成立，1481 年正式启动）并入国家体制的合理性，因此宗教法庭
的法官们最重要的任务就成了迫害"信奉犹太教的"思想和行为。

西班牙的犹太人后来被称为"塞法迪人"（源自 Sefarad，即希
伯来语中对西班牙的称呼），自文学诞生以来就一直用卡斯蒂利亚语
写作。阿方索的许多散文很有可能就是犹太人编写的。从卡里翁的
塞姆·托布，到《塞利斯蒂娜》才华横溢的作者费尔南多·德·罗
哈斯，到了 1492 年，有希伯来血统的西班牙作家名录已经相当丰

（接上页）壁橱里。1658 年（即镇压阿尔普哈拉斯叛乱的前一年），一位旅店主发现
了它，并交给了宗教法庭的法官。另外那两卷阿尔哈米亚语的手稿中还有一首四行
诗："我信仰和依靠安拉；/ 我将身体与灵魂托付于他，/ 离开他我就失去了一切；/ 我
的话千真万确。"我们很容易注意到，16 世纪的这份文献中的语言不像阿尔德雷特和
塞万提斯从摩里斯科人口中听到的那么"地道"。此外，在索利亚写下的文章中还有
像 plorar（llorar）和 plegar（llegar）这样的阿拉贡方言词汇。

富。实际上，长期以来，西班牙的所有犹太人的母语都是西班牙语；不过他们也一直都在犹太教堂中有限度地使用希伯来语，也不乏深入钻研以赛亚和《塔木德》的语言的学者。

254 　　被驱逐者众多，人数或达二十万；同时，留在西班牙的也有不少人，他们要么是早就改信了基督教，要么是在1492年决定受洗。留下的人也从未摆脱"犹太隐教徒"的嫌疑。另外，在西班牙宗教法庭设立了"地方法庭"的所有地区（不是布鲁塞尔和安特卫普，而是墨西哥和利马），但凡流露出一点点信奉犹太教的迹象者都要接受审判。坚守信仰者被活活烧死，其余人即便没有惊动宗教法庭，但也生活在种族歧视的阴影中。摩里斯科人如阿尔德雷特所说"被排除在名誉和公职之外"，而许多有希伯来血统（哪怕只是部分血统）的学者、艺术家和诗人也无法担任社会和教会的要职。15世纪上半叶，曾有两位犹太人出任过布尔戈斯的主教，即巴勃罗·德·圣玛丽亚和阿隆索·德·卡塔赫纳父子，他们同时也是伟大的作家。但路易斯·德·莱昂修士由于身上流淌着希伯来人的血液而曾领教过宗教法庭牢狱的滋味，永远不可能当上主教，也不可能成为修道院的领导者，哪怕他的才干远胜他的同伴们[①]。另一位伟大的西班牙犹太人，胡安·路易斯·比维斯（1492—1540），也是伊拉斯谟的朋友，17岁离开西班牙，之后再也没有踏入这个活活烧死了几位祖先的国度。

　　或许人们从来没有真正怀疑过改宗者的真诚，比如对巴勃罗·德·圣玛丽亚，再如对圣女特蕾莎和马特奥·阿莱曼等犹太人

---

① 路易斯修士被指控的罪名之一是他翻译了《雅歌》：当时禁止《圣经》的罗曼语化，何况他的译本居然还是从希伯来语直接译来的！有一个很好的例子可以说明宗教法官对迫害犹太教有多么"勤勉"：1575年下令审问库斯科的一位圣奥古斯丁教派的修士，仅仅因为他从路易斯修士的译本中抄写诗句。

的后裔。然而就连 converso（改宗者）这个词后来在西班牙语中都成了十足的辱骂，包括它的同义词 confeso（改宗的）和 cristiano nuevo（新基督徒）。后者的负面含义源于与反义词的对比——自 255 豪的 cristiano viejo（旧基督徒）。无论是坎塔布里亚人还是比斯开人，只要是旧基督徒，在面对"低贱的"犹太人时都自认为绅士或贵族。16 和 17 世纪的西班牙帝国内常常能听到 judaizante（信奉犹太教的）、mancha（肮脏）和 tacha（污点）这样的词，后两者显然是与（血统的）纯净相对立。这类词汇中最典型的例子是 marrano（猪，肮脏下流之人），它来源于阿拉伯俗语 mahrán，表示"禁物"；而猪肉对于穆斯林和犹太人来说就是"禁物"，因此 marrano 用来指猪肉——"适用于屠杀的猪"，借着又演变为"穆斯林"和"犹太人"。这个词一直以"犹太隐教徒"之意在欧洲流传开来，最后失去了原本负载的侮辱意味。当时西语国家的人吵架时，爱骂对方是 cornudo、puto 和 judío；胡安·鲁伊斯·德·阿拉尔孔指责克维多时用了这三个词，克维多只用了 judío 嘲笑贡戈拉。皇家语言学院的词典中收录了 judiada 一词："残酷不人道的行为"；有些学者试图把它从词典中删掉，但这么做毫无道理，因为它仍在西班牙使用。

葡萄牙这个基督教国家和摩洛哥、土耳其这两个伊斯兰教国家收留了 1492 年被驱逐的摩里斯科人。然而 1497 年，葡萄牙王室下令"要么受洗，要么被逐"，而且残忍程度较之西班牙有过之而无不及：被驱逐者不能带着年幼的孩子一起离开。于是出现了成批的"改宗者"。不少文人学者搬去了更欧洲化的环境生活（英格兰、波西米亚、意大利的一些属国和低地国家），但还是偏爱用西班牙语写作。有几位西班牙犹太人出生于葡萄牙，16 世纪中期在费拉拉的公爵领地定居。他们在一位人文主义公爵的庇护下，与 1553 年在当地出版了一部《费拉拉圣经》，这是第一部用我们的语言印刷出版

的《圣经》^①，后来对《圣经》的第一位新教徒翻译者（1569）卡西
256 奥多罗·德·雷伊纳大有裨益。他们还出版了 15 世纪的哲学家阿方
索·德·拉·托雷的《愉悦的视野》。他们中有一位名叫所罗门·乌
斯克，"基督徒"名似乎是杜阿尔特·戈麦斯，是首位系统化地翻译
彼特拉克诗歌之人（1567，威尼斯）。17 世纪上半叶——西班牙文
学最辉煌的时期，在法国与荷兰也有三位用我们的语言写作的真正
的经典作家：若昂·平托·德尔加多、安东尼奥·恩里克斯·戈麦
斯和米盖尔·德·巴里奥斯^②。或许还可以加上本尼迪克特（即巴鲁
赫）·斯宾诺莎。斯宾诺莎出生于阿姆斯特丹，其祖先也是西班牙—
葡萄牙的犹太隐教徒。他既不是基督徒也不是犹太教徒，既不用西
语也不用荷兰语写作，而是用拉丁语写了近代哲学史上最重要的著

---

① 稍早之前，1547 年，土耳其的塞法迪人曾在伊斯坦布尔印制了《妥拉》或称
《摩西五经》（即《希伯来圣经》的前五部）的一个译本。开头是这样的："En princip-
io creó Dios a los cielos y a la tierra. Y la tierra era vaga y vazía, y escuridad sovre faces de
abismo, y viento de el Dios esmoviéndose sovre faces de las aguas. Y dixo el Dios 'sea luz',
y fue luz."（起初神创造天地。地是空虚混沌。渊面黑暗。神的灵运行在水面上。神
说，要有光，就有了光。）"其中所有语言文字上的别扭原因在于这是对希伯来文的逐
字逐句的翻译。

② 平托·德尔加多出生于葡萄牙，1624 年（即 44 岁时）离开葡萄牙去鲁昂生活，
后来搬去阿姆斯特丹并改名为摩塞，用西班牙语写作。恩里克斯·戈麦斯出生于昆
卡，1635 年（即 35 岁时）逃去波尔多，后搬到鲁昂。他是西班牙的敌人——红衣主
教黎塞留的代理人，宣传支持葡萄牙的独立。1649 年回到西班牙后定居于塞维利亚，
潜心从事喜剧创作，并化名为费尔南多·德·萨拉特。1660 年，宗教法庭不知道他
的下落，便烧了他的"塑像"（也就是说烧了一个代表他的人像）；但 1661 年他的身
份暴露，因此被关押直到 1663 年在狱中过世。巴里奥斯出生于蒙蒂利亚（科尔多瓦
省），1650 年（即 15 岁时）逃往意大利，后来也搬去了低地国家；在布鲁塞尔的他
作为西班牙社区中一员，一直平安无事，但他在阿姆斯特丹时尤其爱在人数众多的犹
太人社区活动，在这里却遇到了麻烦。他化名为丹尼尔·莱维，努力当一个优秀的犹
太人，但始终未能如愿，拉比还审核过他的好几部作品。无论是他还是恩里克斯·戈
麦斯都无法抹去年轻时期基督教文化留下的印记。

作之一。毫无疑问，驱逐犹太人对西班牙语文化意味着巨大的损失。

无数犹太人安居在北非和广阔的奥斯曼帝国领土上（包括土耳其、巴尔干半岛、小亚细亚），他们从来没有忘记过哺育自己的语言，虽然也是驱逐自己的人所使用的语言。这种特殊的存活方式，再加上犹太西班牙语（也称为塞法迪语或拉迪诺语）比如今任何一种样式的西班牙语都更好地保留了内布里哈时代的语言特征，引起了现代学者的关注。北非的犹太西班牙语受到了阿拉伯语和现代西班牙语的影响；东部的塞法迪语中虽然夹杂了不少土耳其语、希腊语甚至斯拉夫语词汇，但最基础的语音和词汇并没有改变。塞法迪 257 人的民间艺术也基本同西班牙人。自 15 世纪起有些谣曲通过口传保留下来，有的歌谣非常优美，比如下面这段诗歌开头：

> 人们叫我黑妹，
> 我出生时雪白；
> 是夏日的阳光
> 将我变成这样：
> 皮肤黝黑讨喜
> 眼睛乌黑（*mavromatianí*）。

最后这个 mavromatianí 是希腊语，意为"黑眼睛的"。塞法迪人也有许多谚语，有的是古谚语，有的是从古谚语演变而来，如"El ojo come más muncho que la boca（眼睛比嘴巴胃口大）"，"Arremenda tu paño, que te ture un año; arreméndalo otruna vez, que te ture un mes（补一次衣服能再穿一年；第二次补只能穿一个月）"，"Café sin tutún, hamam sin sapún（喝咖啡不抽烟就等于洗澡不用肥皂；hamam 指土耳其浴）"，"Todo tenía Salomonico: sarna y lepra y sarampionico（屋漏偏逢连夜雨）"。

直到 1939 年之前，在伊斯坦布尔、布加勒斯特和萨罗尼加这样的城市里都有印刷所印制西班牙语的畅销书和小册子、历书、普通报纸（包括消息、社论和广告），有时用希伯来语字母拼写，有时是拉丁字母拼写，但都是西班牙语。（当然是根据近现代的现实需求调整过的西班牙语，包括了不少来自罗马尼亚语、意大利语尤其是法语的借词。）比如下面这篇 1894 年发表在伊斯坦布尔的《电报》上的"阿尔哈米亚语"的社论（用希伯来字母拼写）：

> 既然是由我们出品，我们首先必须努力做到的是让我们的读者看懂，因此我们常常使用西班牙语词汇和句式。我们不奢望能完美地书写塞万提斯、卡尔德隆、洛佩·德·维加的语言；我们的愿望很朴素，只是希望能净化自己的语言，使之越来越西班牙化。

258　　　多么令人感动的努力。然而这位社论撰稿人过于谦逊，没有发现《电报》这类报刊真正的价值在于，它的语言应该贴近读者，而不是贴近塞万提斯。他们的语言之所以没有"越来越"西班牙化，很大程度上是由于西班牙直到近代，都没有表现过一丝愿意向塞法迪世界靠近的姿态 [1]。

---

① 世界塞法迪人联合会主席所罗门·加翁 1990 年获得阿斯图里亚斯王子奖时，在其获奖感言中说道："Ay historianos que demandan porké los Djidiós refugiados in Espania nunka olvidaron de su vieyo país y nunka desharon de tener un amor filial para Espania. Ay solamente una respuesta: de todas las diásporas in kualas bivían dispersos el puevlo de Israel, solamente in Espania se kreó una époka de oro. No komo in las otras diásporas, in Espania los Djidiós no eran konsiderados komo una menoría estranjera, pero komo una parte integral i buen integrada en el país iberiano. Por esto se sintieron muy dolorozos kuando los izieron salir de la tierra onde bevían kasi dos mil anios... Para mozotros los Djidiós, Sefarad mos aze rekordar el tiempo kuando nuestros padres bevían in Espania, en la kuala ombres i muyeres praktikando kultos diferentes, djidió, kristiano i musulmán, formavan una（转下页）

土耳其、希腊、罗马尼亚和保加利亚的塞法迪人群后来遭到了纳粹的镇压。逃过大屠杀的塞法迪人的语言并不是存活在西班牙语美洲或西班牙本土（否则必然被现代西班牙语同化），而是在现代以色列国和美国的许多城市；不过在希伯来语和英语的压力之下，似乎也难逃消失的命运。

新大陆

1492 年的另一件大事是发现新大陆。或许埃尔南多·德·塔拉维拉修士在回答伊莎贝尔女王之时，已经想到了哥伦布的航行，只不过当时人们对于这个计划能否成功并没有把握。然而，在那三艘船上，哥伦布或许是最不适合向他遇到的"野蛮和说着奇怪语言的民族"传播语言的一位。他的葡萄牙语都说得比西班牙语好。想来 259 也很奇妙：我们的海洋远征军司令与美洲印度安人初次接触时说的语言居然是阿拉伯语！（结果自然是失败。）实际上，哥伦布以为他一路西行最终到达的终点是香料群岛（今印度尼西亚），后来葡萄牙人绕过非洲继续向东才来到此地；他知道伊斯兰国家和这个远东国家贸易往来频繁，还特意在第一次航行期间带了一位阿拉伯语的

（接上页）komunitá, en dando un eshemplo de ermandad i konkordia..."（"有些历史学家一直想弄明白为什么在西班牙避难的犹太人在永远不忘故国的同时，对西班牙也怀着深入骨髓的爱。唯一的答案是：在以色列民族一次次分散而居的生活中，只有在西班牙没有被视为外来的少数族裔，而是这个伊比利亚国家完整的且高度融入的一部分。正因如此，当他们被驱逐出这片生活了将近两千年的土地时才会感到格外痛苦……对于我们犹太人而言，塞法迪语让我们想起我们的父辈生活在西班牙的日子，那时候男男女女可以有不同的信仰：犹太教、基督教或伊斯兰教；他们共同生活在一起，是友爱与和谐的典范。"）加翁先生这番话有些言过其实，不过在正式典礼中也无可厚非。这篇讲稿的文字几乎是完全表音的，这让我们看到塞法迪人是如何保留古西语的音素 j（djidiós 即 judíos），x（eshemplo），浊音 s 和 j/g（ǧ）。

翻译 ①。

　　总之，塔拉维拉的回答从某种方式上预示着科尔特斯和皮萨罗的出场。这位修士—主教说被征服的民族"需要接受"征服者的规则，"其中包括"他们的语言。只不过贪婪而急不可耐的西班牙征服者等不及被征服者们感受到这一需求，就抢在他们之前巧言令色地声称自己拥有推行法则的绝对"权利"。西班牙编年史作者们提到佩德罗·阿里亚斯·达维拉通常用"训练有素的猎犬和斗牛犬""驯260化"印第安人：抓到印第安人后（他从不失手），"让狗剥了他的皮扒出内脏，想吃什么就吃什么。"亚历山大·冯·洪堡在他的一本书中感叹连那几条狗（著名的比如"贝塞利约"及他的儿子、继任者"莱昂西科"）的生活和功劳都记录得比哥伦布的资料详细，哥伦布身上还有诸多未解的谜团。这种残暴的推行法则的方式主要在加那利群岛实施，是被哥伦布的同伴们在第二次航行时带去了新大陆。在他们以及许多后人眼中，印第安人不是与他们作战的对手，而是

---

① 这位海洋远征军司令第一次航行时的日记记录了从 10 月 12 日出发后他一路上的所想所感：找不到香料和金银财宝（这才是最重要的）的沮丧、对于之后能顺利找到的期望、面对欧洲人从没见过的人类的奇怪和不解、以及见到新岛屿的自然环境时的诧异："许多树和我们的完全不同，如同白天与黑夜之别；水果、花草、石头、一切都不一样。"另外，"鱼也和我们的不一样，长得非常奇特，像公鸡一样长着彩色的斑纹，颜色漂亮得"人人都要停下来打量赞叹一番"。相反，后来的埃尔南·科尔特斯就更乐于突出他入侵的这片新大陆与西班牙的相似之处：伊斯塔帕拉帕酋长的"房子很新，和西班牙最好的房子一样好"；科萨拉"有很好的楼房，据说比西班牙的还要好"；其中"有一个要塞比布尔戈斯的堡垒更好、更结实、盖得更好"；特诺奇蒂特兰"和塞维利亚一样大"，广场"有萨拉曼卡城的广场两倍那么大"；特拉斯卡拉"比格拉纳达更大更坚固"；在墨西哥"出售很多种棉线，很像格拉纳达的丝绸市场，不过后者规模要大得多"；还出售"西班牙能找到的各种颜色的涂料"；"有很多种水果，樱桃和李子与西班牙的很相似"；"这里也有卡斯蒂利亚人称脚夫的扛东西的苦力"；甚至在乔卢拉"也有很多穷人……像西班牙的穷人那样乞讨"。因此，被他征服的这片领土就顺理成章地叫作"新西班牙"。

被他们猎捕的野兽。

　　1514 年左右，佩德罗·阿里亚斯·达维拉也是"指令"的首批执行者之一，所谓"指令"是胡安·洛佩斯·德·帕拉西奥斯·卢比奥斯博士刚刚制订的正式的法律条文。每到一处，佩德罗·阿里亚斯都会勒令当地居民立即承认三圣一体和教皇授予西班牙国王的权利，教皇代表着世界的主人、即上帝。如果不接受规定，就会招致屠杀和掠夺的"正义之战"：

> 　　假如你们不照做或者恶意拖延，我可以向你们保证，上帝会支持我与你们为敌，尽我所能四处开战……我会带走你们的妻儿把他们变成奴隶……我会拿走你们的财产，尽我所能伤害你们……我必须声明，由此而造成的死伤都是你们自食其果，绝对与陛下无关，不是我们的错，也不是随我一起来的这些先生们的错。

这就是印第安人与卡斯蒂利亚语的初次接触，他们自然不可能立即表示同意。他们怎么可能听得懂这样的指令呢？连费尔南德斯·德·奥维耶多都曾在 1524 年说"这指令就算是看都看不懂"。

　　恶犬和"指令"这两个事件代表征服中的邪恶面。公正的那 261 一面首先必须提到的就是反对这种暴力与虚伪的人群。奥维耶多本人曾在查理五世面前控诉这两种暴行；加上他曾经羞愧地以佩德罗·阿里亚斯的名义向印第安人念过指令，便更坚信自己的控诉是正义的。（他还讲述了自己后来是如何向佩德罗·阿里亚斯汇报的："先生，我觉得这些印第安人并不想从规定中听取神意，您也找不到能让他们听明白的人。不如您派些守卫抓一个印第安人关在笼子里，让主教大人教他，让他慢慢学。"）和奥维耶多站在一起的还有拉斯·卡萨斯和许多维护印第安人的西班牙人，他们毅然将人类的尊严放在首位，反对那些将印第安人当牲畜一般肆意虐待的人。除此以外，支持奥维耶多的还有众多修士。他们几乎从一开始就在从事埃尔南多·德·塔拉维拉修士曾指出的完成征服大业后最紧迫的任务：学习战败者的语言，先与他们交流，再传授他们基督教教义。在这方面尤其投入的是方济各会和多明我会，后来圣奥古斯丁教派和耶稣会也加入进来。

这项任务的发起人是方济各会修士佩德罗·德·根特，他不但和查理五世一样出生于根特，而且还和他是近亲（佩德罗修士是非婚生子）。16 世纪中期，墨西哥真正的大教堂不是西班牙人那间"又小又丑、破烂寒酸的"教堂，而是土著居民的圣何塞教堂。这座教堂由七个互相贯通的中殿组成，并连通了一个巨大的庭院。中殿可容纳一万人，庭院可容纳七万人。胡安·德·祖玛拉加，墨西哥的第一位主教，也是将印刷术引入新世界者（1532）；他出版了好几部西班牙语的《基督教教义》，这样传教士们手头就有清晰阐述基督教教义之精髓的文本，他们用印第安人的语言进行布道时便能以此为基础。祖玛拉加的这些教义带有明显的伊拉斯谟主义色彩。墨西哥西班牙化的第一个世纪里出版了众多书刊，其中有一半都是各种语言的"艺术"（即语法），用于当地语言和西班牙语之间互译的《词表》，用土著语言编写的《基督教教义》；此外还有许多教印第安人做忏悔的手册、祈祷书、给儿童看的便览和小读物。方济各会修士阿隆索·德·莫利纳和马图利诺·吉尔维尔提分别是纳华语和普雷佩查克语的专家，他们编写了语法书、词典和教义。在美洲的其他地区都没有这样的出版行为。（比如秘鲁使用的语法书、词典和教义一开始都是在西班牙印制的，因为印刷术直到 1582 年才传入利马。）

征服美洲的光明面可以写整整一本，在此无须展开；它的阴暗面也毋庸赘言。有句精心雕琢的十一音节诗句很好地概括了西班牙爱国者们的评价，不妨一听："犯罪的是时代，不是西班牙"。不过，我们还是应当强调美洲征服的双重性，也是西班牙人生命观的双重性：一方面粗暴而狭隘（尤其是与意大利人相比而言），另一方面又沾染了人文主义色彩；在征服史的头一个世纪里，这一人文主义色彩不仅表现为宽厚仁慈的品质，还表现为分享与交流的愿望。虽然有佩德罗·阿里亚斯这样的原始粗暴之徒，但从一开始就有巴斯克·德·基罗加这样的文明人和教化者；虽然有佩德罗·德·阿尔瓦拉多这样盲目的破坏者，但也有安东尼奥·德·门多萨这样关心公共利益者；虽然有出于宗教热忱而焚烧大量手抄古籍的教士（这是效仿西斯内洛斯的做法），但也有贝尔纳迪诺·德·萨阿贡这样研究和保存前西班牙时期生活的修士；虽然有科尔特斯和皮萨罗这样的征服者，但也有佩德罗·德·根特，莫托里尼亚和拉斯·卡萨斯这样的导师和守护者。能得到美洲居民回应的"规则"是他们能理解的"规则"，不是靠勒令，而是邀请。

　　新世界的西班牙化与伊斯帕尼亚的罗马化和西班牙的阿拉伯化呈现出一定的相似性。与当初的罗马人和阿拉伯人一样（但与西哥特人和在美洲其他地区殖民统治的英国人、法国人和荷兰人不同），西班牙征服者和移民从一开始就与被征服者有种族上的融合；这种血统上的融合无疑是传播西班牙语言文化的最有利因素。罗马人以令人震惊的速度完成了整个半岛除巴斯克地区以外的拉丁化，公元后的头几个世纪，西班牙作家写作时用自己的拉丁语，根本不需要借用意大利人的拉丁语；摩尔人使得西班牙深度阿拉伯化，13 世纪起，不少西班牙人不但接受征服者的信仰，还自发地学习讲和写阿拉伯语，并且语言水平与巴格达人和开罗人不相上下。在美洲历史上，尤其是在墨西哥和秘鲁，有大量资料显示印第安儿童在专门为他们而建的学校里轻松从容地学习西班牙语。征服的第一个世纪里还涌现出一批有美洲血统的作家。比如秘鲁的费利佩·瓜曼·波马·德·阿亚拉和印加·加尔西拉索·德·拉·维加；墨西哥的埃尔南多·阿尔瓦拉多·特佐佐莫克，费尔南多·德·阿尔瓦·伊斯特利尔索奇特尔和迭戈·德·巴拉德斯修士 [①]。16 世纪末，西班牙语美洲国家的国语已经在整个新大陆扎根。

然后，好景不长。17 世纪中期，美斯蒂索人已经无法再接触文化，土著人的生活无依无靠。无论是新大陆的基督教化还是西班牙化始终都没有真正完成。在西班牙本土，埃尔南多·德·塔拉维拉修士和他的合作者的任务已经不算简单，这还只是学习一门语言——阿拉伯语。可美洲的语言有数百种，传教士最初的热情开始冷却，因而大多数土著语言都没有语法书、字典或基督教教义。费利佩二世时期在墨西哥的大学里设立的纳华语和奥托米语讲堂并没有起到多大的作用。另一方面，16 世纪下半叶在利马和墨西哥召开几次主教会议后，主教们对印制土著语言教义的效果得出了悲观的结论。土著居民不可能担任祭司（更不可能任主教），因此需要不停出现懂各种语言的西班牙本土或美洲土生白人布道者，但不幸的是，最初的那份宗教热忱到了世纪末已经衰退。墨西哥和秘鲁总督区的主教们决定"派人教印第安人卡斯蒂利亚语；因为经过一番费劲的尝试，已经发现即便他们自己的语言再好，也没法完全正确、恰当地传达天主教信仰的秘密，总是难免出现差池。"然而这个彻底的西

---

① 迭戈修士的情况很特别。他的母亲是印第安人，父亲是西班牙人，他从小在基督教氛围浓厚的家庭环境下成长，后来加入方济各会。他的美斯蒂索人身份是一股特别的力量，让他认识到通过语言劝导使印第安人皈依基督教的必要性，为此他写了一部"布道的艺术"。既然要在世界范围内进行劝导，那么他就用世界通用语言写这本书，也就是拉丁语。作品名为《基督教修辞学》，1579 年在意大利佩鲁贾印刷出版。他在扉页上举了很多例子，"这些例子主要出自印第安人的历史；因此读者不但购得了教义，还能获得巨大的愉悦。"和印加·加尔西拉索一样，迭戈修士脑中和心中装着的都是母亲给他们讲述的历史。（这本有趣的书难免会被拿来与路易斯·德·格拉纳达修士的《教士修辞学》作比较，后者也是用拉丁语写作，1576 年在里斯本出版。）

班牙化只不过是美好的愿望①。

16 世纪的美洲呈现出的景象引发了人们的遐想。西班牙征服者 265
和移民蜂拥而至，在整个美洲大陆散布开来。他们最主要的动力自
然是对财富的渴望。一部分人确实成功了。有个叫弗朗西斯科·诺
盖洛尔的 1534 年来到秘鲁总督区，先在智利游荡，后在阿雷基帕
定居。1555 年回西班牙后，在自己的家乡梅迪纳德尔坎波盖了一
座豪华气派的房子。他是典型的"在秘鲁发财后衣锦还乡的西班
牙人"（perulero）或者说"美洲淘金者"（indiano）。美洲西语中一
下子涌现出许多用来形容这类人的词语，如 baquiano、chapetón 和
gachupín。圣女特蕾莎的七位兄弟姐妹来西印度是为了谋生，第 237
页也提到不少作家出于同样的原因来到美洲。其中两位——罗萨
斯·德·奥肯多和梅克西亚·德·费尔南希尔都先后在秘鲁和墨西
哥总督区生活过。美洲各地区之间的人员交流非常频繁②。

---

① 费利佩四世时期曾决定教土著人西班牙语，但从来没有郑重地实施。1769 年，
正好是科尔特斯到达韦拉克鲁斯二百五十年后，一位墨西哥的大主教弗朗西斯科·安
东尼奥·德·洛伦萨纳援引 16 世纪末美洲教士会议的结论，禁止他的神父和教区牧
师用土著语言讲授教义，还要求他们在同印第安农民的日常交往中也使用西班牙语，
"这样他们就能在交易、经贸往来和市场上（他们称之为 tianguistlatolli）自然地学习
和说出西班牙语"。洛伦萨纳这么做其实有私心：主教们必须和农民对话，但他负责
那么大一个教区，总不能要求他学习那么多种语言吧：纳华语、奥托米语、瓦斯特克
语、托托纳坎语、马萨瓦语、特佩华语、萨波特克语、塔拉斯卡语等数不尽的土著
语。在距离墨西哥城几里路的夸奥蒂特兰和塔兰潘特拉，同时需要西语、纳华语和奥
托米语三种语言的布道者。洛伦萨纳和此前远在马德里的西印度事务委员会的先生们
一样异想天开。后者曾在 1596 年起草了一个签发给秘鲁总督的"指令"，禁止印第安
人使用自己的母语；幸好费利佩二世明智地否决了这一提议。西班牙只有巴斯克语这
一门前罗马时期幸存下来的语言，但西语美洲却有数不清的前西班牙时期语言。
② 我可以举两个很小的例子，但足以说明这一情况：1690 年左右，一位秘鲁的先
生给胡安娜修女寄去了几只智利制造的瓷花瓶；1697 年，一个西班牙人在阿卡普尔科
向一位意大利旅人乔万尼·弗朗切斯科·杰米利·卡雷利展示巴拉圭马黛茶的美味。

正如伊比利亚半岛的地图先是布满了罗马地名、而后是阿拉伯地名，美洲地图上也满是西班牙地名：Santa Fe（圣塔菲）、Laredo（拉雷多）、Monterrey（蒙特雷）、Durango（杜兰戈）、Compostela（孔波斯特拉）、Guadalajara（瓜达拉哈拉）、León（莱昂）、Salamanca（萨拉曼卡）、Zamora（萨莫拉）、Lerma（莱尔马）、Córdoba（科尔多瓦）、Valladolid（巴利亚多利德）、Mérida（梅里达）、Trujillo（特鲁希略）、Antequera（安特克拉）、Granada（格拉纳达）、Cartagena（卡塔赫纳）、Santander（桑坦德）、Segovia（塞戈维亚）、Málaga（马拉加）、Medellín（麦德林）、Guadalupe（瓜达卢佩）、Aranzazu（阿兰萨苏）、Lérida（莱里达）、Cuenca（昆卡）……其中不少地名还在不同国家重复出现。稍微有点规模的省份就叫 Nueva España（新西班牙）、Nueva Galicia（新加利西亚）、Nuevo León（新莱昂）、Nueva Vizcaya（新比斯开）、Nueva Extremadura（新埃斯特雷马杜拉，位于墨西哥）、Nueva Segovia（新塞戈维亚）、Castilla del Oro（黄金卡斯蒂利亚，在中美洲）、Nueva Granada（新格拉纳达）、Nueva Andalucía（新安达卢西亚）、Nueva Córdoba（新科尔多瓦）、Nueva Extremadura（新埃斯特雷马杜拉，南美）。连菲律宾的地名也不例外：Nueva Cáceres（新卡塞雷斯）、Nueva Écija（新埃希哈）、Nueva Vizcaya（新比斯开）。征服者们的守护神圣地亚哥的名字也在许多地名中出现，通常与美洲的地名结合在一起：Santiago de Cuba（古巴的圣地亚哥）、Santiago Papasquiaro（圣地亚哥－帕帕斯基亚罗）、Santiago Ixcuintla（圣地亚哥－伊克斯库因特拉）、Santiago Zacatepec（圣地亚哥－萨卡特佩克）、Santiago Jamiltepec（圣地亚哥－贾米尔特佩克）、Santiago Atitlán（圣地亚哥－阿蒂特兰）、Santiago de Chuco（圣地亚哥－德丘科，塞萨尔·巴利霍的出生地）、Santiago de Cao（圣地亚哥－德考）、Santiago de Pacaraguas（圣地亚哥－德帕卡拉瓜斯）、Santiago de Chocorvos（圣地亚哥－德乔科

尔沃斯）、Santiago de Huata（圣地亚哥－德瓦塔）、Santiago de Chile
（智利的圣地亚哥）。还有很多与宗教相关的地名：San Juan de Puer-　266
to Rico（波多黎各的圣胡安）、San Francisco（圣弗朗西斯科）、Los
Ángeles（洛杉矶）、Santa Ana Chiautempan（圣安娜奇奥特姆庞）、
San Pedro Xilotepec（圣佩德罗希洛特佩克）、San Antonio del Táchi-
ra（圣安东尼奥－德尔塔奇拉）、San José de Cúcuta（圣何塞－德库
库塔）、Asunción del Paraguay,（巴拉圭的亚松森）、San Miguel de
Tucumán（圣米格尔－德图库曼）、Concepción de Chile（智利的康塞
普西翁）……1813 年，墨西哥修士塞尔万多·特蕾莎·德·米尔曾
抱怨地名中这么多圣徒的名字，"让人搞不清地方，将美洲地理变成
连祷和教历，妨碍了散文的写作，难以发挥美洲缪斯的美。"

人文主义和反人文主义

　　16 和 17 世纪的西班牙语文化可能是整个近代文化中最有争议、
最具冲突、也是最令人兴奋的文化。我们无法面对宗教法庭的篝火
无动于衷，也不可能面无表情地读完《堂吉诃德》、一点都没有被它
的幽默与和谐吸引。与其面面俱到地评判，或许更有用处的做法是
通过陈列简短的资料，从语言史的具体角度让读者了解光明与黑暗
在西班牙语的土地上展开的较量。"光明"表现为对自由的渴望、对
人性的开放、对文明与进步的信仰；"黑暗"的表现则是专制主义、
对一切新事物绝对的排斥、对既得利益顽固的维护。这种在任何时
期任何社会都存在的斗争，在西班牙语世界里具有独特的表征。
　　光明的首席代表是文艺复兴的人文主义，它有两种主要表现，
一个来自北欧（伊拉斯谟派），一个出自意大利；两者刚被西班牙接
受便很顺利地融为一体（这一点与意大利不同，在意大利几乎找不
到伊拉斯谟思想的坚定拥护者。）伊拉斯谟派学者胡安·德·巴尔

德斯是加尔西拉索的好友，后者请好友波斯坎将卡斯蒂廖内的《廷臣论》译成西语，这本书教育了成千上万的欧洲读者。波斯坎和加尔西拉索给卡斯蒂利亚语诗歌带来了一场深入的变革，他们不但采取意大利诗歌的韵律结构，更是完全吸收了人文主义的观念。再者，伊拉斯谟与意大利学者同样热爱希腊和罗马文学（不过伊拉斯谟偏爱伦理学家和史学家，意大利人则更看重演说家和诗人）。胡安·德·巴尔德斯翻译了部分希腊语的《圣经》，加尔西拉索会用拉丁语写诗。

　　红衣主教西斯内洛斯是查理五世成年之前西班牙政坛的真正掌权人，他曾在 1516 年给伊拉斯谟提供了一个职位。伊拉斯谟拒绝了，一方面是因为要忙自己的事，另一方面是他觉得西班牙太野蛮。然而这一年恰恰是西班牙掀起对伊拉斯谟作品翻译的高潮之时，其规模在欧洲独一无二。两年前，即 1514 年，阿尔卡拉大学的印刷工阿尔纳奥·纪廉·德·布洛卡尔出版了《新约》最早的希腊语版本①，卷本的厚度令欧洲他国眼红。阿尔卡拉大学 1508 年由西斯内洛斯亲自创办，是 16 世纪上半叶现代思想理想的家园。她的创新势头还感染了萨拉曼卡大学（尽管这所成立于 12 世纪的大

---

① 《新约》是《康普鲁顿合参本圣经》的最后一卷（康普鲁顿"Complutum"是罗马人对阿尔卡拉的称呼），但却是最先印刷的。希腊语的原版还附带《武加大译本》，即圣哲罗姆所做的拉丁文译本、也是十个世纪以来基督教唯一的圣经资源。两年后的 1516 年，伊拉斯谟也出版了他自己的希腊语版《新约》，并附带变革一新的拉丁文版。不过伊拉斯谟版的希腊语印刷水平不如阿尔卡拉的版本，专家们一致公认后者是有史以来印制最精美的版本。《康普鲁顿合参本圣经》（1515—1517）的前几卷也包括了《旧约》，它的排版非常复杂——读者翻到任何一页都会发现有六段文字：1）希伯来语原版；2）古迦勒底版；3）希腊化的犹太人公元前 3 世纪在亚历山大港完成的《七十士译本》（这部分的希腊语字体非常小，印制技术没有《新约》部分那么考究）；4）圣哲罗姆的《武加大译本》；5）古迦勒底版的拉丁文对照译本；6）希腊语版的拉丁文对照译本。

学与旧时代还有千丝万缕的联系）。这是西班牙语文化史上风光无
限的时刻。生活在卡斯蒂利亚的意大利人文主义者的努力纷纷结出
果实，如皮特·马特·德·安杰拉和卢西奥·马里诺·西库洛；在
葡萄牙也有卡塔尔多·阿基拉·西库洛这样的人物。皮特·马特很
庆幸自己移居到了这片渴望知识的人文主义处女地。他说假如留在　268
意大利，他或许只是雄鹰中的麻雀、巨人中的侏儒；而在西班牙他
无疑是巨人。有一次，他去萨拉曼卡讲授尤维纳利斯深奥但有趣的
《讽刺诗》，甚至风光地被学生们扛在肩膀上一路送去教室。在文艺
复兴的头几十年间，我们西班牙语的文学是在热情高涨的氛围中创
作的。

美洲土生白人的文化内核与宗主国一致。的确，1550 年前后，
能称得上是文化中心的城市只有墨西哥城和利马，或许还能算上圣
多明各（第一座有大学的城市）；相应地，文艺复兴和人文主义观
念深入美洲的程度也与西班牙本土相当。费尔南德斯·德·奥维耶
多深受意大利文化熏陶，也是伊拉斯谟的读者，是当时的圣多明各
地区最有文化的西班牙人之一，他的《西印度通史》是人文主义的
一座丰碑，对于人文主义有着最宽广大气的理解。"卡诺阿人"迭
戈·门德斯是哥伦布最后一次航行的旅伴，也是他在圣多明各的邻
居，他因留给儿子的遗嘱（1536）而出名：遗嘱将他的藏书留给儿
子们，仅有的十本藏书中有五本是伊拉斯谟作品的译本。墨西哥
的第一位主教胡安·德·祖玛拉加修士复制了伊拉斯谟和伊拉斯
谟派学者康斯坦蒂诺·庞塞·德·拉·福恩特的作品。（几年后康
斯坦蒂诺博士被控信奉路德教派而入狱。）伊拉斯谟的好友——英
国人托马斯·莫尔的《乌托邦》有不计其数的读者，但唯有巴斯
克·德·基罗加尝试在米却肯的土地上实现这本革命性著作中正义
的埋想。师从伊拉斯谟派学者阿莱霍·瓦内加斯的弗朗西斯科·塞
万提斯·德·萨拉萨尔，不但翻译了伊拉斯谟另一位净友胡安·路

易斯·比维斯的作品，而且还效仿伊拉斯谟写了几部拉丁文的《对话录》，1554 年在墨西哥出版；其中有三部是关于墨西哥和墨西哥刚刚诞生、充满活力的大学。

查理五世去世时（1558），墨西哥城举行了葬礼，灵台用拉丁文和西班牙文的诗歌装饰（后者使用的还是意大利式格律），这些后来都被塞万提斯·德·萨拉萨尔记录在了《帝王的灵台》（1560）中。

这部《灵台》是一个意义深远的象征。查理五世时期西班牙文化中存在过的很多东西也随他一同被埋葬。费利佩二世成了反对其他形式的基督教、维护天主教正统地位的斗士，并从此开启了全国上下的"新做派"，即专制主义、不容异说的风格。倒不是说查理五世时期有绝对的思想自由，宗教法庭历来强势；15 世纪，神学、哲学和科学方面凡是听起来带有过强的个人意识的思想，都要面对西班牙教会尖酸的怀疑，这种多疑尤其针对各个修会尤其是多明我会。1478 年（距离宗教法庭在西班牙的最终成立还有两年），萨拉曼卡的一位教授佩德罗·德·奥斯马，在一本书中阐述了一些关于忏悔圣事的见解，教会封闭教室，仿佛教室被魔鬼附体了一般。一份记录了这一事件的资料写道："他们不允许重新打开教室门，直到当着作者的面、公开地烧毁讲台和书本；在上帝赐福保佑之前禁止在里面授课。"也就是说，直到完成了驱魔仪式。佩德罗·德·奥斯马的弟子内布里哈以及后来两位萨拉曼卡的教授路易斯·德·莱昂修士和"布罗萨斯人"弗朗西斯科·桑切斯都与宗教法庭有过冲突。事实上，只要是赞成科学应摆脱束缚的人，或者说所有的伊拉斯谟派学者，都曾遭受宗教法庭这样或那样的仇视。

胡安·德·维尔加拉的例子很典型。他翻译了亚里士多德的作品和《康普鲁顿合参本圣经》中《旧约》的希腊语部分，却仅仅因为支持伊拉斯谟学说而被关押两年半。（伊拉斯谟本人从来没有遭到罗马教廷的惩罚。）听闻这一消息后，一位身处巴黎的西班牙学生悲痛地给他的老师比维斯写信（1533）："你说得对：西班牙落在了一群善妒、狂妄又野蛮之人手里。任何人哪怕只想研究一点普普通通的文学，都会立即被按上异教徒或犹太人的罪名；恐怖弥漫在人文主义者中间。"讽刺的是，伊拉斯谟写给维尔加拉的最后一封信（被宗教法庭法官截获）还包含了一段对旅行的夸奖，认为这种与不同人群交流的方式就好比是"智慧的移植"。他在信中说："最死气沉沉的就是那些在自己的家乡老去、厌恶外乡人、排斥一切不合故乡习俗之事的人。"

　　人文主义自由思想的最后几个确立的标志之一来自伊拉斯谟派学者法德里克·弗里奥·塞里欧的《王子的会议与顾问》。作为受过"查理五世风格"教育的西班牙人，弗里奥宣称如果认同会思考的人是好人，那么各种各样的思维方式便都是好的："只要是好人，无论是犹太人、摩尔人、异教徒、基督徒或其他教派信徒，都生活在同一片土地，住同一间屋子里，身体里流淌着一样的血液；所有的坏人也同理。"他还说，如果有人说"一切都属于国王、国王可以为所欲为、国王可以随心所欲地收税、国王根本不会犯错"这样的话，那么他就是"公共利益的敌人"。（事实上，后来在费利佩二世时期的西班牙所有这些话都不绝于耳。）

　　同伊拉斯谟写给沦为阶下囚的维尔加拉的信中对旅行的赞扬一样，后来的事实也给弗里奥的这些话镀上了一层讽刺色彩。《王子的会议与顾问》1559年在安特卫普印刷出版，然而恰恰在同一年，专制主义和蒙昧主义（此处借用现代术语）大获全胜。继承王位三年后、也是父亲去世一年后，费利佩二世在1559年向世人宣告了他（以及他的继任者）将如何统治。在思想领域，反伊拉斯谟派赢得了战争。就在1559年，他们取得了惊人的战果：托莱多大主教巴尔托洛梅·卡兰萨因为支持思想自由而被罢黜神职，锒铛入狱。费利佩二世一直都是反改革派取得胜利最强有力的后盾，反改革派则宣誓对他绝对效忠，从神学方面证明弗里奥口中只有公共利益的敌人才说得出口的话："国王可以为所欲为。"费利佩二世和他的继任者几乎被捧上神坛。（看着胡安娜修女将愚蠢的卡洛斯二世夸上天真令人痛心。）近代民族的历史上鲜少有教会和国家之间如此紧密又长久的同盟。1559 年之前发生的一切、包括对胡安·德·维尔加拉的审判几乎都只能算作试水。

虽然先前也曾颁布过几次禁书名录，但黑暗的 1559 年，在宗教法官费尔南多·巴尔德斯的监督之下诞生的这份书目，严酷程度史无前例。伊拉斯谟的作品被没收、烧毁，唯一幸免于难的只有他的语法和修辞学的专著。不少西班牙作家的作品全集都被列为黑名单，首当其冲的是逃出西班牙去国外寻求自由的那批，如胡安·德·巴尔德斯和米盖尔·塞尔韦特这两位代表欧洲宗教思想巅峰的人物。《圣经》译本也彻底被禁，《圣经》到头来反而被视为"异端邪说的源泉"。有意思的是，法德里克·弗里奥·塞里欧曾经出版过一本拉丁语的对话体文集《博洛尼亚》，维护了完全相反的观点，论证了圣徒和传教士都曾使用过普通人民的语言。在今天看来，1559 年的禁书名单中赫然出现路易斯·德·格拉纳达、圣胡安·德·阿维拉、圣弗朗西斯科·德·博尔哈、圣女特蕾莎崇拜的两位前人贝尔纳迪诺·德·拉雷多和弗朗西斯科·德·奥苏纳，这简直让人难以置信。这份名录多次再版，甚至到 1747 年还有一次重印。1577 年的版本稍稍放宽，因此路易斯·德·莱昂修士、圣女特蕾莎和胡安·德·洛斯·安赫雷斯修士作品的出版环境才略微改善。1630 年版的名录中还包括了大量悲天悯人的书，这是为了消除超出宗教法庭可控范围的个人化的宗教情感。其中一本是安东尼奥·德·罗哈斯的《灵魂的生命》（1628），这是第一本印刷那首著名的十四行诗"我的主没有驱使我爱你……"的作品 ①。

自费利佩二世开始，但凡是想了解欧洲新动态的想法都很危险。272
当时确立了非常严格的出版管控机制，外国书籍的引进都需要经过
极其严密的监管 ②。耶稣会修士胡安·德·皮内达（贡戈拉的敌人，
更是克维多的死敌）出任"王国书籍和书店巡视员"一职，也是
1630 年版的禁书名单的主要撰写人，他时刻警惕着国外的思想异动。
关于 1612 年的书目，他曾说当时"比 30 年前还纵容了更多的人文
主义异教徒（指美术的研究者）、法学家、政治家、诗人和圣经学
者"；宫廷里"涌动着"这样的书，"王国里所有好奇者"四处寻找，
托人从国外订购；"由于这些都是新书，书单里没有提到，也没有特
意禁止"，所以必须更新书目。好在从来都不乏规矩的破坏者。比如

---

① "大众神秘主义"的盛行很大程度上是这么多严肃正规的宗教书籍被禁的结果。
凡夫俗子几乎一无所知。欧亨尼奥·阿森西奥曾在 1988 年说，宗教法庭的审查"建
立在将民众分成泾渭分明的两类人的基础之上：一类是不懂拉丁语的文盲，另一类懂
拉丁语这个西欧上等文化的通用语言。会拉丁语的人能看《圣经》、神学、非异教的
哲学和所有的世俗作品（包括最大胆的诗人和小说家）；不懂拉丁语的人就像孩子一
样，受到无知的保护，对他们来说所有的文化食粮都有毒或危险。"

② 还需补充一点：费利佩二世时期的宗教法庭法官除了加强对思想自由的审核，还
把审核范围扩大到"语言自由"。这方面与查理五世时期的差异尤其明显。不可能再
出现诸如到了 20 世纪初还能让梅嫩德斯·佩拉约哗然的《安达卢西亚女郎》（1528），
或是包含不少自由、无拘无束、"色情"片段的《嘲弄和引人发笑的诗歌集》（1519）、
抑或是之前提到的《下体剧》这样的作品。洛佩斯·德·科尔特加纳也不可能翻译
阿普列乌斯的《金驴记》。费利佩二世治下的西班牙"官方"对待性的态度非常一本
正经。当时已有的西班牙文学作品中"放纵"或"放荡"的场景或文字，包括《塞莱
斯蒂娜》在内，都逐一受到惩处。像塞万提斯这样懂意大利语的人可以毫无障碍地阅
读阿斯奥斯托，但赫罗尼莫·德·乌雷亚翻译的《疯狂奥兰多》，尽管在 1549 年至
1595 年间多次再版，1612 年还是被列入黑名单。仿佛未卜先知一般，1585 年出现了
一个新的译本，译者是迭戈·巴斯克斯·德·孔特雷拉斯，在由阿隆索·德·厄尔西
亚签署的审核同意书中有这样一句话："该译本中去掉了不适用于我们国家的放荡的
部分。"他还在序言中说："去掉了许多在我看来可有可无的词和某些歌谣的一部分。"

克维多的挚友胡赛佩·安东尼奥·贡萨雷斯·德·萨拉斯将自己的
很多书做成"不带标题，待装订的样子，以掩盖作者的身份"。除上
273 述所有措施之外，1550 年起还禁止西班牙人出国学习或教书，以免
思想被污染。唯一被许可的只有去博洛尼亚学法和去蒙彼利埃学医。
另一方面，三位费利佩国王统治时期，西班牙国内的两所大学——
萨拉曼卡大学和巴利亚多利德大学同意接收爱尔兰和英格兰的天主
教徒学生。

　　知识方面的领导地位彻底拱手让予他国。在费利佩二世统治的
王朝不可能出现伽利略、笛卡尔和牛顿这样的人物。在西斯内洛斯
和查理五世时代前景光明的希腊文化此时名存实亡；希腊文字的印
刷术彻底失传，本就为数不多的懂希腊语的人还要遭到怀疑——他
们能读懂原版的福音书，也就是说不同于只能看懂《武加大圣经》
翻译版的大多数人。西班牙在 16 世纪下半叶原本能在阿拉伯文化
研究方面领先于其他欧洲国家，其优势不仅在于过去几个世纪以来
与伊斯兰世界非同一般的关系，更因为当时在它的领土上仍然生活
着会说、会读、会写阿拉伯语的人。然而在费利佩二世时期，西班
牙却是最鄙视阿拉伯文化的国家。佩德罗·德·阿尔卡拉的《略通
阿拉伯语之术》和《用卡斯蒂利亚语字母拼写的阿拉伯语字典》后
继无人。16 世纪末的法国和荷兰才是近代阿拉伯文化研究的发祥
地。18 世纪，启蒙运动者想将埃斯科里亚尔现存的阿拉伯手稿分
类时，不得不求助于外国的专家——叙利亚的马龙尼礼教会修士米
盖尔·卡西里。另一个从西班牙手中溜走的领先优势是在希伯来文
化方面。《康普鲁顿合参本圣经》的希伯来语部分是改宗的犹太人
巴勃罗·科罗内尔编写的，他还是《旧约》部分最后的希伯来语—
拉丁语词表的作者。这方面的专家自然当属改宗者和他们的后代。
1570 年左右，西班牙有四位伟大的希伯来文化学家：奥苏纳大学的
阿隆索·古迪尔、萨拉曼卡大学的路易斯·德·莱昂修士、加斯帕

尔·德·葛拉哈尔和马丁·马丁内斯·德·坎塔拉皮埃特拉。除了
最后一位，其余三人都是改宗者。1572 年发起的针对他们的迫害是
西班牙官方的反犹主义最令人反感的表现之一（古迪尔悲惨地在狱
中死去）。这些事件发生的同时，另一位人文主义者，贝尼托·阿里 274
亚斯·蒙塔诺在安特卫普出版了一部《国王圣经》（1569—1573），
和《康普鲁顿》一样也是多语种圣经，只是负责希伯来语部分的学
者不再是西班牙人。

　　查理五世时期，先有 1520 年胡安·路易斯·比维斯谈论西班牙
人在欧洲的悲惨地位，称他们脑中都是"手把手相互传递的有关生
命的野蛮思想"；后有 1557 年安德雷斯·拉古纳说他的同胞因为妄
自尊大而招致全欧洲人甚至包括土耳其人的厌烦。总之，全国上下
深刻自我批评的声音始终不绝于耳。然而到了费利佩国王们的时期，
这样的声音都被捂得严严实实。

　　另一方面，查理五世时期，几乎没有哪个西班牙作家不是国王
的崇拜者；比较有代表性的如埃尔南多·德·阿库尼亚为西班牙的
霸权地位而高兴所创作的十四行诗，诗中梦想的是全世界只有"一
位君主，一个帝国和一把宝剑"，这样的崇拜是发自内心的；然而
从费利佩二世开始，爱国主义变得越来越像口号。阿隆索·德·厄
尔西亚的《阿劳加纳》中穿插着关于圣康坦战役和勒班托战役的英
雄视角；费尔南多·德·埃雷拉写了两首献给堂胡安·德·阿斯图
里亚斯的赞歌，一首讴歌勒班托战役的胜利，一首赞赏他给阿尔
普哈拉斯可怜的摩里斯科人所施的惩戒。塞万提斯称勒班托战役
是"前无古人后无来者的最好时机"一定是真诚的。洛佩·德·维
加的喜剧《失而复得的巴西》庆祝一支西班牙—葡萄牙舰队从荷兰
人手中夺回巴伊亚，其中洋溢着天主教徒的爱国热忱。卡尔德隆的
一些喜剧中也能感受到这样的情绪，如庆祝华伦斯坦战胜新教徒的
那部以及庆祝攻占布雷达（委拉斯开兹也有一部同一主题的著名画

作）的那部。可是应该如何评价 1631 年一本书中众多诗人（包括洛
佩·德·维加）齐声庆贺费利佩四世那堪比朱庇特的超凡的壮举呢？
275 他所做的不过是在封闭的猎场内、躲在栅栏后、围在大臣和仆人中
间用火枪射杀了一头公牛。至于对卡洛斯二世和他畸形的政治生涯
言过其实的夸奖更是荒诞①。

　　17 世纪西班牙帝国唯一的批评声来自一份诗歌体的"请愿书"，
有一定证据表明作者是克维多。作者对费利佩四世说在西班牙企图
以人民的鲜血和幸福为代价去维系统治是不人道的。不过，在公开
的批评和无耻的奉承之间还有一些折中的做法，其中一种是说话中
断法，是一种言而未尽的说话艺术。1609 年，贝尔纳多·德·阿尔
德雷特曾经用一句谨慎的"我不想再往下说"暗示在阿尔普哈拉斯
对摩里斯科人的镇压过于野蛮。与之类似，1600 年，历史学家何
塞·德·西古恩萨正准备议论天主教国王费尔南多和他的军事干将
贡萨罗·费尔南德斯·德·科尔多瓦（人称"伟大的首领"）以卑
鄙的手段占据那不勒斯王国一事，却戛然而止只留下这样一句评价：
"这里有许多伤痕和争论留待最终审判之日去评判。"高压政策把西
班牙语作家们变成了说话中断法的大师，让他们学会了谨慎和人们

---

①　卡洛斯二世连用火枪射杀公牛都做不到。他令诗人们称赞的"伟大的功绩""英
勇的举动"是另一种类型的行为。1685 年 1 月 28 日，国王和几位朝臣乘车在马德里
河边游览时，看到一位由教堂司事陪在身边的寒酸的神父，将自己的旅途用品带给一
位病人。大臣和在曼萨纳雷斯河的河水中洗衣服的几位妇女惊诧地看着国王将马车让
给了这位神父和一旁惶恐的司事，自己"像绅士一般"优雅地跨上马，命他的家仆步
行随神父到病人家。随后立即召集诗人，并且产出成果：2 月 3 日，这个英勇行为发
生后还不到一周，马德里的诗人们聚集在当时在场的朝臣之一堂佩德罗·德·阿尔塞
家中，共同朗诵数量惊人的赞美诗。美洲土地上的召集令自然来得晚一些，新西班牙
的好几位诗人（胡安娜修女也在其中）也加入了半岛上同僚们合唱赞歌的队伍。有些
为可悲的卡洛斯二世歌功颂德者甚至说一位崇敬圣体的国王绝对比一位获得军事或外
交胜利的国王更难能可贵。

口中某种"勇敢的虚伪"。塞万提斯便是这方面最杰出的大师。

　　另一个折中的方式是艺术上的不偏不倚。正如委拉斯开兹在《布列达之降》中将荷兰加尔文派教徒的面容画得与西班牙天主教徒一样高尚，厄尔西亚也在《阿劳加纳》中赋予了智利土著人同征服者一样崇高的人性。连英国海盗弗朗西斯·德雷克和约翰·霍金斯在洛佩·德·维加的《德雷克海盗》中也没有被刻画成十恶不赦的禽兽。再者，如果是以艺术作品的形式来表现一个事件，那么事件本身的重要性和歌颂它的方式之间的不成比例就可以被忽略。圣康坦战役的胜利不值一提，但埃斯科里亚尔确实是一栋了不起的建筑；布列达的投降也是一件不足挂齿的小事。17 世纪众多诗人、散文家、剧作家歌颂的功绩往往微不足道，纯粹是夸大其词。在克维多和卡尔德隆手中，夸张手法有时候能登上艺术的顶峰。贡戈拉也是夸张手法的大师，但他的情况更复杂一些：他确实颂扬君王，但《孤独》的一段长诗中也的确哀叹了开拓者和征服者的贪婪给人类带来的罪恶。

　　从语言史的角度看，上述资料具有双重意义。一方面，它们解释了为什么与西欧其他国家相比，西班牙语在政治、经济、科学、哲学等领域的词汇相对来说发育迟缓，而且这种滞后时至今日仍留有余波；另一方面，也有助于我们理解 17 世纪的西班牙语文学语言的特性和丰富程度。想象力是费利佩二世无法约束的。甚至可以说，1615 年前后在西班牙诞生的作品，其作者都在费利佩二世严苛的统治下成长起来；因而这些作品与其说是个人才华的成果，似乎更像是社会集体需求的产物——大楼的大门被封堵了，人们需要寻找新的出入口。这段时期的西班牙语文学足以让其他文学黯然失色。1615 年，洛佩·德·维加已经写了无数作品，尤其是几百出戏剧。1615 年，被费利佩二世扼杀的伊拉斯谟派文艺复兴苗头出现了一个世纪之后，米盖尔·德·塞万提斯——莎士比亚口中这位"天才的

门外汉"，"基本不懂拉丁语更不用说希腊语"的作家，出版了惊艳
277 整个文坛的《堂吉诃德》的下卷，更是将伊拉斯谟的不少观点推向
顶峰。1615 年，意大利式创作风格被移植到西班牙诗坛还不到一个
世纪，人们手中便流传着贡戈拉的《孤独》手稿。最后，1615 年，
另一种文学也发展得如日中天，不是诙谐或奇幻文学，而是觉醒及
理性禁欲文学，也是查理五世时期绝不可能占主导地位的某种集体
情绪的产物。

西班牙与欧洲

16、17 世纪的欧洲舞台上，西班牙人站在脚灯之下蜷缩成一个
个"形象"或者说"人物"。欧洲其他国家将他们视为至善或至恶的
代表，因此西班牙文化时而是值得学习的范本，时而是唾弃和嘲讽
的对象。一方的代表是称赞"西班牙与生俱来的宁静与庄严"的卡
斯蒂廖内；另一方则要么读过拉斯·卡萨斯的《西印度毁灭述略》
的某一版译本、认为西班牙是残忍与狂热的化身，要么编造和传播
这些走到哪里都脚步重嗓门大的西班牙人空洞与浮夸的故事。西班
牙人非常清楚自己在世界上的地位，也认识到他们之所以激起这样
的反应，不仅因为欧洲人的忌妒与不满，也与他们自身的行为脱不
了干系——他们总以世界的主宰者自居。（我们不妨想一想当今世界
的许多地区对待美国的态度。）按照费利佩二世时出现的"黑色传
说"所说，西班牙人野蛮、无知、虚荣、傲慢、狂热（想想宗教法
庭！）……前文已经说过（第 228 页脚注）这则"黑色传说"出自巴
尔托洛梅·德·拉斯·卡萨斯的《西印度毁灭述略》（1552）。宗教
法庭的一位审核员曾要求禁止这本引起轩然大波的书，因为它"说
出了西班牙士兵的残暴可怕的行径，即便是真实的，也只需呈给国
王和他的大臣过目，而不是将其公开；否则外国人就有理由说西班

牙人残忍凶狠。"①

　　西班牙人追求名誉、高贵、伟大的情结格外引起欧洲其他国家
的注意。事实上，这种夸张的感情很大程度上是西班牙人与欧洲为
敌的背景下对本国"价值"的认同。站在他们对立面的欧洲将不信
仰三圣一体教义的行为戏称为"西班牙的罪孽"——这是犹太人和
穆斯林反对的学说，这样一来侮辱性的绰号"marranos"就送给了
所有西班牙人，而这偏偏是西班牙人过去对犹太人和摩尔人的称呼。
对名誉的重视中融合了对"血统纯净"的迷信、对名正言顺的炫耀、
以及不再无足轻重且渴望尽快往上爬的人的自负。对于那些特别敏
感的西班牙人而言，vos 这个称谓（当时还完全对应法语的 vous 和
意大利语 voi）变得不够尊敬甚至有冒犯之嫌；于是他们的下属不
得不在一夜之间改用别扭的新称呼 vuestra merced。只要了解一下仅
1615 至 1635 年间（而不是语言自然演变的几个世纪内）这个人称代
词在最终变成 usted 之前经历过的变化，就能直观地感受到形势变化
之快：一方面有 vuesarced、voarced、vuarced、voacé 和 vucé；另一
方面有 vuasted、vuested、vusted 和 uced，甚至还有摩里斯科人使用
的 bosanzé 和 boxanxé。

　　新大陆更是为西班牙人的这种情怀提供了一个广阔的舞台。
1591 年，在墨西哥生活了将近 15 年的西班牙人胡安·德·卡德纳
斯在当地出版了一本书，书中对比了新西班牙当地居民的低调谨慎
与刚从半岛过来的西班牙人的傲慢无礼，他还用两个绰号称呼这

---

① 此处再举三位严肃认真的西班牙人提出的想法。克里斯托瓦尔·莫斯奎
拉·德·费格罗阿请求费利佩二世在北部城镇禁止展示被肢解的犯人这样阴森恐怖的
行为，这样就不会被"经过法国之路的众多外国人和朝圣者"流传出去。塞万提斯借
神甫之口说："其他国家的人仍然恪守喜剧的原则，见我们如此荒谬，会把我们看成野
蛮无知的人。"贡戈拉 1611 年批评埃西哈城为一位已故的王后立起的灵台浮夸可笑，
并建议该城低调朴素："别给欧洲爱嚼舌根的人提供口实。"

些西班牙人：chapetones 和 gachupines①。费尔南德斯·德·奥维耶多曾讲过一个很有代表性的故事：在美洲定居的西班牙移民加西亚·德·莱尔马本是低俗又没文化的商贩，在使了些奸诈的手段被任命为圣玛尔塔（今哥伦比亚的一个地区）总督之后，立即下令从此称他为"vuestra señoría"（而不是"vuestra merced"），服侍他时必须"毕恭毕敬、郑重其事"，仿佛自己是西班牙某个了不起的大人物；此外，"吃完东西后他还要一边慢慢漱口，一边会客或处理事务，这是天主教国王费尔南多的一个习惯，仿佛他是个伟大的王子似的。"

郑重其事和慢慢漱口（这就是卡斯蒂廖内称赞的"宁静与庄严"）对于大人物而言无可厚非；可似乎那时候每个西班牙人都觉得自己是大人物。在欧洲其他国家人们眼中，西班牙人是爱吹嘘的代名词，是罗多蒙特再世（罗多蒙特是《疯狂奥兰多》里一位狂妄傲慢的首领，最后死于鲁杰罗之手）。16 世纪末，各地都开始流传一部《西班牙大话录》，使用欠流畅的西班牙语，还附有本国语言的翻译。说出这些大话的人则是 "don Diego de Esferamonte y Escarabom-

---

① gachupín 一词的来历颇为有趣。1545 年，坎塔布里亚的拉雷多镇上住着一位弗朗西斯科·卡丘品，是当地一霸。为了"扩建私宅"，他私自占用了一段皇家街道（因为此地取水最方便）；乡亲们纷纷向巴里亚德里多官府请愿，并获得了支持。这件事传到王宫里成为笑柄。豪尔赫·德·蒙特马约尔也在当地，于是在《狄亚娜》中写了一段诗歌嘲讽妄自尊大的卡丘品式人物；他的嘲讽还得到塞万提斯以及诗人安德雷斯·雷伊·德·阿提埃达强有力的回应。《狄亚娜》出版于 1559 年，后无数次再版，传遍了全世界。在它的美洲读者中，有些人认为自己作为第一批土生白人（欧洲征服者和第一批移民的后代），理应占尽优势；结果却眼睁睁看着一批一批后来者领了肥差沾沾自喜。于是这些土生白人很快开始叫这些自以为是的移民为 cachopines。胡安·德·库埃瓦 1575 年左右在墨西哥写的一首诗中，也非常自然地这样称呼初来乍到者。chapetón 一词的来源未经考证。最初它只表示"不专业的、生疏的"，和 baquiano "内行的"或者说"熟悉美洲事物者"对立。很快它成了 gachupín 的同义词，也表示"初来乍到、目中无人之徒"。在秘鲁还有一个同义词：godo，暗指自称是西哥特人直系后裔的西班牙人（如此一来还能打消对摩里斯科人或犹太人血统的怀疑）。

bardón"，或是"可怕的、战无不胜的首领 Matamoros, Crocodilo 和 Rajabroqueles"之流①。我们不妨看几个例子：

> 是哪个不知好歹的姑娘，居然不爱这有力的大腿、强健的手臂、充满力量和勇气的胸膛？
>
> 无赖！我向上帝发誓，如果我在场我一定用这根棍子狠狠揍你，把你揍趴下陷到地里，只留一只胳膊在外面等着我经过时脱帽致敬。
>
> 等我找到你，我一脚把你踹上天，你就算带了十车面包，也要担心还没摔死就先饿死。②

浮夸的另一个表现是爱取一串长长的姓氏。克维多在《骗子外传》中也讽刺过这种现象，其中一个人物名叫堂托里比欧·罗德里格斯·巴耶霍·戈麦斯·德·安普埃罗·伊·霍尔丹，作者说"从未见过如此像钟的名字，以'堂'开头以'丹'结尾，跟钟舌发出的声响似的。"不过还是外国人嘲讽得更厉害。伏尔泰笔下有一个人物名叫堂费尔南多·德·伊巴拉·伊·费格罗阿·伊·马斯卡雷尼亚斯·伊·兰波尔多斯·伊·索乌萨，大仲马笔下有一位堂阿方索·奥利菲尔诺·伊富恩特斯·伊·巴达霍斯·伊·里奥雷斯。这种人物形象的最近一次出现是詹姆斯·乔伊斯在《尤利西斯》中写

---

① escarabombardón、matamoros、rajabroqueles 都意为"好吹嘘的，爱逞强的"，crocodilo 即"鳄鱼"。西班牙语中并没有这样的姓氏，作者故意取来嘲讽西班牙人。——译者注

② 当然，爱吹牛的人到哪里都一直是滑稽人物。比如出现在普劳图斯的《吹牛军人》中。梅尔乔尔·德·圣克鲁斯在他的《西班牙格言集锦》有一章专门献给这些傲慢者，记录的是自负、爱逞强的人说过的经典的语录。比如："一位士兵说：你们要是把我惹恼了，我就把你们扔上天，你们还没摔死就得先担心饿死。"这里的第三个例子就出自这部《集锦》。《西班牙大话录》其实就是将西班牙人塑造成吹牛大王的形象。

的一场聚会，其中的西班牙代表是伊达尔戈·卡瓦列罗·堂·佩卡迪洛·伊·帕拉布拉斯·伊·帕特诺斯特·德·拉·马洛拉·德·拉·马拉利亚先生。

281　有关西班牙人性格的证据有双重意义。一位意大利诗人曾说在那不勒斯流行郑重其事地亲吻女性的手，甚至"发出西班牙式的粗重叹息声"，他指责当地人"几乎更像西班牙人，而不是那不勒斯人"；但同时他又声明实情的确如此。这样的证据还有很多。小说家卡洛斯·加西亚 1617 年曾说法国国王路易十三，"在想向世人彰显自己的伟大的那一天，使用来自西班牙的物品让自己显得派头十足：骑的骏马必须是西班牙的；佩的宝剑必须是西班牙的；既然要盛装，料子必须是西班牙的；喝的葡萄酒也必须是西班牙的。"同一时期的剧作家本·琼森也在《炼金士》的一段话中罗列了英国人追捧的西班牙事物：也是宝剑和骏马（gennet，即 jinete，是阿拉伯语借词，指阿拉伯血统的马和它的骑手），还有胡子的造型、用麝香熏过的手套、护喉甲、礼貌的举止、还有一种舞蹈——孔雀舞（西班牙人在意大利学的舞蹈）。还有似乎是天主教女王伊莎贝尔首创的短语 buen gusto，也被英语（gusto）、法语（goût）、意大利语（buon gusto）和德语（Geschmack）吸收或效仿。

　　西班牙人还推广了许多其他事物：纸牌游戏、军事战略、贸易习俗、吉他、抽烟的习惯（西班牙人在新大陆尤其是墨西哥学来），等等。伴随这些事物一同推广的还有它们在语言上的体现，尤其是西班牙从广阔的殖民地带回欧洲的新奇事物。法语单词 calebasse 并不是欧洲的南瓜（因为南瓜已经有其他名词对应）而是美洲的葫芦；表示扑克牌花色"黑桃"的英语单词 spade，来自西班牙语单词 espada；意大利语单词 chiccera（音 KÍKKERA），由西班牙语 jícara 变化而来，jícara 则来自纳华语 xicalli。

以下是 16、17 世纪法语从西班牙语中借来的词汇简表：grandiose、bravoure、matamore（matamoros，"好逞强者"）、fanfaron、fanfaronnade、hâbler（并非 hablar，而是 hablar con fanfarronería "吹牛"）、compliment、camarade；alcôve（"卧室"）、sieste、picaro、duègne（dueña，"照顾年轻姑娘的老妇"）、mantille、guitare、castagnette（西语中同时使用 castañuela 和 castañeta "响板"）；chaconne、passacaille 和 sarabande；créole、métis、nègre 和 mulâtre；ouragan（"飓风"）、embargo、caravelle、canot（"独木舟"）、felouque（西语中同时使用 falúa 和 faluca "小艇"）；cacao、chocolat、maïs、patate、tomate、vanille（"香草"）、tabac 和 cigare。

意大利语、英语、德语、荷兰语及欧洲其他语言几乎也吸收了上述所有词汇，其中 9 个词并非古西班牙语原生，而是起源于新大陆。亲缘关系更远的语言——如俄语、波兰语、匈牙利语，则以法语和意大利语为中介获取西班牙语词汇。

1546 年，当着教皇和一名代表弗朗索瓦一世的法国主教的面，查理五世发表了一番挑衅法国国王的演说，法国主教抱怨说没怎么听懂，我们的皇帝丢给了他那个著名的回应："主教先生，学着听懂吧，别指望我说除了我的西班牙语之外的语言，这门高贵的语言值得所有基督徒学习和理解。"——标准的妄自尊大；或者也可以说是查理五世的将领们给印第安人的"指令"的温和版。如果考虑到说"我的西班牙语"的这位男子 20 岁才开始学习西班牙语，讲的西语还一直带着外国口音，那么这番话就显得更狂妄了。1619 年，费利佩二世的史官路易斯·卡布雷拉·德·科尔多瓦称他的国王已经见到卡斯蒂利亚成为"太阳照耀之处通用和熟悉的语言，随着西班牙胜利的旗帜被带往各地，连希腊语和拉丁语都羡慕不已，它们从未拥有如此广阔的天地。"理智的巴尔托洛梅·希梅内斯·帕顿也在

1604 年记录下西班牙语的传播情况，但口吻不似这样霸道和好战 ①：摩里斯科人和美洲印第安人学习西班牙语"并不让我觉得伟大或光荣"，因为他们是西班牙国王的臣民；但"西班牙没有任何领主权的国家，因为渴望了解西班牙语的高雅、礼貌、温柔而心甘情愿地努力学习，这就很值得骄傲了。"比如现在的罗马有"西班牙语研究"，283 而法国更是半个多世纪前就已经出现。

据胡安·德·巴尔德斯所说，早在 1535 年的意大利，"无论贵妇还是绅士"都认为讲西班牙语会"优雅而高贵"。塞万提斯 1615 年时说法国"无论男女都不停学习西班牙语"。1525 年，当查理五世的军队在帕维亚打败法国国王时，情形还大不相同。一位史学家说，当弗朗索瓦一世跟随俘虏他的西班牙人穿过战场时，每走一步都会遇见一小队同样被擒的法国士兵；于是"他兴高采烈地同他们打招呼，幽默地对他们说要努力学习西班牙语，给老师们丰厚的报酬，这才是明智之举。"弗朗索瓦一世是开玩笑（因为"幽默地说"），但路易十三在 1615 年 1 月当真这么做了：他请了一位西班牙语老师（想必也支付了丰厚的报酬），因为既然十月他即将迎娶费利佩三世的一个女儿，这才是明智之举。

除了为了"优雅而高贵"而学习西班牙语者，还有许多人是为了方便。佛兰德人阿诺德·德·拉·波特为自己的同胞编写过一本西班牙语语法和一部西班牙语字典，他曾在 1659 年用不太流畅的西班牙语说："西班牙语对我们来说真的必不可少，因为马德里和布鲁塞尔两个王室之间每天都有无数的贸易往来，还因为想要理解西班牙作家的思想，就必须了解他们私人的谈话与研究。"距此将近一个

---

① 值得一提的是，意大利著名作家托马索·康帕内拉曾与西班牙人卡布雷拉持相同观点。他在 1600 年出版的专著《论西班牙君主国》中教导西班牙国王如何在欧洲维持和巩固西班牙帝国——通过三种渠道：利剑、财富和语言。

世纪之前，贝尼托·阿里亚斯·蒙塔诺就曾提出在鲁汶建立一个真正的西班牙语讲坛，以方便低地国家的臣民们，"因为他们需要西班牙语，既为了公共事务，也为了合同签署"，也就是说做生意。这就好比今天，无数政治学者、经济学家和科学家走到哪里都必须会英语。

　　为了满足这样的需求，很长一段时间内，尤其是 1550 至 1670年间，从欧洲印刷厂出产了数量惊人的西班牙语语法书和西班牙语与其他语言的对照字典。最早的两部语法书恰恰诞生于鲁汶:《西 284 班牙语基础知识学习实用简短法则》（1555）和《西班牙通俗语言语法》（1559），两部都是佚名。写过西班牙语语法的外国作家有：意大利人乔万尼·马里奥·亚历山大（1560）；英国人约翰·明舒（1599）和刘易斯·欧文（1605）；法国人加布里埃尔·穆尼尔（1558），让·索尔尼耶（1608）和让·杜贾特（1644）；德国人海因里希·多冈克（1614）和荷兰人卡罗尔斯·穆里厄斯（1630）。编纂过字典的有：意大利人杰罗姆·维克托斯（1602），英国人约翰·托里乌斯（1590）和法国人让·帕利特（1604）及弗朗索瓦·休勒里（1661）。还有人两者兼而有之——既写语法书又编字典，其中最杰出的有：英国人理查德·珀西瓦莱（1591），法国人塞萨尔·奥丁（1597, 1607），意大利人洛伦佐·弗兰西奥西尼（1620, 1624）和上面提到的阿诺德·德·拉·波特（1659, 1669），奥地利人尼古拉斯·梅兹·冯·布雷登巴赫（1666, 1670）。弗兰西奥西尼和奥丁翻译过《堂吉诃德》。奥丁还出版过带有法语翻译的谚语集（1605），他在字典的第二版（1616）增加了一份《俚语词表》，正是胡安·伊达尔戈的《赫尔曼尼亚俚语词表》。如果再考虑到这里只是举出部分作者为例，且上述语法与字典通常都经过多次再版、改编、合并甚至翻译（比如奥丁的《西班牙语语法和评论》被译成拉丁语和英语），便能更好地了解在历史上的这个时机欧洲学习西班牙语的需求有多么旺盛。

　　与上面这份名单相比，西班牙作者寥寥无几。双语字典方面，唯一重要的只有克里斯托瓦尔·德·拉斯·卡萨斯的《托斯卡纳－卡斯蒂利亚语双语字典》，1570 年在塞维利亚出版，自 1576 年起多次再版，但不是在塞维利亚而是在威尼斯。弗朗西斯科·索布利诺的《西班牙语－法语双语字典》诞生较晚（1705），也值得一提。然而，为外国人写语法书的西班牙作家人数虽然不多，却也对西班牙285 语历史具有重要意义，值得单独一提。为了解释清楚西班牙语在现实使用中的特点，他们不得不放弃内布里哈借鉴拉丁语分类的做法而另辟蹊径。许多外国作家（尤其是塞萨尔·奥丁）的语法书也是以对口语的直接认知为基础，但西班牙人毕竟有以西语为母语这个不可估量的优势，因而着力于讲清它的结构体系。此外，这些作者几乎都是高级知识分子。除了上述两部鲁汶的佚名语法书的作家外，最出众的还有：弗朗西斯科·特马拉，人文主义者，伊拉斯谟作品的译者，著有《语法全集与博览》（安特卫普，1550）；阿方索·德·乌洛亚，在意大利从事图书生意，著有《讲好西班牙语的简短入门》（威尼斯，1553）；克里斯托瓦尔·德·维亚隆，也是伊拉斯谟派学者，著有《卡斯蒂利亚语语法》（安特卫普，1558）；胡安·米兰达，著有《关于卡斯蒂利亚语的评论》（威尼斯，1565），多次再版，还遭到后来出版的语法书剽窃；安东尼奥·德尔·科罗，伟大的西班牙新教徒之一，卡西奥多罗·德·雷伊纳的同学，著有《西班牙语和法语语法规则》（牛津，1586）；安布罗西奥·德·萨拉萨尔，定居于法国，专门从事西班牙语教学，著有《对话中的语法概述》（鲁昂，1614）；以及同是老师的何塞·德·鲁纳——《西班牙语阅读、发音、写作、会话全面简短语法术》（巴黎，1616），赫罗尼莫·德·特塞达——《西班牙语语法》（巴黎，1619），马尔科斯·费尔南德斯——《西班牙语知识》（科隆，1647）和弗朗西斯科·索布利诺——《新西班牙语语法》（布鲁塞尔，1697）。

与适用于外国人的西班牙语语法书的遍地开花形成强烈反差的是西班牙人对外语的兴致索然。唯一的例外是意大利语，许多人通过阅读就能学会，甚至不需要专门的教材。这几个世纪中，会说德语、荷兰语、英语甚至法语的西班牙人简直凤毛麟角。既然外国人得学西班牙语，西班牙人为什么还要学外语呢？我们的语言的传播早就被内布里哈的名言"预言"过了。因此，巴尔塔萨尔·德·索托马约尔的《法语阅读和书写文法》显得格外突出。1565年，这本书在阿尔卡拉与法国人雅克·莱德尔的一本法语-西班牙语小词典 286 一起印刷出版。索托马约尔的想法与内布里哈不同。他说："西班牙的伟大势不可挡"，因此一个警醒的西班牙人必须"了解欧洲使用的其他语言"。西班牙属地许多不会说西班牙语的人物来到西班牙宫里，"导致沟通不畅，有时甚至造成损失和伤害"。补救的办法就是学习外语。"我认为最需要学的语言主要有两门：意大利语和法语。"还有一个原因：当时的西班牙王后是法国人——巴洛伊斯的伊莎贝尔，费利佩二世的第三任妻子；王宫里"最重大的消遣活动之一"是与贵妇们的交际活动，"其中不少都是法国人"①。

---

① 有一部《法语语法》，首版（杜埃，1624）的作者名为迭戈·德·拉·恩加尔纳西翁修士，再版（马德里，1639）的作者更名为迭戈·德·西斯内洛斯，想必是结束了修士生涯。西斯内洛斯并不知晓索托马约尔这个先例，因此他说："这个地方这么多年来出了许多用法语写的西班牙语语法，但用西语写的法语语法却只有这一部。"这位迭戈·德·西斯内洛斯先生还翻译了"米歇尔·蒙田先生的经历与若干演讲"，即蒙田的《随笔集》，不过他的译本显然从未出版。再者，云游四方的胡安·安赫尔·德·苏马兰1626年在英戈尔施塔德出版了一本《宝藏的语言》，包含四种语言的语法：意大利语写的西班牙语语法、适用于法国人的西班牙语、适用于西语人群的法语语法和德语语法（这是仅有的德语语法）。一位法国人将自己名字西语化为"巴特尔莫·拉布雷西欧·德·拉·布恩特"，并于1666年在巴黎出版了《西班牙语、法语和意大利语三语对照》，包括了三种语言的语法：适用于西语人群的法语（转下页）

290 | 西班牙语 1001 年

与西班牙的语言携手同步传播的是西班牙的文学。不计其数的作品在欧洲各国出版，尤其是佛兰德、法国和意大利。16 世纪上半叶，威尼斯的印刷厂一共出版了 16 部西班牙语作品和 93 个译本，而这两个数据到了下半叶一下子达到 71 和 724。已经定居在威尼斯的阿方索·德·乌洛亚为了吸引读者，在他的《入门》一书封面上印上了《塞莱斯蒂娜》中一些较难的词汇的解释，并在威尼斯编辑、改写和翻译了西班牙的大量畅销书：历史题材的如《查理五世生平》和据称是哥伦布的儿子费尔南多·哥伦布所写的《哥伦布生平》；伦理题材的如费尔南·佩雷斯·德·奥利瓦的《人类尊严之对话》，赫罗尼莫·希梅内斯·德·乌雷亚关于"战场荣誉"的书和佩德罗·德·科瓦鲁比亚斯的《牌手的解药》，里面是给沉迷于纸牌的赌徒的忠告；最主要的当然还是文学题材：小说如佚名的《爱情问题》和胡安·德·塞古拉的《情书往来》，散文如安东尼奥·德·格瓦拉修士的《家书》、布拉斯科·德·加里的《谚语书简》及其他。

为了满足西班牙以外对西班牙文学感兴趣的读者，《小癞子》和《狄亚娜》都出了续本，作者分别是写过语法专著的胡安·德·鲁纳和赫罗尼莫·德·特塞达。在西班牙境外，还有人写了《极简单的对话》，在欧洲流传的是西班牙语版本和双语对照版本（法语版由胡安·德·鲁纳翻译，意大利语由洛伦佐·弗兰西奥西尼翻译）；当然还有《西班牙大话录》，也是西班牙语版本和双语对照版本（意大利语由洛伦佐·弗兰西奥西尼翻译）。不少文学作品在国外再版的次数远胜于西班牙国内。这两个世纪内，欧洲对西班牙书籍的译本数量尤其惊人，最早是迭戈·德·圣佩德罗的作品《爱情牢

（接上页）和意大利语语法以及适用于法国人的西班牙语语法。英语学习的第一本教科书是詹姆斯·豪厄尔的《英语语法——制定规则才能学会语言》（伦敦，1662），许久之后才有华金·德·圣佩德罗的《英语与西班牙语语法》（马德里，1769）。

笼》和《阿纳尔特和卢森达的爱情》，其次是《塞莱斯蒂娜》和安东尼奥·德·格瓦拉、佩德罗·梅西亚及许多作者的所有作品。《堂吉诃德》的翻译情况我们已经在第 218 页脚注中提过。大部分优秀的宗教作家的作品也被译成欧洲多种语言。如果要将所有译作列个书目介绍，恐怕能占满我们手中这整整一本书。最后，西班牙文学也为其他文学提供了灵感与激励。格瓦拉不但为拉封丹提供了"多瑙河的乡民"这样的人物，也启发英国产生一种崭新的艺术散文理论——"尤弗依斯体"：约翰·利利的《尤弗依斯：才智之剖析》是向格瓦拉修士的"才智"致敬之作，它将《马可·奥勒留》中的修辞手法引入英语文学。马德琳·德·斯科德里和拉斐特夫人受到希内斯·佩雷斯·德·伊塔的《格拉纳达内战》的启发；奥诺雷·杜尔菲受到蒙特马约尔的《狄亚娜》的启发；让·比埃尔·弗洛里昂受到塞万提斯的《伽拉苔亚》的启发；伦理学家拉布吕耶尔和拉罗什富科受到巴尔塔萨尔·格拉西安的启发；保罗·斯卡伦曾效仿贡戈拉的讽喻诗；高乃依的《熙德》和《说谎者》分别改编自纪廉·德·卡斯特罗的《青年时代的熙德》和鲁伊斯·德·阿拉尔孔的《可疑的真相》。莫里哀的《唐璜》并不是对蒂尔索·德·莫利纳的直接模仿，因为在他那个时期，西班牙剧作家创作的这个人物已经属于整个欧洲的文学遗产，其中意大利语和法语的译本与仿写作品尤其功不可没。法国宗教作家也受到了西班牙丰富的禁欲－神秘主义作品的启发。其中一位圣方济各·沙雷氏孜孜不倦地拜读迭戈·德·埃斯特利亚修士的《世间虚荣之书》和《百思上帝之爱》。这两部作品先后在 1562 年和 1576 年出版，直到 18 世纪仍进行多次再版，被译成法语、意大利语、拉丁语、英语、德语、荷兰语、波兰语、捷克语、斯洛伐克语甚至阿拉伯语，其中不少译本也多次再版；然而今天或许已经无人问津。

288

第十章 卡斯蒂利亚语的鼎盛时期（第三部分）

对通俗语言的信心

人文主义致力于将古老的语言发扬光大，但又不仅限于此；同样，文艺复兴也不单单是希腊和罗马文化的复辟。人文主义者对自己的立场有非常清醒的认知和自豪感，他们以斗争的姿态面对"黑暗男子"（viri obscuri），面对食古不化的教士，面对因为惰性而不加任何批判地维持中世纪意识形态结构的野蛮人。中世纪的意识形态包裹在拉丁语的外衣之下，但实际上根本不是古典拉丁语，而是黑暗时代粗糙的拉丁语。人文主义者之所以采取这样斗争的姿态，是因为作为有思想的人，他们对自己有信心，或者说对人类的才智与创造力有信心。萨拉曼卡的教授"布罗萨斯人"弗朗西斯科·桑切斯追随内布里哈和埃尔南·努涅斯的脚步，支持"说拉丁语是对拉丁文化的腐化"的悖论。拉丁语可以对概念进行约定俗成的表述，但对于思想，还是应当立即将它直接和理想的工具——母语物归原主。"布罗萨斯人"和他同时期的佩德罗·西蒙·阿布里尔是欧洲人中最早一批提出哲学、医学、法学等应该用人们的母语而非拉丁语讲授的学者。

对通俗语言潜力的信心始于意大利。但丁早就（用拉丁语）赞扬过他用于创作《神曲》的"俗语"（volgare）。1508年，卡斯蒂廖内在比别纳红衣主教的喜剧《卡兰德里亚》的序言中说："对于上帝和大自然赐给我们的语言，我们不该觉得它不如拉丁语、希腊语和希伯来语平和宁静。"克里斯托瓦尔·德·维亚隆在自己的《卡斯蒂利亚语语法》（安特卫普，1558）一书序言中借用了这句话来表明西 290 班牙人文主义者的态度。

卡斯蒂廖内对通俗语言的观点折射出他的整个文化观。从某个意义上说，《廷臣论》是一部规范举止、培养习惯的教科书；但并不是教人们"看起来"文明，而是"确实"文明。卡斯蒂廖内是维护真实的斗士。他曾说："说话的良好习惯来自有才之人，他们的学识和阅历让他们具备良好的判断力。""有才"，即会思考，这是基础，是大自然所赠的天赋；另一方面，"良好的判断力"则是阅历与学习的成果。"优美的辞藻"通过"某种天然的鉴赏力、而不是任何规则或技巧"习得。其实，文艺复兴的核心价值之一便在于重新发掘"自然"。卡斯蒂廖内说，"化妆、涂无数层面油、将头发染成金色、修眉、绞面和其他诸多折磨"，只要女人们愿意为了看起来漂亮而"忍受痛苦"，那便无可厚非；然而在智慧的领域，"装扮"甚至是"矫饰"是不容宽恕的恶习。胡安·德·巴尔德斯也说过："在我看来我的风格非常自然，我怎么讲话就怎么写作，不带任何修饰；我只在意使用表意清楚的词汇，并尽可能用平实的语言；因为我认为任何语言都不应该矫揉造作。"

胡安·德·巴尔德斯的《关于语言的对话》（1535）的诞生介于另两部赞美现代语言的文艺复兴作品之间，即皮埃特罗·本博的《通俗语言的散文》（1525）和约阿希姆·杜·贝莱的《保卫与发扬法兰西语言》（1549）。胡安·德·巴尔德斯在书中明确表示了他对谚语的流行与通俗的赞赏（见第251页），甚至说"谚语最优秀之处就在于它来自平民百姓"。当然这并不意味着所有来自平民百姓的东西都是好的，教养的观念始终深入人心。1546 年，在给叔叔费尔南·佩雷斯·德·奥利瓦的作品写的序言中，安布罗西奥·德·莫拉雷斯抨击了所谓的"通俗精神"，即假借"自然"理念而无视"从小在村野莽夫间长大的男人和在大城市甚至宫廷里成长的男人"之间的差异；同时，他又一次评论说卡斯蒂利亚语唯一的污点是围绕"浮华的爱情与虚幻的寓言"而写的东西。1583 年，路易斯·德·莱昂修士出版《基督的名字》后，遭到部分教士批评，称用"低俗"语言使得高雅话题降格是不体面的行为。但路易斯修士不但将该书扩写并再版，还在导言中驳斥谴责他的人："如果因为我们称自己的语言为'通俗'语言，便认定我们只能用它进行低俗劣质的写作，那就大错特错了：柏拉图用他的'通俗'语言写作，但无论是他写的主题还是文字都很脱俗。"这些批评声之所以大错特错，原因有二：其一，"他们以为讲罗曼语就是像平民一样说话，殊不知话说得好并不普遍，而是个人甄别判断后的结果"——话说得好的语言艺术家"从大家说的词语中选出合适的，还要考虑发音，有时甚至要数字母；他们将词汇反复衡量斟酌，再将它们组合起来。这样的语言不但能表达清楚意思，而且和谐甜美。"其二，他们认为卡斯蒂利亚语"没有能力表述重要的事情"，而当时人们恰恰已经站起身来审视他们所读的"不真实的事物"，尤其腐蚀"年轻天真的姑娘们"的书。（首当其冲的便是骑士小说。）

巴尔德斯和加尔西拉索是一种新文学的代言人；它沐浴着伊拉斯谟和文艺复兴的意大利的春风而诞生，即将在 16 世纪剩下的时光和整个 17 世纪的世界中占据突出的地位。这两位的严苛批判和对祖国文学产物的严重不满，是他们人文主义和文艺复兴理念自然的结果，因为这样的理念意味着创新和变革。反复抄写胡安·德·梅纳的作品，续写《阿马迪斯》，炒《塞莱斯蒂娜》的冷饭（这是当时的

真实情况）都意味着停滞不前。从某种意义上说，他们作为当时的
代表人物、思想和敏感度方面的改革家，都准备终结西班牙文学的　292
乡土时期，通过真正的帝国途径将它推向世界。

巴尔德斯和加尔西拉索坚信一点：西班牙语不需要从意大利语
借用任何重要的东西。（即便有借用的词汇，其实也可以用其他词代
替——卡斯蒂廖内不是曾说过意大利语应该吸收一些西班牙语词汇
吗？）再说，西班牙政治上强于意大利，查理五世威名远播。正如内
布里哈所说，"语言永远伴着帝国同行"，那么现在只差让文学产物
赶上语言的地位，成为语言理想的"同伴"。

既然文学的基础是创作者对母语的信心，那么黄金世纪中我们
西班牙语书面文学的基础再坚实不过了。想想查理五世那句"我的
西班牙语"吧。据说，查理五世还有一次曾说他同他的马讲德语，
同女士讲意大利语，同男人讲法语，同上帝讲西班牙语！ ① 西班牙化
的意大利人卢西奥·马里诺·西库洛说："除去拉丁语和希腊语外，
西班牙语在词汇的优雅和丰富程度上都超过其他所有语言，包括意
大利语。"对西班牙语这样那样的夸奖（比如"响亮""干脆利落"）
成了俗套。法德里克·弗里奥·塞里欧 1556 年坦白说他更喜欢法
语和意大利语时，清楚知道会得罪他的同胞（我们已经说过，西班
牙人对其余现代语言没什么兴趣）。事实上，文艺复兴时期最有名

---

① 对比各种语言的"游戏"在各地流行至今。以下是一些其他版本。葡萄牙人文主
义者若昂·德·巴罗斯（1540）说西班牙语像哭泣，意大利语像狗叫，法语像唱歌。
德国人马丁·奥皮茨（1617）维护当时没有任何地位的德语，说它论体面不输意大利
语，论优雅不输法语，论庄严不输西班牙语。多米尼克·布霍斯认为德国人说话像气
喘，英国人像吹口哨，意大利人像叹息，西班牙人像演说，而真正像在说话的只有法
国人。18 世纪，费霍神甫说英语像哭泣，德语像狗叫，意大利语像说胡话，法语像
唱歌，西班牙语才是讲话。最后，胡安·德·伊垂亚尔特声称德语像马嘶，英语像口
哨，意大利语像叹息，法语像谈话，西班牙语则是"和谐优美的歌声"。

293 望的语言是意大利语。爱国的费尔南多·德·埃雷拉指出现在有名望的语言有**两门**，意大利语和西班牙语；而西班牙语又完全可以替代对手。意大利语确实是"华丽、丰饶、柔韧、复杂，但同时又自由、轻浮、暗淡，过度感性、脆弱、做作"；西班牙语则"庄重、虔诚、诚实、高尚、宏大、和煦、温柔、极其亲切、充满感情、丰富充沛⋯⋯"。

意大利人马里诺·西库洛认为西班牙语的决定性"优势"在于没有其他语言与拉丁语如此相似，他还提到了一些甚至无法辨别究竟是拉丁语还是西班牙语书写的文章。在这类型的作品中有一部是加尔西拉索·德·拉·维加的父亲1498年在罗马写的一篇口头辩论词，主旨是向法国证明西班牙各个方面都优于法国：

> 法国，请你也拿出这样的田野和峡谷，这么多凶猛的野兽和家畜，如此优质的骏马、奶牛、飞禽、肉类、羊毛、面包和葡萄，如此芬芳又有疗效的花草，如此多样而繁茂的树木，如此丰富的矿和矿物，遍地都是的盐田，这么多的完美无缺⋯⋯

比起展现西班牙在自然界的这三大王国优势（其他章节中还提到更悠久的基督教传统，西班牙人更不畏战等），时任教皇使节的加尔西拉索的父亲真正在意的是凭借无可辩驳的语言优势力压法国使节。他可怜的同事何时才能写出一篇既是拉丁语又是法语的演讲词！西班牙大使的这番功绩是真正的帝国主义宣言，在后世被多番效仿。1518年，费尔南·佩雷斯·德·奥利瓦用同样的语言写了一篇赞扬算术的文章。巴洛克时期的一种智力游戏就是创作拉丁语-西班牙语的十四行诗，如："Mísera Francia, tú sustentas gentes / apóstatas, heréticas, vitiosas..."（"可悲的法国，你养育的人民 / 放弃信仰，轻信异教，自甘堕落⋯⋯"），或 "Heroicos triumphos, palmas valerosas, /

canta, famosa Clío, digna mente..."（"英雄的凯旋，勇武的手掌 / 克利俄女神啊，他们值得你歌唱……"）从作诗角度来说，这些诗当然写得一塌糊涂；但其独特之处在于努力证明在所有的罗曼语中，与它们杰出的母亲——拉丁语最为相似的是西班牙语。 294

然而，在克维多看来，证明西班牙语具备"拉丁性"更像是一种侮辱。在他《获救的西班牙》（1609）一书中，他坚持"我们的语言既不来自希腊语，也不来自拉丁语"。早在罗马人来伊比利亚半岛之前，岛上的人民就说西班牙语，西班牙语不过是建造巴别塔导致的希伯来语被分裂成的 72 种语言之一。广受赞誉的希腊语和拉丁语已经大幅偏离了上帝和亚当交谈使用的希伯来语，而"西班牙语的优雅、变位和词尾变化都是希伯来语最真实的写照。"黄金世纪没有第二个作家像他这样对卡斯蒂利亚语的伟大满怀信心。[1]

"纯正地道的语言"

查理五世时期，中世纪的"卡斯蒂利亚代表大会"仍然颇有分

---

[1] 这一观点的原创者并不是克维多，而是一位格列高利·洛佩斯·马德拉先生。早在 1601 年他就提出了这一观点并举例"证明"。据他所说，拉丁语是被罗马人破坏后的西班牙语。这个理论无疑将西班牙语置于欧洲所有国家之上，虽然荒谬怪诞却也不乏市场（正如"伪简短编年史"也有读者）。因此，1606 年，贝尔纳多·德·阿尔德雷特不得不重申众所周知的事实：我们的语言是拉丁语的女儿之一。克维多当然不相信洛佩斯·马德拉的学说，但对于《获救的西班牙》中的民族主义宣言却来得恰如其分。将洛佩斯·马德拉的理论当真的是桑切斯·德·维亚纳（见第 208 页脚注）。在他看来，西班牙语是最好的欧洲语言，原因如下：1）历史比拉丁语悠久；2）"言简意赅"，大众的语言多彩、充实、纯正，不因模仿拉丁语和意大利语这样的低等语言而受到污染；3）世界上任何现存的作品都可以被译成西班牙语，然而没有人能将西班牙语的风趣优雅译入其他语言。（事实上，塞万提斯的风趣优雅立即被移植到其他语言，但黄金世纪法语作品的译本寥若晨星，英语作品的译本更是完全空白。西语国家的人们直到 18 世纪才读莎士比亚，而且还是从法语译本转译而来。）

295 量，各个城市的代表在大会上民主地讨论王国的事务。1518 年，查理五世主持的头几次会议上，代表们向他恳求："您讲西班牙语吧！这样，您就能更快地学会这门语言，更好地理解您的臣民，他们也能更好地理解您。"对此国王答应"会努力做到"。（我们已经见识到了这样说通用语言"理解臣民"与帝国政治的崛起有何种关联。）

时光倒转两百年，在阿方索十一世主持的几次卡斯蒂利亚议会上，布尔戈斯的代表试图凭着卡斯蒂利亚旧都的身份为布尔戈斯争取特权，国王回答说："您可以为布尔戈斯说话，而我会替托莱多说话。"意思是布尔戈斯的代表第一个发言很公平，但国王会支持托莱多。这个有关政治秩序的答复在语言上也有所呼应。14 世纪的布尔戈斯人是旧卡斯蒂利亚人，他们瞧不起"新卡斯蒂利亚人"托莱多人所说的语言，这和旧基督徒对待"新基督徒"的态度如出一辙。然而对他们来说不幸的是，阿方索十世已经大幅提升了托莱多用语的地位；于是，就如同必须接受君主居住在托莱多一样，布尔戈斯人最终只能放弃争做语言的主人的企图。

16 世纪上半叶，布尔戈斯的地位还不至于一落千丈，但托莱多的方言已经被视为其他方言的范本。查理五世宫廷的正式驻地在托莱多；胡安·德·巴尔德斯出生于昆卡，但他的意大利朋友遇到不解会向他求助，把他视作"一个在托莱多王国、在西班牙宫廷长大的男子"；他也会因为从未听见"出生成长于托莱多王国的谨慎之人说过"而不认可某些发音。人文主义医生弗朗西斯科·洛佩斯·德·维亚洛博斯不太赞成这个倾向：托莱多人使用了太多阿拉伯语借词（见第 102 页）；如果"认为托莱多的西语是卡斯蒂利亚的楷模"，那是"因为生活在那里的先生女士们高贵"，这一点属实，因为"在世界上任何一个国家，艺术的语言才是最好的语言"。费尔南德斯·德·奥维耶多还进一步细化了等级：我们的语言说得最好
296 的地方是托莱多，托莱多范围内西语讲得最好的地方是国王们的皇

宫（从阿方索十世开始的国王）。不过，真正确立托莱多语言地位的还是加尔西拉索·德·拉·维加，1503 年出生在此地的他被称为"西班牙诗人中的王子"。

　　后来，梅尔乔尔·德·圣克鲁斯的《西班牙格言集锦》大受欢迎，也印证了托莱多的语言优势。据这位托莱多城的邻居所说，曾有一条旧律规定，"如果对某个卡斯蒂利亚语词汇存疑，必须由在场的托莱多人"解答疑惑。圣克鲁斯还列出了导致这一倾向的三个原因：首先，托莱多是西班牙的地理中心，也是行政的心脏地带；其次，它远离海岸，"外国人"不容易到达此地，也就不容易造成"语言甚至习俗的腐化"；再者，托莱多空气的稀薄，或者说该地区"气候和气温"养育出了聪慧的人民，"能清醒地觉察出任何不恰当的用词"。总之，认可托莱多语言的优势地位的表述不胜枚举。天主教女王伊莎贝尔说"只有在托莱多时，我才会觉得自己无知"；塞万提斯将文雅的托莱多方言和粗鲁的萨亚戈方言视为两个极端，还在《帕尔纳索斯山之旅》中写道，阿波罗见到聚在一起的西班牙诗人时，"用地道的托莱多罗曼语/礼貌地向他们道声早上好"；阿拉贡人巴尔塔萨尔·格兰西安称托莱多是一所"教人讲好语言的学校"，出生在马德里但内心是托莱多人的托马斯·塔马约·德·巴尔加斯对此也深有同感。

　　与此同时，旧卡斯蒂利亚对新卡斯蒂利亚的蔑视已经变为新旧两个卡斯蒂利亚对安达卢西亚的鄙夷。胡安·德·巴尔德斯好几次拒绝承认内布里哈的权威，因为"毕竟他是安达卢西亚人而不是卡斯蒂利亚人，这点无法否认"，而安达卢西亚的"语言不太纯正"。然而，几十年后，几位安达卢西亚诗人（尤其是费尔南多·德·埃雷拉）将塞维利亚变成了雕琢语言艺术的中心，西班牙没有第二个地方能与之比肩。再者，在为加尔西拉索做的《评注》中，埃雷拉甚至说这位托莱多诗人使用的有些词听起来有点陈旧，这初露的老

297 朽之态与他本人的诗歌语言中更现代的形式形成对比。这激怒了地域概念深入骨髓的两位卡斯蒂利亚人：布尔戈斯的胡安·费尔南德斯·德·维拉斯科，化名普雷特·哈科平；巴利亚多利德的达马希奥·德·弗里亚斯。他们写了驳斥埃雷拉的文章，说一个安达卢西亚人在这方面没有发言权更没有决定权。后来托莱多人也加入反对阵营，代表人物即上文提到的塔马约·德·巴尔加斯。

卡斯蒂利亚人的攻击实在是再愚蠢不过，《评注》是对身为"古典"诗人的卡斯蒂利亚人加尔西拉索真心实意的致敬。埃雷拉的反馈给人们上了普遍主义的一课。如果依然将"卡斯蒂利亚语"视作费尔南·贡萨雷斯的一块小小的伯爵领地里使用的语言，那就没有认识到当时的西班牙语有多么伟大。"你们以为安达卢西亚和布尔戈斯的公爵领地一样狭小，还是认为了不起的大省只能使用卡利翁伯爵们、拉腊七王子语言中吸收过的词汇？"埃雷拉在维护"共同的语言"的广度和现代性的同时，也维护了安达卢西亚人对语言的运用水平，认为它和其他地区一样好。正如弗里奥·塞里欧说"土地"只分好人的还是无赖的，埃雷拉的结论是，如果说真的有对立，那不是在卡斯蒂利亚人和安达卢西亚人之间，而是"话说得好的人"和另一种人之间对立。

总体而言，这也是胡安·德·巴尔德斯的立场。他克服了自己的反安达卢西亚思想，提出了一个与之异曲同工的对立：一方是慎重之人（聪明人），无论他来自哪里；另一方是"平民"，指"所有欠缺才智和判断力之人"，哪怕他来自显赫富裕的家庭。这也是塞万提斯的立场："纯正、地道、高雅、清楚的语言在慎重的朝臣们口中，哪怕是出生于马哈达翁达的朝臣。"妙语如珠者便是话说得好的人，无论他出生在伟大的托莱多还是名不见经传的小村子。1556 年，瓦伦西亚的伊拉斯谟派学者胡安·马丁·科尔德罗就曾提醒："我们不应该因为一个人不是卡斯蒂利亚人，就认为他的写作水平不如众多

卡斯蒂利亚人。"这个颇有见地的看法很快就流行开来，因为它确实 298
符合现实。马德里人洛佩·德·维加既崇敬贡戈拉又钦佩阿尔亨索
拉兄弟。他将前者比作"安达卢西亚天鹅"，认为西班牙诗坛百家争
鸣的荣耀、名气和附加值都归功于他；又说后者"似乎特意从阿拉
贡走出来改善我们诗人的卡斯蒂利亚语。"

　　当然，每个人都有自己的偏好。旧卡斯蒂利亚人胡安·德·皮
内达修士借笔下《基督徒的农业》（1589）中的安达卢西亚人之口说：
"卡斯蒂利亚的乡巴佬没有理由来教安达卢西亚人、托莱多人怎么说
话，你们会听到在塞维利亚内行的人说话有多讲究；如果他们说的
语言都不算地道，那就没有人做得到。"如果塞维利亚人说话讲究
起来，没一个卡斯蒂利亚人能比得上他。也有人认为安达卢西亚人
"温和"的说说风格与卡斯蒂利亚人的干脆利落形成对比。同皮内达
一样见多识广的安布罗西奥·德·萨拉萨尔 1636 年曾说"虽然安达
卢西亚和卡斯蒂利亚说同一种语言，我还是觉得前者更好更精致"，
他还建议外国人学习安达卢西亚式西语。1591 年，胡安·德·卡德
纳斯认为墨西哥人精心润色的西语优于西班牙移民粗鲁原始的语言。
出生在新卡斯蒂利亚的贝尔纳多·德·巴尔布埃纳 1604 年说墨西哥
城"是西语说得最纯正、最文质彬彬的地方"。这些至今仍层出不穷
的个人偏好总是在所难免，但从来都是毫无根据。

　　黄金世纪时"语言说得好"不需要语法。塞万提斯是语言最不
合乎学院规范的作家之一，他曾非常明智地说："慎重加上习惯，就
是良好的语言的文法。"在语言的实际运用中，这种"习惯"——即
与"慎重"互补的伙伴，是宫廷的习惯，是王国首都的习惯。再者，
为书面语言习惯的确立做出最大贡献的也是宫廷的印刷所，而不是
官方的正字法。不过，宫廷在西班牙和西班牙美洲都设有分管的议
会，严格意义上的"卡斯蒂利亚"元素被各地的其余元素冲淡了。
事实上，这个时期的人们越来越少称"卡斯蒂利亚语"，而是说"西 299

班牙语",因为它是整个帝国的语言。塞万提斯所说的"慎重的朝臣"此刻已经遍布各地。

然而,"慎重者"慎重的表现之一就是不容许自己个人的语言习惯与他人的掺杂在一起,因此他们会阻碍这种流通的发生,而共情却是人类交流必要的因素。如果有人因为仆役、乡民、工人、土著、波乔人 ① 语言说得不好(或者说,说得和自己不一样)就看不起他们,那他远远称不上慎重。真正慎重之人愿意倾听、理解目不识丁的老农所作的优秀演说,听到诸如 mesmo,haiga,truje,jediondo,la calor,naiden 等词时或许会微笑,但不是嘲讽,而是觉得有趣。不慎重之人在自己和潜在的优秀的交谈者之间竖起了壁垒。慎重之人懂得欣赏其他人的语言,对自己的语言规范的认知使得他有能力理解不遵从同一规范者可能想表达的意思。像 mesmo 和 la calor 这样的表述不属于"谬误",而是回归到其本质——百分之百清白的词汇,同时也不失优美和内涵。中性代词 ál("其他东西")在黄金世纪时和 la calor 在今天一样是陈旧"谬误"的词汇,但谚语"Debajo del sayal hay ál"仍在使用且深受喜爱。旧时传奇文学(比如《阿马迪斯·德·高拉》)的很大一部分魅力来自它陈旧却生动的表达方式。圣女特蕾莎作品的很大一部分吸引力在于它语言的"谬误"。"讲得好的语言"已经规定了 ambos(或 entrambos)和 saber 的变位 sabían,但她仍然使用 entramos 和 sabién;她还会使用 an(即 aun),anque(即 aunque),cuantimás,naide,train(即 traen),primitir,intrevalo,iproquesía,relisión,ilesia 和 teulogía 这些词。任何一个学识平庸的编辑都会将它们修改为"正确"的形式。据路易斯·德·莱昂修士在特蕾莎作品的序言中说,寄去印刷所的副本确实遭遇过这样

---

① "波乔人"西班牙语为 pocho,墨西哥人专门用它来称呼西班牙语说得不流利、或受英语影响较深的同胞。——译者注

的情况；所幸这个副本落到了他手里，于是他要来手稿（"在我手中停留了好些时日"），忙着"令作品恢复它纯真的模样，就如同从创造它们的母亲手中诞生时一样。""修正词汇的想法是个可怕的错误。³⁰⁰假如校对员真正理解卡斯蒂利亚语，就会发现它们的创作者文笔一样很优雅。"

　　黄金世纪有许多关注这种"话说得不好"的例子。这种关注不带歧视或谴责的目光，而是带着亲切和逗趣的意味；他们的关注对象之所以会说滑稽的话，可能是因为用词过时或粗鲁，或是对事情一知半解，或是发音出了问题。许多作家在作品中再现了这种说话方式（但不是以方言学家的身份，而是作为艺术家）。萨拉曼卡以北的萨亚戈人所说的粗鲁方言便吸引了胡安·德尔·恩西纳的注意，被他艺术地运用到戏剧和村夫谣中。有一首谣曲中，一位放牧人拒绝朋友的邀请（"亲爱的朋友，我们来跳舞吧／伴着你的笛声"），说他没有心情玩乐，还不如为他爱情的不幸哀伤：

—A la mi fe, no t'ahuzio	老实说，我不能答应你，
ni quiero tu plazentorio,	我不渴望你的快乐，
qu'estoy cargado de llorio	我内心盛满忧伤
y en otros cuidos descruzio.	正为别的事绝望。
Otea mi despelluzio:	你看看我的模样：
¡Soncas qu'estoy amarillo!...	就知道我多沮丧……

　　萨亚戈方言异常活跃，洛佩·德·维加也在早期的剧作中使用过。17 世纪运用的则是和萨亚戈方言非常接近的阿斯图里亚斯地区的巴勃莱语，不过多出于嘲弄的目的。

　　黑人的语言无疑是最吸引西班牙人耳朵的语言，毕竟在新大陆和西班牙本土都有大量的黑奴。从事贩卖非洲黑人贸易的是葡萄牙人，因此他们的语言基础是葡萄牙语。被带到基督教徒领土的非洲人可以像过去自由之时（也是"不信基督教"之时）那样弹奏乐器和跳舞，来缓解思乡之情，也可以唱故乡的歌曲。贡萨罗·阿尔戈特·德·莫利纳（《关于卡斯蒂利亚语诗歌的论述》，1575）满怀同情地提起这些西班牙的"埃塞俄比亚人"，"如今我们会看到他们在节日里聚在一起，伴着铜鼓和沙哑的比韦拉琴声演唱献给前人的赞歌"。所谓的"前人"（即祖先）应该是阿尔戈特的推断。似乎没有一个西班牙人、甚至没有一个欧洲人有兴趣了解那些和音乐混合在一起难以辨认的奇奇怪怪的非洲单词到底在说什么。第一个挖掘出黑人语言这座神奇宝藏的可能是查理五世时期的诗人兼乐师马特奥·弗雷恰，他在一首圣诞的复调"混有名句的诗曲"中加入了这样一段对白：

Sansabeya gugurumbé	*Sansabeya gugurumbé*
alangandanga gugurumbé.	*alangandanga gugurumbé.*[①]
—Mantenga, señor Juan Branca,	——胡安·布兰卡先生，
mantenga vosa mercé.	请您等一等。
¿Sabe cómo é ya nacido, ayá en Berén,	您可知远在伯利恒，
un miniño muy garrido?	健康的婴儿已降生？
—Sa muy ben.	——我非常清楚。
—Vamo a ver su nacimento:	——我们去看看他的降生：
Dios pesebre echado está.	上帝把他生在马槽里。
—Vamo ayá...	——我们去吧……

---

① 前两行是模仿非洲土著语言的拟声词，没有实际含义。——译者注

胡安·布兰卡即 Juan Blanco，是对黑人的戏称。黄金世纪时人们写过许多"黑人"村夫谣。贡戈拉的诗作中也镶嵌了不少这种语言－音乐的珍宝，如"Elamú, calambú, cambú, / elamú"或"Zambambú, morenica de Congo, / zambambú"。

"比斯开人"是半西班牙化的巴斯克人，他们的语言也很引人关注。和胡安·德尔·恩西纳同时代的一位作家就曾在自己的村夫谣里加入了一句比斯开方言（"Jançu janto Dego de Garcigorreta, / jançu janto Dego de Garcigorrá..."）。《堂吉诃德》中有一段，堂吉诃德怀疑一位比斯开人不是真正的骑士；塞万提斯认为最能描绘出比斯开人气愤的手法就是模仿他们颠三倒四的句法：

—¿Yo no caballero? ¡Juro a Dios tan mientes como cristiano! Si lanza 302 arrojas y espada sacas, ¡el agua cuán presto verás que al gato llevas! Vizcaíno por tierra, hidalgo por mar, hidalgo por el diablo, ¡y mientes que mira si otra dices cosa!

"我不绅士？对上帝我发誓：你很撒谎！好比我很基督徒一样！如果你长枪放下，拔出来剑，马上可以你瞧瞧，你是把水送到猫儿旁边去呢！陆地上比斯盖人，海上也绅士！哪里都绅士！你道个不字，哼，撒谎你就是！"①

贡戈拉是最早注意到吉普赛人将 se 发成 ce 这一发音习惯的文人之一，他在一首圣诞诗中写道：

¡Támaraz, que zon miel y oro!　　椰枣树是黄金和蜂蜜！

¡Támaraz, que zon oro y miel!　　椰枣树是蜂蜜和黄金！

---

① 译文摘自《堂吉诃德》，杨绛译，人民文学出版社，2015。

A voz, el Cachopinito,	你，美洲的西班牙佬，
cara de roza,	粉红的面庞，
la palma oz guarda hermoza	棕榈树守护你
del Egito...	来自埃及的美……

Egito 即 Egipto "埃及"，被认为是吉卜赛人的祖国。

贡戈拉和洛佩·德·维加都是愿意倾听摩里斯科人的西班牙语的作家。下面这首是洛佩的诗：

El maniana de San Juan,	圣约翰节的早上，
al tiempo que elmanecía,	天亮之时，
gran festa hacedle los moros	摩尔人降盛大的聚会
al senior San Juan Bautista.	献给施洗约翰。
¡Ay ha!	啊哈！
Salimos todos al vega	我们离开来到田野
divididos al cuadrilias;	成群结队而行；
Ben Zaide lievar leonado,	伊本宰德一袭棕黄，
con lunas de plata fina.	月亮宛如白银。
¡Ay ha!	啊哈！

胡安娜修女写过黑人、比斯开人和葡萄牙人村夫谣，但要写吉卜赛人和摩里斯科人的就有些困难了；不过，她写过一首"墨西哥印第安人谣"，这在西班牙是无法做到的：

303

...También un topil / del gobernador	还有一位总督派来的警官
caipampa tributo / prenderme mandó,	为了贡赋叫人抓我，
mas yo con un cuáhuitl / un palo lo dio	不过我给了他一棍

ipam i sonteco, / no sé si morió...　　　正中脑袋，不知他死了

　　　　　　　　　　　　　　　　　　　没有……①

发音的变化

　　1535 年，胡安·德·巴尔德斯说："卡斯蒂利亚语不只是整个卡斯蒂利亚的语言，也在阿拉贡王国、穆尔西亚王国乃至整个安达卢西亚、加利西亚、阿斯图里亚斯和纳瓦拉使用，并且连平民百姓也在用，"只是"每个省有自己独特的词汇和讲话方式，阿拉贡、安达卢西亚、纳瓦拉、托莱多皆是如此，我们无法一一列举。"不过，他又补充道："这些地区的高雅人士语言说得和西班牙其他地区的一样好"。这说明无论是西班牙哪个地区的受过教育的人，都能牺牲某些个性而达成同一个关于"说得好"的理念。

　　如果在巴尔德斯罗列的地点中加上美洲各省，那么这番话完美地适用于费利佩三世时期的语言状况。黄金世纪的西班牙无疑实现了语言的大一统。阿斯图里亚斯－莱昂方言、纳瓦拉－阿拉贡方言不但退居为不含文化分量的方言，改受如今被称为"西班牙语"的 304
卡斯蒂利亚语支配，而且这个"西班牙语"渐渐确立了自己的地

---

① 这种墨西哥特有的"体裁"名为托科廷（tocotín），胡安娜修女还写过一首完全用纳华语创作的托科廷。有趣的是托科廷在西班牙也有所呼应：与胡安娜修女同时代的何塞·佩雷斯·德·蒙托罗曾尝试在一首圣诞诗中模仿这种写法，但由于他不懂纳华语（除了地名查普尔特佩克之外），便用非洲风情来代替墨西哥风情："—Vaya'e soneciyo / de una rinda ranza / que ha venido en frota / de la Nueva España, / y en Chapurtepeque / la señaron mí. / —¿Y cómo se yama, / pala yo seguí? / —El tocotín, tocotín, tocotín. / —¡Palece aleglete! / —Me atlevo a recí / que aunque Niño yore, / le hacela reí. / —¡Pues copliza e ranza / vayan sin sarí / del tocotín, tocotín, tocotín!..."，等等。

位——最好、最合适、最值得被选择的语言，即标准语言。书写语言的统一性一目了然（印刷语言也是如此，我们已经提过17世纪马德里印刷工人的重要作用），帝国各个地区为数众多的"高雅人士"都使用同样的语言书写流芳百世的作品。有些戏剧根本无法分辨究竟是马德里人蒂尔索·德·莫利纳的作品还是出自墨西哥人鲁伊斯·德·阿拉尔孔之手；阿拉贡的阿尔亨拉索兄弟与安达卢西亚的贡戈拉的诗作区别不在于他们运用的语言，而是不同的个性。然而，马德里、巴瓦斯特罗、科尔多瓦的"平民"的口语从来没有达到如此高度的统一。词汇从来就不是一门语言的所有使用者都均等共用的；总有保守者固守旧词（也是越来越不为大众所熟悉的词），也总有创新者引入前所未有的新事物（也是遭到保守者抵制的事物）；总有人发音"马虎"，再细致的人也可能平日里都说 ahí está 有时不小心说成 ái stá。社会文化的"阶层"始终存在。不过与智者阿方索时期（更不用说文艺复兴前、费尔南·贡萨雷斯伯爵和他封地上最粗鄙的乡民的语言粗鲁程度相差无几的时代）相比，16 和 17 世纪的社会文化分层要复杂得多。这两个世纪内发生了翻天覆地的变化，中世纪的许多语言现象都消失了，取而代之的是流传至今的许多新现象。

我们首先来看发音的变化。（笔者建议读者先回顾一下前文第 118~120 页中世纪发音的部分。）

305　　在胡安·德·科尔多瓦修士的《萨波特卡语言之术》（墨西哥，1578）一书中有一处评述了 16 世纪的西班牙语大部分语言现象。科尔多瓦修士本是传教士，后因必须与瓦哈卡土著交流而成为敏锐的语言学家。他希望人们关注到萨波特卡语内部各语言区的一些发音差异（萨波特卡语至今仍是墨西哥地区间差异最大的前西班牙语言），为了便于读者理解，他解释道：

　　这和我们西班牙人的情况一样：旧卡斯蒂利亚人说 açer，但托莱多人说 hazer；旧卡斯蒂利亚人说 xugar，但托莱多人说 jugar；旧卡斯蒂利亚人说 yerro，但托莱多人说 hierro；旧卡斯蒂利亚人说 alagar，但托莱多人说 halagar。

　　然而，1578 年，西班牙语的发音正在日新月异的变化中，胡安·德·科尔多瓦的这个认知严格而言只适用于 1540 年左右他离开祖国时的西班牙语，自然不适用于费利佩三世和洛佩·德·维加时期。作者提到的旧卡斯蒂利亚的发音后来确实成为规范，但 1540 年尚未如此。

　　我们先看 hierro 和 halagar 中的 h。当布尔戈斯人已经把它作为不发音的音素时，托莱多人还发成送气音，即 JIERRO 和 JA-LAGAR。托莱多人加尔西拉索的诗句 "¡Oh hermosura sobre el ser humano!" 中，应念作 JERMOSURA 才算作十一音节。但这种发音在洛佩·德·维加就看来有些过时的意味，他和我们一样念作 ERMO-SURA。将 h 发为送气音（如将 hablar、alhelí、halar、hembra、humo 念作 JABLAR、ALJELÍ、JALAR 等）被排除在宫廷西语的规范之外，但保留在了安达卢西亚的很大一部分地区以及美洲大部分农村地区的西语中。有趣的是，忠实地保留了 1492 年的卡斯蒂利亚语诸多特征的犹太西班牙语，基本上也不发 h 的音（也就是将 hablar、harto 说为 AVLAR、ARTO）。

　　必须补充一点：在 h 发音的地区，由于惯性，书写员们会用字母 f 来代表。16 世纪上半叶的文章中仍能看到 fablar、ferir 和 fazer，不过这只是书写时下意识的行为，发音依然为 JABLAR、JERIR 等。[306]（将书写规定为 hablar、herir 等的是内布里哈。）甚至连阿拉伯语借词的 h 也常常经历这样的变形：alhóndiga 可能会被写成 alfóndiga。皮特·马特·德·安杰拉不愿意将拉美方言借词 huracán（音 JURA

CÁN）写成带 h 的形式，认为这是航海家口传的发音方式；于是他写成 furacán，这种"文雅化"的形式还流行了一段时间。公证员古老的书面语言在很长一段时间内都保留了 foja 和 fijo 这样的词；也是因为他们的语言，才会出现既有 fincar 又有 hincar、既有 fallar 又有 hallar 且前者是含义更特殊的情况。falda 最终完胜 halda。西班牙语世界的很多地方仍然使用 fierro，而犹太西班牙语中除了有 fierro，还会说 fuir。

胡安·德·科尔多瓦修士注意到的第二个现象是关于 z 和 ç 的发音。他记得 1540 年前后在托莱多还说 hazer（音 JADSER），而在布尔戈斯已经说 açer（音 ATSER）。这一变革在 14 世纪末从北部率先开始。掌玺大臣阿亚拉曾命人为他在阿拉瓦的陵墓（1396）进行祭坛装饰，上面写着"Esta capiella e estos frontales mandaron **facer** don Pero López de Ayala e doña Leonor de Guzmán su mujer"（"此祈祷室及前帏布由堂佩德罗·洛佩斯·德·阿亚拉及其妻堂娜莱昂诺尔·德·古斯曼下令建造。"）没过多久（1410），桑坦德地区一篇文章中出现了用 raçón 代替一直沿用的浊音 razón（音 RADSÓN）的情况：文章的作者将音节 -zón 清音化，使其发音同 coraçón 中的清音 -çón。（z 和 ç 各自的历史差异之大与 atención 的 c 和 tensión 的 s 相似。）古语中有一个动词 deçir，意为"下降"（自然不会有人将这个形式和 dezir 混淆），后来成了错误形式，并于 15 世纪从卡斯蒂利亚语中消失了。从 dezir 到 decir（或 deçir）、从 hazer 到 hacer、从 azada 到 açada 的变迁，或者说 DS 被 TS 同化这一变化过了很久才传到新卡斯蒂利亚。然而到了 1578 年胡安·德·科尔多瓦修士的作品问世之时，这种新用法已经传播开来：圣女特蕾莎写的是 deçir 和 reçar，而不是 dezir 和 rezar。16 世纪末 17 世纪初，这一变化应该已经属于普遍现象。洛佩·德·维加的一份手稿中先是出现了 haçer，

五行诗后又出现了 hazer。贡萨罗·科雷阿斯在他 1630 年的《正字

法》中提出"我们应将读音与拼写完全统一"，弃用 ç 而只留下已经变成清音的 z，即写作 azada、dezir、zinko、senzillo、zera 等。极端保守者胡安·德·罗布雷斯试图维持原有的差异，但找的却是最站不住脚的理由。他说科雷阿斯的行为"建立在欺骗的基础之上。字母表中根本不可能存在两个发音一致的字母，以致其中一个能毫无障碍地身兼二职。"（我们唯一能看出来的是，罗布雷斯难以接受 razón 的 -zón 和 coraçón 的 -çón 之间再无区别。）

桑坦德那位在 1410 年用 raçón 代替 razón 的作者还用 usso 代替了 uso。这说明在旧卡斯蒂利亚地区，元音之间的浊音 -s-（即意大利语 rosa 中的 -s-）已经消失。-s- 和 -ss- 的同化始于北方，到 16 世纪下半叶在西班牙其他地区也已普及。印刷所在很长时间内仍继续使用 assí、esse 和 cantasse 等，但圣女特蕾莎已经写作 tuviese、matasen 等。这两个发音合二为一，成为清音——oso（动词 osar 的变位）和 osso（熊）的发音完全相同。科雷阿斯自然摒弃了 assí、passar、甚至最高级 -íssimo 中无用的 -ss-；罗布雷斯自然又是与他对着干，说自己绝不会去掉最高级中的一个 s，"因为它发咝音，且两个 s 都发音"。（他只是希望 oso 和 osso 之间的差异依然存在。）

事实上，这四个"咝"音在中世纪的正字法中是严格区分的（它们在 braço、azada、fuesse、casa 中的发音分别是 TS、DS、清音 S 和浊音 S；或可用第 119 页的音标表示为 [ŝ]、[ẑ]、[ṡ] 和 [ż]），但在内布里哈时期差异已经不再那么鲜明。和他同时代的诗人、安达卢西亚人胡安·德·帕迪利亚在一节诗中将 meses 和 vezes 押韵，另一节中将 recibiesses 和 padeçes 押韵，这说明他和布尔戈斯人的看法不同。后者是将两个"简单音"（浊音 S 和清音 S）同化，将两个"强化音"（浊音 DS 和清音 TS）同化；但他是将两个浊音（"简单音"S 和"强化音"DZ）和两个清音（"简单音"S 和"强化音"TS）分别合并。因此，这四个在智者阿方索时期原本差异明显

308

的音素，经过不同的途径简化为两个发音，不过简化结果有两类："卡斯蒂利亚简化版"为强化的清辅音 [ś] 和简单的清辅音 [ṡ]；"南方简化版"为简单的清辅音 [ṡ] 和简单的浊辅音 [ż]。

"卡斯蒂利亚简化版"是今西班牙大部分地区使用的版本：一个是 coser 和 tasa 中的清辅音 s，另一个是 cocer 和 taza 中的清辅音 c/z。只是第二个发音与中世纪时不同（COTSER, TATSA），而是成了西班牙北部和中部的字母 z 的发音（音标为 [θ]）。只有这两个地区发这个音，这使得它们成了我们整个西班牙语世界中独特的地区。关于这个语音变革的消息最先出现在 16 世纪下半叶写给外国人的两部语法书中；TS 中的 T "转移到"齿间和 S 混合在一起。这个新音素已经在西班牙中北部地区牢牢扎根，所以才华横溢的胡安·巴勃罗·伯内特 1620 年在他《教聋哑人说话的技巧》一书中写道："发这个音时，哑巴应将舌尖置于齿间，向外吹气，同时舌头保持不动。"

"南方简化版"，即 1492 年左右诗人胡安·德·帕迪利亚提出的版本，是同年离开西班牙的犹太人依然使用的版本。在塞法迪语或东方的犹太西班牙语中，cerca 和 así 音为 SERCA y ASÍ，而 rosa、luz 和 decir 分别发作 ROZA、LUZ 和 DEZIR，他们的 z 和现在的西班牙语中 z 的完全无关，而是相当于浊音 [ż]。

除上述两种简化法之外，还有一种"安达卢西亚简化版"。胡安·德·帕迪利亚在押韵时仍将 meses 和 vezes 区别于 recibiesses 和 padeçes（即 [ż] 和 [ṡ] 依然有别）。然而很有可能，在他写作的时候，
309 文化水平不如他的安达卢西亚同胞认为这四个词汇也完美形成押韵：meses、veses、recibieses 和 padeses。这就是安达卢西亚地区以 s 代替 c 的现象，它的历史与拉丁美洲地区的同一现象的历史一样——两者其实是同一段历史。加那利群岛和新大陆说的西班牙语就是安达卢西亚式的西班牙语。西印度群岛最早的居民大部分都是安达卢西亚人，尤其是塞维利亚人。此外，如果考虑到母亲说的语言对孩

子语言习得过程的影响，那么有一个事实影响深远——1508 至 1518 年间从西班牙来到西印度的三分之二的女性来自塞维利亚及附近地区①。16 世纪初，在安达卢西亚和大西洋彼岸都爆发了势不可挡的"拼写错误"潮：haser、calsas、razo、cazamiento 等。在同一页中完全可能同时见到 padeces、padezes、padesses 和 padeses。1577 年一个安达卢西亚人（可能是墨西哥土生白人）编写的《若干诗歌之花》手稿中，能看到 asertar、alcansar、cereno 和 auzente 这样的词。当然，无论是埃雷拉还是罗布雷斯学士都不会犯这样的"错误"（毕竟罗布雷斯的书题为《文雅的塞维利亚人》）。第 248 页提到的正字法学者中至少五位是安达卢西亚人（如果除了埃雷拉、阿莱曼、希梅内斯·帕顿、莫拉雷斯和罗布雷斯之外我们再加上埃雷拉的弟子弗朗西斯科·德·梅迪纳，那就是六位），这也是一个意味深长的信号。1663 年塞维利亚出版的《学术》中获奖的一位诗人的例子非常特别。编辑提醒说，诗人明确请求尊重他的"拼写规则"，而他照做了；编辑的提醒是为了震惊的读者们不会将 sentella、jasmín、inesa、setro、quiço 和 Tirço 这样的词语怪罪到他头上。有学术规范观念的诗人——无论是美洲人还是安达卢西亚人，都不会通过"拼写错误"³¹⁰来押韵；但胡安娜修女没有这样扭捏作态，她大大方方地将 prosa 和 roza（rozar 的变位）构成音节韵，这引发了当时的马德里人的关注。

下面这张图简要地反映了这段简化的历史。封闭的长方形内是四个中世纪的音素，长方形外是 16 世纪中期演变后的结果，其实也是如今的情况。长方形右侧代表西班牙中部和北部的情况，左下

---

① 1596 年，阿古斯丁·达维拉·帕迪利亚修士在他有关多明我会在新西班牙的历史一书中说："新西班牙与安达卢西亚、墨西哥与塞维利亚形成特别的对应关系。墨西哥任命大主教必须一步步听命于塞维利亚、获得其认可：首先任命受制于塞维利亚大主教的修道院院长，然后是从属于塞维利亚的副主教，最后才有独立的大主教，但是仪式和典籍都是塞维利亚的。第一批来西印度的教士也是塞维利亚人……"等等。

方是犹太西班牙语，右下方代表西班牙语世界的其他地区。（请注
意：并不是在整个安达卢西亚地区都有 s 代替 c 的情况，并非所有
人都将 cereza 发成 SERESA。有些地区反而是用 c 代替 s，也就是将
sésamo 发成 CÉZAMO。）从北部西班牙语和犹太西班牙语汇入美洲
和安达卢西亚西班牙语的箭头并不表示一种"谱系"关系，而是纯
粹的逻辑关系。

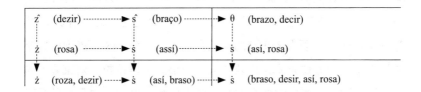

　　胡安·德·科尔多瓦的第三个发现是"布尔戈斯人说 xugar，托
莱多人说 jugar"。这说明 1540 年左右，旧卡斯蒂利亚人已经将另外
两个旧的音素合二为一；因为他们 jugar 的发音不是 gentil 和 consejo
中 g/j 所发的浊音（即发作 DYENTIL、CONSEDYO，或是 YENTIL，
CONSEYO，Y 是拉普拉塔河流域的"强化音"，音标为 [ž]），而是
dixo、páxaro 中 x 的清音（＝英语的 SH，音标为 [š]）。我们还是举
圣女特蕾莎为例。她的手稿中可以看到 dijera 和 teoloxía 代替了 dix-
era 和 teología 的情况。这说明 16 世纪下半叶，布尔戈斯人的这一语
音变化也在新卡斯蒂利亚扎根，大约同一时期也已经扩展到安达卢
西亚和新大陆。1631 年，罗布雷斯写书时，这已经是一个既定的事
实，他对此深感遗憾。他说，科雷阿斯"用我们说 xabón、xáquima、
ximio（simio）之类的词时使用的低等字母 x"来拼写 muger、afligir
和 género，这样做大错特错。他刻意举了一些"低劣的"词为例来
丑化卡斯蒂利亚发起的简化。罗布雷斯坚持认为这是两个截然不同
的音素，但结果却徒劳。在 17 世纪的诗人看来 hijo 和 dixo 构成非
常完美的押韵。保留两者区别的只有犹太西班牙语：hijo 音为 IYO，

Y 为"强化音"；而 dixo 音为 DISHO。

　　正如 DS 和 TS 的同化在西班牙的中北部创造出一个全新的音素——现在的西班牙语中的 z，x 和 j 的同化也创造出一个全新的音素——现在的 consejo 和 gentil 中 j/g 的发音（音标为 [x] 或 [χ]），而且在除了塞法迪人之外的整个西班牙语世界使用。16 世纪时，这个新的音素还没诞生。英国人迈尔斯·菲利普斯 1568 年至 1582 年间曾生活在墨西哥，他将 Oaxaca 写作 Washaca 而 不 是 Wahaca；后 来，1614 至 1620 年 间，Quix-ote 转写为法语 Quichotte（音 KISHOT）和意大利语 Chisciotte（音 KISHOTTE）；再后来，到了 1635 年，熙德妻子的名字希梅娜（Ximena）在高乃依的戏剧中转为 Chimène。但 1635 年时，很多人发 x 音时运用的发音部位不再是舌头和上腭，而是口腔后部。因此，这样发出来的音实际上就等于送气音 h（herir =JE-RIR，hembra = JEMBRA 等）。这就是西班牙语字母 j 的起源。这一现象最早的苗头出现于 16 世纪初，但似乎在这个世纪，将 dixo 发作 diho 都被认为是极端粗俗的表现，因而也几乎没有在书面文字中留下痕迹。1631 年，胡安·德·罗布雷斯说，粗鲁地说 habón、Huan 和 muher 者（他是指念作 JABÓN、JUAN 和 MUJER，单词中的 h 发音和他读 haba、humo 时一样，这个字母来自拉丁语字母 f）"尤以讲不好西语的黑人和他们恶俗的模仿者为主"。克维多在描述塞维利亚暗语时，运用了三个字母来标示这个新音素：g（gerida、mogino，即 herida 和 mohíno），j（jumo，即 humo）和 h（mohar，即 mojar; bahuno，即 baxuno 或者说 bajuno，派生自 baxo）。由此看来，克 ₃₁₂ 维多这样的卡斯蒂利亚人似乎已经不再说 JERIDA，但还没开始说 MOJAR。在塞维利亚（塞维利亚可以代表安达卢西亚大部分地区和整个美洲），从拉丁语字母 f 演变而来的 h 发送气音（ferire > JE-RIR），也就是说那里保存了可以被我们称为卡斯蒂利亚语最古老、最能区别于其他罗曼语、最值得尊崇、最"正统"的发音特征；卡斯蒂利亚地区兴起的变革和现代化（ABLAR、ERIR、UMO）还没有传播到那里。恰恰是在塞维利亚（尽管是在较低的社会阶层），h 这个古老的音素与 mojar 和 bajuno（克维多可能依然读作 MOSHAR，和 BASHUNO）中革命性的音素 j 画上了等号。很难说清具体在何时整个西班牙语世界都接受了 mojar、consejo、gentil 和 coger 等词中 j 的现代发音。1665 年会写 sentella、jasmín 等形式的那位诗人也会写 jaciendo 和 jiziera（hacer 的变位），也会用 tráhico 代替 trágico。他确实是安达卢西亚人，但当时 j 在卡斯蒂利亚也已经大获全胜。México 一词不再发作 MÉSHICO 时，也是 xabón 改念作 JABÓN 的同时。（智利人的 mujer 和 gente 中的 j/g 发音在外国人听起来接近 MUJIER 和 GIENTE，似乎可以代表从 16 世纪的 x 到现代的 j 之间的过渡时期。）

有一个重要现象胡安·德·科尔多瓦修士没有提及，那就是用 ye 代替 ll，或者说将两者画等号；今天这个现象和将 c 发作 s 一样，是安达卢西亚和美洲西语的一个典型特征。他沉默的原因是显而易见的，他无法说出"托莱多人说 llorar，而塞维利亚人说 yorar"这样的话来，因为当时这个现象在任何一个地区都不算系统化。实际上，用 ye 代替 ll 从西班牙语诞生起就已然存在，但始终都只是零星偶发的情况。10 世纪末一个莫扎拉布人将 llengua 写作 yengua（"lengua"）；整个中世纪，到处都能发现混淆这两个音的"拼写错误"（还有反向的拼写错误，如将 suyo 写作 sullo），但是这几个世纪里始终找不到一条连贯的"进化"历程。新的发音可能出现在任何时间、任何地点。现在没有人再认可语音变化仅仅源自"省力原则"这一理论。但发 ll 时确实需要舌头边缘活动，只有这个音素有这么复杂的要求；而发 y 时，舌头是静止不动的。这就如同过去摩里斯科人（现在的尤卡坦人也是如此）因为发 mañana 和 señor 的 ñ 困难而改说成 maniana 和 senior。在今天的西班牙语世界的大部分地区，或者说安达卢西亚和几乎整个西语美洲，当有人试图将 silla 中的 ll 发成"西班牙式"发音时，嘴里说出来的更像是 silia；念意大利语词 Castiglione（CASTILLONE，含 LL）也会有同样的困难。对西班牙语美洲人来说，发 cereza 的 z 比 silla 的 ll 要简单。

1540 年前后，胡安·德·科尔多瓦修士离开伊比利亚半岛时，这个现象还没有蔓延开来，但到了世纪末已经站稳脚跟：揭露这一现象的"拼写错误"迅速繁衍，变得系统化。安达卢西亚人和许多西语美洲人需要上几年学才能在书写时辨别 se calló 和 se cayó。ll 的消失或许完全可以解释为 y 的发音更简单方便。不久之后法国也发生了同样的变化：travailler 原本念作含 LL 的 TRAVALLÉ，现在变成了 TRAVAYÉ。不过西班牙的这个现象明显受到了黑人发音的影响，他们是最早的系统地将 ll 发成 y 的人。（比如第 305 页马特奥·弗雷恰的诗中就有"ayá en Berén"和"vamo ayá"这样的形式。）曾有很长一段时间，在卡斯蒂利亚用 y 代替 ll 都被认为是说话的"陋习"，是应当唾弃的安达卢西亚"低俗化"；但现在大部分有文化的卡斯蒂利亚人也说 Castiya 而非 Castilla。和 j 这个"出身不好"却迅速上位的字母不同，y 的确立非常缓慢。而犹太西班牙语的 y 代替 ll（cavayo、llevar、gameyo "camello"）似乎与安达卢西亚西语无关，因为 1492 年这个现象在安达卢西亚还没有成为既定事实；那么其原因应该也是上面提到的 y 发音更简单。值得说明的一点是在西班牙美洲中用 ye 代替 ll 的发音从来都不是普遍现象。在有些国家尤其是玻利维亚的部分地区至今仍然区分 se calló 和 se cayó、pollo 和 poyo、halla 和 haya。很有可能将来某一天 ll 会从半岛上彻底消失，只留在美洲大地上；届时皇家语言学院的大人们又会取消它的身份，说它是"古语"。

最后还剩 b 和 v 的同化现象，这段历史其实在第 119~120 页已经提过。圣米扬和西洛斯古老的批注中，b 和 v 就是两个可以替换的符号：批注者既写 vergoña 又写 bergoña（"vergüenza"），既写 levata（"llevada"）又写 labatu（"lavado"）。1001 年前，这两个字母的同化似乎只是布尔戈斯和拉里奥哈独有的现象；这两处是卡斯蒂利亚语起源之地，而这门伊比利亚罗曼语在莱昂人、阿拉贡人和莫扎拉布人看来似乎是"蛮族"方言。既然我们的语言是卡斯蒂利亚语，那么爱卖弄学识的人或者糊里糊涂的人还是应当知道卡斯蒂利亚语中从来都不区分 b 和 v。克里斯托瓦尔·德·维亚隆曾在 1558 年说："没有一个纯卡斯蒂利亚人懂得如何区分两者。"半岛的其他地区，尤其是先前罗马化程度更高的部分（也就说当时广阔的莫扎拉布地区）与意大利和法国一样区分唇齿音 v 和双唇音 b。对两者的区分持续了几个世纪，直到有一天情况变了：面对卡斯蒂利亚来势汹汹的同化现象，人们甚至可以说必须站起来捍卫这一区别。阿莱霍·瓦内加斯（1531）坚称 v 应发为唇齿音；弗朗西斯科·罗布雷斯修士（1533）批评那些"未将下唇置于上齿之下、发音同 b 的错误发音方式"；安东尼奥·德·托尔盖马达甚至提供了更详细的说明教人们正确发音——"上齿应该在下唇之上，将嘴唇包在里面"。17 世纪的头几十年仍不乏 v 的维护者，如马特奥·阿莱曼（1609），米格尔·塞巴斯蒂安（1619："想赋予字母 v 它独特的价值，就应该上齿**外伸咬住整个下唇**！"），尤其是执着于"每个字母对应一个音素"原则的贡萨罗·科雷阿斯（1626）。区分 b 和 v 也是科雷阿斯和他的宿敌胡安·德·罗布雷斯唯一达成一致之处。

315　　上述唇齿音 v 的捍卫者不是旧卡斯蒂利亚人，而是南部广阔的、最罗马化的、莫扎拉布地区的人民——托莱多、埃斯特雷马杜拉、安达卢西亚、阿拉贡。他们似乎是想挽回某样正在失去的珍贵之物，而实际上面对的是一个已经普遍忽视这点美好的"读者群"。1611 年，塞巴斯蒂安·德·科瓦鲁比亚斯承认 v 和 b 之间没有区别。

他说：albalá 即 alvalá，"b 和 v 就像 f 与 h 一样，是两个可以对调的字母。"（曾有很长一段时间 falda 确实也写作 halda、alfombra 也写作 alhombra；其中的字母 f 与 h 一样发作送气音。）皇家语言学院在第一本词典（1726）前言中明确承认"我们卡斯蒂利亚人在发音时不区分这两个字母"。但在《正字法》中（1741）却仿佛是要在区分两者的法国人面前辩解似的说道："混淆 b 和 v 的发音是一个普遍现象，是疏忽和无知所致，是在家庭教育和早期教育中沾染的陋习，并非词汇本身的属性。"尽管如此，皇家语言学院还是明确规定，书写时应根据词源使用不同的文字符号加以区分（不能再写作 bever 和 bivir，而是现在的 beber 和 vivir）。要补充说明的是，唇齿音 v 不仅保留在了葡萄牙语和加泰罗尼亚语中，还在阿拉贡和埃斯特雷马杜拉的部分偏远角落的方言以及东方的犹太西班牙语中[1]。

　　至于元音，黄金世纪最有意思的现象是对非重读的元音发得不够精准。他们觉得说 Filipe 和 Felipe 都一样。最常见的偏移是将 i 发成 e（vanedad、enclinar、recebir、escrebir 和 cevil）和将 u 发成 o（mormurar、mochacho、sofrir、sepoltura、roído 即 ruido），在 16 世纪所有的作家身上都能找到这两种现象。而反向的偏移，即将 e 发成 i（sigún、siguir、siguro、mijor、conviniente 和 quiriendo）和将 o 发成 u（puniendo, dispusición）也很常见，但通常仅限于口语中，也

316

---

① 我在最近的三章中引用黄金世纪作家时，有时将他们的拼写现代化，有时依然维持原样。我解释一下此处做法的不统一。引用《熙德之歌》、智者阿方索、伊塔的大祭司时，只能进行流于表面的现代化（如用 avía 取代 auia），因为书写和读音非常接近。（而且，如果出声朗读，就很容易重构出后来有变化的发音。）但黄金世纪时，书写和读音越来越不对应。卡尔德隆依然书写 felizes 和 fuerça，但已经不再是中世纪的发音，而是与我们现在相同；那么替换成 felices 和 fuerza 并无任何损失。学者们通常一丝不苟地尊重古典作品的书写（顶多只是添加重音这个到了 18 世纪才推广的符号），但这会对普通读者造成困扰；普通读者们在书店里看到的塞万提斯、克维多、胡安娜修女的作品无疑也是拼写已经现代化的版本。

是圣女特蕾莎的"家常体"中的典型形式。我们很快将看到（第 333
页），有学识者始终反对这些漫不经心的发音行为。但也必须说明，
像 lisión（"lección"）这样在今天看来非常粗鄙的形式在黄金世纪却
很是寻常。如今许多西语使用者依然会说 mormurar 和 escrebir，他
们会受到有强烈学术观念者的鄙视，但其实只是在为西班牙古典巨
匠们使用过的形式维持真正的生机。

词汇的变化

胡安·德·巴尔德斯说他倾向于使用 vanidad 而非 vanedad，使
用 ruido 而非 roído。他还整理了一份颇有意思的古语词表，其中
都是语言说得好的人已经不再使用的词，因为已经有新词取而代
之。这些已经成为历史的"中世纪"词语有：hueste（被 exército 取
代），cuita（被 fatiga 取代），solaz（现为 placer 或 regocijo），vega-
da（vez），fiuzia（confianza），atender（esperar），pescudar 和 barajar
（preguntar 和 contender），envergonçar 和 escomençar（avergonçar 和
començar），so、ayuso 和 suso（debaxo、abaxo 和 arriba），ál（otro），
asaz 和 maguer（harto 和 aunque），desde que 和 cada que［quando 和
siempre（que）］。黄金世纪还有许多这类证明。胡安·德·梅纳常
常将通俗词汇和拉丁语词汇混在一起使用，其中不少通俗词汇（如
fondón、enante、vergoñoso、apalpar、bateado 即 bautizado、engorra
和 bullada 等）到了 16 世纪中期一定看起来十分滑稽。埃雷拉也曾
317 说用"fríos tamaños"表示"tan grandes"逐渐变得陈旧。堂吉诃德
奉劝桑乔不要说 regoldar 而是说 erutar（或 eructar）。这类古语词汇
其实仍有人使用，但只是出于修辞的目的，例如胡安·德·马里亚
纳的《西班牙历史》；不过总体来说，它们还是被划归粗俗语言，大
部分已经完全消失了。然而，其中有一些旧词后来又被挽救，因为

它们的古韵使之显得优美，如 mesnada、cuita、solaz、raudo 和 por ende。19 世纪，一些主张语言纯正的作家和诗人甚至试图复活 maguer（不过他们误写、误念为 magüer）。

　　总体来说，西班牙语词汇的更新靠语言自己的能力实现。巴尔德斯的词表中，战胜"古语"的大部分词其实也是同样传统和古老的词语。不过，也有几门外语起到了不同程度的作用。一个很有意思的例子是对小胡子（bigote）的两种指称。中世纪的西班牙语中没有专门的词汇与之对应，因为它被"包括在"胡子（barba）中；为了填补这一空白，15 世纪末人们借用了德语词汇 bigote，16 世纪又借用了意大利语词 mostacho。黄金世纪几乎没有借用其他德语词汇。西班牙与低地国家颇有渊源，却鲜有荷兰语和佛兰德语借词，而是从法语借词。葡萄牙语借词也寥寥无几。（其中一个是 mermelada，来自葡萄牙语 marmelada，后者来自 marmelo，即 membrillo。）

　　相反，意大利语词汇却大量涌入。在文艺复兴的发祥地生活过的众多西班牙作家的文字中自然充斥着意大利语词，如加尔西拉索、费尔南德斯·德·奥维耶多、弗朗西斯科·德·埃尔达纳和塞万提斯。但人们除了旅行之外，还有许多接触富有吸引力的意大利的方式；文学作品中频繁出现的意大利语词汇反映了它们在口语中的丰富程度。16 世纪中期，一位致力于维护母语纯正性的西班牙人谴责他的同胞："明明人们更容易理解 mesón，你们为什么非要说 hostería？明明 camino 意思更好更清晰，你们为什么非要说 estrada？"他还列出了 designio、marchar、emboscada 等等，所有这些词 318 在卡斯蒂利亚语中都有可以完美表意的词汇，分别是 consideración、caminar 和 celada。许多意大利语词汇确实很多余，也没有使用太长时间（如 esguazo 最后并没有代替 vado）；但也还是有不少留在了西班牙语中。几位费利佩国王统治时期，银行交易的主体都是威尼斯人和热那亚人，banca 一词就是必须借用的意大利语词汇。从意大利语 milione 演变而来的 millón 彻底取代了旧词 cuento（而葡萄牙语中 conto 仍表示"百万"）。

下面是这类"必需的"意大利语借词的列表，词义涵盖了各个方面：

balcón（阳台），cornisa（飞檐），fachada（墙面）

diseño（设计），modelo（模式），esbozo（草稿），escorzo（透视图）

capricho（任性），bagatela（琐事）

soneto（十四行诗），cuarteto（四行诗），terceto（三行诗），madrigal（情歌），esdrújulo（重音落在倒数第三个音节上的单词），novela（小说）

cortejar（巴结），festejar（庆祝），charlar（聊天）

manejar（操纵），atacar（攻击），estropear（破坏）

pedante（爱卖弄的），poltrón（懒惰的），grotesco（怪诞的），esbelto（苗条的）

fragata（三桅船），piloto（领航员），brújula（指南针）

escuadrón（骑兵中队），soldado（士兵），coronel（陆军上校）

centinela（哨兵），alerta（警示），escolta（卫队），escopeta（猎枪）

parapeto（掩体）

意大利语借词的完整词表可能会写满好几页纸，但与美洲方言词相比还只是很小的一部分。美洲方言词汇指从新大陆的各种语言中被吸收到西班牙语口语和书面语中的词汇。然而，除了几本已经出版的、远远称不上全面的美洲方言词典之外，这类词的历史（包括起源、如何进入西班牙语、使用的地理范围、词形和词义的变化）与意大利语词汇的历史相比仍欠奉。现有的西班牙语字典多以马德里的皇家语言学院字典为参照，只收录了极小一部分美洲词汇，释义也语焉不详，如："areito：美洲古老的印第安人的舞蹈"；"mitote：

印第安人的舞蹈，边跳边饮酒直至酩酊大醉"。（仿佛所有"美洲印第安人"说的是同一种语言，拥有同样的习俗！）

这确实是一项艰巨的工程。许多美洲方言词汇在各地的西班牙语甚至其他语言中都存在，如 chocolate 和 tabaco 等，但是更多的只在小范围内使用。几乎整个西班牙美洲都熟悉 tamal（蕉叶玉米粽子）这个纳华语借词，但同为纳华语借词的 pulque（龙舌兰酒）几乎只有墨西哥人使用。在墨西哥除了纳华语之外，还有大量来自奥多米语、塔拉斯克语或普雷佩查语、萨波特克语、玛雅语的词汇，使用的地理范围比 pulque 更窄。同样还有许多来自凯楚阿语、艾马拉语、图皮－瓜拉尼语、马普切语等南美洲语言的词汇；以及来自非洲土语的词汇，如 banano、mucamo、cachimba、guarapo、quilombo、conga、bongó、samba 和 sandunga。所有这些词汇都是西班牙语的一部分，如今和我们刚刚看到的那些意大利语借词一样正统、必需、常用；两者进入我们的语言的时间也相同。不同的是美洲方言借词从来不像意大利语词那样被认为是"优秀"的词语。在西班牙人自认为是卡斯蒂利亚语唯一的主人的那几个世纪里（也是美洲人将语言的统治权交给他们的世纪），许多美洲方言借词甚至没有资格进入书写体系。比如墨西哥的 chayote（佛手瓜）和 quelite，（西葫芦芽）阿根廷的 choclo（嫩玉米穗）和 yuyo（绿苋），可能在用文字书写之前就已经在当地的西班牙语中存在了相当长的时间。

哥伦布第一次航行归来时，内布里哈正在准备字典中的卡斯蒂利亚语－拉丁语部分，这时他加入了一个美洲方言词：canoa。（真希望后来再版、改编这部字典者能有他这样在词汇方面的勤勉和效率。）无数关注美洲事务的作者使用了新大陆的许多新词汇，如拉斯·卡萨斯、奥维耶多、萨阿贡、莫托里尼亚、阿古斯丁·德·萨拉特、印加·加尔西拉索；他们这样做是写作的主题使然。很早就有诗人从美洲方言词汇中找到了别样的乐趣，并热衷于将它们运用 320

到意大利式的韵律中 [①]，塞维利亚人胡安·德·拉·库埃瓦便是其中之一，1574 至 1577 年间他曾在墨西哥生活过：

> Mirad aquellas frutas naturales,
>
>   el **plátano**（香蕉）, **mamey**（曼密苹果）, **guayaba**（番石榴）, **anona**
>
> （番荔枝）,
>
>   si en gusto las de España son iguales;
>
>   pues un **chicozapote**（人心果）, a la persona
>
>   del rey le puede ser emprestado
>
>   por el fruto mejor que cría Pomona;
>
>   el **aguacate**（鳄梨）, a Venus consagrado
>
>   por el efecto y trenas de colores,
>
>   el **capulí**（野黑樱）y **zapote**（人心果）colorado...

16 世纪末，欧亨尼奥·德·萨拉萨尔这样描述 "墨西哥的小湖"：

> Aquí bermejo **chile**（辣椒）colorea,
>
> y el naranjado **ají**（辣椒）no muy maduro;
>
> allí el frío **tomate**（番茄）verdeguea,
>
> y flores de color claro y escuro...,

17 世纪初，胡安·德·米拉蒙特斯·苏阿索拉在《南极的武器》写道：

[①]　此处所引用的四首诗歌使用的美洲方言词大部分用于罗列当地特有的植被或食物，译者才疏学浅，翻译之后失去诗歌的韵味，故只能将美洲用词用黑体标出，注明词义。——译者注

Púsola **charqui**（腊肉），**papas**（土豆），**cancha**（烤玉米）y **mate**
（马黛茶），

ají（辣椒），**choclos**（嫩玉米）y **yucas**（木薯）que comiese,

palta（鳄梨），**guayaba**（番石榴），**lúcuma**（路枯马果）y **zapote**（人心果）

para si alguna fruta apeteciese,

y de su rubia y fresca **chicha**（玉米酒）un bote.

蒂尔索·德·莫利纳在圣多明各住过一两年，也对美洲方言借词很
有感情（鲁伊斯·德·阿拉尔孔却不然，他从来没用过这些词）；洛
佩·德·维加在《阿波罗的桂冠》（1630）中描绘一艘令见者称奇
的船：

de mil árboles indios enramado,

321

bejucos（藤本植物）de **guaquimos**（肥猪树），

camaironas（亚马孙串状葡萄）de arroba los racimos,

aguacates（鳄梨），**magueyes**（龙舌兰），**achïotes**（胭脂树），

pitayas（大花仙人掌果），**guamas**（瓜麻果），**tunas**（仙人掌果）y
zapotes（人心果）。

洛佩曾写过以征服智利为主题的悲喜剧《被征服的阿劳科》，为了让
其中的阿劳科人口中能说出鲜活的词汇，他竭尽所能：用了凯楚阿
语词 cocaví "干粮"、纳华语词 galpón "棚屋"（由纳华语的 calpul-
li 演变而来）和几个安的列斯方言词语：canoa、piragua、areito、
chicha、guacamaya。与库埃瓦、萨拉萨尔、米拉蒙特斯和蒂尔索
不同的是，洛佩·德·维加没有任何美洲生活的经历，全都是靠听

来的。

约莫三十年的时间里（墨西哥和秘鲁被征服之前），安的列斯方言词语是我们的语言中唯一的美洲词语，且根基深厚，能在与后来者的竞争中胜出。墨西哥方言用词 acal（由 acalli 演变而来）和 piciete（由 picietl 演变而来）16 世纪时依然活跃，后来却消失，让位于安的列斯方言 canoa 和 tabaco。cacique、iguana、maguey 和 maíz 在安的列斯方言中也有对应的用词。我再补充一些资料来阐述美洲方言词汇历史的错综复杂。纳华语借词 galpón 在南美的很多地区都在使用，在墨西哥却不为人知；同为纳华语词的 tiza（来自 tícatl）早已植根于西班牙，在它的起源地却被 gis 取代（这个词由希腊拉丁语词 gypsum 演变而来）。西班牙没有热带森林，因而征服者们用安的列斯方言中的 arcabuco 来指称这一事物（英国人遇到类似情况时也是借用了马拉地语 jungla 一词）。arcabuco 的使用越来越普遍，连厄尔西亚以智利为背景的诗歌《阿劳加纳》中都出现了该词；贡戈拉又从厄尔西亚这里借用了这个词，但不是当作美洲方言词语，而是因为其发音响亮悦耳。西班牙人混淆了安的列斯方言词 batata（与墨西哥的甘薯类似）和凯楚阿语的 papa，从而创造了一个伪美洲方言词 patata，这个词却反而流传到了其他语言中。他们还把 cacahuate 变成了 cacahuete。西班牙人对美洲词语的西班牙化有时候非常有意思：他们把 Huitzilopochco 和 Cuauhnáhuac 分别变为 Churubusco 和 Cuernavaca，而 huitzináhuac 变为 biznaga（和本土的西班牙语中的 biznaga 同形异义，后者是莫扎拉布语，指的是完全不相干的另一种植物）。不过，jaguar 是通过法语书面语进入现在的西班牙语的，如果是直接从图皮－瓜拉尼语借词，那就不是 jaguar 而是 yaguar①。

① 站在西班牙的角度来看，如今有些词语或义项只在美洲西语中存在，半岛西语中没有或不常用，这也是"美洲方言词"。然而，它们其实是 16、17 世纪被（转下页）

　　黄金世纪，我们的语言的词汇丰富还体现在另一个重要方面：文雅词汇，即属于精神文化领域的词汇，其中大部分都来自拉丁语。胡安·德·巴尔德斯在意大利的语言环境中写出了《关于语言的对话》，与祖国相比，这里的语言更精致讲究。他听到了许多卡斯蒂利亚语中缺乏的"文雅"词汇，于是建议同胞们吸收采纳。他建议的有几十个词语，除了很少被使用的形容词 obnoxio 之外，其余的确实都已经成为西班牙语词，如 observar、estilo、fantasía、idiota、superstición、cómodo 和 dócil。然而，这并不是由于他的建议——因为这本书过了两个世纪才出版，而是这些词汇确实被需要。巴尔德斯自己也知道其中有些其实已经处于"半启用状态"。

　　梅纳、桑蒂亚纳等文艺复兴前夕的散文家和诗人已经铺好了道路。内布里哈时期诸如 elocuencia、senectud、enorme 和 longevo 之类的词就已经司空见惯。兴起于 16 世纪、延续至 17 世纪的文艺复兴运动只不过是沿着 15 世纪的先锋们已经为西班牙语勾勒好的这条"升华"之路继续走下去。追慕先贤的面纱背后、借文雅词汇"复兴"希腊与罗马文化的错觉背后，隐藏的其实是对现代性和国际主义追求。不禁感叹，假如西班牙当时能与意大利争夺欧洲乃至世界文化中心的地位…… 323

　　16 世纪的文雅词汇虽然只是 15 世纪的延续，但无论就数量还是

（接上页）西班牙人带去美洲、并一直沿用至今的词汇。比如 chícharo 一词，是拉丁语词 cícerem 通过莫扎拉布语演变而来；马德里人不知道这个词，而是使用 guisante 指同一事物。有意思的是，chícharo 最后却被视为"美洲方言词"。情况与之类似的还有 atorarse、platicar、pararse、fierro、angosto（西班牙惯用词分别是 atascarse、conversar、ponerse de pie、hierro 和 estrecho；这些词其实在美洲西语中也同样使用）。这类"美洲方言词汇"中，有人认为像 fierro、angosto、peje（鱼）和 lamber（舔）等词属于莱昂方言，也可能属于埃斯特雷马杜拉和安达卢西亚保存下来的莫扎拉布语，因为大部分美洲最早的征服者和移民都来自这里。

地位的稳固性而言都已经不可同日而语。这时的文雅词汇已经深入到普通人的语言中，不再是其发明者或引入者专属的词汇。接受这些词汇的人正从少数慢慢扩大为多数。sciencia（即 ciencia）被接纳后，连一点都不懂拉丁语的人也能吸收 presciencia 这种先前专属于教士阶层的词汇。胡安·德·梅纳以 invocar、provocar、convocar、advocar、revocar 为试验的做法可以推广到其余任何文雅词语。catar 和 condesar 这样的旧词随时可能被新词 observar 和 atesorar 取代。现在终于可以对词语进行雕琢，使其含义更精确微妙。在这个文雅化过程的尽头，与卡尔德隆同时代的一位作家满意地说："我们西班牙曾一度被认为在语言方面粗鲁野蛮，如今却足以超越希腊人和罗马人的灿烂文化"；有些用词过去属于"少数人和学者的陋习"，如今却"不局限于此，而是属于普通群众甚至无知平民"。

　　当然，并非所有被黄金世纪的"少数人和学者"使用的表达都真正传播到群众中。从来都没有发生过这样的情况。费尔南多·德·埃雷拉的许多用词——aura、lujuriante、cerúleo、flamígero、hórrido、horrísono、argentar、rutilar 等，何况还有他常用的耀眼的拉丁语词 prora（即 proa）和 pluvia（即 lluvia），生来就"属于诗歌"并且一直留在诗歌中。但是，当埃雷拉或贡戈拉这样的人物用新颖的词汇激起读者的崇拜之情时，他们的用词就具备了被接纳和吸收的可能性；这会引起平民的警惕、不安或至少不耐烦。比如《塞莱斯蒂娜》中，森普罗尼奥听到主人卡利斯托使用精致词语时（比如 inmérito "不值当的，不公平的"）会心烦，还对他说："少爷，说话别这么文绉绉的了，只有大家都常听常说的话才是合适的话。"

　　16 和 17 世纪，"森普罗尼奥们"与日俱增，表现也越来越多样化。有些攻击文雅词汇的引入者，有些嘲讽如饥似渴地接受并反复使用文雅词汇的大众是文化"新贵"。激起"普雷特·哈科平"对埃雷拉的怒火的不仅仅是诗人对安达卢西亚文化的热衷，也因为他的语言的文化内涵和为从传统大众中脱颖而出所做的尝试。贡戈拉之所以遭到胡安·德·胡阿雷基和克维多等敌人的批评，也是因为他语言的精致。克维多在《众生之机》中戏剧化地突出了森普罗尼奥曾作出的指责："一位诗人被围在听众中间朗读一首极其文雅的诗歌，诗中充斥着拉丁词和难懂的话，听众们饿得都能去领圣餐了。"不过，这些个人之间的斗争火药味虽浓，作用却并不大：首先，这番攻击并没有堵上贡戈拉的嘴；其次，胡阿雷基和克维多自己走的也是文雅诗人的道路。

　　社会层面的评判数量更多也更有意义，因为这反映了大西洋两岸普通语言被新词汇填满的速度。克维多非常清楚，文雅诗人的听众并不像他打趣说的那样"听得饥肠辘辘"，而且这样围着诗人的听众为数众多。因此，他写了《夹杂拉丁语词的文雅语言》和《文雅词指南》这样的作品，为的只是博人一笑（这一目的圆满实现）。最愤慨者称这是文雅主义"瘟疫"，更有甚者称其为"邪教"。中立者只是讽刺向来都值得讽刺的方面：所谓的文化"中产阶级"的自命不凡。批评家中态度最温和的是洛佩·德·维加。他历来都仰慕贡戈拉，且看不惯那些没有贡戈拉的学识、却假装精致的"漂亮少年"。他们把文雅词汇当作宽大硬挺的花边衣领一样的潮流去追随，然而他们对此并不上心，洛佩说他们"文雅"只是讽刺。对语言的批评和对时下风气的讽刺融为一体，在洛佩及其追随者的戏剧作品中占有一席之地。不过这有赖于这些作品的观众已经懂得自嘲：他们都"沾了点"文化，都喜欢这些"只有做礼拜才说的"词汇。它们被洛佩的追随者弗朗西斯科·德·罗哈斯·索里亚称为"会客厅词汇"。

　　如果把贡戈拉的敌人和对 17 世纪语言状况不满者抨击的词语列成一张表，想必与《普洛布斯附录》有异曲同工之妙；只不过普洛布斯抨击的对象是不文雅词，而这张表却是文雅词。尽管受到抨击，所有这些词依然进入我们的语言并且留存下来，以下是词表提要：

名词：acción, reducción, atención; candor, esplendor, fulgor, ardor; crédito, descrédito, trámite, riesgo, amago, esfuerzo, asuntos, lucimiento, despejo, boato, pompa, fineza, recato, armonía, desaire, joven, adolescente, progenie, áspid, harpía, caverna, palestra, pira, meta, numen, mente, idilio, neutralidad, émulo, embrión;

形容词：abstracto, concreto, líquido, cóncavo, métrico, activo, positivo, correlativo, crespo, terso, fino, trémulo, canoro, hercúleo, culto, épico, galante, selecto, sublime, superior, ruidoso, nocturno, errante, indeciso, náutico, inexcusable, recíproco;

动词：construir, erigir, trasladar, esparcir, disolver, alternar, impedir, frustrar, exigir, ceder, emular, aplaudir, anhelar, pulsar, libar, afectar, arrogar, presentir, sublimar, inculcar, conculcar.

此外，戏剧本身作为听的文学而不是读的文学，17 世纪成为西班牙和西语美洲大众文化真正的讲坛，也是文雅词汇传输的渠道之一。此时，它的受众不再是资产阶级，而是人民，即卡尔德隆同时代的作家口中的"普通群众"。这一现象的重要性正在于此。洛佩·德·维加一首风趣的十四行诗以加尔西拉索为主角，讲的是他在客栈外敲门，碰到了一位女佣（女佣！）用词高雅得连他都听不懂。甚至连黑社会的赫尔曼尼亚俚语中都有 finibus terrae（绞架）这样的拉丁语借词，想必是学生和混混在酒馆里相遇时传授的。塞万提斯也从文雅词汇吸收的过程中发现了巨大的乐趣。他的作品《林孔内特和科尔塔迪略》中令人难忘的人物莫尼波迪奥会把 sufragio 说成 naufragio；堂吉诃德对于桑乔·潘沙说文雅词语也见怪不怪，只是要求他正确使用：他想说的词不是 relucida 而应该是 reducida；受教后的桑乔再纠正特雷莎·潘沙：她想说的词不是 revuelto 而应该是 resuelto。1630 年左右流传着一个小故事，说两个底层人吵架，一个是黑人，一个是柏柏尔人。面对柏柏尔人的各种辱骂，黑人只回一句"哎呀，我是文明人。"人们问他这话是什么意思，他说："他一直说个不停，我也听不懂他，他也听不懂我。"

　　最后再补充一点。正如 5 世纪时 aurícula 虽属于拉丁词语，发音却同 oric'la（i 的发音即将接近 oreja 中的 e），许多进入西班牙语的文雅词汇也顺应语言发展的趋势。所谓的辅音"文雅连缀"（如 doctor 的 -ct-，extraño 的 -xtr-，psicología 的 ps- 等）都是战胜我们西班牙语使用者的某种惰性的结果。15 世纪已经出现了许多"不完全"的文雅词语，如 perfición 和 noturno，inorar 和 prenóstico（分别来自 ignorare 和 prognósticon），esecutar 和 esento（分别来自 executare 和 exemptum）。另一方面，不少文雅词汇靠耳朵听而传播，这便容易制造出奇怪的词形。莫尼波迪奥（Monopodio）这个名字应该就是 monopolio 的变形；而 práctico（表"熟练的"之意时）、pragmática 和 paroxismo 变成 plático、premática 和 parasismo；cerebro 变成 celebro；apostema 变成 postema；anatomía 变成 notomía（且意思变为"骷髅"）。

　　胡安·德·巴尔德斯说自己从来不写 digno，而是写成 dino，原因很简单——g 不发音（哪怕他非常清楚对应的拉丁词语带有字母 g）。黄金世纪的西班牙语和西语美洲人与他相似，也说和写 coluna、solene、seta（"secta"）、esecutar 或 secutar、ocidente 和 acidente、afeto 和 conceto 等；当然，还没有到圣女特蕾莎使用 enclinar、ilesia、iproquesía 和 premitir 那么极端的程度。著有《文雅的塞维利亚人》的胡安·德·罗布雷斯则抨击那些将 pacto 变为荒诞的 pato 之人，他坚持认为所有人都能发好 efecto、concepto 和 magnífico 这样的音，但同时也非常警惕有卖弄嫌疑的 eféqueto 和 concépeto 这样的发音：不可矫枉过正。最可能发生的情况是：努力尊重拉丁词语形式的人，书面语写作 columna 和 solemne 而口语中说成 coluna 和

solene。正如相较 retitud 和 secutar 而言更倾向于 rectitud 和 executar，他们也偏爱 subjección、auctoridad、accento、succeder、exempto、sumptuoso 甚至 rhetórica 和 illustríssimo 这样的词形。同时，也不乏不甘落后者在这条路上走得更远：他们甚至写出了 epícteto 或 epítecto 以及 rhectórica，这样的词被称为"超文雅词汇"或"极文雅"形式。

上述种种趋势之间的斗争最后的结局颇有些所罗门王式的智慧。一部分词停留在"不完全"状态；另一部分词则根据拉丁语形式进行调整。例如：objeto 和 sujeto 没有变成 objecto 和 subjecto，但 conceto 和 afeto 确实恢复了各自在拉丁语中的辅音。这种二元的解决方案反映在许多文雅词汇中：afición 对照 perfección，acento 和 sucinto 对照 occidente 和 accidente，pronóstico 对照 digno。动词 aver 几个世纪以来一直与意大利语的 avere 和法语的 avoir 保持一致，但最后参照了拉丁语形式 habere；而 maravilla 却没有恢复拉丁语 mirabilia 中的字母 b。不过最后这两个例子并不涉及发音的变化。

（不得不说，极端的趋势在当代西班牙语中依然存在。有些人说 trascedental、supertición、和 trastocar，而不是"正确"形式 trascendental、superstición 和 trastrocar；同时也有人"极文雅"地说成 erudicción 和 disgresión 或写作 exhuberante 和 escencia。）

语法的变化

和语音及词汇方面经历的变化相比，黄金世纪的西班牙语在语法方面的变化并不显著。一门语言的语法就好比骨架，是最不易变的部分。阿拉伯语的词汇大量涌入西班牙语，但对词法带来的影响只有一例：后缀 -í（如 marroquí，alfonsí 等），这类词语的使用范围也有限。同样，西班牙语中虽有丰富的美洲方言词汇，词法上受美洲方言影响也仅有几例：凯楚阿语后缀（如 vidala 和 vidalítay 等词）；墨西哥西语部分词语的后缀 -iche（如 pidiche、metiche、lloriche）来自纳华语 -itzin，这类词语的使用范围也很有限。不过，我们还是应该看一看在今天的语言中仍有所体现的语法现象。

以 -ísimo 结尾的最高级曾在贝尔塞奥的诗歌中曾昙花一现，但 15 世纪时尚属罕见，所以没有被列入内布里哈的语法书。16 世纪的诗人们频繁使用这种形式，应该是从此传入口语中。17 世纪初，这一合成式最高级非常流行，所以塞万提斯开玩笑说"最侍从"（escuderísimo）桑乔·潘沙和"最忧伤的贵妇人"（dolorosísima dueñísima）三摆裙伯爵夫人。这种用法放到今天已经毫不起眼。

指小词在黄金世纪通过四种后缀构成：-illo、-uelo、-ito、-ico。当时最常用的是 -illo，但如今位列第一的是 -ito。（比如许多西语使用者觉得 librillo 带有贬义，librito 才是真正的指小词。）-uelo 结尾的指小词在黄金世纪很常见，如今往往带有"文学"或"石化"的色彩，如 chicuelo、ladronzuelo、aldehuela 等等。后缀 -ico 想必非常契合塞万提斯和贡戈拉的口味，他们都乐此不疲地引用当时流行的一首歌谣"Pisaré yo el polvico / menudico"（"我会踩着细细的灰尘"）；如今这种形式在阿拉贡、穆尔西亚、安达卢西亚东部和加勒比地区 329 依然非常活跃。后缀叠用加强了指小词的亲昵语气，现在似乎是安达卢西亚和西语美洲的专属用法，但曾深受贡戈拉青睐：queditico、Isabelitica。

第三人称代词的"间接格"在黄金世纪经历了一些变化，不过仅限于伊比利亚半岛的中部和北部地区。"间接格"用于表示直接宾语（yo lo veo）和间接宾语（yo le digo, yo le doy un libro）。目前在阿拉贡、穆尔西亚、安达卢西亚和整个西语美洲（也就是说西语世界的大部分地区）所使用的间接格形式如下：

$$
\text{直接宾语}
\begin{cases}
\text{阳性：} lo \text{ veo (veo a Juan, veo el libro)；复数：} los \\
\text{阴性：} la \text{ veo (veo a María, veo la pluma)；复数：} las \\
\text{中性：} lo \text{ veo (veo cómo sucede algo)}
\end{cases}
$$

$$
\text{间接宾语}
\begin{cases}
\text{阳性：} le \text{ digo algo, } le \text{ doy algo (a Juan)；复数：} les \\
\text{阴性：} le \text{ digo algo, } le \text{ doy algo (a María)；复数：} les
\end{cases}
$$

这些形式和早期我们的语言使用的形式一模一样。它们在词源上与拉丁语词形一致：lo、los、la 和 las 分别来自拉丁语的宾格代词 illum、illos、illam 和 illas；le 和 les 来自拉丁语的与格代词 illi 和 illis（两者之间没有阴阳性之差）；中性形式 lo 来自宾格 illud。因此，对于这些代词在黄金世纪西班牙中北部经历的这些变化，西班牙语世界的大部分地区实际一无所知。第一个变化是"与格代替宾格"（leísmo），如使用"yo le vi"（a Juan）代替"yo lo vi"。与塞万提斯同时代的旧卡斯蒂利亚人安德雷斯·雷伊·德·阿提埃达在他的诗集（1605）序言中，用这些新形式作了一首诗（他称为"冠词"）：

Iba Laura delante, conocí**la**;	劳拉走在前，我认识**她**；
iba detrás don Félix y llamé**le**;	堂费利克斯在后，我喊**他**；
lo demás del suceso callaré**lo**,	对于别的我将保持缄默，

接着他解释说"劳拉是女性，用冠词 la；堂费利克斯是男性，用冠词 le；别的是中性，用冠词 lo。"他还评价说加尔西拉索说 escogiólo（lo 指 sauce）是错误的，应该是 escogióle。lo 被 le 取代并不新鲜，在《熙德之歌》中就曾出现 "moros **le** reciben"，当然也可能是 14 世纪的抄写员所作的更改。智者阿方索的散文中则是两种形式交替出现。总体而言，如果指代人用 le（veo a Juan > **le** veo），指代物用 lo（veo el libro > **lo** veo）。第二个变化的起源不如与格代替宾格那么久

远，这个变化叫"阴性宾格代替与格"（laísmo），即当间接宾语为阴性名词时，用 la 和 las 代替 le 和 les：说"**la** digo"，"**la** doy un libro"(a María) 而不说"**le** digo"(a Juan)。雷伊・德・阿提埃达提出了与格代替宾格的规则，而贡萨罗・科雷阿斯则在《伟大的艺术》（1626）一书中提出了阴性宾格代替与格的规则。在他看来"**Díxole** que era una bellaca"是病句，"因为 le 是阳性，而 belleca 是阴性"，所以正确的句子应为"**Díxola** que era una bellaca"。与格代替宾格的现象是完全被认可的，但阴性宾格代替与格却不然，目前在西班牙遭到语法教师的猛烈攻击，通常也不会出现在文学语言中，不过仍牢牢扎根在口语中。这两种现象在西班牙中北部共存，并且也只存在于那里。它们连同 z 的发音，使得这个地区成为西班牙语世界中一座与众不同的孤岛。（19 世纪至 20 世纪上半叶，曾有西语美洲的作家甚至坚持使用与格代替宾格，或许是出于学者的精益求精，或许是为了模仿西班牙人；当然也不乏坚持使用阴性宾格代替与格者，但规模更小。）

黄金世纪逐渐出现的词法和句法的细微变化成百上千，我们无法一一描绘。1510 年的西班牙语中还保留着不少中世纪用法，但 1690 年固定下来的实际都已经是现代用法。有些变化发生于 16 世纪中期，而有些直到 17 世纪末才真正完成，通常要经历很长一段时期的新旧用法共存。我们可以借助现代西班牙语的例子来理解这一点。今天的很多西语使用者说"distinto **de** los otros""hacer mención **de** algo"和"de acuerdo **con** las normas"，但也有很多人别出心裁地说"distinto **a** los otros""hacer mención **a** algo"和"de acuerdo **a** las normas"。极有可能会在某个时刻，比如 21 世纪末，"distinto **de**""hacer mención **de**"和"de acuerdo **con**"成为古语。但没有人能预见两者共存的阶段会持续多久。

16 世纪初，在作直接宾语的指人名词之前加介词 a 这一用法尚未普及（"amo **a** mis hijos"）。15 世纪末的一首村夫谣里有一句"En Ávila del río / mataron mi amigo"，加尔西拉索也写过"buscas el hermano"。相反，胡安·德·巴尔德斯甚至建议连指物的名词作直接宾语时也加上 a——"El varón prudente ama **a** la justicia"，他说如果没有介词就分不清究竟谁爱谁。17 世纪规则最终固定下来："busco **a** mi hermano"，但"amo la justicia"。16 世纪初，人们说"procuraba **de** contentarla en todo""pensaba **de** entrar por Navarra""decir **de** sí"（即"decir que sí"）、"decir **de** no""tengo **de** hacer tal cosa"；但同时也说"cerca la raya de Portugal""en medio el patio""debajo la camisa""encima una mesa""huir el mundanal ruido"；说"hablar **en** algo""tratar **en** algo"而不是"**de** algo"，"encontrar **con** alguien"而不是"**a** alguien"。塞万提斯有时说"asir algo"有时又说"asir **de** algo"。ser 和 estar 的用法也有些波动：巴尔德斯说"la lengua no está（= no es）muy pura en Andalucía"，但也有人会说"Darazután, que es（= que está）en Sierra Morena"。这种浮动其实延续至今。在墨西哥，人们也常说一座塔"**está** alta"（其他地区只说"**es** alta"）。"**ser** frío"和"**estar** frío""**ser** loco"和"**estar** loco"等之间的区别在黄金世纪就已经非常明确。"son venidos""son nacidos"这种形式最终也被"han venido"和"han nacido"取代。17 世纪末已经没有人再说 solíades、andaríades、veredes 或 tomalda（即 tomadla）、hablalle（即 hablarle）、"yo vos daré""hablarvos""costar le ha"（即"le costará"）、"descubrir nos hía"（即"nos descubriría"）、"la mi señora""un mi primo""la espada me da"（即"dame la espada"）、"tú me acompaña"（即 acompáñame）、"los hombres a **quien** hablas"。黄金世纪文献的读者们一定会遇到这些与现在的语言存在分歧之处，但是它们通常不会造成理解障碍；甚至可以说，在时光的作用下，古语形式也为阅读带来了乐趣。

值得特别一提的是代词 vos 和 vosotros。古典拉丁语中，vos 只表示"你们"（或"诸位"），就像 nos 只表示"我们"；对于第二人称单数、或者说单个的听者，只有 tu 这一个代词，就像现在英语中只有代词 you。tu 上可称呼皇帝，下可称呼最低贱的奴隶。晚期拉丁语似乎觉得皇帝或教皇比单独的个人更尊贵，于是开始礼节性地用复数代词 vos 称呼他们。皇帝和教皇对于这种个人的复数化和伟大化十分受用，于是他们也不再用 ego 表示"我"，而是相应地改用 nos，即"我们"。罗曼语诞生之时，第二人称单数的代词通常有两个：与下级或平级说话使用的 tu 和对上级使用的敬称 vos（意大利语分别使用 tu 和 voi，法语则为 tu 和 vous）。人们可以通过语境判断"con vos hablo"意为"我和你们讲话"还是"我和您讲话"。只有当可能引起歧义时才需要说"hablo con vos otros"（意大利语用 voi altri，法语为 vous autre）。动词的形式不受人称单复数的影响，只以复数出现（"vosotros estáis""vos estáis"）。

到了加尔西拉索时期，vos 仍可用于表示"你们"（"Ninfas, a **vos** invoco..."），但 vosotros 也开始普及，vos 更多用于单人。"**Vos, de la amistad ejemplo...**"这是加尔西拉索在写给好友波斯坎的一封书信中说过的话，其中的 vos 不再表示敬意，而是信任。博尔赫斯与比奥伊·卡萨雷斯的对话也使用 vos。我们在第 282 页已经提过 vos 一词是如何在 16 世纪遭遇降格的。1579 年，费利佩二世的秘书安东尼奥·德·埃拉索"在皇家议会上用 vos 称呼古铁雷·洛佩斯①，两人为此拔刀相向"；1622 年，语法学家安布罗西奥·德·萨拉萨尔提醒法国人不要将法语的 vous 译为 vos，因为 vos 在西语中是"莫大的凌辱"。vos 的降格始于宫廷语境，但没有进入戏剧语言中（洛

---

① 古铁雷·洛佩斯·德·帕迪利亚是费利佩二世的管家，也是内务、军事、财政大臣，身份尊贵。——译者注

佩·德·维加的剧本《佩里巴涅斯》中，卡希尔达对骑士团长使用了 16 次 vos 和 14 次 tú）；也没有影响到远离宫廷的地区，即广阔的美洲行省。不过在利马和墨西哥总督区，人们向来追随马德里的习俗，几乎彻底弃用了 vos。

333   vos 相应的动词形式则有过一些摇摆。从旧词 tomades（15 世纪消失）演变而来的 tomáes 变成了 tomáis 和 tomás，同理 coméis 和 comés、sois 和 sos 也交替使用。命令式中既有认真变位的 tomad、comed 和 salid，也同时存在随意的 tomá、comé 和 salí。

美洲有的地区和西班牙一样使用 tú，也有的地区仍使用 vos（最典型的就是阿根廷）。但在所有美洲地区，第二人称的复数代词都是 ustedes。这说明 usted 和 tú 或 usted 和 vos 之间的尊卑之差在复数代词中不复存在：既可以说 "ustedes, ilustres señores""distinguidas damas"，也可以说 "ustedes, camaradas" 或 "ustedes, niños"；甚至对着狂吠的狗也可以说 "¡Cállense (ustedes)!"。正如西班牙的西语中没有留下 vos 的任何踪迹，vosotros 也没有在美洲西语中留下任何痕迹。另一方面，在使用 vos 的地区，os 和 vuestro 也随之消失了。例如，智利说 "**Vos** aquí te quedáis"（或 "quedái"，因为智利西语中 s 常常被吞音），阿根廷说 "Poné aquí **tu** mano, si **te** atrevés" 而不是 "Poné aquí vuestra mano, si os atrevés"。有些地区的西语保留了 vos 所有时态下的变位形式，比如智利的某些农村地区：vos tomabai(s)、vos tomarai(s) 等；有些则只保留了陈述式现在时和命令式的变位。有的地区会说 vos tomas，即介于学院形式 tú tomas 和民间形式 vos tomás 之间。事实上，语法学家曾发起过一场斗争（这类斗争几乎总是无果），试图终结 vos 的使用，一位中美洲学者称其为"极其粗鲁的以 vos 代替 tú 的现象"，一位阿根廷学者则将它形容为"污物、脏东西"。不过总体而言，许多西语美洲人并不以此为耻，他们就像传承过去诸多语言遗产一样，一代一代地将加尔西拉索和圣女特蕾莎使用过的形式流传至今。

（还可以补充一点，由于在使用 vos 的地区 vos 对应的动词形式总是表示单数意义，美洲西语中不存在"Ustedes **vivís**"或"Les voy a enseñá a ustedes una cosa que se **vais** a queá con la boca abierta"这种形式，但这在安达卢西亚西语中常常听到。）

第十一章　现代西班牙语

　　卡洛斯二世去世后没有留下子嗣，这意味着哈布斯堡王朝凄惨的终结。1700年，继承西班牙王位的是路易十四的一位孙子。在"太阳王"路易十四的统治下，法国已然成为欧洲最先进的国家。法王的这位孙子名叫腓力（即西班牙费利佩五世1700—1746在位），简而言之是位圣明君主，比无能的卡洛斯二世自然是强多了。他能在不触动传统社会结构（如宗教法庭）的前提下，包容许多现代的行为与思考方式。正如16世纪时的新思潮统统来自意大利，18世纪的"现代"即意味着"法式"。费利佩五世时期，西班牙依照法国的模式成立了国家图书馆（1712）和三所皇家学院：皇家语言学院（1713），皇家历史学院（1738）以及皇家美术学院（1744）。继任的两位国王——"开明专制君主"费尔南多六世（1746—1759在位）和卡洛斯三世（1759—1788在位）也继续推进现代化的进程。总体而言，18世纪是生机勃勃的时代，帝国的领土甚至还有小幅扩张。（比如加强了对德克萨斯、亚利桑那、新墨西哥和上加利福尼亚州的殖民统治；太平洋上的探索之旅覆盖了加拿大和阿拉斯加沿岸，这些地区至今依然保留着一些西班牙语地名。）然而，无论如何，18世纪的西班牙始终囿于法国的政治文化轨道之内；19世纪初，卡洛斯四世（1788—1808在位）统治下的西班牙成了拿破仑·波拿巴血迹斑斑的欧洲棋盘上的数枚棋子之一。

　　拿破仑的军队侵略伊比利亚半岛带来的后果之一是美洲各行省的解放；只有古巴和波多黎各是例外，它们和菲律宾一样，直到1898年才摆脱西班牙的殖民统治。然而，必须强调的是，西班牙语在美洲众多共和国的诞生，虽然对现代政治的历史进程影响深远，但对我们这门语言的历史却算不上至关重要。18世纪形成的局面一直维持至19世纪，并没有出现实质性的瓦解。今天，前宗主国和前殖民地的人们说和写的本质上也是同一种语言。巴西和葡萄牙的葡萄牙语之间的距离远远大于美洲和西班牙本土的西班牙语之间的差异。自1700年至今，西班牙语确实变得多元化了。风格迥异的发音与词汇衍生出各式西语——马德里式、安的列斯式、墨西哥式、安达卢西亚式、秘鲁式、阿根廷式。各式西语早在四个世纪之前就开始孕育（表示"兀鹫"时，墨西哥西语使用zopilote一词，美洲其他地区的人们使用zamuro，另一些地区则说gallinazo），并随着时间的流逝逐渐定型；词汇、语音、"口音"的差异日趋显著。

　　理论上，正如罗马帝国的拉丁语分崩离析、从而派生出形形色色的罗曼语族语言或者说新拉丁语族语言，西班牙语原本也可能继续随地域而变得多元，直至分裂出截然不同的"新西班牙语族"语言。（它们彼此是姐妹，都是15世纪的西班牙语的女儿、拉丁语的孙女。）然而事实上，西班牙语的分裂趋势由于一系列原因而遭到遏止，其中最重要的因素当属文化的民主化进程。1700年的西班牙语世界内，会读书写字的人凤毛麟角，女性更是被学堂教育拒之门外。今时今日，形势已经发生了翻天覆地的变化。此外，西语国家之间的交流也前所未有的密切频繁。我们都知道乌纳穆诺和加西亚·洛尔迦是西班牙人、博尔赫斯和科塔萨尔是阿根廷人、阿雷奥拉和鲁尔福是墨西哥人、聂鲁达是智利人、奥内蒂是乌拉圭人、加西亚·马尔克斯是哥伦比亚人，等等；但他们拥有的数不清的读者来自世界各地。他们都是我们的语言的匠师，他们的文字、以及其他成千上万作家的文字一同构成"我们的文学"。（再者，我们的文学在今天的世界版图上所占的地位远远超越了18和19世纪。）

皇家语言学院与文学

336

西班牙语的统一意识与西班牙皇家语言学院密不可分。作为支持，整个19世纪，西语美洲各国纷纷成立"相应的"语言学院。（连马尼拉都设有与马德里遥相呼应的语言学院，即便菲律宾已经不再使用西班牙语：那里的西班牙化程度从来就不深，混血与融合更是少之又少。）

皇家语言学院在各地受到的礼遇不尽相同：有的将它制订的规范视作金科玉律无条件尊重；也有的将其视为镇压者和倒行逆施者而进行唾弃与嘲讽。它的反对者在有些方面无疑是占理的：比如他们认为，将西班牙式的西语（有时甚至可以说是马德里式西语）强推给如此庞大的西语人群是很荒谬的行为，就如同强行给它套上束胸。无论如何，皇家语言学院的重要性不言而喻。两个多世纪以来，数次改版的《西班牙语语法》始终是整个西班牙语世界基本的语言用法规范①。诚然，它没有让我们这些几个世纪以来习惯在学校里背

---

① 皇家语言学院的词典于1739年印刷完成，《正字法》出版于1741年，而《语法》编纂进程缓慢，直到1771年才问世。在此之前已经有两部语法书相继问世，作者分别是贝尼托·马丁内斯·戈麦斯·加约索（1743）和贝尼托·德·圣佩德罗（1769）。1771年之后，也出现了几本值得一提的语法书，作者分别为：加斯帕尔·梅尔乔·德·霍维利亚诺斯，著有《普通语法基础知识》（1795），胡安·马努埃尔·卡列哈（1818），比森特·萨尔瓦（1831），何塞·戈麦斯·埃尔莫西亚（1835），安东尼奥·马丁内斯·德·诺博阿（1839），海梅·巴尔梅斯（1847），以及安德雷斯·贝约（1847）。萨尔瓦和贝约的语法书无疑都优于语言学院。前者在19世纪屡次再版，后者至今依然具有宝贵的价值，尤其是在经过鲁菲诺·何塞·库埃尔沃精准的扩充修订之后。

诵 "nosotros cantamos, vosotros cantáis, ellos cantan" 的西语美洲人民同西班牙人一样使用 vosotros 这一人称，但至少它让我们从小就知道了 vosotros 的存在，这一语法知识使得我们从小就能完全理解 "Vosotros sois la sal de la tierra" 这样的句子[①]。

　　可以断言的是，以西语为母语的人群中，但凡是受过教育的，337
没有一个能躲过皇家语言学院理念的渗透，哪怕他们手中根本没有《西班牙语语法》一书。它的理念自 18 世纪开始源源不断地向我们袭来，扎根于多种行业的人群脑海中：教师、作家、演说家、律师、书报编辑、出版社校对、电台广播员，等等。16 世纪，据传皇室下令语言规范的评判标准必须参照托莱多式西语（见第 299 页）。如今，我们更是可以明白地说这一裁决权是属于西班牙皇家学院的。它推出的《西班牙语词典》尽管暴露出种种不足，却始终是词汇用法方面的最高权威。任何一个迫切渴望编纂一本真正包罗万象的西班牙语字典的人，都无法摒弃西班牙皇家语言学院一直以来在其拉美分院不同程度的协助下提供的词汇积累。最能彰显皇家语言学院的统一职能的是正字法。黄金世纪提出的五花八门的正字法规范没

[①]　不过，或许我们并不像西班牙人那样"完全"理解。对于他们来说，vosotros 是口头自然的表达，对于我们则是文学作品中经过修饰的词汇。福音教派这句话的基调到了我们已经带着一丝扭曲。假如耶稣来自今天的西语美洲，他会说 **Ustedes** son la sal de la tierra。或许正因如此，有一家名为"圣经之家"的天主教出版社在 1994 年出版了"两个不同版本的《圣经》：西班牙版和拉丁美洲版。"——这是序言中的原话。两个版本唯一的重大差异就是这恼人的 vosotros/ustedes。笔者认为这一举动不妥：vosotros 一词在《圣经》中频频出现，任何人都能立马熟悉起来。此外，我们和西班牙人一样常常阅读过去和现在的西班牙书籍以及"拉美"书籍，而这些书中也都有 vosotros 的身影。圣经之家出版社这一举动大错特错，它只是停留在肤浅而刻板的区分：一种是"西班牙的"西班牙语，另一种是整个"拉丁美洲的"西班牙语。（或许之后还会再出一个专供阿根廷的版本，这一版的耶稣将说 **Vos sos** Pedro，而不是标准的 "Tú eres Pedro"。）

有一个获得普遍认可，但皇家语言学院的《西班牙语正字法》却不同，从第一版（1741）面世起便被以西语为母语的人群欣然接受，视为准则。18 世纪末的某一版曾命令我们去除 patriarcha、chimera、philosophía、theología、orthographía 等词中的 h，改为 patriarca、quimera、filosofía，等等，我们照做了；20 世纪，皇家语言学院让我 338 们先是去掉 fue、vio、dio 的重音符号，又给 búho、retahíla、cohíbe 加上重音符号，我们也照做了。有时，皇家语言学院并不硬性规定，而是给出建议：它既承认带重音符号的 período 和带 p- 的 psicología，却又建议将它们省去而写成 periodo 和 sicología。真该看看大西洋两岸有多少人多么迅速地决定开始写 periodo 和 sicología（虽然也有一些像我们这样坚持写成 período 和 psicología）！对皇家语言学院正字法规范的普遍遵守，是我们的语言追求统一性明确无误的表征。

　　皇家语言学院的第一部《词典》出版于 1726 至 1739 年间，共 6 卷，名为《权威词典》，因为其中的词条大多附有引文，以便展示"权威"如何正确地使用该词。这些引文主要选自 16 世纪及 17 世纪上半叶的名著，作者恰恰就是到了 18 世纪被称为"古典主义"的那批作家。如此脱颖而出的作家们成了备受尊崇的里程碑式的前辈。从第二版（1783）开始起去掉了"权威"二字，因为字典变厚了；与此同时多部"古典"作品集也相继出版了。例如，黄金世纪诗人们的著作集——胡安·何塞·洛佩斯·德·赛达诺的《西班牙的帕尔纳索斯》；安东尼奥·德·坎帕尼的散文集《卡斯蒂利亚语辞令历史批判戏剧》；弗朗西斯科·塞尔达·伊·里克将洛佩·德·维加"零散的作品"（非戏剧作品）整理成 21 卷进行出版；皇家语言学院出版了《堂吉诃德》纪念版（1780）和《西哥特法典》纪念版（1815）。皇家语言学院的另一项伟大事业是 1846 年开始发布的《西班牙作家文丛》，1878 年这项工程停滞在第 70 卷，直到 20 世纪下半叶才重启（然而，续写工作的细致程度却不能与原先的系列丛书相提并论）。

　　以上这些都是史无前例。例如，《堂吉诃德》先前只有平价版本，受众是想看看书打发时间的人群，而1780年的精装版却是用来陈列在橱窗中的。塞万提斯在他同时代的人们眼中，原本不过是众多作家之一，他的文字既不是最正确的，也不是被最广泛阅读或被模仿得最多的，现在却一跃成为西语文坛第一人。占据了上述《西班牙作家文丛》第一卷的是《塞万提斯全集》。从18世纪开始，过去的文学作品开始意味着值得收藏的传统、代表备受推崇的范文。[339] 优秀的作家应当像路易斯·德·莱昂修士、埃雷拉、胡安·德·马里亚纳那样写作。皇家语言学院的会徽是一只熔炉，旁边是箴言"纯洁稳固、铸就辉煌"；这表明，它剔除杂质（俗语、新词语、外来语），推崇正确，将西班牙语引向极致完美。这一座右铭不仅在18世纪、甚至连19、20世纪的大西洋两岸都受到了许多人的严肃对待。"纯洁"或者说"清白"，是皇家语言学院的理念造就的态度，意味着对传统与神圣的迷恋，对异端、对不纯正的卡斯蒂利亚语、对来历不明者的排斥（若是用不纯正的西班牙语来说，或许我该使用 pedigree 一词）。

　　18世纪的西班牙面临的当务之急是现代化，纯正主义却成了守旧派以及维护陈旧价值观的组织机构天然的盟友。现代化等于法国化。18世纪之所以成为西方历史上的"光明世纪"或者说"启蒙时期"，主要归功于法国热火朝天的思想运动。这个世纪内的整个欧洲都向法国靠拢，甚至包括俄罗斯。然而在西班牙以及它的殖民地上，尽管费尔南多六世和卡洛斯三世怀着良好的愿景，尽管有知识分子和政治家组成的贵族（如阿兰达伯爵、坎帕马内斯伯爵、弗洛里达布兰卡伯爵、以及大名鼎鼎的加斯帕尔·梅尔乔·德·霍维亚诺斯）为两位国王出谋划策，先进思潮迈入西班牙的步伐依然受到了宗教法庭的严重阻挠。西班牙的宗教法庭与欧洲他国的相比，简直是国之耻辱，他们的权势甚至凌驾于两位"开明专制君主"之上，连他们都只能眼睁睁看着自己的重臣因为读了整个世纪里最有意义的书籍而获罪受刑。宗教法庭在 1756 年对孟德斯鸠的《论法的精神》下了禁令，1759 禁了狄德罗和达朗贝尔的《百科全书》，1762 年禁了伏尔泰所有作品，1764 年禁了卢梭的《爱弥儿》，以及其余数百本科学及哲学领域的著作。伏尔泰曾嘲讽说西班牙已经将"意识形态在边境的审查"发展到密不透风的地步，"思潮在边境如同英格兰岸

340 边的货物一般被没收"。最令人嗟叹的是那些读了禁书的人。数不清的资料记录了当时对书商、出版商、译者尤其是读者的惩戒（入狱、罚款、幽闭、流放，等等）。弗洛里达布兰卡伯爵和坎帕马内斯伯爵曾对卡洛斯三世说："宗教法庭对书刊滥下禁令是造成我们国民普遍无知的根源之一。"这话实则说得有所保留：宗教法庭的行为并不是原因之一，而是造成西班牙及其领土落后最主要的原因[①]。正因如此，启蒙运动在西班牙语世界里未能发展到在意大利和普鲁士同样的程度。革新派很大一部分生命力在与思想意识纯粹派、纯正主义者的抗争中消耗殆尽，因为后者竭力将西班牙语世界牢牢禁锢在过去。

[①] 然而，哪怕只是小小的成果都算得上巨大的进步。胡安·安东尼奥·约伦特——宗教裁判所第一位也是极为严苛的一位西班牙历史学家——在自己的史书（未在西班牙出版，而是 1817 年在法国用法语出版）的序言中提道："本书最后四章中，我将让大家看到费尔南多六世、卡洛斯三世及卡洛斯四世统治时期的宗教法官，与宗教法庭成立初期几百年的行事方式大相径庭，似乎算得上怀柔的典范。"伏尔泰的读者不用像 16 世纪时路德的读者们那样被火烧死，这算得上很大的进步。更重要的是：费利佩二世统治初期曾下令，禁止西语世界渴望求学的年轻人跨过西班牙王室与天主教廷划定的极其狭窄的界限，这一禁令在维持了将近两个世纪后，终于在费尔南多六世时期被取消。霍维亚诺斯称赞这位国王，说他的这一举动为"渴求珍贵货品的众多杰出青年"打开了欧洲的大门，他说的"货品"即有用的知识。（1813 年，宗教法庭被加的斯议会取缔，次年又被费尔南多七世恢复，继而苟延残喘至 1834 年。令人难以置信的是，1828 年，宗教裁判所依然操着陈旧褪色的刑具，在已经迎来光明的瓦伦西亚施行了一场火刑。）

以霍维亚诺斯（1744—1811）为代表的那部分渴望"光明"的西班牙，始终受到以蒙昧主义者弗朗西斯科·阿尔瓦拉多（1756—1814）修士为代表的西班牙掣肘。这位修士人称"守旧的哲学家"，对于任何透出一丝议会制、自由主义、法国百科全书派味道的东西都表现出疯狂的斗争热情。

西班牙语世界的启蒙运动中，头号教育家当属贝尼托·赫罗尼莫·费霍（1676—1764），作为本笃会的修士，他既关心现代化的产物，又致力于让它们为同时代的人们所熟知。他清醒地认识到传统的西班牙语文化行将就木，因而没有固步自封，而是竭力为其注入欠缺的元素。他首先做的便是让人们知晓欧洲在物理、医学、自然科学、天文、哲学领域的新鲜事物。在他的漫漫人生中，他笔耕不辍，写了众多上述及相关方面的杂文并整理成两套丛书——《万物批判剧场》和《博学书简》。他所有的信息均来源于巴黎——当时的世界文化中心。这颗求知若渴的灵魂的创新之处不仅在于他发表的言论，也在于他善于用容易被接受的方式去说。费霍的作品在大西洋两岸都有众多读者。自然他也树敌众多。他们用各种凭空捏造的名目抨击他，但他懂得自卫。对于指责他破坏民族宗教信仰的人，他回应称真正的信教是一回事，造神和迷信是另一回事，而他竭力摧毁的只是后者。还有人控诉他用从法国引入的新事物和新表述，玷污了卡斯蒂利亚语的"纯洁"，他不无嘲讽的回应在今天看来依然不过时："卡斯蒂利亚语的纯洁？纯洁？首先就该称之为贫瘠、光秃和干枯"；他还嘲讽那批以传统的名义反对革新的纯正主义者，说他们"幼稚做作"，是"文化的蛀虫"。（费霍的教士身份帮了他大忙：至少人们不能指控他是异教徒。）

费霍真切地感受到了文学的停滞。他说，来自法国的书籍"如同百花齐放的花园"，西班牙（及其殖民地）却在印制"如同精心绘制的油画一般"百般雕饰、毫无生气的产物。费霍同时代的西班牙

作家加布里埃尔·阿尔瓦雷斯·德·托莱多曾经为胡安娜修女写过
一首赞美诗，以下几行诗句节选自其中：

> 异乡不安的神灵
>
> 神秘的胸膛不再激荡，
>
> 借着他人嘴唇的强烈震动
>
> 神灵尝到了他未来的命运：
>
> 婉约的身形舒展出
>
> 迟来了几个世纪的聪慧，
>
> 用恬静的诗句简化
>
> 隐匿在粗野密语中的一切

342

这是一首典型的 18 世纪上半叶的严肃诗。对于贡戈拉语言风格
的效仿走向了如此矫揉造作、艰深晦涩的极端。费霍用"费心费力
绘制而成的没有香气的花朵"来形容这类产物。我们只能勉强从阿
尔瓦雷斯·德·托莱多的诗中读出胡安娜修女胜过古希腊罗马女先
知的意思。要知道"第十缪斯"的作品直到 1725 年仍然不停再版，
当时的西语世界里没有一个诗人能与之比肩。不过，费霍先是说
"这位大名鼎鼎的修女因其博学而犀利的诗句脱颖而出，因此如何称
赞她都不为过"，却又立即补充说她缺乏"写诗的天赋，虽然她的诗
歌最令人称道。"如此，费霍便明确地与同代文人划清了界限，他不
再是《第一个梦》的崇拜者，也不再是贡戈拉的《孤独》的赞美者。
他的文学神经不再对巴洛克敏感。

拨动他的神经的是"新古典主义"。第一个系统地对其进行引介
的是与费霍同时代的伊格纳西奥·德·卢桑，他在法国和意大利新
兴的文学理论研究者的基础之上写成了《诗艺》（1737）。（布瓦洛的
著作《诗的艺术》对法国古典主义进行了完美解码，18 世纪时多次

被译成西语，其中一版的译者为墨西哥人弗朗西斯科·哈维尔·阿莱格莱）。卢桑的《诗艺》光明正大地致力于摒除西班牙文学中的"陋习"。他的观点可以简单粗暴地归纳如下："当今的诗人（比如何塞·华金·贝内加斯）糟糕透顶，他们只是延续甚至加剧贡戈拉的胡言乱语；当今的剧作家（比如何塞·德·加尼萨雷斯）糟糕透顶，他们只是延续甚至加剧洛佩和卡尔德隆的杂乱荒诞。是时候终结巴洛克的恶趣味了，是时候回归亚里士多德和贺拉斯的准则、恢复稳定的古典品味了。"对于欣赏巴洛克时期文坛巨匠的当代人来说，卢桑以及他后来的赞同者的态度显得笨拙而令人生厌，因为贡戈拉值得称颂之处正是语言的新奇大胆，洛佩和卡尔德隆令人称道之处正是他们的戏剧作品中置古典戏剧三一律于不顾的漫无边际的想象力。然而，卢桑确实言之有理：1737 年的当务之急是剔除毫无争议的"陋习"（贝内加斯和加尼萨雷斯的确是公认的烂作家），为此确实不得不误伤巴洛克主义的几位巨匠。新古典主义的兴起取得了一定的成功反响，卡洛斯三世取消（1765）了宗教圣礼剧的演出，这种故事剧在西班牙语世界里上演了两个世纪，尤其是逢圣体节时。（宗教圣礼剧确实是反亚里士多德和反贺拉斯的巅峰，启蒙主义者将其视为民族之耻。）

　　然而，即便有费霍和卢桑的存在，在很长时间之内，大西洋两岸很大一部分文学作品仍然是变质的巴洛克式。另一方面，启蒙派的光芒更多的是在批判方面而不是创作方面。与法国、英格兰、意大利或是德国 18 世纪的璀璨文学相比，西班牙语国家的新古典主义文学根本不值得一提。18 世纪甚至 19 世纪初，在西班牙和西语美洲都不乏对法国和意大利"古典"悲剧的效仿和改编，但这些努力也无法真正挽回戏剧的颓势。拉蒙·德·拉·克鲁斯也是悲剧改编者之一，但他凭借"萨伊内特"——独幕笑剧成为例外，这类戏剧算得上 18 世纪唯一的亮点。1805 年刚过完，一部真正的优秀"古典"

喜剧作品问世了：莱昂德罗·费尔南德斯·德·莫拉廷的《女孩们的允诺》。

西班牙文学与欧洲其他国家相比承载了更多历史沉疴，这一点尤其反映在抒情诗的发展状况中。在西班牙和西语美洲，德国浪漫主义几乎没有对古典主义的浮夸形成挑战与冲击，恰恰是因为古典主义的果实在这里本就贫瘠与晚熟。新古典主义者和浪漫主义者之间的差异压根就不起眼。何塞·戈麦斯·埃尔默西亚的《用散文和韵文说话的艺术》出版于浪漫主义的鼎盛时期（1826），且直到 1893 年经过多次再版，但却是一部讲授新古典主义文学创作规则的教科书。新古典主义诗人胡安·梅伦德斯·巴尔德斯和浪漫主义诗人里瓦斯公爵同样辞藻华丽；甚至连浪漫主义时期美洲知名的诗作，如厄瓜多尔人何塞·华金·德·奥尔梅多的《玻利瓦尔之歌》（1825）、委内瑞拉人安德雷斯·贝约的《热带农业颂》（1826），都因文字学究气太重而与真正的浪漫主义诗歌无法媲美。诗人兼文学创作规则的研究者马努埃尔·何塞·金塔纳（1772—1857）和阿尔贝托·利斯塔（1775—1848）与浪漫主义几乎绝缘，由他们描绘的文学发展路线在大西洋两岸沿用多年。西班牙人恩里克·希尔·伊·卡拉斯科、墨西哥人马努埃尔·卡皮奥、委内瑞拉人阿比加伊尔·罗萨诺、哥伦比亚人拉法埃尔·坡姆波、阿根廷人拉法埃尔·欧布里加多、智利人卡洛斯·吉多·伊·斯帕诺，上述这些好歹算得上"浪漫主义"的 19 世纪诗人，留下的却是一堆几乎雷同的正确但枯燥、散发着迂腐气息的诗句。"诗歌的破格表达方式"大量出现：为了凑诗句的音节数，浪漫主义诗人缩词（desparecer、apena、mientra、entonce、Jove、do、doquier...）或扩词（felice、pece、feroce...）。新古典主义的词汇主要效仿埃雷拉（proceloso、candente、refulgente、linfa...），19 世纪加入时下流行的词汇进行"扩充"（estro、delirio、agonía、frenesí、exhalar...），而这一切只不过凸显了 1770 至 1870 年间整个书面诗歌实质上的匮乏。曾被贡戈拉巧妙灵活运用的倒置法此时成了众多浮夸死板的手法之一（"las de mayo serenas alboradas"，"en la de los desiertos callada soledad"）。下面是摘自马努埃尔·玛丽亚·德·阿尔霍纳的《森林女神》的两节诗；该诗写于 19 世纪初，被戈麦斯·埃尔默西亚称为"了不起的作品，对文风和韵律也没有丝毫怠慢"：

> 哦！愿茂密的树丛下
>
> 能看见天空的美
>
> 就像那天我看见
>
> 森林沐浴着无尽的甜美！
>
> 你仁慈的降临，
>
> 无疑令人炫目的美丽；
>
> 女神，请让我美好的熏香
>
> 在你的祭坛上燃烧……

345

（请注意每一个长句中装饰性的形容词，就如同用胶水粘上去的破布。）如果说第 349 页引用的阿尔瓦雷斯·德·托莱多的诗句的糟糕是因为晦涩，那么大部分的新古典主义－浪漫主义诗歌糟糕则是因为平庸。因此贝克尔的《诗韵集》堪称奇迹。

戏剧的命运也与之相似。莫拉廷革命性的作品——《新喜剧》、《女孩们的允诺》在 19 世纪几乎后继无人。里瓦斯公爵、何塞·索里亚、墨西哥人费尔南多·卡尔德隆所谓的"浪漫主义"戏剧，整体上说代表了回归洛佩·德·维加及其流派的趋势。这些剧作者们模仿洛佩的诗律、故事背景甚至词汇：不论是 vos 这个称谓，还是 priesa、empero 和 decillo 这样的词都不属于当时的语言。这只是一种执着于纯正性的古板的戏剧。

几乎整个 19 世纪，西班牙语小说也在很大程度上受追求语言正确的束缚而无法大展拳脚。近代第一位伟大的小说家贝尼托·佩雷斯·加尔多斯曾在 1882 年抱怨："小说在西班牙（其实他完全可以加上西班牙语美洲）遭遇的困难之一是文学的语言经历的打磨太少，无法复刻出日常会话中的细微差异。演说家和诗人将它禁锢在古老生锈的桎梏中，死守着它以免被日常会话占为己有。宗教势力顽固的边境政策夺走了它的灵活性。"要知道 18 世纪几乎没有任何小说创作。耶稣会教徒何塞·弗朗西斯科·德·伊斯拉的《赫伦迪欧·德·坎帕萨斯修士的故事》（1758），故事框架只是《堂吉诃德》的衍生，并不是严格意义上的小说，更像是一首巧妙的讽喻诗，讽刺的对象是自视为文化领袖的人群（说白了就是教士，他们擅长借助廉价的学识和空洞的回响声，宣讲毫无意义的内容）脑力的懒散和精神的空虚；或者说是启蒙运动的学者们针对"变质的巴洛克"的一次伟大演说。创造专属于小说的语言是一项经年累月的任务。[①]无论如何，一个不争的事实是 19 世纪各地说着西班牙语的读者们读起译著来比卡斯蒂利亚语小说要津津有味得多，无论是沃尔特·司各特、大仲马、巴尔扎克还是欧仁·苏。

最后，学究式的吹毛求疵只能产出响亮浮夸的演说；西班牙在这方面的代表是胡安·多诺索·科尔特斯和埃米里欧·卡斯特拉尔，他们庄严的余声回荡在几乎整个 19 世纪甚至部分 20 世纪。19 世纪

---

① 这个任务对于西语美洲人民而言尤其艰难。他们不仅感受到了佩雷斯·加尔多斯所提出的语言更新的需求，同时迫切渴望在西班牙面前找到自己的某种独创性。伊格纳西奥·马努埃尔·阿尔塔米拉诺渴望"一种本质上属于美洲的文学，它完全属于我们自己，唯一的灵感源泉只有我们自然发展的历史和我们美丽丰饶的大自然，不掺杂任何来自旧世界背信弃义、残忍的文明。"然而有意思的是，阿尔塔米拉诺根本不敢使用墨西哥方言词汇，而他在小说中提到的 aldeas、labriegos、mocetones 等词都属于皇家语言学院词典，在墨西哥当地根本不使用。

最后几十年间，厄瓜多尔人胡安·蒙塔尔沃不惜投入几年时间沉浸在"古典"语言中，就为了写出费力而烦琐的《被塞万提斯遗忘的章节》。

相反，非演说性质的散文，即有思考、有论述的教育性或阐释性"杂文"在 18 世纪表现优越，费霍便是第一人。西班牙语的 18 世纪是属于散文的世纪。这个世纪的其他文学体裁（诗歌、戏剧、小说）与我们今天完全割裂，但只有散文例外，今时今日我们的散文依然是 18 世纪真正的传承。论技艺、论对语言的驾驭，费霍和他现代的崇拜者格雷戈里奥·马拉尼翁在风格上并没有本质差异。费霍的接班人包括：何塞·卡达尔索，著有批评西班牙落后的《摩洛哥信札》和讽刺文化贩子的《才疏学浅之辈》；伟大的霍维亚诺斯除了反映其对生命的热爱的《日记》之外，《土地法报告》也值得一读。（一想到如今同类的报告有多么难读懂，实在教人难过。霍维亚诺斯的《报告》严肃而深刻，面向所有知晓农业重要性的人，也就是全体读者。因此多次再版并被译成欧洲主要语言。）埃斯特万·阿尔特阿加的《理想之美的哲学研究》、弗朗西斯科·哈维尔·克拉维赫罗的《墨西哥史》、胡安·伊格纳西奥·莫利纳的《智利史》都是启蒙运动的硕果，且不仅仅属于西班牙语世界，在整个欧洲都称得上伟大成果。

我们的现代新闻业也在 18 世纪诞生并持续发展起来。效仿法国《学者报》而创办的《文人日报》（1737—1742）和费霍的文字一样履行着教育与现代化的职能。这一时期大西洋两岸报刊层出不穷：报纸有《宪报》《信使报》《消息报》，期刊如《思考者》《精灵》《审视者》。职业记者也开始出现，如西班牙的何塞·克拉维霍·伊·法哈尔多和弗朗西斯科·马里亚诺·尼弗，墨西哥的何塞·安东尼奥·阿尔萨特和何塞·伊格纳西奥·巴尔托拉切，哥伦比亚的弗朗西斯科·哈维尔·卡罗。

18 世纪也是学者的世纪。其中最重要的人物当属格雷戈里奥·玛扬斯·伊·希斯卡。他努力复兴 16 世纪的人文主义，将胡安·路易斯·比维斯的全部作品集结出版（全部为拉丁文）；他还在自己的《卡斯蒂利亚语的起源》（1737）中首次出版了维耶纳的《作诗学》、佚名的《老妇围炉谚语集》和胡安·德·巴尔德斯的《关于语言的对话》，并再版了阿尔德雷特的历史 – 语言学著作和伊达尔戈的那份《赫尔曼尼亚俚语词表》。另一方面，托马斯·安东尼奥·桑切斯则在他的《15 世纪前诗歌合集》（1779）中第一次出版《熙德之歌》、《亚历山大之书》、贝尔塞奥的作品以及伊塔大祭司的《真爱之书》。和费霍同为本笃会修士的马丁·萨尔米恩托著有《西班牙诗歌及诗人历史记忆》；圣奥古斯丁派修士恩里克·弗洛雷斯在他的《神圣西班牙》中出版了浩瀚的中世纪文献。1767 年被卡洛斯三世驱逐的西班牙和西语美洲耶稣会教士们利用在意大利的流放期间，写作并出版了真正包罗万象的鸿篇巨制，如洛伦佐·埃尔瓦斯·伊·潘杜罗的《知名国度的语言目录》，埃斯特万·德·特雷罗斯·伊·潘多的《含科学艺术词汇及法语、拉丁语和意大利语对照词的卡斯蒂利亚语字典》和胡安·安德雷斯的专著《关于全文学的起源、发展和现状》。

语文学是最能体现 18 世纪与当代之间延续性的学术领域。假如没有启蒙运动奠定的基础（其中之一就是通过作品让人们认识到语文学的必要性），就不可能在 19 世纪初出现巴尔托洛梅·何塞·加拉尔多这样级别的人物。他的《西班牙稀有而奇特作品合集杂谈》至今仍是进行文学研究必读的书目。能与加拉尔多比肩的还有与他同时代的安德雷斯·贝约：他是当时《熙德之歌》研究的权威，而他的《美洲人的卡斯蒂利亚语语法》（1847）因其语言方面的严谨，始终都优于皇家语言学院的《语法》。加拉尔多和贝约的众多传人一代一代延续至今，如西班牙人马塞利诺·梅嫩德斯·佩拉约和拉蒙·梅嫩德斯·皮达尔，哥伦比亚人鲁非诺·何塞·库埃尔沃 [1] 和多米尼加人佩德罗·恩里克斯·乌雷尼亚。

西语国家本土的语文学家总是有其他国家的语文学家为伴。假如没有这些外国"西班牙语言文化学者"的贡献，我们对于西语国家的语言、文学、观念、历史、民俗等方面的了解无法达到今时今日的程度。和我们对自己的事物的热爱相比，外国人对西语事物的喜爱也许掺杂了其他成分；但这两种热爱表现在语文研究方面（语言学、文学等）时，产出的成果是同样高质量的。甚至可以说，不少情况下，外国语文学家甚至领先于母语为西语的语言学家：在西语美洲，整体而言最优秀的西班牙语句法专著不是当地人写的，而是出自美国的西语学者查尔斯·E.卡尼之手；研究西班牙及其殖民地的伊拉斯谟学说的不是西班牙人，而是法国的西语学者马塞尔·巴塔永。我们这样一本史书自然不能对外国西语学者的贡献闭口不谈。我们需要感谢他们的地方太多了。

欧洲对西班牙事物的关注始于天主教双王时期。最早的西语学者就是将西班牙文学作品（《爱情牢笼》《塞莱斯蒂娜》等）译成欧洲其他语言的译者，接下来则是诸多语法书和字典的作者。16世纪末和17世纪初，意大利人洛伦佐·弗兰西奥西尼、法国人塞萨尔·奥丁，英国人理查德·珀西瓦尔对西班牙语言和文学表现出了

---

[1]　库埃尔沃是典型的所谓"怪人"，他一生都全身心地投入到语言研究中，比梅嫩德斯·皮达尔还早30年登上科学研究的舞台。他璀璨夺目的《波哥大语言评论记录》（1867）实际上涉及各地的西班牙语。1888年，他开始出版厚厚的《卡斯蒂利亚语造句与搭配字典》，1895年出版了《古卡斯蒂利亚语正字法和发音研究》的第一部分。一位伟大的现代语文学家评论该《研究》"代表了西语美洲第一次对罗曼语语言学进行强有力的发言，而在此之前这几乎是专属于欧洲的学科。"有一个意味深长的事实：最先认识到《研究》重要性的不是西语世界的语义学家，而是说其他语言的外国人：美国人耶耶米·D.M.福特、法国的巴斯克人朱尔斯·萨罗汉迪和芬兰人O.J.塔格伦-图利奥。

特别敏锐的兴趣，同时也用自己的作品推动西班牙语进入从塞万提斯到克维多黄金般的几十年鼎盛时期。

18 世纪，法国对西班牙事物的热情方兴未艾。勒萨日的著作《吉尔·布拉斯·德·桑蒂亚纳传》（1715—1735）从西班牙的流浪汉小说中汲取了很多养分，以致伊斯拉神父甚至将这本书的译本（1787）命名为《被勒萨日从西班牙偷去法国进行改编、回归故乡和母语的吉尔·布拉斯·德·桑蒂亚纳历险记》。勒萨日的另一部作品《瘸腿魔鬼》则是效仿路易斯·维雷斯·德·格瓦拉的《瘸腿恶魔》。18 世纪末 19 世纪初优秀的西语学者当属德国浪漫主义学者。伟大的语文学家奥古斯特·威廉·冯·施莱格尔潜心钻研已经被当时的西班牙人遗忘和轻视的西班牙古典戏剧，其弟弗里德里希还在 1802 年创作了一部西班牙主题的戏剧《阿拉尔科斯》。而在此之前的 1790 年左右，席勒已经写了一部讲述费利佩二世之子悲惨历史的戏剧《堂卡洛斯》。德国浪漫主义学者欣赏的是不受制于法国古典戏剧规则的自由戏剧，因此将卡尔德隆置于与莎士比亚同等地位（卡尔德隆作品的译者路德维希·蒂克也翻译过《堂吉诃德》。）对于研究诗歌的民间根源的赫尔德而言，《熙德之歌》至关重要。雅各布·格林、乔治·戴平、费迪南德·沃尔夫和康拉德·霍夫曼为欧洲发掘出（也是为西班牙重新发掘出）古典谣曲这一宝藏[1]。到了更现代的时期，也是德国人首先将堂胡安·马努埃尔的作品和阿尔哈米亚语文献以语言文学版本出版：1880 年《狩猎术》由戈特弗里德·拜斯

---

[1]　威廉和亚历山大·冯·洪堡兄弟代表了歌德时代的德国知识分子强烈的好奇心，正是这一点使得浪漫主义真正成为德国的"文艺复兴"。威廉是现代语言学的先驱之一，是第一位对巴斯克语的起源感兴趣的语文学家。亚历山大在新大陆进行了长期细致的游历，观察一切、记录一切，用自己人生的后五十年写就了人类学的奠基之作（为了吸引尽可能多的读者，他用法语写作）。他的专著不仅得益于其丰富的个人阅历，也因为他读遍了关于西班牙美洲的所有文献。

特出版；1893 年《骑士与盾矛手》由 S. 格吕芬贝格出版；1883 年
《约瑟之歌》由海因里希·莫夫出版。法国人泰奥菲尔·戈蒂耶和普
罗斯佩·梅里美则代表了法国人中西班牙化的研究员、旅人、画家、
小说家、剧作家和音乐家群体。从爱德华·拉罗、乔治·比才和艾
曼纽·夏布里耶开始，欧洲作曲家就对西班牙主题情有独钟，爱开
玩笑的埃里克·萨蒂甚至在 1913 年谱了一首戏作名为《西班牙牙》。
梅里美除了创作了读者众多、好评如潮的《卡门》，还有许多西班牙
主题的严肃文学作品，如将掌玺大臣洛佩斯·德·阿亚拉的《堂佩
德罗国王编年史》译为《堂佩德罗一世传》。戈蒂耶留下了许多对西
班牙热爱的证明，其中最知名的当属《西班牙之旅》。在英格兰，熟 351
悉西班牙文学的有罗伯特·骚塞和霍兰德男爵。我们在第 219 页脚
注还提过 18 世纪的两位英国的西班牙语言文化学者查尔斯·贾维斯
和约翰·鲍尔。从沃尔特·司各特开始，欧洲小说中出现西班牙元
素几乎是常态。美国人华盛顿·欧文除了著有广为流传的《阿尔罕
布拉故事集》之外，还写了一部资料翔实的哥伦布传记和有关攻占
格拉纳达的史书。我们也不能忘记另一位美国学者——威廉·H. 普
雷斯科特，他写过关于天主教双王、费利佩二世、关于征服墨西哥
和秘鲁资料翔实的史书。

或许是华盛顿·欧文的作品激发了乔治·提克诺对西班牙的兴
趣。我们已经在第 240 页看到，提克诺开启了对文学的现代考证学
研究，使之从此成为西班牙语言文学研究的核心分支。提克诺的接
班人既有以西语为母语者，也有以西语为外语者，如今已经成百上
千。1962 年，在英国人的倡议下成立了西班牙语言文化学者国际
协会，从此每三年举办一次大会。协会大部分成员是西语国家本土
的学者，但来自欧洲和美国的专家也不在少数。埃兹拉·庞德年轻
时就构思了关于洛佩·德·维加剧作中丑角的博士论文；桑顿·怀
尔德则在成熟时期写了几篇关于洛佩的杰出论文。甚至俄罗斯、波

兰和捷克斯洛伐克也曾出过优秀的西班牙语言文化学者，日本也正在加入这一行列。19 世纪，专属于西语国家语言文学研究的杂志屈指可数，如今已多达数十种。从历史和恒心来看，排在首位的是
352 《西班牙通讯》，1899 年由波尔多大学首次出版①。十五年后，在拉蒙·梅嫩德斯·皮达尔的领导下创办了《西班牙语言文学杂志》，西语国家出版的最资深的刊物。

　　费霍深感，只有向欧洲敞开怀抱才能振兴西班牙语文化，后来的发展证明了他是对的。从他那个时代开始，文学方面所有蓬勃发展的事物都意味着与披着"纯粹"这件外衣的贫瘠进行明争暗斗，也就是说反抗纯正主义者想要推行的语言统一和固化。19 世纪初，马里亚诺·何塞·德·拉腊曾说："语言随着发展和观念的步伐前进，为了（a fuer de）书写纯正而试图将语言固定在某个点完全是异想天开。"（请注意他特意使用了 a fuer de 这个纯正古老的短语，显然是故作嘲讽。）浪漫主义学者用"放牧人克拉西基诺"来讽刺过分雕饰的语言，这个人物象征着梅伦德斯·巴尔德斯这样典型的田园诗流派索然无味的诗人，墨西哥的马努埃尔·德·纳瓦雷特修士也是其中的代表之一。古斯塔沃·阿道夫·贝克尔的语言清新隽永、朝气蓬勃，之所以远胜于坎波阿默尔和努涅斯·德·阿尔塞等同时代其

---

① 所有博学广纳的杂志背后都有学院机构的支持，比如《西班牙语语言文学新杂志》的生存离不开墨西哥学院的支持。但有一个非常显眼的例外：《西班牙评论》由极其活跃的雷蒙德·福尔奇-德尔博斯克"以个人名义"创办，发行的四十年间（1894—1933）由亿万富翁阿彻·M. 亨廷顿资助，他也是馆藏极其丰富的美国西班牙博物馆的创始人。除了文学和语言学的诸多研究成果之外（其中包括部分早期出版的关于美洲西语和犹太西语的文章），这本杂志上还刊登过涉及西班牙裔生活方方面面的优秀文章。此外，在这本杂志上首次公开的文学手稿数量惊人。共计 81 卷的《西班牙评论》至今仍是语言文学研究的基本工具。

他诗人的语言，很大程度上是由于它的不纯正。阿尔贝托·利斯塔的徒弟、墨守成规的纳尔西索·德尔·坎皮约，出版《韵文集》时甚至认为应该"订正"其语言错误，当时贝克尔已经过世。对语言纯正主义者而言，最不可饶恕的罪恶之一就是从外国文化中汲取养分，而革新派偏偏有意而为之：贝克尔间接地吸收了德国文化；美洲第一位浪漫主义作家埃斯特万·埃切维里亚直接吸收了法国文化；何塞·德·埃斯普龙赛达曾在英国学习。（浪漫主义时期，加泰罗尼亚文学死灰复燃，加利西亚文学次之。两者的复苏也是面对马德里发起的统一化而做出的反叛和独立的姿态。）

19 世纪末 20 世纪初，小说和剧作现实主义的艺术需求迫使这两种文学体裁的创作者改变了笔下人物的语言风格：原本一直以来都借用"书面"语言，而现在口中说出的是日常使用的口头语言，有些甚至与皇家语言学院的语法和字典格格不入。小说方面，综合来看可以说西班牙首先迈出了这至关重要的一步。阿根廷的贝尼托·林奇、厄瓜多尔的豪尔赫·伊卡萨、哥伦比亚的托马斯·卡拉斯基亚、委内瑞拉的罗慕洛·加列戈斯、墨西哥的马里亚诺·阿苏埃拉都能在西班牙找到先例：安达卢西亚的费尔南·卡瓦列罗、坎塔布里亚的何塞·玛丽亚·德·佩雷达、马德里的贝尼托·佩雷斯·加尔多斯。戏剧方面，整体而言是西语美洲作家领先西班牙作家一步：秘鲁人马努埃尔·阿斯森西奥·塞古拉的《卡蒂塔太太》、阿根廷人爱德华多·古铁雷斯的《胡安·莫雷拉》、乌拉圭人弗洛伦西奥·桑切斯的《我的医生儿子》，都先于安达卢西亚戏剧，如佩德罗·穆尼奥斯·塞卡、塞拉芬和华金·阿尔瓦雷斯·昆特罗兄弟的剧作。带有民间口语烙印的诗歌也同样如此。当何塞·玛丽亚·加布里埃尔·伊·加兰"用方言"创作他的《农妇》和《埃斯特雷马杜拉女郎》时，何塞·埃尔南德斯的《马丁·菲耶罗》已经流传了二十多年；后者掀起了为高乔人的语言和形象正名的潮流。19 世纪，

353

人们开始摒弃将美洲词汇印刷成斜体的习惯（仿佛是在征求皇家语言学院字典的许可），如 chacra、milpa、jacal、bohío、poncho 和 sarape。引起人们对这个问题关注的是哥伦比亚人格雷戈里奥·古铁雷斯，在《马丁·菲耶罗》出版好几年前，就在他的《安蒂奥基亚玉米种植回忆录》（1866）中说：

> 我不会刻意突出
> 文中不够西班牙的词
> 既然我只为安蒂奥基亚写作
> 我不写西班牙语，只用安蒂奥基亚方言

当然，古铁雷斯的诗并非只为出生在安蒂奥基亚的人而写，任何一位懂西语的读者都能阅读、读懂，甚至可以略过他的两位热心朋友替他添加的大部分注解。埃瓦里斯托·卡里戈的《郊区的灵魂》也不是只为布宜诺斯艾利斯人而写；路易斯·帕雷斯·马托斯和尼古拉斯·纪廉的"黑色"诗歌也不仅仅为了取悦波多黎各人和古巴人。

另一个极端则是现代主义诗人带来的语言"之罪"——在诗歌语言中肆无忌惮地插入法语词汇和英语词汇。马努埃尔·古铁雷斯·那赫拉将"Duque Job"和"Jockey Club"构成押韵，鲁文·达里奥会使用 baccarat、champagne 和 sportswoman 这样的词。

鲁文·达里奥表现出明显的世界主义和异化倾向。他开创了诗歌语言的一个新概念，其影响一直延续到我们今天。从这个意义上说，他是可以和加尔西拉索、贡戈拉相媲美的人物。（假如我们想象他们所在的时代也存在一个类似语言学院的机构，他们也是异化的世界主义者和"反学院派"。）可以说，正是从鲁文·达里奥开始，西班牙语的书面诗歌抛开了纯正主义和语法地道的阴影，从而成为了极其自由的诗歌，一切皆可利用，一切语言规则皆可打破。同时，这样的诗歌也向所有非西班牙语文化中的词汇敞开怀抱。

18世纪的最后四分之一，西班牙皇家语言学院又新增了一项职能：年复一年地评选呈给他们的最佳诗歌。从当时获奖的作品来看（主题都是帝国的伟业：《投降的格拉纳达》《科尔特斯被毁的船舰》），当时占主导地位的是非常明确的学院派理念，而参赛者也理解并接受这一理念。这在现在是无法想象的。鲁文·达里奥亲法和亲美的现代性不被学院认可，同样被排除在外的还有阿根廷人恩里克·邦克斯、西班牙人豪尔赫·纪廉、墨西哥人何塞·戈罗斯蒂扎、令人瞩目的智利人文森特·维多夫罗、西班牙人赫拉尔多·迭戈、古巴人马里亚诺·布鲁尔、哥伦比亚人莱昂·德·格雷夫和墨西哥人何塞·胡安·塔布拉达，更不用说个人风格极其鲜明的西班牙人费德里科·加西亚·洛尔迦、秘鲁人塞萨尔·巴列霍和智利人巴勃罗·聂鲁达。 355

"无论在西班牙还是西语美洲……""在大西洋两岸……"，我在本章和前面几章不得不反复说这样的句子，因为虽然看起来奇怪，但确实从来没有哪一段西班牙文学史中的"西班牙"一词涵盖了我们的语言的整体情况、囊括了用加西亚·洛尔迦、巴列霍和聂鲁达共同的语言写作的大量作品。西语美洲文学史（或是西语美洲国家各自的文学史：古巴文学、波多黎各文学、哥伦比亚文学等）不可能对出生在西班牙、但在新世界写作的作家只字不提，例如贡萨罗·费尔南德斯·德·奥维耶多和更近代的许多作家。（比如说，随着法西斯主义的登台，1939年起许多西班牙人"转移阵地"至墨西哥，如果墨西哥文学史不提这批人的作品，那便是不完整也不公允的历史。）同样，所有的西班牙"国内"文学史都给墨西哥人鲁伊斯·德·阿拉尔孔和胡安娜修女留有一席之地；1825至1875年间，又非常自然地揽入了墨西哥人马努埃尔·爱德华多·德·戈罗斯蒂萨、阿根廷人温图拉·德·拉·维加、委内瑞拉人安东尼奥·罗斯·德·奥拉诺和古巴人赫尔特鲁迪斯·戈麦斯·德·阿韦利亚内达。他们都在西班牙写作并获得不同程度的成功，因此和同时代的马努埃尔·布雷顿·德·洛斯·埃雷罗斯、弗朗西斯科·马丁内斯·德拉·罗萨以及何塞·索里亚一样"西班牙"。不过仍然缺乏一个兼容并包、能涵盖我们的文学在地域和历史方方面面的视角。

这一视角的匮乏不难解释。首先，文学史的书写比语言史复杂得多：早在内布里哈时代就已经开始整理西班牙语的历史，而真正意义上的文学史研究几乎到了 19 世纪才开始；其次，19 世纪恰逢西班牙与它曾经的帝国政治决裂的时期，这一事件自然处处留下不满与指责的痕迹。19 世纪西语美洲的爱国诗人们反复触及的话题是年轻的国度终于挣脱"西班牙残忍的桎梏"；西班牙的爱国诗人则义愤填膺地说这些忘恩负义的诗人用"祖国母亲给他们的"语言掉转头来侮辱她。结果是西班牙最后无视西语美洲的文学产物。西语美洲不仅读拉腊、贝克尔、佩雷斯·加尔多斯，也读西班牙三流作家的作品；而西班牙不但忽略胡安·A.马特奥斯平庸、不值一提的小说，对 19 世纪西语美洲各国产出的优秀作品也视而不见。总而言之，最后损失的是西班牙。

19 世纪末，为纪念新大陆发现 400 周年，皇家语言学院决定出版一部《西班牙语美洲诗人文选》，借此机会缓和双方关系，也在一定程度上弥补先前的忽视。担此重任的杰出学者梅嫩德斯·佩拉约陷入了困境。除了上述反西班牙主义，他的内心还特别反感部分诗人的无宗教性甚至无神论，而他本人是虔诚的天主教徒；更糟糕的是，他几乎找不到几个诗人在诗歌方面的才华优秀到足以抵消他们诗歌外的罪孽。他竭尽所能地突破自己的底线，选择了最接近他偏爱的贺拉斯式的古典作家作品，对选中的对象也不吝溢美之词；不过即便在赞美中他依然毫不掩饰自己对这类诗歌的蔑视，在他看来这是一类乱七八糟、错漏百出、毫无学术尊严的诗歌。

　　梅嫩德斯·佩拉约非常能代表他的故土和所处的时代。他的许多同胞持同样鄙视的态度（这种态度情有可原，且不仅仅局限于文学）。以直率闻名的皮奥·巴罗哈说不能把西语美洲人当回事，因为他们"昨天"还像猴子一样爬树。当处于高位之人瞧不起我们时，我们便转而鄙视在我们之下者，这是人之常情。这条鄙视链由来已久。1553 年，伊拉斯谟派学者阿隆索·加西亚·马塔莫罗斯写了一首颂词《西班牙学识声明》来驳斥"外国人脑中根深蒂固、顽固不化的观点"——西班牙是没有文学的"野蛮"国度。1629 年，秘鲁人安东尼奥·德·莱昂·皮内罗在马德里出版了《东西方文丛概述》，来对抗西班牙人对于美洲文学的无知（"由于人们想要的只是西印度的黄金白银，那里的作家被遗忘，历史被掩埋；本该属于西班牙的工作却由其他国家实现"。）1672 年，尼古拉斯·安东尼奥共四卷的《西班牙图书目录》第一卷问世，他写这套书是为了向欧洲证明他们对于西班牙文学产物的蔑视是不公正的。1735 年，阿利坎特教长、直言直语的学者马努埃尔·马蒂在他的一篇拉丁语书简中说新西班牙是寸草不生的文学沙漠；于是新西班牙的学者胡安·何塞·德·埃奎亚拉·伊·埃谷伦汇编了厚厚的一本《墨西哥图书目录》向马蒂证明他的判断过于草率（该书的第一卷、也是唯一一卷 1755 年在墨西哥问世）。1786 年，世界各地兴起的启蒙运动的腹地——普鲁士科学院召集欧洲文人参加一场比赛，话题是"我们欠西班牙什么？"；胜出者是亲法的意大利人贾科莫·卡洛·德尼纳，他对这个不怀好意的问题作出了极其负面的回答。于是，胡安·巴勃罗·福纳代表受辱的西班牙人，写了《西班牙及其文学优势的赞颂之词》。欧洲对西班牙的蔑视和西班牙对美洲的鄙夷直到 19 世纪甚至 20 世纪都有各种表现。有指责就有歌颂，有攻击就有反击：梅嫩德斯·佩拉约不但在欧洲面前维护西班牙，甚至就"外国"文化

357

的某些方面发起了颇有争议的攻击；许多西语美洲人——如强硬的秘鲁人马努埃尔·贡萨雷斯·普拉达则说西班牙是落后保守的国家，说它的文学臃肿而空洞，说西语美洲的灾难都源于西班牙不祥的遗产。

今天，人们倾向于换一个方式看待事物。我们可以心平气和地承认，18 和 19 世纪的西班牙语文学比不上英国文学、意大利文学、德国文学和俄罗斯文学；同时，我们也能看出，这两个世纪内，西班牙比它的殖民地、后来的西语美洲各国更重视和欣赏文学活动。然而，如果与其他国家的文学相比，大西洋两岸的落后相差无几。西语美洲的许多作品，如哥伦比亚人豪尔赫·伊萨克斯的《玛利亚》（1867）、墨西哥人伊格纳西奥·马努埃尔·阿尔塔米拉诺的《仁慈》（1869）、多米尼加人马努埃尔·德·赫苏斯·加尔万的《恩里克约》（1882）、乌拉圭人胡安·索利亚·德·圣马丁的《塔瓦雷》（1888），在欧洲人看来都是成熟过晚的古典主义果实。不过，贝克尔的《韵文集》（1871）与海因里希·海涅的《歌集》（1827）相比也创作得过晚，伟大的小说家佩雷斯·加尔多斯（1843—1920）与法国小说家巴尔扎克（1799—1850）相比也出现得过晚。这样的我们已经为全面整体的视角做好了准备。

阿利坎特教长的话显然有失偏颇。墨西哥文学继胡安娜修女之后确实陷入停滞，但西班牙文学又何尝不是如此。另一方面，无论是西班牙还是墨西哥以及西语美洲其他国家，需要推陈出新时所做的努力本质上是相同的。在马蒂这番攻击过去半个世纪之后，欧洲鉴赏家们终于有机会通过一出欧洲戏剧确认，西班牙文化和墨西哥文化（以及西语美洲文化）原来是一回事；而且至少从呈现在他们面前的思想和学识这两个方面来看，这种文化有着坚实的基础。实际上，1767 年，因卡洛斯三世颁布的流放法令，讲西班牙语的耶稣会教士聚集到意大利，这时人们发现，墨西哥人弗朗西斯科·哈

维尔·阿莱格莱、弗朗西斯科·哈维尔·克拉维赫罗和迭戈·何
塞·阿巴德、用拉丁语写出诗句"墨西哥的田野"的危地马拉人拉
法埃尔·兰迪瓦尔、智利人胡安·伊格纳西奥·莫利纳等美洲作家,
与西班牙人埃斯特万·德·特雷罗斯·伊·潘多、胡安·安德雷斯、
安东尼奥·埃克西梅诺、埃斯特万·阿尔特阿加和洛伦佐·埃尔瓦
斯·伊·潘杜罗说着同样的语言;他们都因才华和学识而耀眼。更
重要的是,美洲的耶稣会教士甚至能运用共同的语言频繁地表达自
己的政治、历史和文学思想,而不是鹦鹉学舌般地模仿西班牙;对
于美洲的独特性,他们已经具备成熟的概念,因而实际上常常被视
为独立运动思想上的先驱。在语言文化层面统一的前提下依然能呈
现多样性,是对阿利坎特教长尖酸的评价最好的驳斥。

　　西语美洲各地区独立斗争的条件、波折和命运可能各不相同,
但各地掀起的运动基本上都由土生白人和部分美斯蒂索人策划与领
导,他们中的许多人学识渊博。伊达尔戈、玻利瓦尔、苏克雷和圣
马丁的思想和许多西班牙人并无二致。对于西班牙永久性或阶段性
的问题(比如专制主义和压抑),他们的观点不谋而合,因此西班牙
人弗朗西斯科·哈维尔·米纳能在墨西哥为自由而战,反抗费尔南
多七世的统治;如果是在西班牙本土,他也一样会有此举动。有学
识的美洲人与思想水平相当的西班牙人可以毫不费力地相互理解。
委内瑞拉独立运动的"先驱"弗朗西斯科·米兰达的《日记》提供
了丰富的信息和建议,完全足以与霍维亚诺斯的《日记》相提并论。
塞尔万多·特蕾莎·德·米耶尔修士与何塞·玛利亚·布兰科·怀
特、何塞·马切纳等西班牙教士是精神上的兄弟;前者被流放到英
格兰后成为英国国教徒,还用英语写了优美的《西班牙的来信》,后
者与祖国的蒙昧主义斗争并支持法国大革命。费尔南多七世统治时
期,伦敦成为西班牙裔活动的中心——会议、讲座、书籍、杂志、
历书层出不穷,这些活动的推动者是伟大的西班牙人和伟大的美洲

人，而他们说的语言从各种意义上说都是相同的。这一切仿佛在为从"西班牙帝国"（宗主国和殖民地）到西班牙语国家民主联盟的转变而准备土壤[①]。

360　　如果要为这些历史回顾画上句号，有一个时间点不得不提：1898 年。这一年，西班牙失去了最后的殖民地，同时，一群值得敬仰的西班牙文人——乌纳穆诺、皮奥·巴罗哈、阿左林、巴列－因克兰、安东尼奥·马查多决定为熙德的坟墓上锁。也就是说，放弃帝国主义军事强国的人民惯有的骄傲自满，不再从对失落的帝国无谓的怀念中寻找慰藉。被称为"98 一代"的作家们在世界面前亮相。他们并不满足于历史教训，而是反学院派的革命者；他们第一个关注的目标就是语言。1898 年的杰出语言工匠当属尼加拉瓜人鲁文·达里奥。学院派的新古典主义者梅嫩德斯·佩拉约对"现代主义"诗歌（他将其视作蔑称）的声音从来都是充耳不闻，但年轻一代的作家们与他截然不同，他们不但倾听这样的声音，其中好几位——马努埃尔·马查多、巴列－因克兰、胡安·拉蒙·希梅内斯、维拉斯佩萨还在自己的诗句中进行尝试与演练。自从在西班牙颇受欢迎的胡安娜修女之后，再也没有出现过如此盛况。

　　"98 一代"与美洲现代主义的交汇结出了灿烂的果实。西班牙语文学（不是某个国家的、而是整个西班牙语的）如今占据了阳光

---

①　1810 年 9 月，几乎与米格尔·伊达尔戈在墨西哥发出独立呼声同时，加的斯召开了非同寻常的议会，这是自由派自 18 世纪末以来在反对专制主义道路上获得的伟大胜利。这次议会是历史上第一次有殖民地代表发声。假如不是费尔南多七世对自由派的反击，加的斯宪法（1812）早就突然但和平地改变了政治形势。同年，布兰科·怀特开始在伦敦出版报纸《西班牙语》，提供关于整个西语世界的消息并作出评论。塞尔万多修士在《新西班牙革命史》（1813）中谈到了美洲其他地区发生的相同的革命。19 世纪初的美洲人已经将整个大陆视为整体。玻利瓦尔并没有"创造"泛美主义，而是有一双发现它的眼睛。

下显眼的位置。胡安·拉蒙·希梅内斯、加布列拉·米斯特拉尔、巴勃罗·聂鲁达、文森特·阿莱克桑德雷、加布列尔·加西亚·马尔克斯、卡米洛·何塞·塞拉与奥克塔维奥·帕斯获得的诺贝尔奖是对一种文学的价值和一门语言的世界地位的肯定。无论有没有获得诺贝尔奖，西班牙语文学在当代、尤其是最近几十年都是世界上最有活力的文学之一。我们可以淡然而笃定地说博尔赫斯的作品值得被译成地球上的所有语言。而博尔赫斯并不孤单（señero 这个形容词来自通俗拉丁语 singularius，即 solitario）：他的确站在首列显眼的位置，而他身后还有成千上万的年轻一代作家。同时，它再也不会面临因学院派追求统一而停滞的危险。今天的西班牙语小说大量使用与学院式用法不符、但在西班牙语世界各个角落都有强大生命力的词汇和结构。诗歌的语言虽然往往不带有地域特征（正因如此，读诗的时候我们很难找到透露诗人国籍的信息），却也远离纯正主义者渴望的索然无味的整齐划一。如今的西班牙语文学正健康发展。

语言，今日

西班牙语也正健康发展。它同一切有生命的机体一样在不断变化中。不仅《熙德之歌》的每一位读者都能感受到今天的语言已经和诗中的语言相距甚远，即便是在如今的西班牙语世界的各个角落，语音、语法、词汇的"实现形式"也越来越多样化。但与此同时，各地的西班牙语又保留着最基本的一致性，只要阅读各个西语国家的文字（比如报纸）或与各国人民交谈便能验证这一点。或许墨西哥的瓜达拉哈拉人和西班牙的瓜达拉哈拉人之间会需要翻译，智利的圣地亚哥人和古巴的圣地亚哥人之间会需要翻译（比如 guagua 对前者而言意味着"婴儿"，但对后者却是"公共汽车"）；但这都是偶尔为之，既不长久也不频繁。交流的双方只需要有一点热情，就能

使得国家之间（或是同一国家的地区之间、同一城市的不同社会文
化阶层之间）的语言差异不再妨碍、反而鼓励对话。这样便会产生
362 幽默的火花，出现有趣的故事。比如，有个故事说西班牙游客在墨
西哥一家受欢迎的餐厅前看到写着"Tacos y Tortas"的招牌，便以
为去那里会听到脏话和挨耳光；还有个故事说一个逃难者在韦拉克
鲁斯登陆，正带着行李在沿海大堤上走着，有人对他喊"Aguzado,
joven, que no le vuelen el veliz"（"当心别被偷了箱子"），他心想："天
哪！我还以为墨西哥讲西班牙语呢，我唯一听懂的只有 joven。"初
次接触往往会遇到惊喜。有一个关于鲁文·达里奥诗句的故事讲的
就是初次接触：说有个人听到诗句"Que púberes canéforas te ofren-
den el acanto"（"愿头顶鲜花和贡品篮的青春少女为你献上莨芳花"），
便说："我只听懂了 Que。"还有许多故事的笑料源于国与国之间的禁
忌词（即脏话）千差万别：chingar 在布宜诺斯艾利斯和在墨西哥可
不是一回事；在哈瓦那不能说 papaya；在智利不能说 concha 或 pico
等等。甚至还有极其冷门、人为造作的俚语，比如布宜诺斯艾利斯
的黑话，有首民歌甚至用这种黑话写成：

El bacán le acanaló	阔佬在情妇脸上
el escracho a la minushia;	划了一刀；
después espirajushió	然后逃跑
por temor a la canushia,	害怕监牢，

还有一首诗使用安达卢西亚的吉卜赛语词写成：

El minche de esa rumí	都说那个女人
dicen no tenela bales;	下面没长毛；
los he dicaíto yo,	可我亲眼所见，

los tenela muy juncales; 长得十分茂密；

然而如果将这种民歌作为布宜诺斯艾利斯和塞维利亚语言的写照，那显然是荒谬的^①。

　　另一方面，学院派的统一理念流失了一部分拥护者，其中甚至 363
包括一些院士。于是，当西班牙人听到他们的 acera 在墨西哥被称为
banqueta、而在阿根廷被称为 vereda，或他们的 jerséy（英语借词）
在西语美洲叫 suéter、chompa 或 pulóver（同为英语借词）时，越来
越见怪不怪。一门语言在其使用地域范围内的统一性——无论是罗
马帝国时期的拉丁语、还是如今的英语和阿拉伯语，从来都不意味
着实现形式的绝对一致。或许应该写一本语言文化手册来防止优越
感（"我们说 taxi 和 estacionamiento，那些野蛮的西班牙人才说 tasi
和 aparcamiento"）和自卑感（"我们说 vos cantás、vos tenés，而不
是 tú cantas、tú tienes：唉！令人痛心，多么愚蠢的野蛮用语！"）的
产生，这两种情绪都极大地妨碍人们理解语言的统一性的真正含义。
这两种互补的情结不但游离于语言的现实情况之外（"街道的两边供

---

①　博尔赫斯在散文《阿梅里科·卡斯特罗的惊恐》中引用了这两首民歌，这篇散
文是对阿梅里科·卡斯特罗的《拉普拉塔地区的语言特点》（1941）一书的评论。卡
斯特罗观察到了一种"语言混乱"，在阿根廷的卡斯蒂利亚语中发现了"语言严重不
纯的症状"。博尔赫斯巧妙地嘲弄了这番"惊恐"，说自己在西班牙生活过的地方都留
给他"非常愉快的回忆"，但是他从来没有发现"西班牙人话说得比我们好"。在另一
篇散文《我们可怜的个人主义》中，他更是进一步暗示"我们"写得比西班牙人好：
"在浮华对称的西班牙风格面前，我不止一次感到我们同西班牙有着天壤之别。"博尔
赫斯很可能暗指奥尔特加·伊·加塞特的风格，这是他非常反感的风格；相反，他总
是夸奖阿方索·雷耶斯的文风，而他也是"我们"中的一员。但很快，博尔赫斯又抹
去了"他们"和"我们"之间存在差异的暗示——他回忆起塞万提斯几句非常有人情
味的话："到了天国，有甲各自承当""正直的人不该充当惩罚别人的刽子手，他们
不应该涉足这个领域"。于是他说："堂吉诃德的这两句话足以让我意识到自己的错误，
它们仿佛是我们静谧隐秘的相似之处的象征。"

步行者行走的地方"在西语世界各地的名称确实不尽相同），而且混淆视线、甚至完全蒙蔽双眼。如果真有这样一本语言文化手册，或许能帮助人们理解为什么西班牙语的所有实现形式都是正统合规的，没有好坏之分，有的只是被统称为"西班牙语"的这个抽象、模糊、不真实的事物的"实现者"的多重性。我们的语言是我们讲话的各种方式的总和。如果我们仔细思考，语言最糟糕的"实现者"莫过于自认为"驾驭它"、完全主宰它、以它名正言顺的守护者自居之人；反之，语言最好的欣赏者莫过于关注它的各种实现形式之人①。

364

乌纳穆诺嘲笑有些人居然说"我们西班牙人（也可以说我们所有讲西班牙语的人）迫切需要学习语法"，但我们真正需要的是究竟说什么；他还宣扬语法这门"教人正确地道说话和书写"的学科是无用的。语言文化手册并不教人们"正确地"说话和书写，而是教我们将"谬误"摆放在应该的位置上，"谬误"是过去和现在任何一门存活的语言与生俱来的一部分。从严格的语言学角度来说，根本没有真正的"谬误"。将 murciélago 说成 murciégalo、jilguero 和 nudo 说成 silguero 和 ñudo、mismo 和 traje 说成 mesmo 和 truje，其实只是将西班牙语中一直存在的形式保存下来；将 alrededor 说成 alderredor 只是保留它在塞姆·托布笔下的原初形式；将 haya 说成 haiga 是延续几个世纪前将 caya 变成 caiga 的趋势；同时使用 arrem-

---

① 安东尼奥·马查多在《胡安·德·迈雷纳》中表露了自己对"拉丁美洲词汇"的关注。他数次"像我们的美洲亲戚一样"使用 novedoso 一词，来形容炫耀自己紧跟潮流的卖弄者；他还钟情于"智利人使用的"lustrador 和"古巴人会说的"estrepitarse。乌纳穆诺也在《迷雾》中说："行了……就像墨西哥人说的，ya estuvo suave。"巴列－因克兰的《暴君班德拉斯》语言的优雅和美好首先在于它将墨西哥词汇、阿根廷词汇和西班牙词汇拼接在一起。此外，但凡有阅读习惯、或是与其他国家的西语使用者有过来往的人，都知道 pibe、chamaco、porotos、frijoles、zopilote 和 gallinazo 为何物。为什么不能在各地都吸收墨西哥词汇 ningunear 和哥伦比亚非常经济实用的表达"No estoy enojado, estoy es cansado"？

pujar、arrejuntar、arremedar 和 empujar、juntar 和 remedar 是沿用中世纪 repentirse 和 arrepentirse 这样的双式词；将 raíz 和 maíz 变成 ráiz 和 máiz 等同于将 vaína 和 reína 变成 vaina 和 reina；用 intérvalo、telégrama、hectólitro、líbido、ósmosis 和 metamórfosis 取代 intervalo 和 telegrama 等只是顺应重音往倒数第三个音节偏移的趋势而走，个中缘由很难解释，但应该承认它有存在的权利。然而，这些都无法阻止所谓"有文化"、受过一定教育的语言使用者认为所有这些形式（ñudo、haiga、arrejuntar、máiz、líbido）都是"不正确的"，无论他是以个人的身份，还是代表有一定规模的社会群体。"正确"这一概念属于心理学和社会学范畴，与语言学无关[①]。 365

　　从语言学的角度看，比起掀起维护正确性的运动，更有意义的是让语言使用者了解和学习各种语言现象的特点，比如它们所使用的地域范围。上一段提到的还只是泛泛而谈，如果详细展开又要洋洋洒洒数页篇幅。实际上，在所有说西语的地区，都有可能听到有人用 probe 取代 pobre、"**pal** camino"取代"**para el** camino"、"**le** escribo a mis amigos"取代"**les escribo**"。然而，并不是在所有地方都会听到用 tadre 取代 tarde，虽然它看起来和 probe 同理；也不是每个地方都能听到"**me se** cayó"和"**te se** olvidó"、"**ir a por** agua"或"la sidre nuevu da gustu bebelo"（最后这种说法实际上仅限于阿斯图里亚斯东部的一些村庄）。即便是同一个"谬误"，也往往在不同地

[①]　从社会学的角度来看，发起一场针对这些形式的"根除运动"是有益的。不过，担任这场运动的顾问的语言学家们执行这项任务时，不是以语言学家的身份，而是作为对文化有个人及社会理念的普通市民。安德雷斯·贝约知道用 vos 代替 tú 是和他所热爱的《熙德之歌》一样古老的用法，但眼看智利的这种用法成了粗鄙的表达，作为该国的"教育家"，他必须发起根除它的运动。因此，用 vos 代替 tú 的用法直到 19 世纪中期都和今天的阿根廷一样普遍，后来却被活活扼杀，目前只在"农村"语言中残存：vos cantái, vos tenís...

区呈现不同的强度和力量（即立身、使自己被社会接受的能力）。比如在西班牙可能会听到 "encima mía" 代替 "encima de mí"，比如穆尼奥斯·塞卡笔下的人物会说 "tendío yo der tó, y er toro tendío der tó ensima mía"，但受过教育的人不会这样说话；然而，"encima mío"（不是 mía）、"detrás suyo"、"delante nuestro" 等在阿根廷就是完全正常的表述，也就是说在那里是合乎 "规范" 的。而 "a Juan **le** quieren mucho" "ayer **les** conocí" "el paraguas, **le** perdí" "los libros, me **les** dejé en casa" 这些在西语美洲人看来离经叛道、不正常的表述（即不合 "规范" 的）在马德里却司空见惯。我们在第 334~336 页提到的与格代替宾格，从来都是少数地区出现的现象。而皇家语言学院 1796 年版的语法书甚至规定这是唯一正确的方式，这个连西班牙都没有完全覆盖的现象，居然被立为全世界的 "规范"，实在令人啼笑皆非。

综上所述，今天的西班牙语中任何一条 "规范"，在或近或远的过去都曾属于 "谬误"，或者用语言学名称来说叫 "革新"。我们的语言从古至今的革新此起彼伏，发音、构词、造句、词汇、语调等各方面皆是如此。其中大部分都像落入沙地里的种子，但有一些遇到了肥沃的土壤，于是生根发芽、迅速蔓延。通常，新旧两种用法会立即进入相当长的角力时期。比如人们原本一直说 "Esto es distinto **de** lo otro" 和 "diferente **de** lo otro"；但最近，可能是因为类比 "igual **a**" 和 "parecido **a**"，各国的许多西语使用者都引入了 "distinto **a**" 和 "diferente **a**"，这一革新目前似乎正与传统用法较量，大有取而代之之势。有时，这样的竞争、使用者有双重选择的时期可能会永无止境。比如 azúcar 一词，从词源上看是阳性名词，不少人至今都坚持这样使用；但从贝尔塞奥开始，它就成了阴性名词，而这个古老的 "革新" 直到今天仍被不少人接受，因此 azúcar 同时兼备两种语法性。当这种原本不为多数人所知、被拒绝、甚至被嘲讽的革新用法取代了人们已经习以为常的形式，使其成为"懂行的人"束之高阁的古语形式，这就是语言史上的决定性时刻：比如 castiello 和 siella 被 castillo 和 silla 打败；比如 fembra 和 fumo 的发音变为 hembra 和 humo（h 为送气音），后来又在革新力量的推动下变为今天"正常的"发音 embra 和 umo；还有第 331 页列出的那些词汇，曾一度被斥为异端，如今都是再"正常"不过的词汇。

今天涌动着的这些语言革新中，哪些能存活并蔓延开来？哪些会变成明天的"规范"？哪些意味着不可逆转的改变？在离我们不远的将来，或许会有一位典型的维护语言纯正主义的院士斩钉截铁地回答："没有一个谬误能得逞！这正是皇家语言学院存在的意义！"1930 年左右，有声电影刚诞生时，一位西班牙研究创作规则的学者非常认真地提出，面向西班牙语世界观众的电影应该只请西班牙的优秀演员来演，他们掌握着 calle、corazón 等词的"正确"发音。1952 年，又一位西班牙研究创作规则的学者提议西语美洲的母亲应该学会卡斯蒂利亚式的 z 的发音，再把这种"正确"发音传授给孩子。如今一切都变了。即使是最墨守成规的学者都知道规范具有多重性：发作 caye 在西语世界的大部分地区都是正常的，而发作 calle 的情况虽然在数量上处于劣势（而且还在下降），但在其存在的地区也是正常现象。如果参考这样的情况，那么关于各式各样的革新现象的现在与未来的问题便不难回答。

我们可以举词尾 -ado 为例。1701 年，一位曾在马德里生活过一段时间的莫诺利先生，在写给法国人的西班牙语法书中说，matao 和 desterrao 这样的发音是宫廷里的高雅作派之一；这很奇怪，因为在 19 世纪，-ao 更多地被视为粗俗的发音，人们甚至陷入了对这种发音的"过度纠正"而说出 bacalado、Bilbado 和 Estanislado 这样的词。事实上，西语国家中说 soldao 和 colorao（即便他们写作 soldado 和 colorado）的人群如此庞大，那么对待这种现象时最佳的做法是：

首先承认 -ao 和 -ado 同时存在、同属规范，然后补充必要的说明：
368 -ado 从使用者人数上来说是否处于劣势，发 -ao 时是否还有 -d- 的痕迹等等。

音素 d 可以说"危在旦夕"，不仅是词尾 -ado，还有其他情况；而且这一危机由来已久。cantades 和 tenedes 等传统形式中的 d 消失于 15 世纪；cantárades 和 fuéredes 等传统形式中的 d 也在 16 世纪化为泡影；16 世纪末，一位叫迭戈·德·奥塞格拉的人，明明是旧卡斯蒂利亚人（瓦伦西亚附近的杜埃尼亚斯），而不是安达卢西亚人，却毫无顾忌地在一首诗里写 fealdá 和 Magestá 这样的词。因此，下列发音也就不算新鲜了：usté、verdá、barbaridá、paré、salú...；casa 'e campo、hora 'e salir...；colorá（"colorada"）、na（"nada"）...；to（"todo"）、pue（"puede"）...；marío、perdío、naíta、desnúo 或 esnúo、Madrí；peazo > piazo（"pedazo"）、escosía（"descosida"）、ande（"donde"）... 除了最后这几个是安达卢西亚的典型发音之外，其他发音在西班牙和西语美洲都极其常见，虽然不像 soldao 和 colorao 那么系统化，各个使用地区的社会接受度也没有那么高。最有望成为规范的（或者说可以并入 -ao 之列）是头几个单词（usté、verdá 等），但总体上说，上述所有词语都是在口语中更常见，或者说属于"非正式"用语。脱口而出"¡Pero eso no pue ser!"的人往往能意识到规范的发音是 puede，当需要深思熟虑时，他们总会自动地改回 puede。这个例子很好地证明了保持语言稳定不变的力量主要在于使用者自身的语言意识（即便非常粗浅），而不在于语言学院。

另一个面临危机的音素是音节末尾的 s。西班牙很大一部分地区（安达卢西亚、穆尔西亚、埃斯特雷马杜拉、加那利群岛、新卡斯蒂利亚的很多地方）和西语美洲的许多国家整个音都变成了送气的 h：avihpa、lah niñah、loh bohqueh。送气通常比较轻微，有时甚至完全消失。所以，像 lah avihpa 和 lo bohque 就完全吞掉了 avispas

和 bosques 词尾的 s，只通过冠词体现出名词是复数。这一现象拥有如此广阔的地域范围本身就是它历史悠久的指征。最早的出版物证据属于 16 世纪，而且涉及黑人的语言：如马特奥·弗雷恰（我们在第 306 页看到过的 "Vamo a ver su nacimento"，"vamo ayá"）、洛佩·德·鲁埃达（"小品" 短剧中出现了黑人人物）和贡戈拉（"黑人" 村夫谣）。这一现象和前文提到的 y 代替 ll 的现象一样，都是黑人语言的典型特征，但将 -s 发成送气音或不发音的情况早在 15 世纪就已经出现，而当时西班牙的黑人并不多。他们可能起到了 "巩固" 这一现象的作用。无论如何，在 16 世纪的西班牙和美洲书面资料（托莱多人和塞维利亚人匆匆写下的清单和信件）中，出现了大量的简省形式：má（"más"），la casas（"las casas"），démole（"démosle"），mimo（"mismo"）等。送气音的缺失往往通过其他方式进行补偿：mohca 和 cáhcara 常常变为 mocca 和 cáccara；obihpo 常常变为 obippo；lah bolah 和 lah gayinah 听起来像 laf fola 和 laj jayina。许多安达卢西亚人将 dehbaratar 说成 efaratá；许多阿根廷人将 dihgusto、rahgar 和 rehbalarse 说成 dijusto, rajar 和 refalarse。此外，在西班牙和美洲地区，jue 在表示 juez 时比表示 fue 时，e 的张口度更大；同理 to 表示 todos 时比表示 todo 时 o 的张口度更大。

音节末的 r 和 l 混淆早在中世纪就有迹可循：13 世纪，托莱多的莫扎拉布人说 arcalde；14 世纪，安达卢西亚人会将 abril 写作 abrir；内布里哈的《字典》中出现的 lebrel 一词本应该写作 lebrer。目前，在不少地方，r 和 l 实际上已经合二为一，构成一个介于两者之间的音素；因此，对这个新音素还没有习以为常的人可能会在期待 caldo 时听到 cardo，反之亦然。在西班牙有 l 泛化的地区（埃斯特雷马杜拉：peol，mujel）和 r 泛化的地区（安达卢西亚：er agua que cae der sielo）。有时还会有像 carne > calne > cahne > canne 这样复杂的变迁；在加那利群岛可能会听到 ei cueipo（"el cuerpo"），在哥伦比亚和加勒比海地区会听到 taide（"tarde"）；甚至这个音素完全消失也不足为奇：azú，mujé，mataó（"matador"）。在墨西哥这样没有 r/l 危机的地方，也会听到 arfil（"alfil"）和 arquilar（"alquilar"）；今天已经普遍使用的 juerga 一词，原本只不过是 huelga 在安达卢西亚的读音。

370

在各地的西班牙语中，经常能听到这样的发音：güevo（"hue-vo"）、güeso（"hueso"）、cirgüela（"ciruela"）和 virgüela（"viruela"）。这种现象非常古老：在黄金世纪的杰出作品中，就已经能找到 güerto、güésped、vigüela 等形式（只不过当时还未使用分音符）；这种现象也很好解释：只需口腔后部的肌肉一个几乎无法察觉的动作就能把 uevo 发成 güevo（每一位读者都可以验证）；实际上，ue 的发音中已经包含了 güe 的雏形。huevo 和 güevo、ahuacate 和 aguacate、huacal 和 guacal、huasca 和 guasca 交替使用，甚至到了很难说清究竟谁才是"正确"形式的地步。Oaxaca 也可以写作 Uajaca、Huajaca 或 Guajaca：在墨西哥，这几种形式的发音实际相同，发成 o-ajaca 反而有矫枉过正卖弄学识之嫌。另一个与之紧密相关的现象是从 bue 到 güe 的过渡：各地的西班牙语中都能听到 güeno（"bueno"），güelta（"vuelta"），güey（"buey"）等，这些形式和古典时期的 agüelo 属于同一种现象[①]。与之类似的还有 migaja/miaja，aguja/aúja/abuja，agu-

---

① 在墨西哥，a huevo（"a fuerzas"）是非常常用的短语，但没有人会把这个短语中的 huevo 念作 uevo，而是念作 güevo，仿佛是为了突出这个短语的粗俗和攻击性。念作 uevo 被视为"不正常"。在有意而为之的粗俗用法方面，当 buey 用作辱骂时发作 buey 也是"不正常的"，比如应当说"¡No seas **güey!**"（虽然在真的提到阉牛时人们确实是说 buey）。同理，虽然在墨西哥 hijo 的 h 不发送气音，但当人们怒喊时也成了 ¡jijos(s)...! 在这里，maestro 和 máistro、mendigo 和 méndigo、raíz 和 ráiz（人们一时感动和蔑视的瞬间，不会冒出"andar con la pata a **ráiz**"这样的话来）、自诩"ser muy **léido y escrebido**"和确实"haber **leído y escrito** mucho"都是有区别的。而这些并不是墨西哥特有的现象。"俗语对文风的作用"是非常值得（转下页）

jero/abujero，bufanda/gufanda，vomitar/gomitar，它们都早有先例：
vulpeja/gulpeja, vedeja/guedeja。

　　"文雅词"（见第 332~333 页）则由始至终处于危机中。除了黄 371
金世纪极其常见的、在整个西班牙语世界共同的结局，如 dotor 和
dino；以及似乎是相对近期才引入的 direito、reuto 和 efeuto，还有
一些结果只存在于西班牙，在西语美洲人听起来非常奇怪：ortubre、
Adlántico（或 Arlántico）、efezto（西班牙式的 z）、antiséctico、odbio
（"obvio"）、acsurdo……

　　还有其他一些危险地带：

　　音素 j 在西班牙南部和西语美洲许多地区的弛缓（dejar > dehar
等）。如果从整体实现情况来看，马德里和西班牙北部"刺耳的"j
反而不像是规范发音；

　　音素 ch 的弱化。在安达卢西亚和西语美洲部分地区发音已经接
近英语的 sh：shiflar、mushasho；

　　西班牙部分地区（尤其是阿斯图里亚斯）和美洲许多地区的
gaína、amarío 等发音；有时候又出现"补偿式"的矫枉过正，如 fri-
yo、me cayí 等。这种古老的现象存在于犹太西班牙语中；

　　音素 y 在 yo、oye、aqueyo、cabayo 等词中的强化。特别典型
的是布宜诺斯艾利斯的"卡斯蒂纪亚语"（casteyyano）；但这并不是
布城独有的现象，也存在于西班牙和西语美洲其他地区，只不过布
城更往前迈了一步：人们常常听到的发音更像是 cabasho、castesha-
no 等；

（接上页）研究的，它存在于整个西语世界，也必然存在于整个语言学世界。对俗语
的忌讳也有积极的一面：能避免它们因"词汇化"而削弱了表现力。"se liaron a puña-
das"和"se agarraron a **chingadazos**"显然效果不同。（对一本书的禁令也是对它绝佳
的宣传。）

ferire > herir（JERIR）这一古老的现象（见第 309~310 页）在各地的"不文雅"西语、尤其是乡村用语中长期存在。不仅带 h 的词发 j 的音，如 higo、hembra、hediondo、hincar、hurgar、hurgonear 等，有时带 f 的词也是如此。胡安·德尔·恩西纳笔下的乡村人物已经会将 fuerte 和 fueron 发作 juerte 和 jueron，而他会书写为 huerte 和 hueron（第 250 页提到的《老妇围炉谚语集》也将"火"写作 huego）。juerte、jueron、jogón、jusilar、dijunto、jácil、Jelipe、Jilemón、甚至 jlor 和 ojrecer 这样的发音比比皆是。（将 futbol 发作 jurbo 或 júrbol 似乎是西班牙独有的。）

372　　元音方面最突出的危机体现为：cáido, ráiz, máestro/maistro、oceáno/ociano、pial（"peal"）、pialar、áhi（"¿Qué haces áhi?"、"¡Áhi stá!"）、pior、periodo、rodiar、aliniarse、cuete、tualla 等等。这些情况中，民间的创新式发音是将从词源上看分属于两个不同音节的元音糅合成二重元音，比如将 4 个音节的 pe-rí-o-do（来自希腊语 perí-o-dos）变为 3 个音节，将 3 个音节的 ma-es-tro（来自拉丁语 magis-trum）变为 2 个音节，将双音节的 pe-or（来自拉丁语 peiorem）和双音节的 hu-ir（来自拉丁语 fugire）变为一个音节等。reina 和 vaina 的诞生也与这个二重元音化的趋势有关：它们中间的元音在 14 世纪还与前一个元音分属两个音节（即 va-í-na 和 re-í-na，分别来自拉丁语 vagina 和 regina），但到了内布里哈时期已经变为二重元音。这是一个非常古老的趋势，而西班牙和美洲的许多诗人也顺应这一趋势。古时就有很多将 cae 和 trae 写作 cai 和 trai，将 óleo 写作 olio 的情况；卡尔德隆同时代的人将 oístes 计为两个音节（等同于 óis-tes），阿根廷国歌将 oíd 计为一个音节（"Óid, mortales, el grito sagrado..."）；梅伦德斯·巴尔德斯、埃斯普龙赛达、甚至阿尔贝托·利斯塔院士也将 cáido、extráido、léido、páis 和 réir 看作二重元音。

事实上，既有这样的传统又有如此重量级诗人的支持，这种革新在 19 世纪似乎差一点就一举成为"规范"用法；但它遇上了由梅嫩德斯·佩拉约领衔的保守派，因而不但没有获得认可，而且还遭到了严厉的斥责（"丑陋的恶习""野蛮用语"等等）。梅嫩德斯·佩拉约还反对家乡桑坦德的口语中的用法：西班牙的北部也是二重元音的重灾区，而保持着元音音素的独立性和完整性的地区是从托莱多以南的地区，尤其是安达卢西亚，也就是说一个充斥着 colorá、efaratá、muhé、peasito 'e pan 等等辅音音素的"谬误"（即革新）的地区。南方的西班牙人说 caío 而不是 cáido、paí 而不是 país、traé 而不是 tráir；他们确实吞掉了很多辅音，但他们没有"丑陋的"二重元音。在今天普遍使用的西班牙语中，像 ruido、ruina 和 suave 这样的词为双音节，embriaguez、sonriendo、idioma、violeta 和 silueta 为三音节；但在安达卢西亚人贝克尔看来，它们分别有三个和四个音节：ru-i-do、su-a-ve...em-bri-a-guez、i-di-o-ma······ ^373

　　尽管遭到语言学院的审查（比如二重元音泛化地区的小学中，说出 máistro、cáido 和 me golpió 这样的形式会受到惩罚），这一倾向在西班牙北部和美洲地势高的地区（墨西哥中部高原，哥伦比亚、厄瓜多尔、秘鲁和玻利维亚的高原，阿根廷北部）依然富有生命力。加勒比国家和美洲大陆上总体海拔较低的地区——从墨西哥湾沿岸到巴塔哥尼亚，却保持着姑且称为"安达卢西亚式"的发音；因此，至少从拒绝二重元音化的角度，这种发音与语言学院的理念相契合。（尽管西班牙皇家语言学院不认可 cáido、ráiz、pial 等形式，却"允许"período、austríaco 和 océano 等词发作 periódo、austríaco 和 oceáno，而如此一来 oceáno 很容易变为 ociano。）实际上，它们成了两种针锋相对但势均力敌的"规范"，和解的希望很渺茫。大西洋的两岸，有些地区弱化或去除辅音但保持元音部分的结构不变，有些地区恰恰反其道而行之，这已经是既定的事实。

　　在各式西班牙语中，墨西哥高原的西语（也是全国其他地区的样板）或许是最尊重辅音、同时也最爱吞掉元音的一种。在墨西哥我们听不到 lo bohquen、mujé、perdío、soldao 等形式（西班牙人甚至觉得听起来更像 soldaddo）；但却会听到 "Nes'sito tresient's mil pes's" 和 "Much's gras's" 这种元音消失的发音，尤其是元音和音素 s 一起出现时。这在塞维利亚人、古巴人和布宜诺斯艾利斯人看来非常别扭，他们习惯的是强化元音的 pues（pué，其中的 é "开口程度"很高），因而会觉得墨西哥的 "ps sí" 非常滑稽。

我们可以发现，西班牙语的"危机"（许多甚至由来已久）是如何以正字法为遮羞布进行掩盖的。正是在这个方面，皇家语言学院的统一与平衡作用毋庸置疑。墨西哥人说 "much's gras's" 但仍写作 "muchas gracias"，西班牙人说 asoluto 或 acsoluto 但仍写作 absoluto，阿根廷人说 rajuñar 但仍写作 rasguñar。当然，要做到这一点的必经之路是在学校挥洒辛勤的汗水学习拼写，而这个拼写规则只可能是皇家语言学院的正字法。胡安·德·巴尔德斯可以淡然地说"我怎么讲话就怎么写作"，并因此写 dino 而非 digno；在他之前内布里哈则说过："我们应该按照发音写字，按照写的字发音。"（如果能做到第一点，那么第二点也能实现。）然而如今，怎么说就怎么写对任何人来说都是奢望，其中的原因力量之强大远非绝对自由主义者和无秩序主义者能比。我们以忍受正字法的单一性为代价，换来了享用同一种语言的结果，而这一结果显然更稳固更难得 [①]。

---

① 西班牙语不像法语和英语那样发音与书写之间存在巨大分歧。即便如此，我们依然有很多拼写问题。19 和 20 世纪，不少教育家曾提议按照内布里哈和巴尔德斯的理念，推行完全"音素化"的文字来移除这一问题。这些提议的明智显而易见。正如过去某个时刻开始不再区分 osso（熊）和 oso（动词 osar 的变位）的拼写，今天也已经不再区分 enebro（欧洲刺柏树）和 enhebro（动词 enhebrar 的变位）的读音——h 已不发音。这两组例子中，两个不同的词都合并为同一种发音。正字法改革者提出统一书写为 enebro，认为这和统一书写为 oso 一样合理。他们的主张和科雷阿（转下页）

发音和语法现象通常是"成片"出现的，因此我们可以进行全 375
面的描述，比如可以笼统地说"拉丁语中重音在倒数第三个音节的
词，其倒数第二个音节在西语中消失""西语美洲不区分 s 和 z"、
"虚拟式将来未完成时（cantare，tuviere 等）在 16 世纪仍活跃，但
在现代西班牙语中已经消失"。相反，词汇现象通常零散、无序发
生，无章可循。例如，páramo 一词已经有两千多年的寿命，但 tost
只在中世纪昙花一现；rosa 是人尽皆知的词语，但 fucsia 只有少数
人认识；esquilín（"一种非常小的蚂蚁"）从 16 世纪起仅在哈利斯
科的一个地区使用，gamberro 这个在且仅在西班牙使用的词直到 20
世纪头几十年依然不为人知。诸如此类。每个词都有自己的历史，
词汇的数量庞大。因此不难理解为何已经有成熟的历史语音研究和
历史语法研究，但还没有一本历史词典。西班牙皇家语言学院确实

（接上页）斯 1630 年提出的一样：每个字母对应一个音素。（见第 248 页）他们认
为 c 在 caño 和 ceño 中发音不同，u 在 luz 中发音而在 que 中不发音，这都是不合理
的。这种观点一个强有力的论据是能节省学校语言教育的时间。这群改革者中最新鲜
的血液是赫苏斯·莫斯特林，他的《西班牙语音素化正字法》（1981）提到了这些想
法："此处提出的正字法改革拥有巨大的经济、教育、科学和美学优势。"（原文使用
的是音素化的拼写："La reforma de la ortografía akí propugnada tendrá enormes bentaxas
ekonómikas, pedagóxikas, zientífikas y estétikas." 下面两处引文也是如此，为节约篇幅，
不再悉数列出原文。——译者）一位耐心的研究者曾计算过学习德语的正字法需要
花费多少时间，因为"其复杂程度与西班牙语相似"，并发现"仅在德意志联邦共和
国，每年就要在这方面浪费两亿个小时的学习时间和七百万个小时的教育时间……对
正字法进行音素化改革能腾出更多时间投入到更重要的活动中，尤其是提高语言的流
利程度、表达的方便程度和词汇的丰富程度。"对于西班牙北方来说，这是一个伟大
的举措；对南方和西班牙美洲而言，他们只需要解决一个小麻烦：书写时必须区分 kaza
和 kasa、ziento 和 siento、kozer 和 koser、zerbiz（"cerviz"）和 serbís（动词 serbir 的
变位）、tension 和 intenzion、perkusion 和 persekuzion 等，即便如此还是可以节约"几
百万个小时"用来读写更多东西。遗憾的是，如此高尚的梦想（连加西亚·马尔克斯
都赞成）未能实现。

在 1933—1936 年出版过一部《西班牙语历史字典》的前两卷，包括词集 A、B 和 C 的开头部分；不过后来鉴于其种种缺点，语言学院暂停出版，后来重启这项工程时全部推倒重来。这本新的字典从 1960 年开始分卷逐步面世，按照这个进度，要一个多世纪才能编到 Z。再者，词汇的历史不仅仅涉及词汇的出现、稳定、消失、地区间的横向传播和社会文化阶层之间的纵向传播，还包括词义的变迁：智者阿方索使用的 castigo 和 lindo 和我们理解的不是一个意思；对洛佩·德·维加而言，divertirse 不是"娱乐消遣"而是"置于不顾、不再关注某物"，cauteloso 不是褒义的"谨慎的"而是非常负面的"狡猾的、奸诈的"；16 世纪，动词 cejar 意为"身体后退、退缩"（比如在与对手势均力敌时），如今却表示"怯懦、让步"（精神或道德上的后退）。从语义角度看，每个词都有自己的历史。

376

不过，词汇的革新有时也具备一定程度的系统性。我们在第 95~105 页、第 323 页和第 331 页分别看到的阿拉伯语词汇、意大利语词汇和文雅词汇就遵循某种规则。18 和 19 世纪被引入我们的语言的法语借词也是如此。

西班牙语词汇的亲法在语言纯正主义者中间引发的不满不亚于 17 世纪上半叶文雅主义者的语言雕饰带来的轩然大波。不过，18 和 19 世纪，西班牙语借助法语而进行的现代化影响到了社会的更多层面——金塔纳在 19 世纪初说"我们按法国的方式饮食、穿衣、跳舞和思考"；同时，此时的语言纯正主义者的思维更学术和理性，对于法语借词"传染病"的攻击也更有条不紊（同时又不失激情）。词汇方面的纯正主义者中，不仅有憎恶一切新事物的职业反对派，还包括许多杰出的改革派，如《赫伦迪欧·德·坎帕萨斯修士的故事》的作者看到人们接受法国的新用法就惊慌失措，仅仅因为它们是来自法国的新事物。胡安·巴勃罗·福纳在他最重要的作品、意味深长地命名为《卡斯蒂利亚语的葬礼》中，对事物状态的看法非常悲观；爱国主义的冲动使得他猛烈抨击法国作品的译者：

> 当手中没有对应的卡斯蒂利亚语时，就从法语篡夺一个又一个词
> 汇，可他们仍不满足。假如只是有节制的不得已而为之，倒也无可厚
> 非。糟糕的是，比起严谨到枯燥的地步、难以驾驭、单调乏味的法国
> **方言**（！），我们的语言结构明明更优美动人、灵活多样，人们却偏要
> 搬运他们的短语和习语；有时候是因为无知，有时候是对新事物的谄
> 媚，仿佛想要有说服力，只要事物够伟大卓越就行，如何去表达根本
> 无关紧要。

19 世纪的法语借词简直令人应接不暇。凡是涉及现代事物，大 377
西洋两岸的西语文化都必须依靠法国文化；新词汇进来的道路已经
敞开，反对者的羊肠小道也已经布满脚印。语言纯正主义者根本没
有喘息之机。比如，industria "工业" 和 bolsa de valores "证券交易
所" 这样的现代术语不知何时开始流行起来，而它们是法语词汇！
西班牙语中确实本就有 industria 一词，但没有现在的词义，而是指
"做某事的智慧、能力或技巧"，《堂吉诃德》的许多章节中都用到了
这个词；bolsa 和 valor 两个词也已然存在，但 bolsa de valores 仿佛
"胡言乱语"。这正是语言纯正主义的捍卫者揪着不放的点，尤其是
委内瑞拉人拉法埃尔·玛利亚·巴拉特在他厚厚的《法语借词字典》
（马德里，1855）的做法 ①。

---

① 假如巴拉特看到弗朗西斯科·德·米兰达当时还未出版的日记，想必会为这
位委内瑞拉同胞的用词感到羞愤，因为有史以来受法国影响最深的作家当属米兰达
（1750—1816）。他面对反对声毫不退缩：他写 costume（traje，"服装"），magacén
（almacén，"仓库"，法语为 magasin），foburgo（arrabal，"郊区"，法语为 faubourg），
ajornar（aplazar，"推迟"，法语为 ajourner），ecrularse（derrumbarse，"倒塌"，法
语为 s'écrouler）以及许多类似的词语。连他的句法都是法语风格："un（转下页）

若想了解法语词汇带来的冲击，最好的办法莫过于看一看 18 和 19 世纪被引入的有代表性的法语借词：

378

parlamento, asamblea, debate, burócrata, finanzas

brigada, gendarme, bayoneta, fusil, metralla

orfeón, minué, oboe, fagot, acordeón

modista, muselina, satén, corsé, blusa, pantalón, chaleco, chaqueta, frac, bufanda, bisoñé

restaurante, menú, consomé, filete, croqueta, puré, flan, bombón, merengue

etiqueta, edecán, rango, chalet, hotel, equipaje, sofá, buró, bidé

filón, lingote, hulla

chantaje, pillaje, libertinaje, drenaje

aval, avalancha, billar, billón, bisturí, coquetería, croquis, cupón, detalle, gripe, inspección, intriga, lote, revancha, turbillón, zigzag

bellas artes, bellas letras, camino de hierro, gran mundo, hombre de mundo, letra de cambio, pobre diablo

banal, combativo, cretino, galante, interesante, irreprochable, macabro,

---

（接上页）bergantín **buscaba a entrar**" (trataba de entrar), "varios bustos **representando** la familia real", "**hablamos música** con Sarti", "el ministro español **a Stockholm**", 等等。他在法国生活了很长时间，不过也在意大利和英格兰待过，所以他的日记中也有不少意大利语词和英语词。米兰达的语言（其中也不乏委内瑞拉方言词语）如实地反映了他对欧洲事物的关注、他的求知欲和对一切事物的开明态度。语言上的粗枝大叶反倒使得日记内容妙趣横生。米兰达并没有为"正确"的问题绞尽脑汁。他平时有睡前阅读的习惯，1788 年 3 月 15 日他记录了这样一件事：当时他在哥本哈根，手边没有别的书，于是只好拿起房间里的书看，是一本写给丹麦人看的西班牙语简明手册；这小小的一本书令他"认真考虑"语法："……回忆起这样一门有益的科学确实让我获益良多，当时我已经忽略它太久了。"

pitoyable, veritable

abonar, acaparar, aprovisionar, arribar, atrapar, blindar, bloquear, co-
mandar, controlar, cotizar, debutar, desfilar, entrenar, explotar

acusar recibo, tener el honor de, tener mucho de, hacerse ilusiones,
hacer las delicias de, hacer el amor（表示"追求"，"献殷勤"；现在这个
更直白的语义来自英语）

最显而易见的结论是：上表中几乎所有法语词汇都是如今普通
寻常的词汇。仅有的例外是：veritable"真正的"，pitoyable"令人痛
心的"和 turbillón"涡流"（18 世纪的物理学术语）。camino de hierro
（法语为 chemin de fer，"铁路"）如今也有消失的趋势，但在 19 世纪
经常使用。法式指小形式"un pequeño barco""nuestra pequeña casa"
（而不是传统的方便而有表现力的 barquito 和 casita）听起来还是有
法语语汇的味道，但在书面语中很常用。表方式的副词短语"en
tanto que"在"obrar **en tanto que** ser humano"（传统、寻常的说法应
该是"**en cuanto** ser humano"）中听起来也带有法语的味道。同样情
况的还有"táctica **a** seguir""tarea **a** realizar"等，以及用"golpe de
ojo"表示"眼神""golpe de puño"表示"拳打"，等等。（不过在西
班牙，人们还是习惯用"golpe de teléfono"表示"打电话"；法语的
golpe 还最终留在了"golpe de suerte""de audacia""de genio"这样
的表达方式中。）

语言纯正主义者的付出与普洛布斯为他的《附录》所作的努力
（见第 49 页）相似，都透着一丝悲凉的色彩。作为语言纯正性兢兢
业业的守护者，他们反复强调 controlar 和 entrenar 这样的词是无意 379
义的野蛮词汇，因为西班牙语有大量自己的动词能表达这个含义。
当全世界都使用极其国际化的 hotel 一词时，巴拉特坚持说我们的语

言已经有 fonda、mesón、posada 和其他更原汁原味的名称。再比如：不应该说 acaparar，而是 estancar；不应该说 "bellas letras"，而是 "letras humanas"；不应该说 burócrata，而是 covachuelista；也不应该说 revancha，而是 desquite。何必说什么 "camino en zigzag"？明明有的是地道的表述方式："camino de revueltas"，"camino que culebrea"，"que hace culebra"，"que hace eses"。1930 年，奥尔特加·伊·加塞特因将自己的书命名为 "La rebelión de las masas" 而遭人诟病：应该叫 "La rebelión de la turbamulta"。1931 年，acaparar、aprovisionar、avalancha、debutar、etiqueta、finanzas、rango、revancha 等许多词已经普及，但西班牙皇家语言学院仍然对它们采取戒备的态度，说它们是 "毒瘤"。etiqueta 和它的两个义项的历史非常有意思——1、"标签"，2、"礼仪"。法语旧词 étiquette 只包含义项 1，指讼棍们放在公文上以提示里面内容的小标签。似乎是查理五世本人（或许是为了幽默）用这个法语词汇来指称正式典礼流程的书面指引。于是从 16 世纪起，etiqueta 在西班牙语中就表示 "礼仪"。这个词义后来还成了真正的 "西班牙语词"，被引入意大利语成为 etichetta；甚至回到法语，又从法语被引入英语和其他语言。巴拉特认可义项 2，但是无法容忍人们说 "la etiqueta de un frasco"。义项 1——即法语借词原本的词义 18 世纪就进入西班牙语，但一直等到 20 世纪才得到皇家语言学院的承认。

还有一点值得注意，不少法语词汇不像 boulevard 和 chauffeur 那样西语化为 bulevar 和 chofer（后者在西班牙还奇怪地改变重音成为 chófer），而是保留法语中的形式，原封不动地出现在西班牙语世界的书面文字中：matinée、soirée、première、foyer、début、amateur、toilette、boudoir、négligé、déshabillé、bouquet、bibelot、élite、premier、chef、pot-pourri、cliché、surmenage、déjà vu，等等。

19 世纪末前后，来自除法语之外其他语言的词汇并不多 ①。可以想到的有：意大利语词 casino、terracota、diletante、ópera、aria、dueto、partitura、libreto 和 piano（pianoforte），英 语 词 rosbif、dandy、club、vagón、tranvía、túnel、drenaje、yate、confort、mitin 和 líder，德语词 sable、obús、vals、níquel、zinc 和 potasa。不过，这些词中的大部分都是通过法语进入西班牙语的。19 世纪吸收的大量文化类词汇也是如此：fraternidad、altruismo、egoísmo、democracia、emancipación、pragmatismo、polémica、espontaneidad、analfabetismo、opresión、misántropo、antropófago、higiene、quiróptero、leucemia、histeria、simultaneidad、retrospectivo、intelectual、medieval、barroco、sociología、etnografía、telegrafía，等 等。这些统统都是"国际"词汇，由欧洲大部分语言都容易接受的希腊语和拉丁语元素构成；不过，19 世纪，西班牙语世界了解国际文化的主要窗口仍是法国的书籍、杂志和报纸。（法语是当时国际科学大会必不可少的会议语言，也是当时、甚至某种程度上至今仍是外交的语言。）尽管包 381

---

① 西班牙语词汇被其他语言借用的情况也不如黄金世纪那么常见（见第 285~287 页）。18 世纪，欧洲各国还吸收了部分西班牙语的航海术语（西班牙的航海术遥遥领先；若非如此，它的帝国早就脱离了它的掌控）。19 世纪许多含政治色彩的词汇也被吸收，如 guerrilla、pronunciamiento、junta、camarilla，尤其是 liberal 和 intransigente。整个 19 世纪，流行起来的有对西班牙特色的一些夸大和歪曲（比如法语中的 toréador、matador、picador、bandérille、gitan 或 gitane、patio、boléro）和更多的美洲词汇（llama、alpaca、tango、mate…）。1936 年，西班牙语短语"quinta columna"传入全世界所有语言中。近年来，秘鲁人对太平洋洋流造成的天气异常现象的称呼"El Niño"最终也成了国际通用的术语。美国尤其是南部和西南部的英语充斥着从近在咫尺的西语中借用的词，即墨西哥的西语：tornado"飓风"（实为 tronada 的异形词）、silo、calaboose"牢房"、mosquito、coyote、alligator（< el lagarto）、mustang"野马"（< mestengo, mostrenco 的古语近义词"没有主人的牲畜"）、bronco"未驯化的马"、rodeo、lariat（< la riata 或 reata）、lasso"结"和"用套索套"、sombrero、ranch、corral、patio，等等。

含如此鲜明的希腊－罗马元素，这些文化类词汇中没有一个是从希腊语或拉丁语移植到西班牙语中的，因为认为有必要铸造它们的并不是西语使用者。鉴于词源学只关注词语最近的起源（比如围绕着 maestro，西班牙语词源字典不会追溯到它的原始印欧语根词），若是说 sociología 来自拉丁语的 socius 和希腊语的 logos 就不够确切，应该说它来自于法语词 sociologie；因此它是法语借词。的确，众所周知的法语借词，那些曾玷污语言纯正主义者耳朵的词汇（hotel、restaurante、acusar recibo 等）只不过是冰山一角，水面下还潜伏着它们更多同类，而且都是连最敏感的语言纯正主义者都不得不接受的必要词汇。（对于癔症的科学认知无可避免地令人们遗忘了地道的表述 "mal de madre" 而改说 histeria，语言纯正主义者能用什么样的地道词汇来阻止人们吸收 leucemia、quiróptero 和 barroco 呢？）

如果从我们的语言的角度（也是许多其他语言的角度）来看待事物，过去两个多世纪法语的传播者角色如今属于英语。上面几段、尤其是 19 世纪的部分，几乎可以点对点地将涉及法语的部分复制到英语，或者更具体地说，美国的英语（比如 fox trot、jazz、swing、blues 和 rock'n' roll 这些英语词代替了 orfeón 和 minué 这样的法语词）。这样就可以解释当前现象的作用机制，因为本质上与那两个世纪的情况是相同的，只不过现在的这种现象呈几何级增长。英语在今天的影响比法语在鼎盛时期的作用要强大得多，覆盖的领域也广泛得多。我们只要想一想体育、影视、住宅、生产和管理技术、经济贸易、航空和汽车行业、信息技术等方面的词汇；或许可以再宽382 泛一点说，今天所有科学领域（物理、化学、数学、电子、计算机学、生物、医学等）的成就进入西班牙语时伴随的名称都是原本的英语词汇。以西班牙语为母语的天文学家也称宇宙起源的大爆炸为

big bang；quasares、pulsares、"hoyos negros"（或"agujeros ne-
gros"），"estrellas gigantes"和"estrellas enanas"这些词都是首先诞
生于英语。更重要的是，许多以西语为母语的科学家用英语发表自
己的研究成果：这样他们的成果不仅能拥有英语读者，也能进入俄
语读者、日语读者、阿拉伯语读者、甚至所有人的视线。法语从来
没有达到如此国际化的程度！

由此，如果说来源于英语的西语词汇只是冰山一角，那也是
巨大的一角。除了冰山 iceberg 一词（是英语模仿丹麦语或挪威语
isberg 的造词）之外，还有成百上千的英语词汇立马浮现在我们眼
前：hall、lobby、living、jaibol（highball）、gin-and-tonic、dumping、
crash、happening、gag、flashback、walkie-talkie、gangsters、cow-
boys、hippies、junkies、punks... 慢慢地，这些原本浮在水面上的英语
词汇又沉入水下，成为被"掩盖"的部分（众所周知，这个部分占
整座冰山的 80%），将水面上的位置转让给年复一年增加的新英语
词汇。

我们以从英国和美国引入的体育运动为例来思考这个问题。越
是在西语世界普及的体育项目，其词汇的西语化程度也越高。最受
欢迎的当然是足球（我们墨西哥称 futbol，西班牙和南美叫 fútbol），
这方面的词汇已经过沉淀和吸收、相当本土化。相反，曲棍球运动
还比较冷门，甚至连它的名称的拼写符号都依然借用英语（hockey，
没有人写作 joki 或 joqui）。棒球远不如足球普及，它的词汇还只是
非常粗略的西语化。比如该项运动中最激动人心的投掷——"本垒
打"写作 jonrón（至少在墨西哥是如此），这很像对 home run 的音
译；然而，一位墨西哥记者如果要报道一场球赛，完全可能这样写：
"Manager y coach, de acuerdo con pitcher y catcher, no obstante varios
wild-pitchs del tercero y algunos pass-balls del cuarto, hicieron infructuo-

383 sos un hit-and-run y dos squeeze-plays, y evitaron muchos hits" ①。

　　体育领域的这一情况也发生在许多其他领域。体育领域的优势是直观：西班牙语世界里，数以百万计的人会去体育场或坐在电视机前看比赛、听广播的体育新闻、甚至还花大量时间阅读和评论日报上的体育板块甚至是专门的体育杂志。其他领域，如科技研究、经济学、统计学、计算机语言学等的情况没有如此明显。上述这些领域中也有类似棒球术语 hit、wild-pitch、jonrón 这样的英语借词，只是科学类期刊的读者与体育迷相比少得可怜。于是，可以被称为"科学类"的英语借词并没有广泛传播，而是局限在语言的技术领域，很少被门外汉使用。其实，人类的许多传统活动相关的词汇也面临同样的状况，比如农业、航海业和旧手工业的词汇都几乎只在行业内秘传（谁知道 andaraje、besana、alijarar 和 alombar 是什么意

384 思呢），但它们的存在是毋庸置疑的。通常，"科学类"英语借词需

---

① 这是一个"实验室级别"的例子，但确实有一位体育专栏记者在 1982 年写下了这段话，他很清楚只有墨西哥的棒球迷看得懂。考虑到或许会有其他读者（虽然可能性极其渺茫），他亲自翻译了这段话：hit-and-run 意为"jugada de batear y correr，击打并跑的举动"（谁都知道这里的 batear 不是胡安·德·梅纳笔下的"施洗"之意，而是指用球棒击球）；pass-ball 意为"pifia al cachar，接球失误"（谁都知道 cachar 是什么：不是古卡斯蒂利亚语动词"弄碎"之义，而是由 catch 而来的新词，表示"接住"），等等。他将正文中引用的那段话翻译如下："Estratega y asesor, de acuerdo con lanzador y receptor, no obstante varios lanzamientos alocados del tercero y algunas pifias al cachar del cuarto, hicieron infructuosas una jugada de batear y correr y dos exprimidoras, y evitaron muchos sencillos." 结果原文虽然门外汉看不懂，但行家一目了然；而译文（在我看来）却让这两类人都不知所云。这当然不是将词汇西班牙语化的方式。西语化应该是球迷自发的行为，尊重语言的直觉循序渐进，比如将 home run 变为 jonrón；可取的例子还有将 block 变为 bloque，reporter 变为 reportero，pioneer 变为 pionero，clutch 和 muffler 变为 cloch 和 mofle（至少在墨西哥是如此），shoot 变为 chutar，dribble 变为 driblar，to lynch 变为 linchar，lunch 变为 lonch o lonche；并且还能在西班牙语的语言"母体"内繁衍出新的词汇：reportear，chutazo，lonchería，等等。

要一段时间才能在字典中占有一席之地；不过有时候，它们也会一下子越过技术词汇的界限，成为大众关注的对象。高保真产品投入市场没多久，就出现了 "alta fidelidad" 这个西语化的英语借词；人人都听说过 "aire acondicionado" 和 "rayo láser"。还有一些经济学的现象也体现在了每一个人身上：英语借词 desempleo 和 subempleo（是对英语词 unemployment 和 underemployment 的改写）虽然是非常现代的新词，但已经与传统词汇主体浑然一体；像 extrapolación、dumping、marketing 等词不但完全属于我们的语言，而且远比 aseidad、quididad、sorites 和 entimema 等经院式、"崇高"的词汇更常用。

由于英语是一门高度罗曼语化的语言（主要是因从中世纪开始到今天持续不断地受到法语的影响），不少英语借词已经为西班牙语化做好了预先的准备。所以人们可以不假思索地将 extrapolation（在英语中的锻造过程类似 interpolation）变为 extrapolación，unemployment 和 "high fidelity" 可以变为 desempleo 和 "alta fidelidad"。有的人在说和写西语的时候会很自然地使用英语词汇，如 container 和 marketing；但也有些人会将它们译成 contenedor 和 mercadeo，而后者也是在使用英语借词。同理，bulevar 和 boulevard 都一样是法语借词。有时，英语借词能让本已经失去生命的西班牙语词复活。比如古语的 deporte 意为"休闲，娱乐，消遣"，原本已经在 17 世纪消失（塞万提斯没有用过这个词），但多亏英语词 sport（从古法语词 desport 派生而来）的出现，它又被赋予新的含义而复苏。古语的 sofisticar 也曾消失过几个世纪，也是由于英语词 to sophisticate 而复苏。不过它的词义变化更大：西班牙语和英语词都来自中世纪的 sophisticare，原本意为"行事诡辩"，或者说"将自然和简单的事物复杂化"。因此，16 世纪的西班牙语中，"vino sofisticado" 是不天然的酒，是"伪造的、掺假的"。但在英语词中，去自然化是一个正面指征，所以 "bebidas sofisticadas" 是精致的、上乘的、有异域情调的酒。385

这是一个非常常用的英语借词，当我们用 sofisticado 来形容方法、艺术品、战术时，都是在夸奖它们；而缺乏 sofisticación 反而成了缺点。

更麻烦的情况是，从英语中借来的词在西语中已有对照词，但词义不同。西班牙语中已经有 asumir "承担"、estimar "珍视"、contemplar "欣赏"、aplicación "应用"、evidencia "明显"、emergencia "浮出"："**asumir** una responsabilidad"，"**estimar** a las personas honradas"，"**contemplar** la belleza de un paisaje"，"el premio de la **aplicación**"，"la **evidencia** de nuestra condición mortal"，"la **emergencia** de la burguesía"，词义来自动词 emerger "浮到表面"。与它们对照的英语词 to assume、to estimate、to contemplate、application、evidence 和 emergency 为广阔的西语世界带来了另一层含义：asumir "预想，假设"；estimar "估计"（人们会说 *estimación* de costos，西语国家比如墨西哥的空姐会说 "nuestro tiempo **estimado** de vuelo" 是多久）；aplicación "请求、申请" 尤其是书面申请；evidencia "证据"，比如调查中发现的证据，尤其是以复数形式出现时；contemplar 是 "意图做某事"（"el gobierno **contempla** un alza de los impuestos"）；emergencia 是 "未预料到的严重事件"：人们会说 "medidas de **emergencia**"，墨西哥电影中也常常看到 "salidas de **emergencia**" 字样。）

同时，还必须指出对英语语汇的直译情况。英语中有 "That's all I want"，于是许多人机械地翻译为 "Eso es **todo lo que** yo quiero"，然而西语说得好的人会表述为 "es **lo único** que quiero"。同属这类情况的还有："al mismo tiempo"（"at the same time"）用来表示 "但是"；"más bien"（rather）用来表示 "相当地"，比如说某物质 "**más bien** venenosa"；"los ochentas"（the eighties）用来表示 "1980 至 1989 年间"，这里不得不承认英语借词确实比西语的 "el noveno decenio / la penúltima década del siglo XX" 省力得多。这类英语词句中有一部分已经相当普及，比如 "después de todo"（"after all"）表示 "终究"，

"jugar un papel" 甚至 "jugar un rol"（"to play a role"）表示"扮演某个角色"。（"más bien"，"después de todo" 和 "jugar un papel" 这三个短语也可能来源于法语的 plutôt，"après tout" 和 "jouer un rôle"；不过鉴于英语现在所处的优势地位，还是将它们算作英语借词为妙。）

今天的语言纯正主义者自然也是怨声载道。其中一个较为轰动的声音发生在 20 世纪 80 年代初的墨西哥。值得注意的是这个声音不是来自语言学院，而是共和国的总统本人。他通过一纸总统法令成立了语言保护委员会（似乎有模仿墨索里尼颁布的"语言保护法案"之嫌？）。1982 年一场大型研讨会开幕时，委员会的秘书长先是非常严肃地说墨西哥的西班牙语面临湮没的危机，"它所代表的国民文化也会一同沉沦"；然后批评墨西哥人说他们对英语借词的热衷"显得他们对自己的国家没有归属感"；接着转向一些细节："外面的广告（比如起名为 Charlie's、Vanity Fair 的店铺）、女性杂志、无数的广播节目、影视作品、音乐类型（当然免不了 jazz、rock 等词）、成千上万的日用商品的标签、旅游宣传、餐馆菜单……我举的这些都是最明显的例子。在这些领域中，这个外来的国度就这样渐渐地、悄无声息但颇有成效地实现了归化，随之而来的是本国地道的表达方式反而显得落伍可笑。"（"旅游宣传"他的用词为"promociones turísticas"，是个不折不扣的英语语汇。）

我们的语言史上无时无刻不回响着类似的呼声。其中的第一个声音来自史前，1001 多年前的"唉！可悲！基督徒正在对自己的文化感到陌生！"（见第 94 页）此外，面对当前英语来势汹汹的影响而发出警示的呼声不仅仅是西语世界，在法国也有人认为那里的人说的不是法语，而是"franglais"（法语和英语的混合语）。这些呼声当然是有作用的：它们代表着一门语言中的保守元素，即维持原状的倾向。里卡多·J. 阿尔法罗的《英语借词词典》和巴拉特的《法 387

语借词词典》一样优秀而实用。但历史告诉我们，比起呼喊和语言学院的号召，语言的使用者才是语言真正的稳定者，是他们决定了哪些被取消、哪些被吸收、采取何种方式进行吸收。一时的警示最终都会成为历史。与当前英语词汇的大举入侵最相似的是我们的语言形成的那几个世纪中阿拉伯语词汇的入侵。那是一场注定的入侵，是命运、神秘莫测的天意的安排：阿拉伯文化（整个阿拉伯文化，而不仅仅是物质文化或精英文化）对于基督教王国来说是一块有着巨大吸引力的磁石，而最后西班牙语中的阿拉伯语借词终成为它的魅力之一。

墨西哥的这个"保护"语言的委员会在举行大型研讨会的当年年末就解散了，这主要得感谢共和国换了总统。假如它继续存在，一定能够轻而易举地取得一些成果：政府会强硬地撤下与西班牙语和"国民文化"无关的招牌，比如 Vanity Fair、Charlie's（也包括 Le Petit Cluny 和 Pizzeria Napoli）；会拒绝 Nancy、Walter（也包括 Yvette 和 Sandro）这样的名字进行民事登记。这也不是第一次这样无害的世界主义迹象遭遇恶意，不过应该也仅此而已。jazz、jonrón 和 jaibol 会安然无恙，从成千上万的审核者手中逃过一劫，他们的任务就是熟练地将使用英语词汇的人抓个现行并罚款。对这样那样的词语下禁令是极权主义政权惯用的手段。语言保护委员会的消失实属幸运①。

---

① 正因如此，这场研讨会的发言并没有公开出版，但笔者手头有副本（所以才会有第 391 页的脚注）。参会的科学家（社会学家、人类学家、语言学家等）免不了曾使用英语词汇，比如用 políticas（policies）代替 normas 或 reglas，用 "estudio de caso"（case study）代替 "estudio monográfico"。单凭这一点，他们就足以被取消英语借词的审查者和语言"卫士"的身份，但这还不是最糟糕的。最糟糕的是被胡安·德·巴尔德斯称为"矫揉造作"的趋势。非要用 "la problemática involucrada" 来表示某件事中遇到的困难就是矫揉造作。研讨会的发言中这样的例子比比皆是：比（转下页）

为了使 18 世纪的法语借词和今天的英语借词的类比更完善，我 388
们可以借用福纳那段话："我们的语言结构"不同于英语，报刊和电
视节目的译者们使用的英语借词，是"无知"和"谄媚"的结果。
但是，弗朗西斯科·德·米兰达也不无道理：比起"正确"，我们对
一位作家的要求是说出的话应该饱含智慧。或许某一天电视节目的
译者也会像米兰达那样"认真考虑"一门"如此有益的科学"的必
要性，即善于用西班牙语表达自我的科学；会不再将"I'm waiting
for her"翻译成"Estoy esperando **por** ella"，而是脑海中立马浮现
"Estoy esperándola"或"La estoy esperando"，这才是我们等待朋友
时会说的真正的西班牙语。

和所有在最后几页涉及当代情况的史书一样，本书的最后几
页也必然冗长而离题、甚至会惹出争议；因为涉及的是正在进行中
的现象，其发展有待观察。客观描述过去的现象易如反掌，但历史
学家对当前的事物的看法却难免掺杂主观性。这就得看将来的历史 389
如何评价 20 世纪下半叶；但与此同时，笔者的观点是：英语借词
引发的警惕类似于拉普拉塔河地区的西班牙语状况引发的"阿梅里
科·卡斯特罗的惊恐"，类似于过去和现在所有因为"遗忘"地道的

（接上页）如一位作者，不愿直白地说自己的研究基于的定义不够严谨但的确实用，
而是绕着弯子说："该定义的提出只是作为尝试，远非详尽无遗，只是为我们指明了
操作其要素的问题。"还有一位想说他经常要求学生交书面报告，他是这么说的："以
一定的频率强调研究结果应落实为报告的撰写。"这样空洞浮夸的矫揉造作在于每个
时代的每个地方都屡见不鲜，它才是我们应该保护语言使之规避的现象（永远不乏这
样的守护者）。即便棒球用语、生化和计算机学用语中充斥着英语借词，也不构成任
何危险，真正的危险是那种反自然的语言，英语中有一个恰如其分的新词来形容它：
officialese（"公文语言"）。遇到像这样无聊的话——"会议代表们播撒了不安的种子，
令人意识到鉴于我们社会文化的异质性和语言的复杂性，必须基于科学的论文实施一
个政策，为必要的教材打下坚实的基础"，唯一可做的评价就是：这不是我们的语言。
这不是西班牙语，而是公文语言。

西班牙语而造成的语言"匮乏"带来的惊恐，对语言的"异化"和"扭曲"、"谬误"和"碎片化"的惊恐，对古巴西语被破坏到无法理解的地步而感到的惊恐，等等。

这个世界上值得我们惊恐的事情有很多，但我们目前的西班牙语（包括它在各地的不同变体）不在其中。以古巴人为例，若要理解他们的语言，唯一必须的就是**有这样的意愿**（而且还会发现他们的西语不但没有问题，还别有韵味）。警示的气球中的空气稀薄而透明：并非所有的语言使用者发音都相同，也不是所有人都用同一个词指称同一事物；同样的潮流在各地的发展程度不同；指称和强调的需求也很多样；年轻人的语言不同于老年人；占统治地位的文化会将自己的很多词汇渗透到其他文化中；人类的语言无法忍受长时间的静止不动……引起惊恐的无外乎就是这些，而这些都是数百万人使用的、生机勃勃的语言中再正常不过的事情。正如安赫尔·罗森布拉特在他的研究《西班牙及美洲卡斯蒂利亚语》中得出的结论："西班牙语非常健康。"

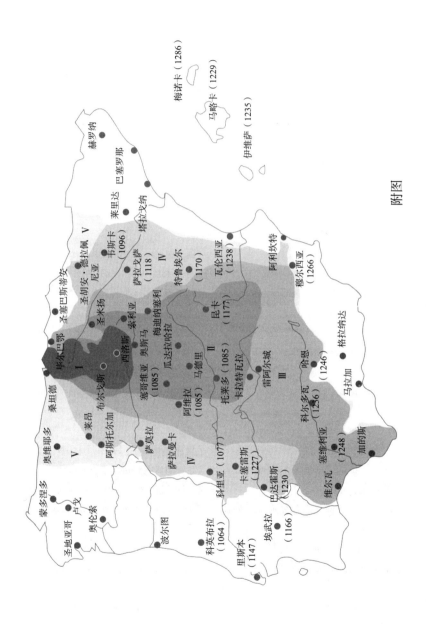

梅诺卡（1286）

马略卡（1229）

伊维萨（1235）

赫罗纳

巴塞罗那

莱里达

韦斯卡（1096）

萨朗·德拉佩

圣塞巴斯蒂安

桑坦德

蒙多涅多

卢戈

奥维耶多

圣米扬

尼亚

塔拉戈纳

萨哥维亚（1118）

布尔戈斯

毕尔巴鄂

奥斯马

莱昂

阿斯托尔加

奥伦萨

特鲁埃尔（1170）

梅迪纳塞利

瓜达拉哈拉

西格恩萨

马德里

昆卡（1177）

瓦伦西亚（1238）

阿利坎特

萨莫拉

萨拉曼卡

塞哥维亚（1085）

阿维拉

托莱多（1085）

卡拉特瓦拉

雷阿尔城

穆尔西亚（1266）

格拉纳达

圣地亚哥

波尔图

科英布拉（1064）

里斯本（1147）

萨拉戈萨

科里亚（1077）

埃武拉（1166）

卡塞雷斯（1227）

巴达霍斯（1230）

科尔多瓦（1236）

塞维利亚（1248）

维尔瓦

加的斯

哈恩（1246）

马拉加

I

II

III

IV

V

附图

作品索引

（索引按中文拼音排序，页码为原书页码，即本书边码）

人名索引

（索引按西班牙语字母排序，页码为原书页码，即本书边码）

Lozano, Abigaíl 罗萨诺，344

Lucano 卢坎，52，154

Ludovico Pío 虔诚者路易，116

Luis XIII de Francia 路易十三，281，283

Luis XIV 路易十四，334

Luna, Álvaro de 鲁纳，166

Luna, Juan de 鲁纳，285，287

Lutero 路德，229，340n

Luzán, Ignacio de 卢桑，342-343

Lyly, John 利利，287

Lynch, Benito 林奇，353

M

Machado, Antonio 马查多，360，364n

Machado, Manuel 马查多，360

Madariaga, Pedro de 马达里亚加，245

Madrid, fray Alonso de 马德里修士，230

Madrigal, Alfonso de (el Tostado) 马德里加尔，232n

Magallanes 麦哲伦，185

Mahoma 穆罕默德，91，95，97，253

Maimónides 迈蒙尼德，95

Mainete 查理大帝，157

Mal Lara, Juan de 马尔·拉纳，248

Mallarmé, Stéphane 马拉梅，62

Malón de Chaide, fray Pedro 马龙·德·柴德修士，230

Manrique, Jorge 曼里克，161，164，181-182，222

Marañón, Gregorio 马拉尼翁，346

March, Ausiàs 马尔齐，166

Marchena, José 马切纳，359

Marcial 马提亚尔，52

Marco Antonio 马克·安东尼，46，160

Marco Aurelio 马克·奥勒留大帝，48，218

Mariana, Juan de 马里亚纳，228，233，317，339

Marineo Sículo, Lucio 马里诺·西库洛，224，267，292-293

Marino, Giambattista 马里诺，198

Mario 马略，46

Márquez Torres, Francisco 马尔克斯·托雷斯，216

Martel, Charles 马特，113

Martí, José 马蒂，53

Martí, Manuel 马蒂，357-358

Martín, Alonso 马丁，246

Martín de la Plaza, Luis 马丁·德·拉·普拉萨，201n

Martín de Tours, san 图尔的圣马丁，70

Martínez de Cantalapiedra, Martín 马丁内斯·德·坎塔拉皮埃特拉，273

Martínez de la Rosa, Francisco 马丁内斯·德·拉·罗萨，355

Martínez de Noboa, Antonio 马丁内斯·德·诺博阿，336n

Martínez de Toledo, Alfonso, arcipreste de Talavera 马丁内斯·德·托雷多，168，180，182-183，247

Martínez Gómez Gayoso, Benito 马丁内斯·戈麦斯·加约索，336n

Marx, Karl 马克思，81

Mateos, Juan A. 马特奥斯，356

Matius, Caius 马修斯，69-70

Maunory, Monsieur de 莫诺利，367